INHALT

Auf einen Blick: Didaktisch-methodische Hinweise		4
Vorwort		5
Die Abschlussprüfung zum Erwerb des mittleren Schulabschlusses		12
Lehrplan		14
Stoffverteilungsplan		17
Handreichung zum Schülerbuch		
	A world language	24
Unit 1	Ireland	27
Unit 2	South Africa	61
Unit 3	India	103
Extra Pages	A short story: Nightmare	139
Unit 4	Young adults	141
Unit 5	One World	169
Exam Practice		196
Anhang:	Kopiervorlagen 1–37	203
	Skripte für die Hörverstehenstexte im Workbook	240
	Lösungen der *Mediation*-Übungen im Workbook	245

Erläuterungen der Abkürzungen und Symbole

 Hinweis auf Einsatzmöglichkeit der Doppel-CD zum Schülerbuch

 Schülerbücher öffnen

 Wiederholung

▶ Hinweis auf Übungen im Workbook
z. B.: ▶ WB S.1, Ex 1

S je nach Kontext „Schülerin bzw. Schüler" oder „Schülerinnen bzw. Schüler"

L Lehrkraft

SB Schülerbuch

HRU Handreichungen für den Unterricht

TA Tafelanschrieb

WB Workbook

Tapescript Wortlaut der Hörverstehenstexte auf der Doppel-CD

AUF EINEN BLICK

Die didaktisch-methodischen Hinweise zu den folgenden Themen finden Sie auf den angegebenen Seiten in den Handreichungen für den Unterricht:

Einsatz von www.newhighlight.de sowie von Handys   S. 36

Präsentation einzelner Bilder   S. 38

Bildbeschreibung   S. 38

Hörverstehen   S. 43

Vorgehen bei einer wörtlichen Übersetzung   S. 50

Open-ended story, keyword story, picture-based story   S. 51

Überarbeitung von Texten   S. 52

Überprüfung und Verbesserung von Texten   S. 52

Semantisierung neuer Vokabeln   S. 53

Revision and Practice-Seiten   S. 59

Wortschatzarbeit mit *word webs*   S. 70

Umgang mit unbekannter Lexik   S. 81

Weitere Vorschläge zum Vorgehen bei einer wörtlichen Übersetzung   S. 90

Das suchende Lesen *(scanning)*   S. 92

Doppelkreismethode   S. 102

Fishbowl-Technik   S. 112

Weitere Tipps zum Überarbeiten von Texten   S. 114

Interpreting-Aufgaben   S. 116

Skimming   S. 121

Sinngemäßes Übersetzen   S. 121

Das gelenkte Betrachten eines Bildes   S. 150

Formelle und informelle Briefe und E-Mails   S. 159

Vorwort

ZUR KONZEPTION DES LEHRWERKS

Neuer Lehrplan

Das Lehrwerk *New Highlight*, Hauptschule Bayern wurde auf der Grundlage des „Lehrplans für die bayerische Hauptschule, Englisch" (2004) neu entwickelt und knüpft an die bewährte Konzeption der Vorgänger *English H Highlight*, Hauptschule Bayern an. Diese Konzeption wurde in den ersten beiden Bänden der Handreichungen für den Unterricht ausführlich dargestellt. Lehrkräfte, die den Unterricht mit diesem Band neu beginnen, seien auf die entsprechenden Ausführungen verwiesen. Im Folgenden werden die wichtigsten Aspekte dieser Konzeption vor allem im Hinblick auf die spezifische Situation des Englischunterrichts in der Mittelstufe an der bayerischen Hauptschule erläutert sowie die neuen Elemente im Schülerbuch *New Highlight*, Hauptschule Bayern, Band 6 für M-Klassen dargestellt.

Separate Bücher für M- und R-Klassen

Durch die Einführung der Realschule ab Jahrgangsstufe 5 in Bayern hat sich auch die Situation an den Hauptschulen verändert. Lernstärkere Schülerinnen und Schüler gehen nun schon ab Klasse 5 an die Realschulen ab. Hinzu kommt ab Jahrgangsstufe 7 die Leistungsdifferenzierung durch den Mittlere-Reife-Zug. Die Motivation der Schülerinnen und Schüler ist in den M-Klassen wesentlich höher anzusiedeln. M-Schülerinnen und -Schüler bringen eine höhere Leistungsbereitschaft und -fähigkeit mit als Mitschülerinnen und -schüler in den Regelklassen und haben zudem meist eine positivere Einstellung zur Schule. Ab Band 3 gibt es eine neue Ausgabe von *New Highlight*, Hauptschule Bayern, die sich an diese Schülerinnen und Schüler richtet und sich an ihren Bedürfnissen orientiert. Mit zwei getrennten Bänden werden einerseits die sehr spezifischen Zielsetzungen und Anforderungen im neuen Lehrplan für Englisch in Regelklassen und M-Klassen erfüllt und andererseits die beiden Schülergruppen, die sich in ihrem Lern- und Leistungsverhalten deutlich unterscheiden, passgenau bedient.

Während die Schülerinnen und Schüler der Regelklassen die Hauptschule bereits im vorangegangenen Lernjahr nach der Jahrgangsstufe 9 abgeschlossen haben, beenden die Schülerinnen und Schüler der M-Klassen die Jahrgangsstufe 10 der Hauptschule mit der Abschlussprüfung zum Erwerb des mittleren Schulabschlusses.

Lernanforderungen in M-Klassen und deren Umsetzung im Schülerbuch

Die veränderten Bedürfnisse und Lernausgangslagen der jugendlichen Lernenden in den M-Klassen der Mittelstufe werden ab Band 3 von *New Highlight*, Hauptschule Bayern auf vielfältige Weise berücksichtigt:
Die Schülerinnen und Schüler in M-Klassen werden bei der Lösung von Aufgaben mit weniger bzw. anders gearteten Hilfen konfrontiert. Sie lernen, Aufgaben durch Anwendung und zunehmende Vernetzung von bekanntem Wissen mit weniger Impulsen zu lösen und dabei möglichst selbstständig vorzugehen.
Trotz der guten Eingangsvoraussetzungen benötigen auch M-Schülerinnen und -Schüler ausreichende Wiederholungs- und Übungsphasen in allen Bereichen, um den Anforderungen gerecht zu werden.

Der neue Lehrplan für die bayerische Hauptschule enthält nicht mehr wie bisher das sogenannte EAN (**E**rhöhtes **A**nforderungs-**N**iveau) in den M-Klassen, sondern schreibt nunmehr verbindliche Inhalte vor. Im Vergleich zur Regelklasse sind dabei vor allem folgende Veränderungen festzustellen:

Hörverstehen

Es wird in Klasse 10 für M-Klassen ein ausdauerndes und genaues Hinhören verlangt, wobei die Texte lang und komplex sind sowie unbekanntes Material enthalten. Die Schülerinnen und Schüler werden mit Texten konfrontiert, die in natürlichem Sprechtempo vorgetragen werden.

Sprechen	Im Bereich „Sprechen" kommt es im neuen Lehrplan vor allem auf den selbstständigen produktiven Umgang mit Sprache an. Dabei sollen die Schülerinnen und Schüler Alltagsgespräche und Dialoge erstellen und variieren sowie komplexe sprachliche Situationen bewältigen. So sollen in Kurzreferaten Arbeitsergebnisse vorgestellt und es soll in einfachen Situationen gedolmetscht werden. Besonders geübt werden auch die prüfungsrelevanten Ansätze *picture-based conversation* und *topic-based talk*, bei denen zwei Bilder verglichen werden bzw. zu einem ausgewählten Thema referiert wird.
Leseverstehen	Beim Leseverstehen werden Texte mit einem hohen Informationsgehalt verwendet. Die Schülerinnen und Schüler sollen dabei auch die Einzelheiten von komplexen Texten erfassen, die wenig bekanntes Material enthalten.
Schreiben	Die Lernenden der M-Klasse sind beim Schreiben nicht mehr auf eine Vielzahl an Vorgaben angewiesen; sie sind wesentlich freier und sollen ihre Kreativität einbringen. Besondere Betonung liegt neben dem Schreiben von Briefen auf dem Weitererzählen einer Geschichte *(open-ended storytelling)* sowie dem Verfassen einer Geschichte anhand von Schlagworten *(keyword story)* oder Bildern *(picture-based story)*.
Grammatik	Neben dem Erlernen neuer Grammatik steht in Jahrgangsstufe 10 das Wiederholen bereits bekannter Strukturen im Vordergrund.
Wortschatz	Die Schülerinnen und Schüler der M-Klasse müssen 500 neue Wörter und Wendungen in Wort und Schrift beherrschen sowie über Ordnungszahlen Bescheid wissen.
Lerntechniken	Der Umfang und die Komplexität der Lerntechniken fordern die Schülerinnen und Schüler zu mehr Selbstständigkeit heraus. So müssen sie Stichpunkte zur Textproduktion nutzen, Schlüsselbegriffe erkennen und markieren sowie zügig mit dem zweisprachigen Wörterbuch umgehen können.
Mit altersgemäßen Themen und Texten umgehen	Die in *New Highlight*, Hauptschule Bayern, Band 6 für M-Klassen vorgestellten Themen sind altersgemäß und orientieren sich an der Lebenswirklichkeit der Jugendlichen. Es wird eine Vielfalt an unterschiedlichen Textsorten geboten: dialogische und narrative Texte (in der Gegenwart und in der Vergangenheit erzählt), Sach- und Gebrauchstexte (z. B. in Form von Prospekten, Internetseiten), persönliche Mitteilungen und Notizen, Bewerbungsschreiben, Tagebucheinträge, E-Mails sowie Lieder und Cartoons.
Von anderen Menschen, Sprachen und Kulturen lernen	Verstärkt werden Möglichkeiten zum interkulturellen Lernen geschaffen. Jugendliche aus Irland, Südafrika und Indien stehen im Mittelpunkt des sechsten Bandes. In diesem Rahmen wird ein modernes und facettenreiches Bild dieser Länder vermittelt, das sich auch in den vielen Fotos und Abbildungen widerspiegelt. Ein weiterer Schwerpunkt liegt auf der Darstellung von Jugendlichen weltweit und ihren gemeinsamen (oder auch unterschiedlichen) Träumen, Vorstellungen und Problemen.
Sprache untersuchen und entdecken	Neben kommunikativen Lernformen gibt es kognitive Lernhilfen wie z. B. die bereits aus Band 5 bekannten *Checkpoints* und *Revision*-Kästen, die auf neue sowie auf bereits aus früheren Lernjahren bekannte grammatische Phänomene und deren Funktion verweisen. Eine Zusammenfassung der Grammatik am Ende des Buches *(Summary)* bietet die Möglichkeit des schnellen Nachschlagens.
Englisch in der Mittelstufe	*New Highlight*, Hauptschule Bayern, Band 6 für M-Klassen unterbreitet den Schülerinnen und Schülern der M-Klassen ein sprachliches und inhaltliches Angebot, das zwischen den Erfordernissen eines Sprachlehrgangs einerseits und dem von Jugendlichen dieser Altersstufe immer stärker vorgetragenen Wunsch nach mehr Mitbeteiligung, größerer Selbstständigkeit und Eigenaktivität andererseits vermittelt. Die Aufgaben schließen deshalb auch Arbeits- und Lerntechniken ein, die z. B. zum Notieren, Ordnen und Präsentieren von Informationen, zum extensiven Lesen oder zur individuellen Wortschatzarbeit genutzt werden können. So erkennen die Schülerinnen und Schüler den Sinn des Englischlernens, sind zu weiteren Anstrengungen bereit und können sich mit dem Englischunterricht identifizieren. Dies wirkt sich positiv auf ihre individuellen Lernvoraussetzungen aus und sichert weitere Lernerfolge.

DIE BESTANDTEILE DES LEHRWERKS

Das Schülerbuch

Aufbau

Das Schülerbuch setzt sich aus einem *A world language*-Aufschlag, fünf Units, den fakultativen Bereichen *Extra Pages* (vier Seiten nach Unit 3), *Revision and Practice, Exam Practice* sowie einem ausführlichen Nachschlageteil zusammen.
Die Handlungsorte der ersten drei Units befinden sich in Irland, Südafrika und Indien, während Unit 4 und 5 sich eher globalen Themen wie dem Leben Jugendlicher bzw. der Umweltproblematik widmen.

A world language

Durch den Aufschlag *A world language*, der den Units vorangestellt ist, erhalten die Schülerinnen und Schüler erste landeskundliche Informationen und interessante Fakten zu den betreffenden Ländern. Die reich bebilderten und illustrativen Doppelseiten wecken die Neugier auf die darauffolgenden Units.

Die Units

Die ersten drei Units von Band 6 umfassen je 16 Seiten, die Units 4 und 5 haben einen Umfang von 14 Seiten. Alle fünf Units des Schülerbuches folgen dem bewährten Doppelseiten-Prinzip. Folgende Themen stehen in Band 6 im Mittelpunkt:

- **Unit 1** Geografische, historische, politische und kulturelle Aspekte Irlands: Hungersnot und Auswanderung – Nordirlandkonflikt – neue Einwanderer nach Irland – Portrait des irischen Künstlers Bono und seiner Band U2 – Dublin näher kennenlernen – irische Geistergeschichten
- **Unit 2** Leben in Südafrika: multikulturelle Regenbogennation – Lebensbedingungen der verschiedenen Bevölkerungsgruppen – Geschichte der Apartheid und die Person Nelson Mandela – Tourismus in Kapstadt – Arbeiten im Krüger Nationalpark – Fußballweltmeisterschaft 2010
- **Unit 3** Religiöse, kulturelle und wirtschaftliche Realität in Indien: Demografie – Armut und Reichtum – Bollywood – arrangierte Ehen – Indien als aufstrebende Wirtschaftsmacht – indisches Essen – Mahatma Gandhi – das Tiger-Projekt
- **Unit 4** Europäische Jugendliche im Vergleich: Vorurteile, Probleme und Lebenswelten – über Fahrstunden und Führerscheinprüfung sprechen – Auszug aus Nick Hornbys Jugendroman *About a boy* – formelle Briefe schreiben – der Kummerkastentante antworten
- **Unit 5** Globale Umweltprobleme thematisieren – Umweltschutz als Eigenverantwortung (Thema Fliegen) – die Katastrophe in Tschernobyl und ihre Folgen – innovative Ideen zum Umweltschutz – globale Erderwärmung

Aufteilung der Units

Alle Units bestehen aus den Abschnitten *Lead-in, Skills* und *Look at Language*. Der *Skills*-Abschnitt teilt sich in weitere sechs Rubriken ein und umfasst insgesamt acht Seiten, was der gestiegenen Bedeutung der Beherrschung der Grundfertigkeiten und den Anforderungen der Abschlussprüfung Rechnung trägt.

Lead-in

Auf zwei (Units 4, 5) bzw. vier (Units 1–3) Seiten wird das jeweilige Unit-Thema vorgestellt. Lebendige Fotos und Realien lenken die Aufmerksamkeit der Schülerinnen und Schüler auf landeskundliche Besonderheiten. Sie sind aufgefordert, Stellung zu beziehen, ihre Meinung zu äußern, bereits Bekanntes zum Thema zu artikulieren. Mit kurzen Lesetexten und einem bzw. zwei Hörtexten werden sie mit den jeweiligen Hauptthemen und/oder Schauplätzen der Unit vertraut gemacht. Hier lernen sie auch anhand von Sachtexten verschiedener Art, Erzähltexten sowie persönlichen Erfahrungsberichten weitere Aspekte des Hauptthemas näher kennen.

Skills

Sowohl im Sinne der Vertiefung von schon Gelerntem als auch hinsichtlich der Vorbereitung auf die Abschlussprüfung werden hier auf acht Seiten *Skills* die Grundfertigkeiten *Speaking, Reading, Listening* und *Writing* sowie *Mediation* geschult. Unterstützt wird das *Skills training* durch vielfältige Lerntipps und gezieltes Methodentraining.

In der zweiseitigen Rubrik **Speaking** steht die Schulung des Sprechens im Mittelpunkt. Hier werden Redemittel vor allem unter funktionalen Gesichtspunkten präsentiert.

Sorgfältig abgestimmte Illustrationen und Fotos verdeutlichen die Anwendbarkeit der Sprache. Ebenso werden die neuen Prüfungsformate in der mündlichen Abschlussprüfung, *picture-based conversation*, *topic-based talk* und die Fertigkeit des Dolmetschens *(Interpreting)* intensiv und systematisch geübt. Ausführliche Tipps und Hinweise erleichtern den Lernenden dabei den Zugang.

Die dreiseitige Rubrik **Reading** motiviert mit zum jeweiligen Unit-Thema passenden längeren Texten zum Lesen und bietet die Möglichkeit, das Leseverstehen zu trainieren. Dabei lernen die Schülerinnen und Schüler unterschiedliche Textsorten kennen und üben wichtige Lesetechniken. Illustrationen und Fotos unterstützen das Textverständnis. Sie lernen auch, weniger vorentlastete Texte mit höherer Informationsdichte zu verstehen und unbekannten Wortschatz aus dem Kontext zu erschließen bzw. bei Bedarf im alphabetischen Wörterverzeichnis oder einem Wörterbuch nachzuschlagen. Die Bandbreite der Übungen zum Leseverständnis reicht vom groben über detailliertes Textverstehen bis hin zu Sprachaufgaben zum Text und Transferaufgaben.

Auf der *Listening*-Seite werden den Lernenden jeweils unterschiedliche Hörtexte präsentiert. Nach dem Hören beantworten die Schülerinnen und Schüler Fragen, die sowohl das Global- als auch das Detailverstehen überprüfen. Diese Hörverstehenstexte stehen nicht im Schülerbuch und sind nur in den Handreichungen für den Unterricht zu finden.

Die folgende Seite **Mediation** ist dem *Mediation*-Training, einem wichtigen Teil der Abschlussprüfung, gewidmet. In den Unit-Kontext eingebettete Texte werden übersetzt oder sinngemäß übertragen. Unterstützt werden die Lernenden dabei von zahlreichen methodischen Hinweisen und Lerntipps, die in ihrer exemplarischen Art dazu beitragen sollen, dass langfristig Kompetenz und Sicherheit aufgebaut werden.

Auf der letzten der acht *Skills*-Seiten **(Writing)** geht es um *text production*. Die Schülerinnen und Schüler lernen, unterstützt durch zahlreiche Lerntipps, eine Fantasiegeschichte zu Ende zu führen *(open-ended story)* oder mithilfe von Schlagwörtern oder anhand von Bildern eine Geschichte zu schreiben *(keyword story* bzw. *picture-based story)*. In der Regel gibt es auf dieser Seite mehrere Aufgaben zur Schulung der Schreibfertigkeit, wobei die Hilfestellungen in Form von Bildern, Schlüsselwörtern, Fragen oder Vorschlägen von Aufgabe zu Aufgabe reduziert werden und am Ende eine freie Textproduktionsaufgabe steht.

Look at Language

Auf vier Seiten pro Unit werden alle relevanten neuen oder auch bereits bekannten Grammatikstrukturen präsentiert bzw. noch einmal aufgegriffen und wiederholt. Der erste Aufschlag, **Structures**, widmet sich überwiegend neuen Strukturen, die hier präsentiert und anhand von Aufgaben erarbeitet und geübt werden. Bereits aus den vorangehenden Bänden bekannt sind die *Checkpoints* zur überschaubaren Zusammenfassung neuer und wichtiger struktureller Aspekte und Redemittel. Die Regeln werden jedoch nicht nur vorgegeben, sondern müssen von den Lernenden erarbeitet werden.

Der zweite Aufschlag gliedert sich in die Abschnitte **Wordpower** und **Revision**. Hier wird in jeder Unit ein breites Spektrum an (überwiegend produktiven) Wortschatzübungen angeboten bzw. bereits bekannte Strukturen wiederholt, insbesondere die Zeitformen. Abschließend bietet ein *Quick Check* den Schülerinnen und Schülern die Möglichkeit zur Selbstüberprüfung.

Summary

Die unterschiedlichen Aspekte aller wichtigen, im Buch vorkommenden Strukturen werden am Ende des Buches im Abschnitt *Summary* noch einmal zusammengefasst. Mithilfe von Zeichnungen, Paradigmen und Beispielsätzen findet so eine schülergerechte Aufbereitung statt. Der Lehrkraft wird auf diese Weise die Möglichkeit geboten, die Strukturen gesondert im Unterricht zu behandeln und den Stoff der Unit zu wiederholen. Gleichzeitig können die Schülerinnen und Schüler diese Seiten als häusliches und schulisches Nachschlagewerk nutzen. Falls sie die dargestellten Sprechabsichten noch nicht beherrschen, finden sie im Workbook in den Abschnitten *Test yourself* weitere Übungen, mit denen sie ihr Wissen überprüfen und auf den geforderten Stand bringen können.

Revision and Practice Um dem höheren Anspruch wie dem schnelleren Lerntempo unserer Schülerinnen und Schüler Rechnung zu tragen, gibt es den zusätzlichen Übungsteil *Revision and Practice*, der auf das weiterführende Vertiefen und Wiederholen von Strukturen abzielt.

Extra Pages Die fakultative Kurzgeschichte 'Nightmare' der indischen Autorin Meenal Dave nach Unit 3 kann zur zeitlichen und/oder leistungsmäßigen Differenzierung angeboten werden. Sie passt thematisch sehr gut zu Unit 3 und bietet sich zur Bearbeitung im Anschluss daran an, kann jedoch auch zu einem anderen Zeitpunkt gelesen werden. Neue Vokabeln sollen von den Lernenden aus dem Kontext erschlossen bzw. im Wörterbuch nachgeschlagen werden; sie finden sich nicht im chronologischen Wörterverzeichnis des Schülerbuchs.

Exam Practice Auf den *Exam Practice*-Seiten finden sich Musteraufgaben für eine zusätzliche, gezielte Vorbereitung auf die Abschlussprüfung zum Erwerb des mittleren Schulabschlusses. Die Bearbeitung dieser Aufgaben erfolgt am besten gegen Ende des Schuljahres zeitnah zur Prüfung.

Anhang In dem umfangreichen Anhangsteil lassen sich die folgenden Übersichten und Verzeichnisse finden:

Vor der chronologischen Wörterliste gibt es eine kurze Übersicht, die in den Aufbau bzw. die Bestandteile des *Vocabulary* einführt. Sie soll den Schülerinnen und Schülern die Wortschatzarbeit erleichtern.

Das *Vocabulary* (S. 122–140) ist in *New Highlight*, Hauptschule Bayern farbig gestaltet, was zu einer größeren Übersichtlichkeit führt und die Darstellung unterschiedlicher Wortschatz-Lernhilfen ermöglicht. Zum Auftakt jeder Unit erscheint ein Tipp zu Lerntechniken. Nach der Vokabel, der Lautschrift und der Übersetzung folgen in der dritten Spalte weitere nützliche Hinweise zu Besonderheiten des Englischen sowie Grammatiktipps und kurze landeskundliche Informationen. Motivierende Zeichnungen veranschaulichen ebenfalls die neuen Wörter.

Der produktive Wortschatz in *New Highlight*, Hauptschule Bayern, Band 6 für M-Klassen beträgt ca. 500 Wörter. Die Zahl orientiert sich an den Vorgaben im aktuellen bayerischen Lehrplan. Das chronologische Vokabular unterscheidet Grundwortschatz (Fettdruck) und rezeptiven Wortschatz (Normaldruck) sowie fakultative Wörter (Kursivdruck), die insbesondere in den fakultativen Teilen des Buches vorkommen.

Die zweisprachige Wörterliste (Englisch–Deutsch), das *Dictionary* (S. 142–177), enthält neben den neuen Vokabeln, der Lautschrift und der Übersetzung auch die produktiven Wörter und Wendungen aus den Schülerbüchern *New Highlight* 1 bis 5, die unter den verschiedenen Stichwörtern zu finden sind.

Folgende Listen und Übersichten gehören ebenfalls zum Nachschlageteil:
S. 141 *In English: Alphabet, Sounds* (eine Erklärung englischer Lautschriftsymbole), *Ordinal numbers* (Ordnungszahlen von 1 bis 30)
S. 178/179 *List of names* (eine Übersicht aller Namen und deren phonetischer Umschreibung aus Band 6)
S. 180/181 Unregelmäßige Verben (eine Übersicht der im Schülerbuch verwendeten unregelmäßigen Verben mit dem Infinitiv, der *simple past*-Form, der *present perfect*-Form und der deutschen Übersetzung)
S. 182/183 Übersicht der wichtigsten *classroom phrases* auf Englisch und Deutsch
S. 184/185 Wichtige Wörter zur Grammatik auf Englisch und Deutsch mit englischen Beispielen

Des Weiteren befinden sich ganz vorne im Buch, auf der Umschlaginnenseite, eine Karte Indiens und hinten im Buch eine Karte Südafrikas.

Das Workbook

Das Workbook versteht sich als Arbeitsheft im eigentlichen Sinne, das über seinen Übungscharakter hinaus die sprachliche Arbeit auf motivierende Weise begleitet und unterstützt. Das Angebot an Übungen und Materialien zu jeder Unit ist klar gegliedert;

der Aufbau folgt dem einer Schülerbuch-Unit. Auf den *Skills*-Seiten zum *Reading* werden zusätzliche Lesetexte angeboten, die das thematische Spektrum der Unit erweitern; im daran anschließenden *Listening*-Teil finden sich Aufgaben zu zusätzlichen Hörtexten. Diese Hörverstehenstexte werden in den Handreichungen für den Unterricht im Wortlaut wiedergegeben. Der ähnliche Aufbau der Units erleichtert es den Lehrkräften, bei der Auswahl der Aufgaben – den Bedürfnissen der Lernenden entsprechend – eigene Akzente zu setzen. Übungen zu den M10-Prüfungsformaten sind in allen Units enthalten. Des Weiteren bietet das Workbook nach Abschluss jeder Unit *Test yourself*-Aufgaben, anhand derer die Schülerinnen und Schüler ihre grammatischen Kenntnisse überprüfen können. Die Lösungen hierzu stehen hinten im Workbook. Ihre allgemeinen Fortschritte in der englischen Sprache können die Lernenden im Rahmen von Selbstevaluationsbögen nach den Units 3 und 5 einschätzen. Sie bilden das Dossier des Portfolios, das die Schülerinnen und Schüler bei der Arbeit mit dem sechsten Band weiterführen können. Die *Listening*-Texte zu den Höraufgaben sind auf einer gesonderten dritten CD zum Schülerbuch zu finden.

Die Handreichungen für den Unterricht

Intention

Die vorliegenden Handreichungen für den Unterricht entlasten die Lehrkraft von Fragen der Unterrichtsvorbereitung und -durchführung und führen auch die fachfremd unterrichtenden Kolleginnen und Kollegen sicher durch das Schülerbuch. Darüber hinaus verstehen sich die Handreichungen als ein Material mit Anregungscharakter; so bieten sie z. B. viele Vorschläge für alternatives und weiterführendes Vorgehen im Unterricht, zusätzliche Materialien in Form von Kopiervorlagen sowie Anregungen für die Gestaltung weiterer Arbeitsmittel für den Unterricht. Bei der Vielfalt an Angeboten sollte jedoch eine Auswahl getroffen werden, die der Klassen- und Unterrichtssituation angepasst ist und die zur Verfügung stehende Zeit berücksichtigt.

Aufbau

Die Handreichungen zu den einzelnen Units beginnen jeweils mit einem ausführlichen Überblick, der neben der Angabe der Themen und einer kurzen Darstellung des Handlungsrahmens Hinweise auf die kommunikativen Sprechabsichten sowie auf sprachliche Mittel/Strukturen der Unit gibt.
Die weitere Kommentierung folgt dem Aufbau des Schülerbuches und wird pro Schülerbuchseite bzw. pro Doppelseite gegeben und jeweils mit einer knappen Übersicht über die neuen Wörter/Wendungen sowie bei Bedarf über die Strukturen und Sprechabsichten eingeleitet. Außerdem werden alle im jeweiligen Unit-Abschnitt benötigten Medien und Materialien auf einen Blick in der Übersicht aufgelistet – jeweils getrennt nach Materialien, die von der Lehrkraft bzw. von den Schülerinnen und Schülern mitzubringen sind.
Es folgen methodische Hinweise auf Möglichkeiten der Gestaltung des Unterrichts, die grundsätzlich als Anregungen zu verstehen sind. Hierzu zählen vor allem Vorschläge zum „Einstieg" in eine Unit, oft mit dem Ziel der Vorentlastung der Schülerbuchtexte durch die Einführung neuer Wörter und Strukturen bei noch geschlossenem Schülerbuch.
Im Anschluss an die Hinweise zu Unit 5 folgen methodische Anregungen zum Unterrichtseinsatz der fakultativen *Extra Pages* und *Exam Practice*-Seiten.

Symbole

Die Symbole aus dem Schülerbuch wurden in die Handreichungen aufgenommen. Die linke Randspalte auf den kommentierten Seiten gibt jeweils Auskunft über die Funktion eines Hinweises. Vorschläge für weiterführendes oder alternatives Vorgehen sind – zur besseren Unterscheidung vom direkten Weg – in blauer Schrifttype gesetzt. Dazu zählen beispielsweise zusätzliche Ideen für die Festigung von Strukturen und Redemitteln sowie motivierende, z. T. projektorientierte Zusatz- und Erweiterungsangebote.
Wo eine Vertiefung durch den Einsatz von Workbook-Übungen naheliegt, wird mit einem Hinweispfeil darauf aufmerksam gemacht (▶ WB S.1, Ex 1). In der Regel werden die kommentierten Abschnitte mit einem Vorschlag zur Überleitung zum Schülerbuch beendet; der Moment, in dem das Schülerbuch dann geöffnet wird, ist durch einen Hinweis in der linken Spalte gesondert ausgewiesen. Das Hörsymbol erinnert an die Möglichkeit, die Doppel-CD zum Schülerbuch einzusetzen. Die Hörverstehenstexte

PRONUNCIATION

der Schülerbuch-Units werden in den Handreichungen im Wortlaut wiedergegeben (Tapescript). Die Hörverstehenstexte zum Workbook sind ebenfalls in den Handreichungen abgedruckt.
Wiederholungsübungen zu wichtigen Strukturen werden speziell ausgezeichnet.
Auch in Band 6 gibt es zusätzliche Hinweise und Informationen, die durch blaue Raster typografisch hervorgehoben sind. Sie beziehen sich u. a. auf didaktisch-methodische Kommentare, auf die Aussprache schwieriger Wörter *(pronunciation)*, auf den Umgang mit Lese- und Hörtexten, auf landeskundliche Hinweise mit unterrichtsrelevanten, interessanten Informationen (Info-Box) sowie auf Übungen im Hinblick auf die Abschlussprüfung zum Erwerb des mittleren Schulabschlusses (M10-Prüfung).

Kopiervorlagen

Für jede Unit bieten die Handreichungen für den Unterricht Kopiervorlagen zur vertiefenden und differenzierenden sprachlichen Arbeit an. Vor allem neu eingeführte Strukturen werden auf aktive, handlungsorientierte Weise gefestigt. Zum bequemeren Kopieren von Grafiken, Übungen oder Folienvorlagen aus den Handreichungen wurden diese Elemente in Band 6 auf zusätzlichen Kopiervorlagen zusammengestellt. Zudem wird zu jeder Unit eine Kopiervorlage mit Übungen zum *Interpreting* angeboten.

CDs zum Schülerbuch und Workbook

Die Doppel-CD zum Schülerbuch enthält Aufnahmen aller mit einem Hörsymbol gekennzeichneten Texte im Schülerbuch, aller Hörtexte sowie die Originalaufnahmen der Songs aus dem Schülerbuch. Sprecherinnen und Sprecher aus Großbritannien verwenden *British English (BE)*, während die Sprecherinnen und Sprecher aus Irland, Südafrika und Indien die jeweiligen Sprachvarianten benutzen. Das gesamte Material wird von geschulten Muttersprachlern gesprochen.
Eine weitere CD enthält die *Listening*-Texte zu den Workbook-Höraufgaben.

Die Lernkontrollen auf der CD-ROM

Statt eines Kopiervorlagenheftes mit Lernkontrollaufgaben und separaten CDs mit den dazugehörigen Hörtexten wird eine CD-ROM angeboten, die beides enthält. Die Aufgaben zu jeder Unit werden als editierbare Word-Dokumente und PDFs präsentiert, die Hörtexte sind als Tonaufnahmen abrufbar.

DIE ABSCHLUSSPRÜFUNG ZUM ERWERB DES MITTLEREN SCHULABSCHLUSSES

Erläuterungen

Allgemeines

Die Abschlussprüfung zum Erwerb des mittleren Schulabschlusses im Fach Englisch, hier kurz „M10-Prüfung" genannt, ist eine zentrale Prüfung, der sich alle Schülerinnen und Schüler am Ende der Jahrgangsstufe 10 unterziehen müssen.

Bestandteile

Die M10-Prüfung basiert auf einem sechsjährigen lehrplanorientierten Englischunterricht an der Hauptschule und besteht aus zwei Prüfungsteilen:
- der schriftlichen Prüfung, die zentral vom Kultusministerium erstellt wird und deren Teilbereiche inhaltlich und hinsichtlich der Bewertung festgelegt sind;
- der mündlichen Prüfung, die die Prüfungskommission jeder Schule eigenständig erstellt und bewertet.

Für die einzelnen Prüfungsteile werden separate Punktsummen gebildet und anschließend addiert. Die Gesamtprüfungssumme ist auf 120 Punkte ausgerichtet. Die Noten in der schriftlichen und mündlichen Prüfung werden im Verhältnis 2:1 gewichtet.

Schriftliche Prüfung

Die schriftliche Prüfung besteht aus den folgenden Teilen:
A *Listening Comprehension*
B *Reading Comprehension*
C *Mediation*
D *Text Production*
E *Use of English*

Die Prüfung dauert insgesamt 120 Minuten und gliedert sich in folgende Teilbereiche:
Teil A   15 Minuten
Teile B–D   85 Minuten
Teil E   20 Minuten

Für die Teile B, C und D darf ein zweisprachiges Wörterbuch verwendet werden.

Mündliche Prüfung

Für die mündliche Prüfung werden pro Schülerin/Schüler ca. 15 Minuten veranschlagt. Sie gliedert sich in drei Teilbereiche:
Topic-based talk
Picture-based conversation
Interpreting

Die Inhalte und Aufgabenstellungen werden von der Prüfungsfeststellungskommission jeder Schule festgelegt. Somit kann hinsichtlich der Anzahl der Prüfungsteile, der Inhalte sowie der Bewertung und Gewichtung der Teilbereiche untereinander die mündliche M10-Prüfung von Schule zu Schule unterschiedlich sein.

Tipps zur Vorbereitung

Die Vorbereitung der Schülerinnen und Schüler auf die M10-Prüfung sollte nicht getrennt vom „normalen" Unterricht erfolgen, sondern ganzjähriger Bestandteil des Englischunterrichts sein und schon frühzeitig im Unterricht geübt werden. Nach Abschluss des Lehrwerks kann sich dann eine zusätzliche mehrwöchige Intensivphase anschließen, in der einzelne Prüfungsteile noch einmal gezielt trainiert werden.

- Ein weitestgehend **einsprachig geführter Unterricht**, der so oft wie möglich Tonträger mit *native speakers* einsetzt, um so die Schülerinnen und Schüler sowohl an ein normales Sprechtempo als auch an unterschiedliche Sprechweisen heranzuführen, ist Grundvoraussetzung und optimale Vorbereitung. Mit den *classroom phrases* können wichtige Redemittel für die mündliche Prüfung eingeübt werden, da die *phrases* auch das spontane einsprachige Reagieren trainieren.
- **Wortschatzvernetzung** kann die Lehrkraft in jeder Englischstunde mit „*five minutes that help*" vertiefen. Dabei wird ein Kurzthema (evtl. auch Folien- oder Arbeitsblattgestützt) genannt, zu dem die Schülerinnen und Schüler innerhalb einer bestimmten Zeitvorgabe so viele Wörter wie möglich nennen (z. B. in Einzel- oder Gruppenarbeit, als Wettbewerb zweier Gruppen, im Rund- oder Sterngespräch, mündlich oder schriftlich, sortiert nach Oberbegriffen, in *mind maps* und *word webs*, durch Verände-

rung von Vor- und Nachsilben). Nach dem gleichen Prinzip können lernbare Themenbereiche, wie z. B. *opposites*, Steigerungsformen, *irregular verbs*, Präpositionen, Konjunktionen, Redemittel zu einem bestimmten Thema oder Briefredewendungen, Fragebildung, Hilfsverben und deren Ersatzformen zu Beginn jeder Englischstunde wiederholt werden.

- Kleine **Kurzproben** motivieren zum konsequenten Weiterlernen und geben einen konstanten Überblick über die Lernleistung (und auch die Defizite) der einzelnen Schülerinnen und Schüler.
- **Wörterbucharbeit** ist wichtiges Unterrichtsprinzip in der 10. Jahrgangsstufe. Wenn eine Schülerin / ein Schüler einen Begriff nicht (mehr) weiß, dann sollte die Wissenslücke eigenständig mithilfe des Wörterbuchs oder des *Dictionary* im Schülerbuch geschlossen werden. Optimal wäre natürlich, wenn jede Schülerin / jeder Schüler selbst über ein Wörterbuch verfügen würde. Ebenso sollte die Ausspracheschulung mithilfe der phonetischen Lautschrift trainiert und das *Dictionary* hier als wertvolle Hilfe genutzt werden.
- **Textarbeitsrelevante Strategien** lassen sich mithilfe eines kopierten Textes aus den Stories in *New Highlight*, Hauptschule Bayern, Band 6 für M-Klassen einüben, wie z. B. durch das Unterstreichen der unbekannten Wörter beim Erstlesen des Textes, das Erschließen des Textinhaltes auf der Grundlage der Überschrift, das Kombinieren der Inhalte unbekannter Wörter aus dem Textzusammenhang oder das Nachschlagen der nicht aus dem Kontext erschließbaren Begriffe.
- **Kurzreferate** sollten von der ersten Unterrichtsstunde an vergeben und gehalten werden. Die Themenbereiche der einzelnen Units bieten dazu ebenso Gelegenheit wie auch das aktuelle Tagesgeschehen. Die Nutzung des Internets als Informationsquelle muss den Schülerinnen und Schülern deutlich gemacht werden. Solche Referate dürfen anfangs auch kurz (6–7 Sätze lang) sein, sollten aber immer frei und nur mithilfe eines Stichwortzettels vorgetragen werden. Dabei enthält der Stichwortzettel nur wenige Wörter, z. B. am Anfang pro Satz ein Wort.
- Das *note making*, z. B. beim Hören von *Listening*-Texten und das anschließende Nacherzählen des Gehörten anhand der Notizen, ist eine gute Vorbereitung auf das Referieren mithilfe eines Stichwortzettels.
- Verschiedene **Prüfungsstrategien** müssen den Schülerinnen und Schülern nahegebracht werden, wie z. B. Beispielsätze genau anzusehen und zu analysieren, einfach erscheinende Aufgaben(teile) zuerst und die schwierigen danach zu lösen, keine Lücken zu lassen, sondern zu versuchen, alle Aufgaben so gut wie möglich zu bearbeiten, sich nicht auf ein bestimmtes englisches Wort festzulegen, um bei fehlender Kenntnis daran zu scheitern, sondern Umschreibungen, Definitionen, Synonyme oder Antonyme zu verwenden.
- Die **wichtigsten grammatischen Termini** sollten den Schülerinnen und Schülern rezeptiv geläufig sein, demzufolge werden innerhalb des Unterrichts nur die englischen Begriffe in Arbeitsanweisungen verwendet. Eine englisch-deutsche Übersicht mit den wichtigsten Begriffen an der Seitentafel oder im Hefter der Schülerinnen und Schüler überbrückt manches Unwissen und hilft den Schülerinnen und Schülern, sich diese einzuprägen. Des Weiteren findet sich eine solche Übersicht in *New Highlight*, Hauptschule Bayern, Band 6 für M-Klassen auf SB-S. 184/185.
- **Unterschiedliche Aufgabentypen** müssen den Schülerinnen und Schülern bekannt sein, sodass sie in der Prüfung nicht an der Aufgabenform scheitern oder verunsichert werden.
- Eine **zielgerichtete Wiederholungs- und Übungsphase** über Wochenplanarbeit, in der alle M10-prüfungsrelevanten Sprachbereiche zu bearbeiten sind und in die vergangene Prüfungsaufgaben mit einfließen, eignet sich von Zeit zu Zeit, z. B. am Ende einer Unit, zur Optimierung sowohl der Unterrichtszeit wie auch der Prüfungsvorbereitung. Diese Wochenplanarbeit überlässt den Schülerinnen und Schülern selbst die Entscheidung, wann sie welchen Sprachbereich bearbeiten wollen; am Ende müssen allerdings alle Aufgaben erledigt sein. Lösungsblätter geben Sicherheit und helfen bei der Korrektur. Die Lehrkraft kann sich so vor allem einzelnen Schülerinnen und Schülern widmen.

Lehrplan

Nachfolgend finden Sie den im Jahre 2004 veröffentlichten Lehrplan für das Fach Englisch an der Hauptschule (Jahrgangsstufe 10, M-Zug) mit einer weiteren Nummerierung versehen, die Ihnen bei der Identifizierung der benannten Lernziele im Stoffverteilungsplan (s. HRU-S. 17–23) helfen soll.

Die Teilnehmer an der Abschlussprüfung zum mittleren Schulabschluss erreichen im Bereich der kommunikativen Fertigkeiten den *Level Threshold User* (*B1* im produktiven bzw. *B1+* im rezeptiven Bereich) nach dem *Common European Framework of Reference*.

10.1. Inhaltliche Bezüge
10.1.1 Themengebiete
10.1.1.1 geografische, historische, politische und kulturelle Aspekte englischsprachiger Länder, z. B. Irland, Südafrika, Indien
10.1.1.2 eine bedeutende Persönlichkeit aus der Welt des Sports oder der Kunst bzw. der Geschichte, z. B. Martin Luther King →KR 10.2.2
10.1.1.3 die Erde verändert sich: Mensch, Umwelt/Natur, Technologie →PCB 10.1
10.1.1.4 Lebensbilder von Frauen in verschiedenen Ländern der Welt →KR 10.2.2
10.1.1.5 ein Beispiel aus der englischsprachigen Literatur, auch in Ausschnitten
10.1.1.6 Themen aufgrund von aktuellen Interessen der Schülerinnen und Schüler

10.1.2 Interkulturelle und landeskundliche Schwerpunkte →KR 10.4, EvR 10.4, Eth 10.3.1
10.1.2.1 Vergleich religiöser, kultureller und wirtschaftlicher Gegebenheiten mit eigenen Lebensgewohnheiten
10.1.2.2 Offenheit gegenüber andersartigen Kulturkreisen

10.2 Textarten
10.2.1 komplexe Dialoge, Interviews und argumentative Texte, z. B. Diskussionen
10.2.2 Erzähltexte, kurze Biografien
10.2.3 Sach- und Gebrauchstexte, z. B. Zeitungsartikel
10.2.4 bildgestützte Texte, z. B. Websites mit landeskundlichen Informationen
10.2.5 literarische Texte, z. B. Gedicht, Kurzgeschichte, Romanausschnitt, Ausschnitt aus einem modernen Drama →D 10.2.3
10.2.6 Songtexte, z. B. Musical →Mu 10.1.1, 10.3.1

10.3 Sprache
10.3.1 Hörverstehen
10.3.1.1 anspruchsvolle Hörtexte global und in Einzelheiten verstehen
10.3.1.2 umfangreichere, auch aktuelle authentische Hörtexte und Filme, die in natürlichem Sprechtempo vorgetragen werden, erfassen
10.3.1.3 weitere Varianten der englischen Sprache verstehen
10.3.1.4 selbstständige Auseinandersetzung mit Texten zu einem breiteren Themenspektrum
Wiederholen, Üben, Anwenden, Vertiefen
10.3.1.5 anspruchsvolle Hörtexte global und in Einzelheiten verstehen
10.3.1.6 umfangreichere, auch aktuelle authentische Hörtexte und Filme, die in natürlichem Sprechtempo vorgetragen werden, erfassen

10.3.2 Sprechen
10.3.2.1 aus dem Wörterbuch die Aussprache von Wörtern anhand der Lautschrift ermitteln
10.3.2.2 erlebnis- und sachbezogene Gespräche führen
10.3.2.3 über Gehörtes, Gesehenes, Gelesenes und Erlebtes berichten, ein Kurzreferat präsentieren

10.3.2.4 eigene Pläne und Ansichten erklären und begründen
10.3.2.5 die eigene Meinung äußern, begründen und belegen →D 10.3.1
10.3.2.6 *by-passing-strategies* anwenden, z. B. Umschreibungen, Definitionen
10.3.2.7 Lesetext sinngestaltend vortragen *(expressive reading)* →D 10.2.1
10.3.2.8 Sprachmittlung: in Alltagssituationen dolmetschen
Wiederholen, Üben, Anwenden, Vertiefen
10.3.2.9 Gespräche führen
10.3.2.10 dolmetschen
10.3.2.11 *expressive reading*
10.3.2.12 die Aussprache anhand der Lautschrift erschließen

10.3.3 Leseverstehen
10.3.3.1 auch aktuelle, authentische Texte global und in Einzelheiten verstehen
10.3.3.2 Handlungsabläufe literarischer Texte nachvollziehen
10.3.3.3 anspruchsvollere Lesetexte erfassen
10.3.3.4 Weltwissen zur Bedeutungserschließung nutzen
10.3.3.5 Texte, auch aus dem Internet, mithilfe des Wörterbuches erschließen und auswerten →KtB 10.2.5
Wiederholen, Üben, Anwenden, Vertiefen
10.3.3.6 auch aktuelle, authentische Texte global und in Einzelheiten verstehen
10.3.3.7 anspruchsvollere Lesetexte erfassen
10.3.3.8 Texte, auch aus dem Internet, mithilfe des Wörterbuches erschließen und auswerten
10.3.3.9 Nachschlagetechniken, auch Einsatz von *online dictionaries* →KtB 10.2.5

10.3.4 Schreiben
10.3.4.1 formale Briefe schreiben
10.3.4.2 folgende Texte verfassen:
– *keyword story*
– *picture-based story*
– *open-ended story* zu Ende führen
10.3.4.3 zu Themen und Sachverhalten den eigenen Standpunkt kurz darlegen und begründen →D 10.3.1
10.3.4.4 den Wortschatz richtig schreiben
10.3.4.5 Sprachmittlung: Übersetzen englischer Texte
Wiederholen, Üben, Anwenden, Vertiefen
10.3.4.6 Texte anfertigen: *keyword story, picture-based story*
10.3.4.7 zu Themen und Sachverhalten den eigenen Standpunkt kurz darlegen und begründen
10.3.4.8 Sprachmittlung: Übersetzen englischer Texte
10.3.4.9 Orthografie

10.3.5 Formen und Funktionen
Folgende Strukturen sollen die Schülerinnen und Schüler **verstehen und anwenden**:
10.3.5.1 *past perfect (an action or state before a past time)*
10.3.5.2 *past perfect – simple past (one action happened before another)*
10.3.5.3 *present tenses for the future*
10.3.5.4 *passive voice* (in allen Zeiten)
10.3.5.5 *reported speech*
10.3.5.6 *conditional sentences: if + simple past would +infinitive (unreal condition)*
10.3.5.7 Kontrast: *adjective – adverb*
10.3.5.8 *relative clauses*
10.3.5.9 Wiederholung der Zeiten in Aussage, Frage und Verneinung
Folgende Strukturen sollen die Schülerinnen und Schüler **verstehen**:
10.3.5.10 *passive voice: progressive tenses*
10.3.5.11 *conditional sentences: if ... + past perfect / would + perfect (imaginary past action)*
10.3.5.12 Partizip I und Partizip II als Attribut zu einem Nomen, z. B. *the interesting story, the abridged story*

Wiederholen, Üben, Anwenden, Vertiefen
10.3.5.13 individuelle, gezielte Wiederholung besonders fehlergefährdeter Bereiche, z. B. mit Lernprogrammen →KtB 10.2.5
10.3.5.14 *past perfect*
10.3.5.15 *passive voice* (in allen Zeiten)
10.3.5.16 *reported speech*
10.3.5.17 *conditional sentences*
10.3.5.18 *adjective – adverb*
10.3.5.19 alle bisher gelernten Zeiten in Aussage, Frage und Verneinung

10.3.6 Wortschatz und Wendungen
10.3.6.1 ca. weitere 500 themenbezogene Wörter in Laut und Schrift
10.3.6.2 *ing*-Form nach z. B. *it's worth / it's no use ...*
10.3.6.3 *ing*-Form nach Nomen / Adjektiven / Verben + Präpositionen
10.3.6.4 Satzgefüge mit *instead of / without* + *-ing*-Form
10.3.6.5 die Wendungen: *used to / would rather*
10.3.6.6 weitere Konjunktionen, z. B. *even if, unless, as soon as*
10.3.6.7 englische Wörter aus dem Bereich *Business English*
10.3.6.8 weitere Kollokationen und idiomatische Wendungen
Wiederholen, Üben, Anwenden, Vertiefen
10.3.6.9 insgesamt ca. weitere 500 themenbezogene Wörter in Laut und Schrift
10.3.6.10 individuell bedeutsamer Wortschatz in kommunikativ relevanten Aufgaben

10.4 Lerntechniken
10.4.1 lerntypengerechte individuelle Wortschatzaneignung
10.4.2 Möglichkeiten der Wortbildung, z. B. durch Ableitung *(receive – receipt)*, Zusammensetzung *(headmaster, headphone, headlight)*
10.4.3 Synonyme und Antonyme nutzen
10.4.4 Umgang mit Nachschlagewerken (zweisprachige, einsprachige und Aussprachewörterbücher) sowie Nutzung von *online dictionaries* →KtB 10.2.5
10.4.5 Internettexten Kerninformationen entnehmen →KtB 10.2.5
10.4.6 Gehörtes und Gelesenes mithilfe von Stichwörtern *(note taking)* wiedergeben
Wiederholen, Üben, Anwenden, Vertiefen
10.4.7 Umgang mit verschiedenen Nachschlagewerken
10.4.8 Umschreibungstechniken nutzen
10.4.9 Internettexten Kerninformationen entnehmen

Stoffverteilungsplan

Die Arbeit mit dem Schülerbuch *New Highlight*, Hauptschule Bayern, Band 6 für M-Klassen

Für den Englischunterricht an der bayerischen Hauptschule stehen in der Jahrgangsstufe 10 fünf Unterrichtswochenstunden zu Verfügung. Das Schuljahr erstreckt sich über 37 Unterrichtswochen. Es ist davon auszugehen, dass die geforderten Inhalte – bei einem mittleren Anforderungsniveau – in 28 Unterrichtswochen bearbeitet werden können und noch genügend Stunden für fächerübergreifende Projekte und zur Differenzierung übrig bleiben. Der vorliegende Stoffverteilungsplan legt demzufolge 140 Unterrichtswochenstunden zugrunde. Für die weitere Schülerbuch-unabhängige individuelle Prüfungsvorbereitung stehen demnach 29 Unterrichtswochenstunden zur Verfügung.

Dieser Stoffverteilungsplan zeigt Wege zur optimalen Umsetzung der Lehrplanziele mit den entsprechenden Inhalten und Schwerpunkten des Schülerbuches *New Highlight*, Hauptschule Bayern, Band 6 für M-Klassen. Die angegebene Stundenzahl ist als Richtlinie gedacht. Dabei wird die Bearbeitung eines Teils der wiederholenden und festigenden Übungen auf *Look at language* und *Revision and Practice*-Seiten als Hausaufgabe vorausgesetzt.

Das Schülerbuch *New Highlight*, Hauptschule Bayern, Band 6 für M-Klassen umfasst den Aufschlag *A world language* und fünf Units sowie die fakultativen Bereiche *Revision and Practice*, *Extra Pages* nach Unit 3 und *Exam Practice*.

A world language		2 Stunden
Unit 1	*Ireland*	19 Stunden
Unit 2	*South Africa*	19 Stunden
Unit 3	*India*	19 Stunden
Extra Pages		2 Stunden
Unit 4	*Young adults*	17 Stunden
Unit 5	*One world*	17 Stunden
Exam Practice		6 Stunden
Probearbeiten		10 Stunden
		111 Stunden

Die einzelne Unit ist folgendermaßen grob planbar:

Lead-in	4 Stunden (Units 1–3) bzw. 2 Stunden (Units 4 und 5)
Speaking	2 Stunden
Reading	2 Stunden
Listening	2 Stunden
Mediation	2 Stunden
Writing	2 Stunden
Look at Language	4 Stunden
Revision and Practice	1 Stunde
	19 Stunden bzw. 17 Stunden

Stoffverteilungsplan

Introduction — A world language
Themen: Englisch als Lingua Franca

Monat/e _____

Probearbeit am _____

UNIT-TEIL	INHALTE/SCHWERPUNKTE	LERNZIELE	STUNDEN	MEDIEN
Lead-in SB-S. 6/7	Sich zu englischsprachigen Ländern anhand einer Weltkarte äußern Die Rolle des Englischen in Irland, Südafrika und Indien	10.1.1.1, 10.1.1.6, 10.2.4, 10.3.1.1, 10.3.3.4, 10.3.5.12, 10.4.8	2	CD 1, Nr. 2–5

SB = Schülerbuch
WB = Workbook
CD = Tonaufnahmen auf der Doppel-CD
HRU = Handreichungen für den Unterricht

Unit 1 — Ireland

Themen: geografische, historische, politische und kulturelle Aspekte Irlands • Bilder beschreiben und vergleichen

Sprachliche Mittel: *simple past* (Wiederholung) und *past perfect*

Monat/e: _____
Probearbeit am: _____

UNIT-TEIL	INHALTE/SCHWERPUNKTE	LERNZIELE	STUNDEN	MEDIEN
Lead-in SB-S. 8–11	Etwas über geografische, politische, kulturelle, wirtschaftliche und historische Aspekte Irlands erfahren	10.1.1.1, 10.1.2.1, 10.2.3, 10.2.4, 10.3.1.1, 10.3.1.4, 10.3.2.3, 10.3.2.5, 10.3.2.6, 10.3.2.9, 10.3.3.4, 10.3.4.4, 10.3.4.7, 10.3.5.9, 10.3.5.12, 10.3.6.3, 10.4.5, 10.4.6, 10.4.7, 10.4.8, 10.4.9	4	WB S. 1, 2, Ex 1–4 CD 1, Nr. 6–11, www.new-highlight.de
Skills – Speaking SB-S. 12/13	Sich zu politischen und historischen Aspekten (Nord-)Irlands äußern Bilder beschreiben und vergleichen	10.1.1.1, 10.3.1.1, 10.3.2.2, 10.3.2.5, 10.3.2.6, 10.3.2.9, 10.4.6	2	WB S. 3, Ex 5 CD 1, Nr. 12
Skills – Reading SB-S. 14–16	Leseverstehen und Textarbeit Internet-Tagebuch zu Bono von U2	10.1.1.6, 10.2.1, 10.3.2.6, 10.3.3.2, 10.3.3.3, 10.3.4.3, 10.3.4.8, 10.4.4	2	WB S. 4–6, Ex 6–10 CD 1, Nr. 13–19
Skills –Listening SB-S. 17	Zu einem Hörtext Notizen machen Bilder zu einem Hörtext in die richtige Reihenfolge bringen und Fragen beantworten	10.1.1.1, 10.3.1.1, 10.3.1.5, 10.4.6, 10.4.8	2	WB S. 7, Ex 11–13 CD 1, Nr. 20, 21
Skills – Mediation SB-S. 18	Einen Text über Geister ins Deutsche übertragen	10.1.1.1, 10.3.3.9, 10.3.4.5, 10.3.4.8, 10.4.4	2	WB S. 8, Ex 14
Skills – Writing SB-S. 19	Zwei *open-ended stories* zu Ende führen	10.1.1.1, 10.3.4.2, 10.3.4.4, 10.3.4.6, 10.3.4.9, 10.4.4	2	WB S. 9, Ex 15, 16
Look at Language SB-S. 20–23	Üben und Wiederholen des Sprachmaterials *past perfect* Lernmethoden (Wortbildung)	10.1.1.1, 10.1.2.1, 10.3.2.12, 10.3.4.7, 10.3.5.2, 10.3.5.4, 10.3.5.9, 10.3.5.13, 10.4.2, 10.4.3, 10.4.7	4	WB S. 10, 11, Ex 17–22 WB S. 12, Ex 1–3 (*Test yourself*) CD 1, Nr. 22, 23
* Revision and Practice SB-S. 102/103	Wiederholung und Vertiefung des zentralen Sprachmaterials aus Unit 1	10.1.1.1, 10.3.2.3, 10.3.3.5, 10.3.4.2, 10.3.4.5, 10.3.4.6, 10.3.5.2, 10.3.5.13, 10.4.5	1	

Zeitbedarf: 19 Stunden

Stoffverteilungsplan

Unit 2 **South Africa**

Themen Leben in Südafrika: Geografie, Wirtschaft, Sport, Kultur, Geschichte, Lebensumstände • Über Pläne und Absichten sprechen

Sprachliche Mittel *simple present* und *present progressive*, um über die Zukunft zu reden

Monat/e _____

Probearbeit am _____

UNIT-TEIL	INHALTE/SCHWERPUNKTE	LERNZIELE	STUNDEN	MEDIEN
Lead-in SB-S. 24–27	Etwas über unterschiedliche Aspekte des Lebens in Südafrika erfahren	10.1.1.1, 10.1.1.2, 10.1.2.2, 10.2.3, 10.2.4, 10.3.1.1, 10.3.2.3, 10.3.3.3, 10.3.3.6, 10.3.4.6, 10.3.5.12, 10.4.8	4	WB S. 13, 14, Ex 1–6 CD 1, Nr. 24–35
Skills – Speaking SB-S. 28/29	Über Ereignisse sprechen, die durch einen Zeitplan festgelegt sind Einen *topic-based talk* über Nelson Mandela oder den Krüger Nationalpark halten	10.1.1.1, 10.1.1.2, 10.2.1, 10.2.4, 10.3.1.1, 10.3.1.4, 10.3.2.2, 10.3.2.3, 10.3.2.5, 10.3.2.6, 10.3.5.9, 10.3.5.12, 10.3.6.6, 10.3.6.8	2	CD 1, Nr. 36–38 www.new-highlight.de
Skills – Reading SB-S. 30–32	Textarbeit und Leseverstehen Meinungsäußerungen zum Thema Arbeitszufriedenheit	10.1.1.1, 10.1.1.4, 10.3.3.1, 10.3.3.3, 10.3.4.3, 10.3.4.5, 10.3.5.11, 10.4.1, 10.4.4	2	WB S. 15–17, Ex 7–11 CD 1, Nr. 39–43
Skills – Listening SB-S. 33	Radio-Tagebücher verstehen	10.1.1.1, 10.2.3, 10.3.1.2, 10.3.1.5	2	WB S. 18, Ex 12, 13 CD 1, Nr. 44, 45
Skills – Mediation SB-S. 34	Einen Text über die Fußballweltmeisterschaft 2010 ins Deutsche übertragen	10.1.1.1, 10.3.3.9, 10.3.4.5, 10.3.4.8, 10.4.4	2	WB S. 19, Ex 14
Skills – Writing SB-S. 35	Sich per Brief oder E-Mail beschweren	10.3.4.1, 10.3.4.3, 10.3.4.4, 10.3.4.9	2	WB S. 20, Ex 15, 16
Look at Language SB-S. 36–39	Üben und Wiederholen des Sprachmaterials *present tenses for the future* Lernmethoden (Wortbildung)	10.1.1.1, 10.3.4.7, 10.3.5.3, 10.3.5.9, 10.3.6.7, 10.4.2, 10.4.3	4	WB S. 21, 22, Ex 17–21 WB S. 23, 24, Ex 1–4 (*Test yourself*) CD 1, Nr. 46, 47
* *Revision and Practice* SB-S. 104/105	Wiederholung und Vertiefung des zentralen Sprachmaterials aus Unit 2	10.1.1.1, 10.3.2.3, 10.3.4.1, 10.3.4.2, 10.3.4.3, 10.3.4.6, 10.3.5.3, 10.3.5.7, 10.3.5.9, 10.3.5.13, 10.4.3	1	

Zeitbedarf: 19 Stunden

Unit 3 India

Themen
Über religiöse, kulturelle und wirtschaftliche Aspekte in Indien sprechen • Lebensgewohnheiten in Indien mit den eigenen vergleichen • Berichten, was jemand gesagt hat

Sprachliche Mittel *reported speech*

Monat/e _____

Probearbeit am _____

UNIT-TEIL	INHALTE/SCHWERPUNKTE	LERNZIELE	STUNDEN	MEDIEN
Lead-in SB-S. 40–43	Etwas über religiöse, kulturelle und wirtschaftliche Aspekte in Indien erfahren	10.1.1.1, 10.1.1.3, 10.1.1.4, 10.1.2.2, 10.2.3, 10.2.4, 10.3.1.1, 10.3.2.3, 10.3.3.1, 10.3.3.3, 10.3.4.4, 10.3.5.9	4	WB S. 25, 26, Ex 1–5 CD 1, Nr. 48–54
Skills – Speaking SB-S. 44/45	Über Reisen in Indien sprechen und dolmetschen Einen *topic-based talk* über ein indisches Thema halten	10.1.1.1, 10.2.1, 10.2.4, 10.3.1.1, 10.3.1.3, 10.3.2.2, 10.3.2.3, 10.3.2.5, 10.3.2.6, 10.3.2.8, 10.3.5.9, 10.3.6.8	2	CD 1, Nr. 55 www.new-highlight.de
Skills – Reading SB-S. 46–48	Leseverstehen und Textarbeit Ein Artikel über die Relevanz Indiens für die westliche Welt	10.1.1.1, 10.1.1.3, 10.1.2.1, 10.1.2.2, 10.2.3, 10.3.2.3, 10.3.3.1, 10.3.3.3, 10.3.4.5, 10.3.6.7, 10.4.7	2	WB S. 27–29, Ex 6–9 CD 2, Nr. 2–9
Skills – Listening SB-S. 49	Einen Bericht über indisches Essen verstehen Ein Interview mit einer Regisseurin verstehen	10.1.1.1, 10.1.2.2, 10.2.3, 10.3.1.1, 10.3.1.3, 10.3.1.5	2	WB S. 30, Ex 10, 11 CD 2, Nr. 10, 11
Skills – Mediation SB-S. 50	Einen Text über Mohandas Gandhi ins Deutsche übertragen	10.1.1.1, 10.1.1.2, 10.3.3.9, 10.3.4.5, 10.3.4.8, 10.4.4	2	WB S. 31, Ex 12
Skills – Writing SB-S. 51	Eine *keyword story* verfassen	10.3.4.2, 10.3.4.3, 10.3.4.4, 10.3.4.6, 10.3.4.9, 10.3.5.13	2	WB S. 32, Ex 13, 14
Look at Language SB-S. 52–55	Üben und Wiederholen des Sprachmaterials direkte und indirekte Rede Lernmethoden (Wortbildung und Ausspracheschulung)	10.1.1.1, 10.3.4.7, 10.3.5.5, 10.3.5.9, 10.3.5.14, 10.3.5.18, 10.4.2	4	WB S. 33, 34, Ex 15–20 WB S. 35, Ex 1–3 *(Test yourself)* CD 2, Nr. 12
* *Revision and Practice* SB-S. 106/107	Wiederholung und Vertiefung des zentralen Sprachmaterials aus Unit 3	10.1.1.1, 10.3.3.8, 10.3.4.1, 10.3.4.4, 10.3.4.8, 10.3.5.5, 10.3.5.9, 10.4.4, 10.4.5	1	
* *Extra Pages* SB-S. 56–59	Leseverstehen: 'Nightmare' – eine indische Kurzgeschichte	10.1.1.1, 10.1.1.4, 10.1.1.5, 10.1.2.2, 10.2.5, 10.3.2.7, 10.3.3.2, 10.3.3.3	2	CD 2, Nr. 13–18

Zeitbedarf: 19 Stunden (ohne *Extra Pages*)

Stoffverteilungsplan

22

Unit 4	**Young adults**			
Themen	**Die Belange junger Erwachsener diskutieren • Über Fahrstunden sprechen**		Monat/e	
Sprachliche Mittel	*conditional sentences*		Probearbeit am	

UNIT-TEIL	INHALTE/SCHWERPUNKTE	LERNZIELE	STUNDEN	MEDIEN
Lead-in SB-S. 60/61	Etwas über das Leben junger Erwachsener in Großbritannien erfahren	10.1.1.4, 10.1.1.6, 10.1.2.1, 10.2.1.1, 10.3.1.1, 10.3.2.3, 10.3.2.5, 10.3.3.1, 10.3.3.4, 10.3.5.12, 10.6.3, 10.3.6.4, 10.3.6.6, 10.4.9	2	WB S. 37, Ex 1–3 CD 2, Nr. 19–20
Skills – Speaking SB-S. 62/63	Über Fahrstunden sprechen und dolmetschen Eine *picture-based conversation* zum Thema „Feiern" führen	10.1.1.6, 10.2.1.1, 10.3.1.1, 10.3.1.2, 10.3.2.2, 10.3.2.3, 10.3.2.5, 10.3.2.6, 10.3.2.8, 10.3.5.9, 10.3.6.2, 10.3.6.6, 10.3.6.8	2	WB S. 38, 39, Ex 4, 5 CD 2, Nr. 21
Skills – Reading SB-S. 64–66	Leseverstehen und Textarbeit Auszüge aus dem Roman *About a boy*	10.1.1.5, 10.2.5, 10.3.2.5, 10.3.3.2, 10.3.3.3, 10.3.4.5, 10.3.5.12, 10.3.6.3, 10.4.4	2	WB S. 40–42, Ex 6–10 CD 2, Nr. 22–26
Skills –Listening SB-S. 67	Schulaustausch-Hörbotschaften verstehen	10.3.1.1, 10.3.1.3, 10.3.1.5, 10.3.2.3, 10.3.4.3	2	WB S. 43, Ex 11, 12 CD 2, Nr. 27, 28
Skills – Mediation SB-S. 68	Eine Buchbesprechung aus dem Internet ins Deutsche übertragen	10.1.1.4, 10.1.1.5, 10.3.3.5, 10.3.4.5, 10.3.4.8, 10.3.6.4, 10.4.4	2	WB S. 44, Ex 13
Skills – Writing SB-S. 69	Formale Briefe und E-Mails schreiben	10.3.4.1, 10.3.4.3, 10.3.4.4, 10.3.4.9	2	WB S. 45, Ex 14
Look at Language SB-S. 70–73	Üben und Wiederholen des Sprachmaterials Konditionalsätze Lernmethoden (Wortbildung und Ausspracheschulung)	10.1.1.6, 10.3.4.7, 10.3.5.6, 10.3.5.9, 10.3.5.13, 10.3.5.17, 10.4.2	4	WB S. 46, 47, Ex 15–19 WB S. 48, Ex 1–3 (*Test yourself*)
* Revision and Practice SB-S. 108/109	Wiederholung und Vertiefung des zentralen Sprachmaterials aus Unit 4	10.1.1.6, 10.1.2.1, 10.2.4, 10.3.2.3, 10.3.2.5, 10.3.4.2, 10.3.4.4, 10.3.4.5, 10.3.4.8, 10.3.4.9, 10.3.5.6, 10.3.5.9	1	
		Zeitbedarf: 17 Stunden		

Unit 5   **One world**

Themen   Umweltprobleme und deren Auswirkungen diskutieren • Über alternative Energien sprechen

Sprachliche Mittel   *passive voice*

Monat/e: _____

Probearbeit am: _____

UNIT-TEIL	INHALTE/SCHWERPUNKTE	LERNZIELE	STUNDEN	MEDIEN
Lead-in SB-S. 74/45	Etwas über Umweltprobleme und deren Auswirkungen erfahren	10.1.1.3, 10.2.3, 10.3.1.1, 10.3.2.3, 10.3.2.5, 10.3.3.1, 10.3.3.4, 10.3.5.9	2	WB S. 49, Ex 1–3 CD 2, Nr. 29, 30
Skills – Speaking SB-S. 76/77	Über die Umwelt sprechen und dolmetschen Einen *topic-based talk* zum Thema „Umwelt" halten Eine *picture-based conversation* zu Peking führen	10.1.1.3, 10.2.1, 10.3.1.1, 10.3.1.2, 10.3.2.2, 10.3.2.3, 10.3.2.5, 10.3.2.6, 10.3.2.8, 10.3.5.9, 10.3.6.2, 10.3.6.5	2	CD 2, Nr. 31 www.new-highlight.de
Skills – Reading SB-S. 78–80	Leseverstehen und Textarbeit Ein Artikel aus dem Internet über Tschernobyl	10.1.1.3, 10.1.2.4, 10.3.2.3, 10.3.3.1, 10.3.3.3, 10.3.3.5, 10.3.4.3, 10.3.4.4, 10.3.4.5, 10.3.5.10, 10.4.5, 10.4.7	2	WB S. 50–52, Ex 4–9 CD 2, Nr. 32–37
Skills – Listening SB-S. 81	Eine Radiosendung und ein darin gespieltes Lied verstehen	10.2.6, 10.3.1.1, 10.3.1.2, 10.3.1.5	2	WB S. 53, Ex 10, 11 CD 2, Nr. 38, 39
Skills – Mediation SB-S. 82	Einen Artikel über eine umweltfreundliche Erfindung ins Deutsche übertragen	10.1.1.3, 10.1.1.4, 10.3.3.5, 10.3.4.5, 10.3.4.8, 10.4.4	2	WB S. 54, Ex 12
Skills – Writing SB-S. 83	Eine *picture-based story* verfassen	10.1.1.3, 10.3.4.2, 10.3.4.3, 10.3.4.4, 10.3.4.6, 10.3.4.9, 10.3.5.13	2	WB S. 55, 56, Ex 13–15
Look at Language SB-S. 84–87	Üben und Wiederholen des Sprachmaterials *passive (simple present), passive (simple past)* (Wiederholung) *passive (present perfect), passive (future tense)*	10.1.1.3, 10.3.4.7, 10.3.5.4, 10.3.5.9, 10.3.5.13, 10.3.5.15, 10.3.5.16, 10.3.5.17, 10.4.1	4	WB S. 57, 58, Ex 16–20 CD 2, Nr. 40–44 WB S. 59, Ex 1–3 (*Test yourself*)
* Revision and Practice SB-S. 110/111	Wiederholung und Vertiefung des zentralen Sprachmaterials aus Unit 5	10.1.1.3, 10.2.3, 10.3.4.3, 10.3.4.4, 10.3.4.5, 10.3.4.8, 10.3.4.9, 10.3.5.9, 10.3.5.16	1	
* Exam Practice SB-S. 112–121	Musteraufgaben für den qualifizierenden Hauptschulabschluss	10.1.1.1, 10.1.2.1, 10.2.1, 10.2.2, 10.3.1.1, 10.3.1.4, 10.3.2.5, 10.3.2.8, 10.3.2.12, 10.3.3.1, 10.3.4.1, 10.3.4.3, 10.3.4.5, 10.3.5.9, 10.3.5.16, 10.3.5.17, 10.3.5.18, 10.4.2	6	CD 2, 45–54

Zeitbedarf: 17 Stunden (ohne *Exam Practice*)

Introduction

A world language

Themen

Englisch als Weltsprache Die englische Sprache nimmt weltweit eine herausragende Rolle ein. In vielen Ländern ist Englisch als *official language* auch Zweitsprache und darüber hinaus als *lingua franca* ein Verständigungsmittel breitester Schichten über nationalstaatliche Grenzen hinweg. In der *Introduction* erfahren die S sowohl etwas über Englisch als Weltsprache als auch über die Rolle von Englisch in den Ländern Irland, Südafrika und Indien, die in diesem Band in den Units 1–3 vorgestellt werden.

S. 6/7

WORTSCHATZ	S. 6: widely-spoken S. 7: **English-speaking** • Celtic • majority • understand: it is understood • minority • South Africa • speaker • South African
MEDIEN	**L:** Folie von Vorlage 1, Tageslichtprojektor, Kopien von Vorlage 1 in Klassenstärke; Landkarte mit den Commonwealth-Staaten; CD 1, Nr. 2–5, CD-Spieler **S:** Atlanten, Wörterbücher

Einstieg

1 **The map shows countries where English is spoken as a first or ...**

Kopieren Sie Vorlage 1 auf Folie und präsentieren Sie die Karte. Vorab können Sie auf allgemeine geografische Punkte eingehen und z.B. die Kontinente oder bekannte Länder finden und auf Englisch benennen lassen. Anschließend erhalten die S Kopien von Vorlage 1 als Arbeitsblätter. Geben Sie den Auftrag, englischsprachige Länder zu finden und diese mit Bleistift zu beschriften. Anschließend schlagen die S das SB auf und kontrollieren, ob sie all die rot markierten Länder richtig platziert und identifiziert haben.

L *Have a look at the map. Which continents and countries do you know?*
S *I can see America / Africa / Spain / ...*
L *Here's the map for you.* (Teilen Sie die Kopien aus.) *Find the countries in which most people speak English as a first language and write their names in the map. Use a pencil, please.* (S tragen Länder ein.) *Now check if you've found all the countries. In your book is a map with red and orange countries. Did you find all the countries marked in red? Look at the map on pages 6 and 7.*

Kopiervorlage 1

Die S kontrollieren ihre Ergebnisse. Die Länder, die auf der Karte in Rot dargestellt werden, sollten dann eingetragen sein bzw. werden, und die S markieren sie auch in Rot.
Lösungen:
USA   Britain   Australia
Canada   Ireland   New Zealand

Dann lesen die S den SB-Text unter der Karte still. Als Leseaufträge bieten sich folgende Fragen an:
– *What's one of the most important languages around the world? (English)*
– *Why is it so important? Give three reasons (2 billion people speak it / pilots speak it / most of the Internet home pages are in English)*

Klären Sie den Unterschied zwischen Englisch als Erst- und Zweitsprache. Die S beschriften anschließend zehn Länder, in denen Englisch die zweite Sprache ist. Diese werden in einer anderen Farbe ausgemalt.

L *What does English as a first language and English as a second language mean? Any ideas?*
S1 *I think English as a first language means that you speak that language first. / It's the most important language. / Most people speak that language in a country.*
L *That's right. And the second language?*
S1 *I think it means that you can speak a different language.*
L *Some of you speak other languages than German. For some of you German is the second or third language. What does that mean? Can anybody give an example?*
S2 *I speak Russian at home and I speak German at school.*
L *And what's your first and second language?*
S2 *Russian is my first language and German is the second.*
L *And which language is English for you?* (Regen Sie nur durch Blicke mehrere S nacheinander an, sich zu äußern.)
S2 *English is my third language.*
S3 *English is my fourth language.*
L *Have a look at the map and find 10 countries where English is spoken as a second language. Write their names in your maps and colour them in another colour.*

Erweiterung Stellen Sie im Anschluss die Frage, welche anderen Länder die S kennen und welche Sprache(n) dort gesprochen werden. Die S tragen die Ländernamen auch auf ihren Karten ein, unbekannte Ländernamen suchen sie im Wörterbuch. Weisen Sie sie darauf hin, dass in manchen Wörterbüchern die Ländernamen in einer separaten Liste stehen. Als Hilfe bei der Platzierung der Länder können die S auch den Atlas verwenden. (Diese Aufgabe eignet sich auch als Hausarbeit.)

L *Which other countries do you know? Do you know which languages are spoken there?*
S *In Spain/Turkey/Russia/... people speak Spanish/Turkish/Russian/...*

Erweiterung Zeigen Sie zur weiteren Vertiefung eine Karte der Commonwealth-Staaten, um den S den Zusammenhang mit Großbritannien näherzubringen. Dabei sollen die S erkennen, dass alle die Staaten mit Englisch als Erstsprache Mitglieder des Commonwealth sind und damit unter dem Einfluss von Großbritannien standen/stehen.

2 Languages and countries
Im Anschluss lesen die S die drei Infotexte auf SB-S. 7 und bearbeiten die Fragen dazu. Die Antworten werden danach im Unterrichtsgespräch mündlich verglichen.
Lösungen:
1 *English is important in South Africa because it is spoken and understood in every part of the country and because it's the language of government, banks and big companies.*
2 *The USA and India have the most English speakers.*
3 *Most people in Ireland speak English.*

3 Irish, Indian and South African English

a) Listen to the three people. Who do you think is from …
Um den S auch einen auditiven Unterschied zwischen den drei Ländern zu vermitteln, spielen Sie den Hörtext zu *Exercise 3* vor.
Lösungen:
speaker 1: *India*   speaker 2: *South Africa*   speaker 3: *Ireland*

Tapescript
Hi, how are you? I'm sixteen, and most of my lessons at school are in English. I'm quite good at tennis and this year I hope I'll be able to take part in a national competition.

b) Now listen to the three people again and write the towns where they live.
Lösungen:
1 *Mumbai*   2 *Bloemfontein*   3 *Dundalk*

Tapescript
INDIAN SPEAKER
I live in a big city in the west of India called Mumbai. I'll spell it for you.
You write it M – U – M – B – A – I.

SOUTH AFRICAN SPEAKER

I live in Bloemfontein, a city in the centre of my country: South Africa. I'll spell Bloemfontein for you: it's spelt B – L – O – E – M – F – O – N – T – E – I – N.

IRISH SPEAKER

I live in Dundalk, in the north of the Republic of Ireland. Let me spell it for you: it's D – U – N – D – A – L – K.

INFO-BOX

Zur Zweisprachigkeit **Irlands** (irisches Gälisch und Englisch) vgl. HRU-S. 29. In **Südafrika** existieren elf offizielle und acht inoffizielle *„national languages"*, also Sprachen mit regionaler Bedeutung. Neben den Hauptverkehrssprachen Englisch und Afrikaans, der Sprache der niederländischstämmigen Buren, werden in Südafrika neun weitere offizielle gleichberechtigte Sprachen gesprochen, so ist z. B. Zulu mit 24 % die am häufigsten gesprochene Sprache, gefolgt von Xhosa (18 %) und Afrikaans (13 %). Englisch steht zahlenmäßig erst an sechster Stelle, spielt aber in den Medien, in der Politik und in den Städten eine zentrale Rolle und wird dort mehrheitlich verwendet. In **Indien** existieren 216 offizielle Regionalsprachen und zwei offizielle Sprachen, die auch im politischen Leben stark genutzt werden: Hindi, das insgesamt 41 % der Gesamtbevölkerung oder 422 Millionen Menschen sprechen, und Englisch, das von der gebildeten Mittel- und Oberschicht gerne verwendet wird und dessen Bedeutung sich aus der Kolonialzeit ableitet. Insgesamt gibt es in Indien über 1.500 Sprachgruppen.

Unit 1

Ireland

Themen

Irland: Dublin und Enniskillen (Nordirland)   In dieser Unit lernen die S Irland kennen. Sie erfahren etwas über vergangene Ereignisse, z. B. die große Hungersnot in den Jahren 1845 bis 1852 und die dadurch verursachte Auswanderungswelle und die Nordirlandproblematik am Beispiel der Stadt Enniskillen. Als Kontrast dazu wird das moderne, industrielle Irland dargestellt. Zwei Immigranten berichten, wie und weshalb sie nach Irland auswanderten. Des Weiteren werden geografische Besonderheiten Irlands, die lebendige Hauptstadt Dublin und die irische Vorliebe für Gespenster- und Gruselgeschichten präsentiert. Im Lesetext werden die S durch einen Bericht über den sozialen Einsatz des aus Irland stammenden Künstlers Bono dazu angeregt, über den Umgang der Stars mit Geld nachzudenken.

Kommunikative Sprechabsichten

Bilder beschreiben und vergleichen	*On the left are a few green trees.* *I think that the first picture shows the quiet life in Ireland while the second picture shows the modern and busy life in the cities.*
Sagen, was in der Vorvergangenheit geschah	*They had lived in a village before they emigrated to the USA.*

Sprachliche Mittel/ Strukturen

Sprachliche Mittel und Strukturen, die von den S angewendet werden sollen:

Die Vorvergangenheit *(past perfect)*: Rezeptiv wurde den S das *past perfect* bereits im Vorgängerband 5 vorgestellt. In dieser Unit folgt nun die Bewusstmachung. Das *past perfect* wird einerseits verwendet, um zu beschreiben, dass eine Aktion oder ein Zustand früher in der Vergangenheit geschah (*By the age of 15 she had written her first book.*). Das *past perfect* wird auch genutzt, um zu verdeutlichen, dass zwei Handlungen oder Vorgänge in der Vergangenheit aufeinander folgten. Dabei wird das *past perfect* für das zeitlich vorangegangene Ereignis gebraucht. Um das andere Ereignis darzustellen, wird das *simple past* verwendet (*After the boys had arrived at the beach, it started to rain.*). Das *past perfect* wird mit *had* und dem Partizip Perfekt gebildet. Das Partizip Perfekt der unregelmäßigen Verben ist auf den SB-Seiten 180/181 aufgelistet. Im Deutschen wird das Plusquamperfekt mit den Hilfsverben „hatte" oder „war" gebildet (*My key had disappeared.* Mein Schlüssel war verschwunden. *I had lost it.* Ich hatte ihn verloren.).

Die einfache Vergangenheit *(simple past)*: Den S ist das *simple past* als Möglichkeit, zu sagen, was in der Vergangenheit geschah, bereits aus vergangenen Lernjahren bekannt. In dieser Unit werden Anwendung und Bildung erneut wiederholt, einschließlich Verneinungen und Fragen. Bei regelmäßigen Verben wird *-ed* angehängt (*I walked in the park.*); die unregelmäßigen Verben (*I went to the cinema.*) sind zu lernen. Fragen werden mit *did* + Infinitiv gebildet (*Did they go to the cinema?*) und Verneinungen mit *didn't* + Infinitiv (*No, they didn't go to the cinema.*).

Sprachliche Strukturen, die von den S verstanden werden sollen:

Partizipien in Verbindung mit Nomen: Partizipien werden auch zur näheren Bestimmung von Nomen verwendet. Dabei hat das **Partizip Präsens** (Partizip I) eine aktivische Bedeutung (*Many starving people went to workhouses in 1846.* = Menschen, die hungern) und das **Partizip Perfekt** (Partizip II) meist eine passivische Bedeutung (*Thirty years ago there were many damaged cars in Belfast.* = Autos, die beschädigt wurden). Partizipien können eng mit einem anderen Wort verbunden sein, z. B. *English-speaking countries*. Gebildet wird das Partizip Präsens, indem man an den Infinitiv eines Verbs die Endung *-ing* hängt. Das Partizip Perfekt der regelmäßigen Verben wird mit der Endung *-ed* gebildet und die unregelmäßigen Verben haben ihre eigene Form, die auch zur Bildung vom *present perfect* und *past perfect* verwendet wird.

LEAD-IN

S.8

WORTSCHATZ	at the bottom (of the photo)
SPRECHABSICHT	Ein Bild beschreiben: *In the picture there's a tree on the left.*
MEDIEN	L: Kopien von Vorlage 2 (oben) in Klassenstärke

Einstieg

1 What do you already know about Ireland? ...

Steigen Sie mit den Fotos auf SB-S. 8 in das Thema ein. Schreiben Sie dazu *Ireland* als Impuls an die Tafel. Auch mithilfe der Fotos verbalisieren die S ihr Wissen über das Land. Schreiben Sie die Aussagen stichpunktartig an der Tafel mit.

L *What do you know about Ireland? Have a look at page 8. What can you see in the photos?*
S *In Ireland people play rugby / some people speak Gaelic / there are big cities and modern buildings / ...*
L *Look at the map in picture 2. Ireland consists of two parts. Which ones are they?*
S *Northern Ireland and the Republic of Ireland.*
L *Do you know anything about the two different parts of the country?*

Erweiterung

Kopiervorlage 2 (oben) bietet eine zusätzliche Möglichkeit, die S auf das Thema einzustimmen. Die S bearbeiten die Fragen schriftlich in Einzelarbeit und geben die Lösungen hierzu im Rahmen von *Exercise 1* wieder.

Lösungen:
1. *in the northwest of Western Europe, west of Great Britain*
2. *Dublin and Belfast*
3. *to Great Britain*
4. *the Celtic Sea, the Atlantic Ocean and the Irish Sea*
5. *Cork, Galway, Limerick*
6. *in the southwest of the country in Munster*
7. *about 400 km*

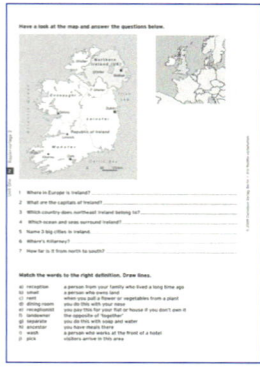

Kopiervorlage 2

2 Choose one of the photos and describe it to your partner.

Die S nutzen die vorgegebenen Redemittel, um ein Bild möglichst ausführlich zu beschreiben. Um den Tandems mehr Übungsmöglichkeiten zu geben, können sie auch mehrere Fotos beschreiben. Versteht der/die Partner/in etwas nicht, darf dieser/diese natürlich nachfragen. Abschließend wird jedes Foto im Plenum beschrieben, um gemeinsam zu einer detaillierten Beschreibung zu kommen.

INFO-BOX

Auf Bild 1 sieht man einen computergenerierten Entwurf für die Bebauung des *Titanic Quarter* in Belfast. Es handelt sich um ein Bauvorhaben auf der Industriebrache des Werftgeländes, auf dem die RMS Titanic Anfang des 20. Jahrhunderts gebaut wurde. Auf dem Gelände werden Apartmentblocks, Büros und ein *tourism centre* zur Geschichte des Schiffs errichtet. Im Laufe der nächsten fünfzehn Jahre (Stand: 2009) soll das Projekt ungefähr 25.000 Arbeitsstellen schaffen und den Tourismus im Norden ankurbeln. Der *Spire* (Foto 3) ist das Wahrzeichen Dublins und wird auch *Monument of Light* genannt. Er ist 120 m hoch und sieht wie eine große Metallnadel aus, welche nachts beleuchtet wird. Im Volksmund wird er als *Spike* oder auch als *Stiletto in the Ghetto* bezeichnet. **Rugby** (Foto 4) ist ein beliebter Sport in Irland. Jede Mannschaft besteht aus fünfzehn Spielern, deren Ziel es ist, im Laufe des 80-minütigen Spiels mithilfe des eiförmigen Balls so viele Punkte wie möglich für das eigene Team zu erzielen. Dabei gibt es vier Möglichkeiten, Punkte zu machen. Dem Spiel verwandt ist das in der Republik Irland sehr beliebte *gaelic football*, eine Mischform aus Rugby und Fußball. Der Ball sieht wie ein Fußball aus, ist allerdings schwerer.

INFO-BOX

Ein wichtiger irischer Industriezweig ist die **Informatikindustrie** (Foto 5). Zwei Marktführer, *Microsoft®* und *Google®*, haben einen Sitz auf der grünen Insel. Was *Microsoft®* angeht, so war der Standort in Dublin der erste außerhalb der Vereinigten Staaten. Die bei Touristen und Einheimischen beliebte **West Coast** (Foto 6) repräsentiert die idyllische bzw. naturbelassene Seite Irlands. Sogar der berühmte Dichter W. B. Yeats soll von dieser Gegend inspiriert worden sein. Besonders hervorzuheben sind die Aran Islands und Galway, wohin zahlreiche Touristen nach dem obligatorischen Aufenthalt in Dublin fahren. *Gaelige* (Irisch bzw. irisches Gälisch) gilt in der Republik Irland als erste Amtssprache, Englisch nur als zweite. Dennoch kommt nur ein Bruchteil der Bevölkerung (3 %) mit der irischen Sprache in allen Lebensbereichen in täglichen Kontakt. Die meisten davon sind in den sogenannten *Gaeltacht*, den irisch-sprechenden Gebieten, zu finden. Irisch ist in der Republik als Schulfach im Lehrplan verankert, ebenso sind alle offiziellen Orts- und Straßenschilder (Foto 7) zweisprachig. In der Frage der Zweisprachigkeit unterscheidet sich Nordirland stark vom Süden: Der Gebrauch der irischen Sprache ist stark mit der katholischen Religion verknüpft. Irisch wird daher meist nur an katholischen Schulen unterrichtet.

▶ WB S. 1, Ex 1

S. 9

WORTSCHATZ	republic • spire • tower • multinational • tourist industry • coast • wide • sandy
MEDIEN	L: CD 1, Nr. 6, CD-Spieler

3 Read the following paragraphs and match each one with ...
Die S lösen die Aufgabe erst in Einzelarbeit auf einem Notizzettel. Bei der Kontrolle lesen sie die Paragrafen vor und nennen die Lösung.
Lösungen:

| A *2* | B *4* | C *3* | D *5* | E *6* | F *1* | G *7* |

4 An info box for Ireland
a) With the information from this page make notes for an info box for ...
Die S notieren zu den *keywords* Fakten, die sie stichpunktartig festhalten.
Lösungen:

official name:	*Republic of Ireland*	*Northern Ireland*
population:	*4 million*	
capital:	*Dublin*	*Belfast*
money:	*euros*	*pounds*
official languages:	*English, Irish*	
sports:	*football, rugby*	*football, rugby*
industry:	*computer industry, tourist industry*	

b) Now listen and add one piece of information to each category ...
In einem zweiten Schritt sollen die S ihre *info boxes* mithilfe des *Listening*-Textes erweitern. Die S machen sich während des Hörens Notizen. In lernlangsameren Klassen spielen Sie den Hörtext mehrmals vor, damit die S möglichst viele zusätzliche Informationen gewinnen können. Im nachfolgenden Unterrichtsgespräch geben sie zusätzliche Angaben wieder und ergänzen diese in ihre Texte.

L *Here's a short report about Ireland. It gives you more information on each keyword from exercise 4a). Listen carefully for new facts and take notes. Try to write at least one fact for each keyword.*

Lösungsbeispiele:
A *most people live near the east coast / west coast has little population*
B *two football teams, but one national rugby team / football matches in Dublin or Belfast / Irish flag in Dublin*

C *Dublin: largest city of Republic / two sister towns: Barcelona in Spain and Liverpool in England*
D *large wind farm in the sea*
E *west of Ireland: great fishing rivers*
F *Belfast is Northern Ireland's largest city / government meets in Belfast / Northern Ireland: two motorways*
G *Irish name: Eire / Eire is on Irish euro coins*

Tapescript

A The Republic of Ireland (population: a little over four million) is an independent country and uses euros. Northern Ireland is a province of the United Kingdom and uses British pounds. The population of the Republic of Ireland lives mostly on or near the east coast. The west of Ireland has little population.

B The Republic of Ireland and Northern Ireland each have a national football team. But in rugby the two countries play together in one Irish team. Home matches are sometimes played in Dublin, and sometimes in Belfast. The team uses the Irish flag when they play in Dublin, but not when they play in Belfast or countries abroad.

C Dublin (city population 506 000) is the capital and the largest city of the Republic of Ireland. One of it's tourist sights is the Spire – a very tall, narrow tower. Dublin has two sister cities in Europe – Barcelona in Spain and Liverpool in England.

D Many multinational computer companies have factories in Ireland. The tourist industry is also enormously important. One of Europe's largest wind farms, called *Arklow Bank*, is in the west of Ireland. It's not on land – it stands in the sea.

E The west coast of Ireland is rocky and very beautiful. Some parts have high cliffs, other parts have wide sandy beaches. There are few large towns in the west. Fishermen love the west of Ireland because they have some of the best fishing rivers in the world.

F Did you know that the *Titanic* was built in Belfast, the largest city in Northern Ireland? Now modern offices, shops, houses and flats stand where the *Titanic* was built. Belfast is Northern Ireland's largest city and Northern Ireland's government meets there. The province only has two motorways – and both lead to Belfast.

G The Republic of Ireland has two official languages: English and Irish. So road signs are in both languages. The Irish name for the independent country in Ireland is Eire. That's written E – I – R – E. That's the name that you see on Irish euro coins. Have you ever seen one? Check your purse – perhaps you have one in it!

c) Now with all your notes write the info boxes …

Die S formulieren die *info boxes* schriftlich aus und vergleichen die Ergebnisse dann mit einem Partner / einer Partnerin. Der/Die Partner/in kann noch Ergänzungs- bzw. Verbesserungsvorschläge machen.
Lösungsbeispiel:
The Irish name of the Republic of Ireland is Eire. Its population is around 4 million and most people live near the east coast. The capital city is called Dublin. Dublin is also the largest city of the Republic of Ireland. In the Republic of Ireland people use euros. It says Eire on the euro coins. The road signs are in two languages, English and Irish. They play many sports in the Republic of Ireland like football and rugby. The team only uses the Irish flag when they play in Dublin. Both the computer industry and tourism are important for the Irish economy. There's a large wind farm in the sea at the west coast of Ireland too.

Northern Ireland is a province of the United Kingdom. Its capital city is called Belfast. The government meets there and the Titanic was built there. In Northern Ireland they use pounds. They play football and rugby in Northern Ireland. Northern Ireland has the same industries as the Republic of Ireland.

Projekt Zur Vertiefung bietet es sich an, die S ihre *info boxes* mithilfe des Internets ausarbeiten zu lassen. Auf der Internetseite http://www.discoverireland.com/gb/ erhalten sie beispielsweise einen guten Einblick in die Besonderheiten des Landes; zugleich vermitteln viele Bilder einen Eindruck der landschaftlichen Besonderheiten. Die S können zu wei-

teren Bereichen, z. B. *famous sights, nature and country, the west coast*, recherchieren. Alternativ können Sie ihnen auch die folgenden Arbeitsaufträge geben, die sie in Einzelarbeit mithilfe der Internetseite bearbeiten:
- *Write down 3 famous sights of Ireland.* (Lösungsbeispiele: *Fermanagh Lakelands; Connemara / County Galway; Mount Stewart House and Gardens / County Down*)
- *Find 3 famous sights in the cities of Ireland.* (Lösungsbeispiele: *Ha'penny Bridge / Dublin; Linen Hall library / Belfast; Newry Cathedral / Newry*)

5 Questions for discussion in class

Vor der Diskussion in der Klasse lesen sich die S die Fragen still durch, beantworten sie, soweit sie können, und notieren ihre Ideen auf einem Notizzettel. Anschließend wird jede Frage vorgelesen und die Ideen und das Wissen der S werden an der Tafel oder auf einer Folie zusammengetragen.

L *Read the questions in exercise 5. Make notes if you know answers to some of the questions.* (S arbeiten still.) *Let's compare now. Please read the first question. ...*

Lösungsbeispiele:
1 *The Titanic was a luxury liner and the largest passenger steamship built at the time. It had very modern technology for that time. On her first trip in April 1912 the ship hit an iceberg and sank quickly. About 1500 people died.*
2 *Germany/France/Spain/Italy/Slovenia/Slovakia/Malta/...*
3 *individuelle Lösungen*
4 *New Zealand / Australia / South Africa / Argentina / France / England / Wales / ...*
5 *car industry / IT industry / media / publishing*
6 *Upper Bavaria is influenced by a warm wind that comes from the south in spring and autumn (Föhn). / Winters can be cold and with lots of snow. / ...*
7 *Wales / Canada / South Africa / India / Switzerland / ...*

S. 10

WORTSCHATZ	county • disease • starve • ruined house • leave behind: they left behind • Protestant • Catholic • both Catholics and Protestants • peace • bomb
SPRECHABSICHT	Über Irlands Geschichte sprechen: *In 1846 a terrible disease destroyed the potatoes.*
MEDIEN	L: Landkarte von Irland/Atlanten/Karte von Kopiervorlage 2 auf Folie; CD 1, Nr. 7, 8, CD-Spieler; Leerfolie, Folienstift, Tageslichtprojektor; Kopien von Vorlage 3 in Klassenstärke

Einstieg

Ireland – past and ...

Präsentieren Sie den S eine Landkarte von Irland (entweder aus dem Kartenbestand der Schule, im Atlas oder von Vorlage 2) und lassen Sie die S auf der Karte den Ort Dingle bzw. die Grafschaft County Kerry (County Kerry ist nicht auf der Kopiervorlage ausgewiesen) suchen. Fragen Sie, ob sie sich an Aussagen erinnern, die zur Westküste Irlands im Hörtext auf der vorherigen SB-Seite gemacht wurden.

L *Look at this map of Ireland. Can you find the village Dingle? Describe where it is.*
S *It's in the southwest of Ireland, near the coast.*
L *You're right, it's on the west coast. In the listening exercise on page 9 you were given some information about the west coast. Do you remember anything they told you about the west coast?*
S *Not many people live on the west coast. / It's good for fishing. / There are cliffs and beaches.*

Fordern Sie die S auf, die Seite im SB so abzudecken, dass nur das Foto mit den Hütten zu sehen ist. Die S beschreiben es kurz. Danach befragen Sie die S nach ihrem Eindruck von dem Ort und lassen sie Vermutungen anstellen, warum die Hütten verlassen sein könnten. Fragen Sie, was sie von dem Ort halten. In lernlangsamen Klassen geben Sie als Hilfe zur Beschreibung der Stimmung einige Adjektive vor, z. B. *beautiful, boring, busy, happy, lonely, old, sad*.

L *Please cover page 10 so that you can only see the photo at the top. Have a look at the picture and describe it.*
S *There are two houses/huts. / They look very old. / There's a wall made of grey stones. / The roof of the first hut is broken. / It's somewhere in the country. / ...*
L *What do you think about this place? Would you like to go there and see it? Tell us why or why not.*
S1 *I wouldn't like to go there. It looks very boring. I'm not interested in nature or old things.*
S2 *I'd like to go there. I think it's a relaxing place. I think it's good for hiking too.*

Dingle, County Kerry

Präsentieren Sie die folgenden Fragen als Leseaufträge an der Tafel oder als Folie. Je nachdem, ob Sie das Hör- oder Leseverstehen trainieren wollen, spielen Sie den Text von der Hör-CD vor (dabei bleibt der SB-Text abgedeckt) oder lassen Sie ihn in Einzelarbeit lesen. Die S sollen während des Hörens/Lesens die folgenden Fragen beantworten:

- *Do tourists like Dingle? (yes)*
- *Were people very rich 150 years ago? (no)*
- *What was destroyed by a disease? (the potatoes)*
- *Did many people starve? (yes)*
- *Where's a museum near Dingle? (in a ruined house)*

Nach einem (zweiten) Lesedurchgang erläutern die S, was in der Vergangenheit in Dingle passiert ist. Legen Sie zu Irlands Vergangenheit eine Folie an, die nach und nach erweitert wird (s. u.).

L *What happened in Dingle in the past? Please read the text once again. (S lesen.) What did you find out?*
S1 *150 years ago people were very poor and they didn't have much food.*
S2 *They only ate fish and potatoes.*
S3 *In 1846 the potatoes had a disease and the people couldn't eat them. Many people died.*

Enniskillen, Northern Ireland

Anschließend betrachten die S das Foto unten und beschreiben es. Leiten Sie dann zum Thema Nordirland über.

L *Have a look at the picture at the bottom of the page and tell me what you see.*
S *I can see many people. / It looks like war. / Some people are injured. / ...*
L *This photo was taken in Northern Ireland. Do you know anything about the problems in Northern Ireland?* (Die S haben die Möglichkeit, evtl. vorhandene Kenntnisse zu präsentieren.) *Let's find out more about Northern Ireland.*

Den zweiten Abschnitt lesen die S mit, während sie den Hörtext hören. Dann wird der Text ein zweites Mal laut vorgelesen und die Tabelle auf der Folie erweitert. Lassen Sie auf der rechten Seite der Folie ggf. noch Platz für spätere Ergänzungen (vgl. HRU-S. 34).

L *Listen to the text about Enniskillen and read it at the same time. Then tell us what the problem was.*

Ireland's past	
Dingle	Enniskillen
– people were poor	– Catholics and Protestants fought each other
– potatoes were destroyed	
– many people starved	– 3 500 people were killed

PRONUNCIATION
Achten Sie bei den Worten *Catholic* und *Catholics* auf die richtige Betonung auf der ersten Silbe und darauf, dass das „o" nicht mitgesprochen wird [ˈkæθlɪk].

Wortschatzarbeit Mit dem Kreuzworträtsel von Vorlage 3 wird die neue Lexik der Seite gefestigt. Kopieren Sie die Vorlage in Klassenstärke auf Arbeitsblätter.

Lösungen:
1 republic
2 Protestant
3 island
4 sandy
5 bomb
6 fight
7 independent
8 peace
9 majority
10 starve
11 past
12 ruined
13 Catholic
14 coast
15 disease
16 destroy

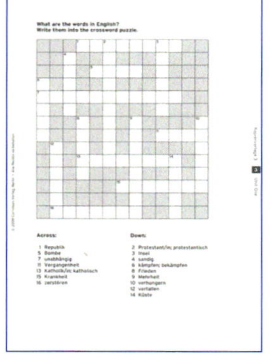

Kopiervorlage 3

1 True or false? Correct the false sentences.

Um das Leseverstehen der S weiter zu vertiefen, bearbeiten sie *Exercise 3* in Einzelarbeit schriftlich.

Lösungen:
1 *False: Tourists like Dingle.*
2 *True.*
3 *False: 5 000 people died in Dingle in 1846, but not all of them.*
4 *True.*
5 *False: Enniskillen is a peaceful place today.*

INFO-BOX

Kerry ist eine Grafschaft im südwestlichen Teil Irlands. Verwaltungssitz der Grafschaft ist Tralee. County Kerry liegt an der Atlantikküste und hat einige wunderschön gelegene Halbinseln, wie z. B. die Dingle-Halbinsel. County Kerry ist landwirtschaftlich geprägt: Weidewirtschaft und Fischerei bilden die Haupteinnahmequellen der dort lebenden Bevölkerung. Das wohl bekannteste Produkt ist eine auch bei uns erhältliche irische Butter. In der Stadt **Dingle** leben ca. 1.900 Einwohner. Sie beherbergt den wichtigsten Fischereihafen der Region. Die Stadt liegt auch in einem irisch-sprechenden Gebiet Irlands – einem *Gaeltacht*.
Enniskillen ist der Verwaltungssitz des Countys Fermanagh in Nordirland und liegt auf einer Insel, die die Stadt in zwei Teile trennt. Es leben ca. 12.000 Menschen dort. Enniskillen ist auch heute wegen seiner unruhigen Vergangenheit bekannt. Die Stadt liegt nahe der Grenze zwischen Nordirland und der Republik Irland und verfügt über katholisch und protestantisch geprägte Viertel. Daher kam es immer wieder zu Konflikten zwischen den beiden Bevölkerungsgruppen, den sogenannten *troubles*. Diese durch Gewalt und Auseinandersetzungen geprägte Phase in ganz Nordirland begann schon Ende der 1960er Jahre und konnte erst Ende des 20. Jahrhunderts beigelegt werden. Am *Remembrance Sunday* (Volkstrauertag) im Jahr 1987 tötete eine Bombe zahlreiche Besucher eines Kriegsdenkmals, was weltweit Entsetzen auslöste und dazu beitrug, den Friedensprozess voranzutreiben. Heute leben die Einwohner friedlich miteinander.

▶ WB S. 2, Ex 2

S. 11

WORTSCHATZ	Polish • Poland • any • European Union • the **only** company • doughnut
SPRECHABSICHT	Über Einwanderer in Irland sprechen: *Olek came to Ireland three years ago.*
MEDIEN	**L:** CD 1, Nr. 9–11, CD-Spieler; angefangene Folie zur SB-S. 10, Folienstift, Tageslichtprojektor; Internet
S: Handy

... present: Why not work in Ireland?

Präsentieren Sie die Aussagen der beiden jungen Immigranten von der Hör-CD. Als ersten Hörauftrag fragen Sie: *Where do Olek and Teresa come from?* (Olek: Poland; Teresa: Detroit, USA) *Where do they work?* (Olek: at a hospital; Teresa: in a computer company)

2 Olek and Teresa

Nun lesen die S die Texte still und beantworten die Aufgaben schriftlich in Einzelarbeit.

a) Answer the questions in full sentences.

Lösungen:
1 *Olek likes Dublin because it's so multicultural and the Irish people are friendly. His problem is that he has to fly when he wants to go back to Poland and he doesn't like flying.*
2 *Teresa is in Ireland because she's working in a computer company. She misses baseball and doughnuts for breakfast.*

b) Explain these numbers in German:

Lösungsbeispiele:
1 *8% Acht Prozent aller arbeitenden Personen in Irland stammen aus dem Ausland.*
2 *40% Vierzig Prozent der europäischen Software wird in Irland hergestellt.*

Erweiterung

Ergänzen Sie eine dritte Spalte *(... and present)* auf der zur vorherigen SB-S. 10 angelegten Folie. Die S lesen die SB-S. 11 erneut und überlegen sich Stichpunkte zur Ergänzung der Tabelle. Diese schreiben Sie auf die Folie.

Ireland's past ...		... and present
Dingle	Enniskillen	– Dublin-multicultural
– people were poor	– Catholics and Protestants fought	– friendly people
– potatoes were destroyed		– many people work there
– many people starved	– 3 500 people were killed	– big computer industry

 3 Jakob and Olivia also work in Ireland. ...

Lassen Sie die S vorab die Fragen im SB lesen und einen Notizzettel mit einer kleinen Tabelle vorbereiten. Spielen Sie dann den Hörtext vor. Die S machen beim Hören Notizen zu den Antworten.

Lösungen:

	Jakob	Olivia
1	works as a car mechanic	works on a farm, looks after horses
2	the slow life, Irish music	the Irish accent / how people speak, (the atmosphere in) pubs
3	the weather	difficult to find good food in the shops

Tapescript

Jakob

Dia dhuit, conás átá tú? That's "Hello, how are you?" here where I live in the west of Ireland. I'm Jakob and I came here from Germany about ten years ago, and now I work as a car mechanic in a village near Limerick. What I like here is that life is slower than in Germany or Britain. There's no stress. I also like Irish music – groups like "The Frames", for example. What I don't like is the weather – it's never really hot or really cold, but it's often very wet!

Olivia

Hi, my name's Olivia. I'm English, but I've been living in Ireland for two years now. I work on a farm in the south of Ireland. I've always loved horses, and here I look after horses which take part in races in Ireland, Britain and France. Horse racing is big business in Ireland. I like it here – I love the way people speak, the Irish accent. It sounds like music! And I like the atmosphere in the pubs. The only thing that I don't like is that it's difficult to find good food in the shops. It's OK in bigger towns – but here in the country, shops don't have a lot.

Erweiterung

Mit den folgenden Fragen kann das Hörverstehen der S weiter trainiert werden. Schreiben Sie die Fragen an die Tafel, damit die S sie während des Hörens sehen können.
Where's Jakob from? (Germany)
How long has he been in Ireland? (for 10 years)
Does he like Irish music? (yes)

Where's Olivia from? (England)
How long has Olivia been in Ireland? (for 2 years)
What's big business in Ireland? (horse racing)

Alternative

Alternativ dazu hören die S den Text ein weiteres Mal und notieren sich zwei Aussagen. Anschließend werden sämtliche Angaben an der Tafel oder auf Folie gesammelt und so eine Faktensammlung erstellt. Bei einem erneuten Hördurchgang überprüfen die S die Richtigkeit sämtlicher Informationen.

> **INFO-BOX**
>
> Die jahrhundertealte Tradition der **Pferderennen** in Irland ist wahrscheinlich zum Teil auf das kalziumreiche Futter, das dort vorhanden ist, zurückzuführen. Die Pferde haben dadurch starke, leichte Knochen. Seit Langem zeichnet sich Irland in der Pferdezucht aus und findet darin eine große Einkommensquelle. Pferderennen sind in Irland als Zuschauersport sehr beliebt.

Wortschatzarbeit

An dieser Stelle bietet es sich an, das Wortfeld *jobs* zu reaktivieren. Geben Sie den S ca. eine Minute Zeit, um so viele Jobs zu notieren, wie ihnen einfallen. Hinterher werden die Ergebnisse an der Tafel zusammengetragen. Mündlich nennen die S Tätigkeiten oder Arbeitsplätze zu den Jobs.

L *Take a piece of paper. You have one minute to write as many jobs as you can remember. Start now.* (S schreiben.) *What could you think of?*
S *nurse / car mechanic / shop assistant / firefighter / secretary / cook / ...*
L *Where do these people work and what do they do?*
S *A nurse works at a hospital and she helps ill people.*

Transfer

Fragen Sie die S, ob sie sich vorstellen können, wegen eines Jobs das Land zu verlassen. Fragen Sie auch, was die Arbeitsstelle für Anreize bieten müsste und welche Probleme die S vermuten.

L *Can you imagine going to another country like Olek and Teresa did? Tell us why or why not.*
S *I'd go to another place because I think it's interesting. / I wouldn't like to go because I'd miss my friends.*
L *What would the job have to be like to make it interesting enough to go to another country?*
S *I want to earn lots of money. / It should be interesting/exciting. / ...*
L *What do you think? What problems could there be?*
S *You miss your family. / You have to find a flat. / Maybe you don't understand the language.*

4 Project: Use the Internet and learn more about Ireland.

Die S können die Aufgabe entweder in Kleingruppen zu je drei S oder (zu Hause) in Einzelarbeit bearbeiten. Bevor die S die Internetseite aufsuchen, präsentieren Sie die möglichen Themen, die unter Punkt 2 aufgezählt werden, an der Tafel oder auf einer Folie. Sammeln Sie zu jedem Thema mit den S einige Ideen, was dazu ausgearbeitet werden könnte.

L *I want you to prepare a little talk about one of the following topics.* (Präsentieren Sie die vier Themen schriftlich.) *There's an Internet site you can use for this but first let's find some interesting questions for each topic.*

Mögliche Frage/Ideen sind z. B.:
a) Immigrants in Ireland
– *Why is Ireland known as the land of emigration?*
– *Why are there so many immigrants in Ireland?*
– *What do they do?*
– *Where are they from?*
– *What's the situation like now?*
b) Episodes in Irish history
– *What happened at the time of the Great Famine?*
– *When and why did the Troubles start?*
– *What brought the Troubles to an end?*
– *What's the situation like today?*

c) Dublin
- *Name some famous sights in Dublin.*
- *What can you do in Dublin?*
- *Find five facts about Dublin.*

d) Sport in Ireland
- *Which team games are popular in Ireland?*
- *Explain Gaelic football or hurling.*
- *What other sports are popular?*

Die S entscheiden sich für ein Thema, suchen die Internetseite www.new-highlight.de (s. did.-method. Hinweis unten) auf und notieren Stichpunkte als Vorbereitung für ihre mündlichen Vorträge. Bevor die Kurzreferate vor der Klasse gehalten werden, üben die S sie in ihren Kleingruppen oder in Partnerarbeit. Evtl. können sie die Vorträge von der Partnerin / vom Partner mit einem Handy aufnehmen lassen, um zu hören, was noch verbessert werden kann (s. did.-method. Hinweis unten).

DIDAKTISCH-METHODISCHER HINWEIS

Einsatz von www.new-highlight.de: Im vorliegenden Band werden die S wiederholt dazu angeregt, sich selbstständig weiterführende Informationen im Internet zu beschaffen. Für bestimmte Aufgaben werden dazu auf der Internetseite www.new-highlight.de Materialien bereitgestellt. Im Unterschied zu anderen Materialien im Internet ist diese Website jederzeit und kontinuierlich verfügbar. Zudem wurden die Informationen so zusammengestellt, dass sie dem Sprachniveau der S und den Aufgabenstellungen im SB entsprechen. Die Arbeit mit www.new-highlight.de kann an Computern in der Schule durchgeführt oder als Hausaufgabe gegeben werden, vorausgesetzt, alle S verfügen über einen Internetzugang. Mit vielen **Handys** kann heutzutage eine kurze Filmsequenz aufgenommen werden. Empfehlen Sie den S, diese Technik zur Verbesserung ihrer mündlichen Leistungen zu nutzen und sich beim Vortrag vorbereiteter, mündlicher Referate filmen zu lassen. Anhand der Aufnahmen können die S detailliert an Aussprache und Stil arbeiten und große Fortschritte erzielen. Auch fallen den S Fehler besser auf.

Weiterarbeit

Zur Weiterarbeit bieten sich die folgenden Aufgabenstellungen an:
- Einen ausführlichen Text zu einem der oben genannten Punkte erstellen, als mögliche Grundlage für einen *topic-based talk* in der Abschlussprüfung.
- Eine Collage mit Fotos und kurzen Bildbeschreibungen zu den interessantesten Sehenswürdigkeiten in Irland anfertigen und der Klasse vorstellen.
- Über eine Sportmannschaft/Sportart in Irland recherchieren und die Ergebnisse präsentieren.
- Ein Kurzreferat über die eigene Region halten, das sich inhaltlich an den Aspekten orientiert, die im SB mit Bezug auf Irland behandelt wurden.

HINWEIS ZUR M10-PRÜFUNG

Teilen Sie den S die Dauer für ihr Prüfungsreferat mit, damit sie sich bei dieser Aufgabe zeitlich ungefähr an der Vorgabe ausrichten können. Das Referat kann somit als erste Übung für die Prüfung dienen und entsprechend ausführlicher ausgearbeitet werden. Dazu suchen die S weitere Informationen im Internet.

▶ WB S. 2, Ex 3, 4

SKILLS

S. 12/13

WORTSCHATZ	S. 13: **it's your turn • tourist poster • brief(ly)**
SPRECHABSICHT	Bilder beschreiben: *On the left there are two people running away.*
MEDIEN	L: Foto/Illustration; CD 1, Nr. 12, CD-Spieler; Folie der Grafik auf SB-S. 13 oben, Tageslichtprojektor

SPEAKING – Picture-based conversation

> **HINWEIS ZUR M10-PRÜFUNG**
>
> Auf den *Speaking*-Seiten werden die Elemente der mündlichen Prüfung, *picture-based task*, *topic-based task* und *Interpreting*, kleinschrittig vorbereitet und trainiert. Im Laufe des Schuljahres werden die Aufgaben immer wieder geübt.

Einstieg

Bringen Sie eine Illustration oder ein Foto, z. B. aus einer Zeitschrift, mit. Das Bild sollte sich vom Aufbau her gut für eine Bildbeschreibung eignen. Hängen Sie es in die Mitte der Tafel und lassen Sie die S Redemittel zur Bildbeschreibung wiederholen. Sollte den S nichts einfallen, können sie auf SB-S. 8 nachschauen. Die Redemittel werden an der Tafel gesammelt und von den S abgeschrieben. Die S beschreiben mit deren Hilfe kurz das Bild.
Beispiele für zentrale Redemittel sind:
In the background/foreground/centre/middle of the picture there is/are ...
On the left/right side I can see ...
At the top/bottom there is/are ...
The people are ...
The people are wearing ...
Maybe they ...
The people look like ...
There's a / There are ... in the picture.
Above/Under the ... are/is ...
I think the picture is about ...

1 **In the exam you'll perhaps have to talk about two pictures.**
a) First look at the two pictures below.

Um das genaue Betrachten von Bildern zu üben, machen Sie mit den S ein kleines Quiz zu den Bildern. Fordern Sie sie auf, ihre Aufmerksamkeit auf das erste Bild zu lenken und es sich so genau wie möglich einzuprägen. Dabei wird das rechte Bild abgedeckt (s. did.-method. Hinweis auf HRU-S. 38). Geben Sie eine Zeitvorgabe, wie lange die S das erste Bild betrachten dürfen, z. B. 30 Sekunden. Verfahren Sie anschließend mit der rechten Illustration in gleicher Weise. Es wird entsprechend die linke Grafik abgedeckt.
Ist die Zeit abgelaufen, schließen die S ihre SB. Stellen Sie Fragen zu den Bildinhalten (vgl. nächste Seite), die die S in Einzelarbeit auf einem Notizzettel in Stichpunkten beantworten. Vergleichen Sie anschließend die Lösungen, wobei die S nicht in die SB schauen. Fragen Sie am Ende nach der Anzahl der richtigen Antworten. Führen Sie die Aufgabe wie folgt durch:

L *You're going to look at both pictures, one at a time. Try to remember as many details as you can. At the end we'll do a little quiz and find out which of you has the best memory. Please cover the picture on the right and look at the left picture first. You can look at it for 30 seconds. Look at the second picture now. Cover the left one. You have another 30 seconds. Close your books now. I'm going to ask five questions for each picture. Write your answers on a piece of paper.* (Stellen Sie die Fragen.) *Let's see. Who has the best memory now?* (Vergleichen Sie die Lösungen.) *OK, who has got all the answers right?* (S melden sich.) *Excellent! You have great memories! And who has nine right? Well done!* (Fragen Sie bis fünf Antworten ab.) *And the rest of you, wake up and open your eyes, please.*

Fragen:

left picture
– How many dogs are in the left picture? (two)
– What colour is the burning car? (blue)
– On which side of the picture are the policemen? (on the right side)
– What's in the background of the picture? (houses/shops)
– What's in the middle? (a burning car)

right picture
– How many children does the couple on the right have? (one)
– What's in the background of the picture? (houses/shops)
– What's the man in the red T-shirt in the front of the picture eating? (an ice cream)
– Is he talking to a man or a woman? (a woman)
– How many cars are in the picture? (two)

DIDAKTISCH-METHODISCHER HINWEIS

Präsentation einzelner Bilder: Um die Konzentration der S wirklich auf nur ein Bild zu lenken, decken die S andere Bilder, die zur Aufgabe gehören, ab. Die S neigen dazu, beim ersten Betrachten zwischen den Bildern hin- und herzuspringen, wodurch ihnen mitunter viele Details entgehen.

b) Read the tips and examples.
Die S lesen die Tipps und Beispiele in Einzelarbeit oder im Plenum durch. In leistungsstarken Klassen werden die Beispiele rechts abgedeckt und stattdessen eigenständig Beispielsätze gebildet.

c) Now prepare what you're going to say about each picture. ...
Die S berücksichtigen die Tipps in ihrer Beschreibung und notieren zu jedem Tipp Stichpunkte.

Erweiterung Bei ihrer Vorbereitung können die leistungsstarken S auch weitere Aspekte beachten. Diese finden Sie im did.-method. Hinweis unten aufgeführt.

DIDAKTISCH-METHODISCHER HINWEIS

Weitere Punkte, die von den S bei einer detaillierten **Bildbeschreibung** beachtet werden sollten:
– Beschreibung von Personen: Kleidung / besondere Position der Personen im Bild / Haltung / Gesichtsausdruck / Gefühlsregungen / Aktivität der Personen / ...
– Farbgebung des Bildes
– Besondere Symbole im Bild
– Bezug des Bildes zum Unterrichtsthema / Bezug zu einem aktuellen Thema

d) A student is talking about the two pictures. Listen carefully ...
Geben Sie den S vor dem Hören einige Minuten Zeit, um sich in Tandems über die Stichpunkte auszutauschen. So fällt es ihnen leichter, Anregungen aus dem Hörtext in ihre eigene Beschreibung zu übernehmen. Beim ersten Hördurchgang achten die S auf die Beachtung der Tipps durch den Sprecher. Dann hören sie den Vortrag erneut und machen sich Notizen, die sie später in ihre Beschreibung einfließen lassen. Die S achten besonders auf den Vergleich der beiden Bilder.

L *Talk to a partner about your notes. Can you add any ideas? Is anything important missing from your partner's notes?* (S tauschen sich aus.) *I'm going to play a description from the CD. Listen first and check if the person has paid attention to the tips from your English book.* (Spielen Sie den Hörtext vor.) *Now listen again and take notes if you hear anything you would like to use in your description.*

Tapescript
The first picture shows violence in Belfast in 1979.
There are some angry people on one side, and there are police officers on the other side. On the right some police officers have dogs which look dangerous.
In the centre a car is on fire.

I think that the people on the left are very angry because they are throwing things at the police officers. They are probably shouting very loudly.
The shops are closed, probably because the owners are frightened of the violence.

The second picture shows a busy street in Belfast city centre in 2009.
There's no violence now: there are no police officers and nobody is throwing things. Some people are sitting outside: they're talking to each other and eating ice cream. On the right a man and a woman are walking happily together down the street. They look relaxed. The shops are open, and even the weather is better than in the first picture.

I think that the first picture shows Belfast when some Protestants and Catholics were fighting each other. Fortunately Belfast is peaceful again now.

e) Now talk to your partner about the two pictures. ...
Mithilfe der Stichpunkte üben die S anschließend in Tandems ihre Bildbeschreibungen. Der/Die Partner/in achtet dabei auch auf die Zeit, die gesprochen wird, um abschätzen zu können, dass ca. zwei Minuten lang gesprochen wird. Der/Die Partner/in kann nach dem Vortrag noch Hilfen geben und Verbesserungsvorschläge machen. Werden die zwei Minuten nicht erreicht, versuchen die Partner/innen zusammen weitere Aspekte einzubauen. Abschließend werden einige Beschreibungen vor der Klasse präsentiert. Die Zuhörer können danach weitere Verbesserungsvorschläge machen. Auch hier bietet sich eine Aufnahme des Vortrags mithilfe eines Handys an (s. did.-method. Hinweis HRU-S. 36).

2 An old house
a) Look at the scene and read the text.
Kopieren Sie die Grafik auf Folie, präsentieren Sie sie und lassen Sie die S den Bildinhalt beschreiben. Dann erst schlagen die S das SB auf und lesen den Text links. Sie werden feststellen, dass dieser zu kurz ist.

b) The text is too short, isn't it? Try to make it longer ...
In Aufgabe b) bekommen die S einige Leitfragen an die Hand. So können sie zusätzliche Angaben zur Bildbeschreibung machen und sie verbessern und ergänzen. Die Aufgabe wird von den S schriftlich in Einzelarbeit bearbeitet. Dabei beachten sie auch die Tipps von SB-S. 12.
Lösungsbeispiel:
In the background of the picture there's a house which looks very small. *I think the people who live there must be very poor.*
There are three men and two women in front of the house, they're standing in a field. There's an old woman in the middle of the picture who is talking to a younger man. Perhaps it's her son. Behind the old woman and the man is another couple, a young woman and a man with a hat. One man isn't talking to anybody.
They're carrying farming equipment because they've been working in a potato field. They're carrying some baskets with potatoes. The people don't look happy, they look worried. I think the picture is old because the house and the clothes of the people look very old. And there are no farming machines in the picture.

Erweiterung

Vertiefende Fragen zum Bild sind z. B.
– *What could the people be talking about?*
– *Are the people a family? Describe their relationship.*
– *Where do they live? In the city or in the country?*
– *Make up some things about the people's lives.*
– *What about the time they live in? Is it a hard time?*
– *What's the weather like in the picture?*
– *Which year could the situation in the picture be from? Why?*

3 Holiday in Ireland
a) Now it's your turn. Look at the posters below ...
Die S machen erst für sich Notizen und vergleichen dann ihre Stichpunkte mit einer Partnerin / einem Partner. Die Paare überlegen zusammen, welche Stichpunkte sinnvoll sind, und erweitern diese wenn nötig. Es werden wieder die Tipps von SB-S. 12 berücksichtigt.

b) Then talk to your partner about the two tourist posters. ...

Die S üben den Vortrag in Partnerarbeit, bevor er dem Plenum präsentiert wird.
Lösungsbeispiel:

The first picture is in the country. I can see a village with an old-fashioned looking house. The house is white and has a garden with many flowers. In the middle of the picture is grass and some people are sitting on a bench and chatting. On the right of the picture is an old church. I think it's made of stone. In the background are green hills and a forest.

The second picture is a street scene in Ireland. Cars are driving along the street and a red bus is standing at a bus stop. In the background you can see an old and big building. Maybe it's a museum. There are many people in the picture. Some people are shopping, looking at shop windows or sitting in a café. The people in the café are drinking something, talking and one man is looking at a newspaper. A woman with a mobile phone is standing in the foreground of the picture. She's wearing a pink jacket and she has red hair.

I think the two pictures show two different places in Ireland. The first picture is in the country where the people have time to relax and enjoy going on holiday in small villages. Everything is very green and quiet. The people look relaxed and happy.
The second picture is a street scene somewhere in Ireland. People are busier that in the first picture, but they don't look stressed. The pictures show that you can see and do many different things on a holiday in Ireland.

▶ WB S. 3, Ex 5

S.14–16

WORTSCHATZ	S. 14: **celebrity** • **post** • **selfish** • **spend money on** • **luxury yacht** • **in order to** help • **form** • **sixth out of 200** • **gang** • **Latin** • **nickname** • **poverty** • **take part in:** he took part in • **aid** • **Ethiopia** • **raise** S. 15: **injustice** • **HIV** • **AIDS** • **president** • **criticise** • **the Netherlands** • **tax** • **for good causes** • **poll** • **comment** • **idealistic** • **naive** • **hometown** • **Colombia** S. 16: **musician**
MEDIEN	**L:** vorb. Folie, Folienstift, Tageslichtprojektor; Lied Ihrer Wahl von U2 auf CD, CD-Spieler **S:** Wörterbücher

READING – A blog

Einstieg Suchen Sie einige aktuelle Daten zum Jahresverdienst von Stars. Dazu geben Sie z. B. *celebrity 100* und die Jahreszahl vom Vorjahr in eine Internet-Suchmaschine ein. Die Liste wird sich in der Regel auch nach dem Gehalt sortieren lassen. Wählen Sie einige den S bekannte Personen aus und präsentieren Sie die Berühmtheiten, evtl. auch mit Fotos, und die Zahlen auf einer Folie. Bevor Sie die Angaben preisgeben, lassen Sie die S die Summen schätzen. Nach jeder Schätzung können die S mithilfe der Folie ihre Schätzung überprüfen.

L *I've brought you a list of celebrities and what they earn. Who is …? What do you think he/she earns a year?*
S1 *… is a singer / golf player / … I think he/she earns 2 million dollars a year.*
L *What do the others think? Is that right or wrong? What are your guesses?*
S2 *I think he/she earns 7 million dollars.*
L *So we have 2 and 7 million dollars. Let's check what the list says / what is said on the Internet.*

Nachdem alle oder auch nur einige der bekannten Persönlichkeiten und ihre Verdienste benannt wurden, sollen die S nun vermuten, was die Stars mit ihrem Geld machen. Evtl. kommen die S von selbst auf die Idee, dass Geld auch zur Hilfe der Armen genutzt wird. Leiten Sie dann zum Lesetext über und lassen Sie die S den einleitenden Absatz lesen.

L *What do they do with so much money? Any ideas?*
S *Perhaps they buy fast cars / big houses / …*

L *This will be correct for some but not for all of them. Do you have any other ideas? (S antworten ggf.) Open your books at page 14 and read the first paragraph. What does the writer of the blog say? (S lesen.)*
S *Bono and many others give their money to help poor people in the world.*

Um zunächst zu klären, wer Bono ist, überfliegen die S eine Minute den gesamten Text. Anschließend werden die Informationen zu Bono an der Tafel gesammelt. Das Tafelbild wird später erweitert (s. *Exercise 3*).

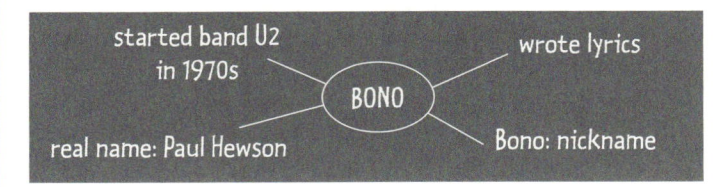

```
started band U2              wrote lyrics
   in 1970s
                  BONO
real name: Paul Hewson       Bono: nickname
```

Erweiterung Lassen Sie die S einen Song von U2 anhören und ihre Meinung dazu sagen. Um sie zum Sprechen anzuregen, können Sie einige Impulse vorgeben, z. B. *What are the lyrics about? What kind of music is it? Is it modern? Do you like it?*

Die S lesen den Text still und bearbeiten die *Exercises 1–5*.

1 Find a title for each paragraph (1–8). ...
Die S erledigen die Aufgabe schriftlich in Einzelarbeit.
Lösungen:
1 D	**3** H	**5** I	**7** A
2 J	**4** B	**6** F	**8** G

2 True or false? Correct the sentences that are wrong.
Auch diese Aufgabe wird von den S schriftlich in Einzelarbeit erledigt. Dann erfolgt der Vergleich der Antworten mit einem/einer Partner/in.
Lösungen:
1 *True.*
2 *True.*
3 *False: The members of U2 are the sixth richest people in Ireland.*
4 *False: U2 has plans to build Ireland's tallest building.* (Stand 2009)
5 *True.*
6 *False: Sedna III says that Elton John gave almost $43 million to good causes in 2004.*

3 Stephen Harper likes Bono because he helps people ...
Die Lösungen werden mündlich genannt. Erweitern Sie mit den Aussagen das Tafelbild über Bono um den Punkt *helps poor people* und listen Sie die Beispiele unter diesem Punkt auf.
Lösungsbeispiele:
– *In 1984 he took part in the Band Aid project which earned over £8 million for children in Ethiopia.*
– *In 1985 he sang at the Live Aid concert (at Wembley stadium) which made £150 million for hungry people in the world.*
– *Bono has often taken bankers and politicians to Africa so that they give more money to poorer countries.*

4 Explain in German ...
Die S lesen die entsprechenden Stellen vor und besprechen sich dann mit einem/einer Partner/in und machen sich Stichpunkte auf Deutsch. Einige Tandems präsentieren ihre Ergebnisse.
Lösungsvorschläge:
1 *Bono war als Jugendlicher in einer Gang. Alle Gangmitglieder hatten Spitznamen. Sein Spitzname setzte sich aus Bona Vox (= gute Stimme auf Latein) zusammen, weil er schön sang. Daraus hat sich der Name Bono entwickelt.*
2 *Die Musikgruppe U2 hat ihren Firmensitz von Irland in die Niederlande verlegt, weil man dort weniger Steuern zahlen muss.*

5 Explain the following words in complete sentences. ...

Bevor die S die Begriffe auf Englisch umschreiben, klären Sie mit der Klasse die deutsche Bedeutung. Hierbei können die S auch im Wörterbuch nachschlagen.
Weisen Sie dann jeder/jedem S ein Wort aus der Aufgabe zu, das von ihr/ihm geklärt werden soll. Die S notieren ihre Umschreibungen. Hinterher werden die unterschiedlichen Lösungen zu jedem Wort verglichen.
Alternativ bearbeiten die S die Aufgabe schriftlich in Einzelarbeit.

L *Have a look at the words in exercise 5. What do they mean in German? If you don't know a word you can also look in a dictionary.*
S *Das Wort ‚mansion' bezeichnet ein großes Haus oder Herrenhaus / ‚fortune' ist ein Vermögen / ‚famine' ist eine Hungersnot / ‚conference' ist ein Treffen oder eine Konferenz / ‚banker' ist ein Bankmanager / ‚good cause' heißt für einen guten Zweck.*
L *OK, write an English definition now. We'll compare them when you've finished.*

Lösungsbeispiele:
1 *A mansion is a large, luxury house.*
2 *A fortune is a lot of money.*
3 *Famine is when lots of people starve / are hungry/ don't have enough food.*
4 *A conference is when people (e.g. politicians) meet and talk.*
5 *A banker is the manager of a bank.*
6 *If you do something for a good cause, you help poorer people, e.g. by giving money, things or medicine.*

Wortschatzarbeit

Sie können die Aufgabe erweitern, indem Sie weitere gut definierbare Begriffe aus dem Text umschreiben lassen. Mögliche Beispiele sind: *lyrics/poverty/Christmas/stadium/injustice/president/tax/hotel/war.*

Transfer

6 And you? ...

Die S bearbeiten die Aufgabe schriftlich in Einzelarbeit. Die Ergebnisse werden in zwei Spalten stichpunktartig an der Tafel gesammelt, unterteilt nach *I think / I don't think.*
Lösungsbeispiel:
I think rich celebrities should *give money to poor people because they have a lot of it and they don't get much poorer if they give it away. Every month they get the money from their bank for the money they save there. When they give some of it away, this is no problem for them but it helps other people.*
I don't think rich celebrities should *give poorer people their money because they worked very hard for it.*

Erweiterung

Fragen Sie die S nach der möglichen Motivation von Stars, Geld zu spenden: *Can you think of reasons why celebrities give money for good causes? Talk to a partner first.* Die S sammeln in Partnerarbeit Ideen, die anschließend in der Klasse vorgestellt und evtl. diskutiert werden.

Transfer

Befragen Sie die S, ob sie Geld an Arme geben würden, wenn sie sehr reich wären, und lassen Sie sie ihre Meinung begründen: *Would you give money to poor people if you were very rich? Tell us why.*

Weiterarbeit

Es bieten sich im Zusammenhang mit diesem Lesetext verschiedene, weiterführende Aufgaben an. So können die S
– weitere Fakten über Bonos Leben finden und dazu ein Referat anfertigen.
– Liedtexte von U2 anhören und analysieren.
– weitere spendable *celebrities* mit ihren Projekten suchen und vorstellen.
– einen eigenen Kommentar zum Blog schreiben – analog zu den Kommentaren 7 + 8.
– Infos zu Band Aid / Live Aid im Internet suchen und präsentieren.
– eine Collage zu Bonos Aktivitäten erstellen.

> **INFO-BOX**
>
> **Bono**, mit bürgerlichem Namen Paul David Hewson, wurde am 10.05.1960 in Dublin geboren und ist der Sänger der Band U2. Bereits mit fünfzehn Jahren spielte Bono, inspiriert von Thin Lizzy und auch den Ramones, Gitarre. Er gründete eine Rockband, die nach zahlreichen Namenswechseln den Namen U2 bekam.
> Nicht nur die Musik, sondern auch soziale und politische Aspekte liegen Bono am Herzen. So engagiert er sich für den Kampf gegen AIDS und Hunger in Afrika wie auch für diverse Organisationen, z.B. Amnesty International. Die Band veröffentlichte seit Mitte der 1980er zahlreiche Alben, zu den erfolgreichsten zählen *The Joshua Tree* (1987), *Zooropa* (1993) und *How To Dismantle An Atomic Bomb* (2004).

▶ WB S. 4–6, Ex 6–10

S. 17

WORTSCHATZ	giant • ha'penny
MEDIEN	L: CD 1, Nr. 20, 21, CD-Spieler

LISTENING – Ireland and Dublin

> **DIDAKTISCH-METHODISCHER HINWEIS**
>
> **Hörverstehen:** Zur Schulung des Hörverstehens sollten die S Lernstrategien an die Hand bekommen. Trainieren Sie deshalb das Hörverstehen auch unabhängig von den *Listening*-Texten im SB und WB, indem beispielsweise Texte vorgelesen und dazu Fragen beantwortet bzw. Aufgaben gelöst werden.
> Folgende Vorgehensweise wird empfohlen:
> 1. Lesen und Begreifen der Fragestellung: Was wird in der Aufgabe verlangt? Aus welchen und aus wie vielen Teilen besteht die Aufgabe?
> 2. Erstes Hören: Sich einen Überblick verschaffen und Notizen machen zu den Fragen *where*, *who*, *when* und *why*.
> 3. Zweites Hören: Gezieltes Bearbeiten der Aufgabe(n) und Notieren wichtiger Details.
> 4. Ggf. drittes Hören: Überprüfung und weitere Bearbeitung der Lösungen.
> 5. Mithilfe der Notizen überprüfen, ob Informationen (evtl. aus dem Zusammenhang heraus) ergänzt werden können.

1 **Two tourist sights in Ireland: Skellig Michael and …**

Einstieg Schreiben Sie zum Einstieg in den Text kommentarlos die beiden Namen der Plätze an die Tafel und lassen Sie die S raten, worum es sich handeln könnte. In einem ersten Hördurchgang finden die S heraus, ob sie richtig lagen.

L *What do you think these two names are?*
S *Perhaps they are people / places / …*
L *Listen to the text and tell me what they are.* (S hören den Hörtext.)
S *They are places in Ireland.*

a) Look at the photos: Would you like to visit these two places? Why (not)?
Die S betrachten die beiden oberen Fotos auf SB-S. 17 und beschreiben sie kurz mündlich. Dann sagen sie, ob sie die Orte besichtigen würden, und begründen ihre Entscheidungen.
Lösungsbeispiel für die Beschreibungen:
Photo A: *It's a place near the water. The water looks grey. There are many rocks that look strange. The rocks near the water are shorter than the other ones. There aren't any plants or animals on or near the rocks.*
Photo B: *Picture B shows an island that looks like a mountain in the sea. In the background there's a smaller second island. The water looks blue and there are waves around the big island. The sides of the mountain look green, it looks like grass.*

Erweiterung Spielen Sie den Hörtext einmal vor und lassen Sie die S die Namen den Fotos zuordnen.
Lösungen:
Foto A: *Giant's Causeway*
Foto B: *Skellig Michael*

b) Listen and take notes: ...
Die S bereiten einen Notizzettel vor und notieren bei einem weiteren Hördurchgang die Lösungen. In lernlangsamen Klassen kann der Hörtext erneut vorgespielt werden, da die S bei dieser Aufgabe viele Fakten festhalten müssen.
Lösungen:

	Skellig Michael	Giant's Causeway
Where are the sights?	*in the southwest of Ireland, about 15 km from the coast*	*in Northern Ireland, in the northeast of Ireland, on the coast*
How can you get there?	*by boat*	*by car or coach*
What can you see there?	*a rocky island in the sea, sea birds, old stone houses*	*hill of rocks by the sea, the rocks have six sides / are hexagons*

Tapescript
GIRL   Hi, Luke. Nice to see you again. Did you have a good holiday?
BOY   Yes, thanks. I was in Ireland for two weeks. It was great.
GIRL   In Ireland? What did you see there?
BOY   Well, lots of things of course. But one of the best was Skellig Michael.
GIRL   Skellig Michael? What's that? A castle?
BOY   No, a rock. Well, an island. A rocky island, in the southwest of Ireland. It's about 15 kilometres from the coast, and you get there by boat. It takes about an hour.
GIRL   And what do you see when you get there?
BOY   Well, it looks like a pyramid of rock in the middle of the sea. There are no trees, there's no harbour, no village. The first thing you see – and hear – are lots and lots of sea birds! Then you climb up, and you see some very old stone houses where people lived hundreds of years ago. It's all very strange – like a scene from "The Lord of the Rings".
GIRL   Sounds strange ...
BOY   Yes, it was. But brilliant. And another strange place was the Giant's Causeway.
GIRL   Near Skellig Michael?
BOY   No, not at all. The Giant's Causeway is in Northern Ireland, so in the northeast of Ireland. On the coast.
GIRL   Is it an island too?
BOY   No, it isn't. It's on the coast, so it's easy to get to by car or by coach. It's like a hill of rocks by the side of the sea, and all the rocks have six sides: they're perfect hexagons. They look as if somebody has cut them – but they're all natural. It's really strange.

c) Now look at your notes and tell your partner about one of the places.
Unterstützt durch ihre Stichpunkte sollen die S nun mündlich in Partnerarbeit vorgehen (*Talk to your partner first about one of the places.*).

Transfer Nachdem die S mehr Informationen zu den Orten erhalten haben, können sie abschließend noch einmal ihr persönliches Interesse an dem Ort kundtun und begründen, warum oder warum nicht sie ihn besichtigen würden (*When you've done that discuss if you would or wouldn't like to visit the places. Give reasons for your opinion.*).

2 A tour of Dublin
a) Look at the photos. Then listen and write the right order of the photos.
Bevor der Hörtext vorgespielt wird, beschreiben die S kurz mündlich, was auf den Fotos abgebildet ist. Der Hörtext wird dann das erste Mal präsentiert und die S notieren die Reihenfolge. In einem zweiten Hördurchgang wird diese bestätigt oder korrigiert. Abschließend wird im Plenum verglichen.

L *Have a look at the photos. Please give a short description of them.*
S1 *In photo number one you can see a river, a bridge and some houses.*
S2 *In the second photo there's a shop or a pub. Its name is O'Neill.*
S3 *…*

L *Good. You'll listen to a guided tour of Dublin. Put the photos in the correct order.* (S hören die CD.) *Now listen again and check your answers.* (S hören den Hörtext ein zweites Mal.) *So what's the order of the photos?*

Lösungen:
C, B, A, E, F, D

Tapescript
Good afternoon, ladies and gentlemen, and welcome to our tour of Dublin. We're starting our tour of Dublin at Trinity College, Dublin's famous university. In the library of Trinity College is the Book of Kells – a manuscript written, by hand, about 1100 years ago. It's one of the most famous manuscripts in the world. Visitors can see it even today.

Now, you probably know that Dublin is famous for the good atmosphere in its pubs – and over there you see a good example of a Dublin pub: *O'Neill's*, one of the best known pubs in the city. The tourist information centre is very near it.

We're now coming towards the river, and there you see the Ha'penny Bridge over the river – Ha'penny means „half a penny", and the bridge is called that because people used to pay half a penny when they crossed it (a penny was a bit like a cent). But don't worry – it has been free since 1919.

And over there, on the other side of the river, is one of Dublin's largest and finest buildings – the Custom House, built right next to the river. The river by the way is the river Liffey, that's written L – I – F – F – E – Y.

We're now crossing the river Liffey, and, ahead of you is O'Connell Street, which is Dublin's most important shopping street. And you have a fine view of the Spire, the tall, narrow monument, made of metal. It's 120 metres high, but only 3 metres wide at the bottom. It was built in the year 2003.

And we're now driving west out of the centre, and our tour ends with a view of Phoenix Park, the largest town park in Europe. It has gardens with trees and flowers, but also large areas of fields with cows, sheep and horses.

b) Listen again and answer the questions.
Lesen Sie mit den S die Fragen vor dem Hören des Textes. Die S machen während des Hörens Notizen.
Lösungen:
1 *1100 years ago*
2 *the tourist information centre*
3 *in 1919*
4 *Liffey*
5 *120 metres, in 2003*
6 *cows, sheep and horses*

Projekt Die S bereiten ein Kurzreferat, eine *fact box* oder ein Poster zu den Sehenswürdigkeiten Dublins vor und präsentieren das Ergebnis der Klasse.

> **HINWEIS ZUR M10-PRÜFUNG**
> Diese Ergebnisse können als Grundlage für einen *topic-based talk* in der mündlichen Prüfung genutzt werden.

INFO-BOX

Die etwa 12 km von der Küste Kerrys entfernt gelegene Insel **Skellig Michael** (vom Gälischen: Michaelsfelsen) ist auch unter dem Namen *Great Skellig* bekannt. Die Insel ist etwa 17 ha groß; der höchste Punkt der pyramidenförmig spitz zulaufenden Felseninsel liegt bei 289 Metern. Dort befindet sich ein großes Mönchskloster, das sehr schwer zugänglich und trotzdem Anziehungspunkt für viele Touristen ist. Der *Giant's Causeway* („Damm des Riesen") befindet sich an der Küste von County Antrim im Norden Irlands. Er gehört zum Weltkulturerbe der UNESCO und besteht aus ca. 40.000 gleichmäßig aus erstarrter Magma geformten sechseckigen Basaltsäulen, die alle etwa 60 Millionen Jahre alt sind. Ein etwa 5 km langer Weg führt entlang der Klippen. Um die Entstehung des *Giant's Causeway* ranken sich viele Legenden; eine davon besagt, dass der Damm vom Riesen Finn McCool gebaut wurde, der nach Schottland marschieren wollte, ohne nasse Füße zu bekommen, um dort eine Riesin zu heiraten.

Dublin, die Hauptstadt der Republik Irland, liegt an der Ostküste und ist mit ca. 1,7 Millionen Einwohnern im Großraum die größte Stadt auf der Insel vor Belfast (400.000 Einwohner) und Cork (380.000 Einwohner). Der Name bedeutet so viel wie „Ort der Furt an der Schilfhürde". Die *Ha'penny Bridge* wurde 1816 gebaut und überspannt den Fluss Liffey. Der eigentliche Name der Brücke war *Wellington Bridge*, benannt nach dem Duke of Wellington. Sie erhielt ihren Namen durch den Wegezoll, der verlangt wurde, wenn man die Brücke früher überqueren wollte. Der Fluss **Liffey** hat seinen Ursprung in den Bergen der Grafschaft Wicklow. Er durchfließt ebenso die Grafschaft Kildare, die Stadt Dublin (die der Fluss in einen Nord- und einen Südteil teilt) und mündet schließlich in die irische See. Das *Book of Kells* ist eines der beeindruckendsten Beispiele für die Buchmalerei im Mittelalter. Die Herkunft des Buches ist nicht genau zu bestimmen. Evtl. wurde es im Kloster Iona vor der schottischen Küste hergestellt und zur Zeit der Wikingerüberfälle aus Sicherheitsgründen nach Irland ins Kloster Kells gebracht. Das Buch ist derzeit im Besitz des Trinity Colleges Dublin, wo es besichtigt werden kann. In dem aufwendig gearbeiteten und verzierten Buch sind die vier Evangelien zu finden. Der *Phoenix Park* ist eine 808 ha große Parkanlage in Dublin. Im Park befinden sich zahlreiche Sehenswürdigkeiten, u. a. die Residenzen des Präsidenten, des US-Botschafters, der Dublin Zoo sowie das Hauptquartier der Polizei. Ebenso findet man dort das *Wellington Monument*, einen 62 m hohen Obelisk, sowie das Kreuz, unter dem Papst Johannes Paul II vor 1,2 Millionen Menschen predigte. Im Park kann man auch Polo oder Cricket spielen. Das *Custom House* gehört zu den wichtigsten Bauten Dublins. Es wurde 1791 eröffnet und brannte 1921 während des anglo-irischen Kriegs bis auf die Grundmauern ab. Später wurde es restauriert und heute ist das *Department of Environment, Heritage and Local Government* darin untergebracht. Zum *Spire* s. HRU-S. 28.

▶ WB S. 7, Ex 11–13

S. 18

MEDIEN   L: vorb. Folie, Folienstift, Tageslichtprojektor; Folienstreifen von Vorlage 4, Folienstifte für S, Leerfolie; Kopien von Vorlagen 5 und 6 in Klassenstärke
S: Wörterbücher

MEDIATION – Why are ghosts so popular in Ireland?

Einstieg   Leiten Sie zum thematischen Schwerpunkt der nächsten beiden SB-Seiten über, indem Sie den S von der Beliebtheit von Grusel- und Gespenstergeschichten in Irland berichten und eine traditionelle irische Geistergeschichte vorlesen bzw. erzählen. Hinterher können Sie erklären, um was für eine Geisterfrau es sich gehandelt hat (s. Info-Box).

L *Ghost stories are very popular in Ireland. Did you know that Halloween originally came from Ireland? What do you know about Halloween?*

S *It's on the 31st of October and people wear strange clothes/costumes. Some look like ghosts, witches or vampires. / You go to peoples' houses and ask for sweets. / …*

L *That's right. Sometimes you also tell ghost stories. Here's a traditional ghost story that comes from Ireland. Listen, please.*

> The Irish believe in all sorts of ghosts, witches and leprechauns. Marie didn't. "Silly superstition!" she would say when her mother told her Irish legends before bed when she was little. Maybe if she had listened to her mother, she would have recognised the signs that night many years later …
>
> Many women would not drive alone at night and even less during a storm, but Marie was different. She had not been afraid of the dark as a child and nothing had changed there! It was dark and windy and raining hard, but Marie was driving home late at night anyway. The roads were winding and wet and she couldn't see much, but she drove on.
>
> Then, in the darkness, she saw a tall grey-haired woman in an old white dress standing on the roadside. She stopped the car and opened the door …
>
> "Are you OK?" Marie called out at the woman. She got no answer.
>
> Marie couldn't see her clearly through the rain, but called out again: "Do you need a lift?" The woman was crying; Marie could hear that much through the rain. She didn't want to leave her there alone in the rain. Marie succeeded in persuading the woman to get in the car.
>
> Marie tried to get the old lady to talk, but she just continued to cry, her eyes red from the tears, and got more and more out of control. For the first time in her life, Marie was scared. Suddenly the grey woman was no longer crying, but screaming. Marie started to panic. She wanted to stop the car and ask the woman to get out, but the car spun as she hit the brakes on the wet road. Now it was Marie's turn to scream as the car crashed into a tree. CRASH!
>
> The next morning the police were called to find a car destroyed in a crash. The woman driving the car died after crashing into a tree. She was alone in the car.

PRONUNCIATION

Der Begriff *leprechaun* bezeichnet einen Kobold mit magischen Kräften. Ausgesprochen wird das Wort: [ˈleprəkɔːn]; *banshee* (s. u.) wird folgendermaßen ausgesprochen: [bænˈʃiː] bzw. [ˈbænʃiː]

INFO-BOX

Eine **banshee** ist ein eigenartiges weibliches Gespenst bzw. eine geisterhafte Frau, die in der irischen Mythologie tief verwurzelt ist. Obwohl Interpretationen und Beschreibungen der *banshee* sich stark voneinander unterscheiden, einigen sich die meisten Iren auf die grundlegenden Merkmale: eine weißgekleidete Frau, deren Erscheinung einen Tod in der Familie ankündigt. Man erkennt sie nicht nur an ihrer altmodischen, weißen Kleidung, sondern auch an ihrem trauervollen Schluchzen und Kreischen.

Erarbeiten Sie gemeinsam ohne SB die Tipps, die zum Übersetzen gegeben werden.
1 Schreiben Sie *well* an die Tafel und fragen Sie die S, welche deutschen Bedeutungen sie dafür kennen. Zur Verdeutlichung denken sich die S einen englischen Beispielsatz aus. Bei lernlangsameren S geben Sie die Beispielsätze vor und lassen die S die Bedeutung von *well* im Kontext übersetzen. Hinterher wird im Wörterbuch nachgeschlagen, was dort aufgelistet ist.

L *People in Ireland love ghost stories or other spooky tales. There are many ruined and empty castles and houses, maybe that's why people get the idea that ghosts could be living there. We are going to find out a bit more about Irish stories in a little text that you will translate into German. First you will get some tips to help you with your translation. Give an example sentence in English with the word 'well' in it and say what it means in German.* (Schreiben Sie *well* an die Tafel und notieren Sie die Lösungen der S.)

S *I can swim well.* Hier bedeutet 'well' gut. / *Well, we can go later.* Hier bedeutet 'well' na gut. / …

Erweiterung Die Bedeutungsänderung von Wörtern in unterschiedlichen Satzzusammenhängen lässt sich gut üben, wenn Sie an der Tafel Begriffe vorgeben und die S schriftlich, evtl. auch in Partnerarbeit, Beispielsätze dazu bilden. Es darf dabei mit dem Wörterbuch

gearbeitet werden *(Make up correct sentences for the different meanings of these words. You can work with a dictionary.)*. Folgende Begriffe bieten sich z. B. an: *about/arm/beat/book/ boy/catch/course/cry/cut/enter/next/right/rock/use.*
Teilen Sie alternativ dazu die Klasse in Gruppen ein. Jedes Gruppenmitglied beschäftigt sich mit einem Wort und sucht dessen Bedeutungen/Kontexte heraus. Die S stellen sich in der anschließenden Präsentationsphase gegenseitig ihre Ergebnisse vor.
Hinweis: Beschränken Sie bei Wörtern mit mehr als vier Bedeutungen die Anzahl auf drei oder vier.

2 Bereiten Sie eine Folie mit dem im zweiten Tipp erwähnten Satz vor, auf der sowohl die englische als auch die deutsche Fassung notiert sind, allerdings sind im deutschen Satz die markierten Begriffe durch Lücken ersetzt. Die S schreiben den Satz ab und ergänzen die fehlenden Wörter. Kontrolliert werden die Ergebnisse nach der Behandlung der drei Tipps mit dem SB.

L *Read the sentences and fill in the gaps. The German translation will help you.*

3 Um den dritten Tipp zu erarbeiten, wird auch dieser englische Satz auf Folie präsentiert und von den S in Einzelarbeit übersetzt. Die Ergebnisse der Übersetzungen werden anschließend im SB kontrolliert. Meinen einzelne S, richtige Alternativen gefunden zu haben, werden diese im Plenum diskutiert.

L *Please translate this sentence. Write your idea down, we'll discuss your sentences afterwards because there might be several correct versions.*

Nun schlagen die S das SB auf und kontrollieren die Ergebnisse. Abschließend können sie zur Festigung die drei Tipps im SB nochmals durchlesen.

1 **Why are ghosts so popular in Ireland? Translate this text into German.**
Diese Art von Übersetzungsübung ist den S neu. Erklären Sie, dass bei dieser Aufgabe möglichst detailgetreu ins Deutsche übersetzt werden soll. Üben Sie gleich in der ersten Unit das methodische Vorgehen mit den S ein (s. did.-method. Hinweis auf HRU-S. 50). Erst lesen die S den Übersetzungstext und die Tipps still, dann wird der Text von den S noch einmal laut vorgelesen. Um deutlich zu machen, dass die S die Tipps rechts beachten sollen, übersetzen Sie, nachdem der Tipp gelesen wurde, den ersten Satz gemeinsam. In lernlangsameren Klassen lassen Sie die S den ganzen Text grob mündlich übersetzen. Danach schreiben die S in Einzel- oder Partnerarbeit eine Rohübersetzung.

L *Please read the text about ghosts quietly first.* (S lesen still.) *Let's read the text once again together.* (S lesen laut.) *Who has an idea how to translate the first sentence? Read tip number one first.*
S *In Carlow haben Leute Geister/Gespenster in einem Pub gesehen.*
L *Fine. To practise translating I want you to do a rough translation of the whole text first. That means you do a quick translation. We'll discuss that together and then you'll write a proper German translation.*

Kopieren Sie Vorlage 4 auf eine Folie und schneiden Sie die Streifen auseinander. Die Folienstreifen werden mit Folienstiften an die S oder an Paare verteilt. Geben Sie die längeren Sätze an lernstärkere S. Die S, die einen Streifen erhalten haben, schreiben die deutsche Übersetzung des angegebenen Satzes auf die Folie. Die Ergebnisse werden dann in der richtigen Reihenfolge auf den Tageslichtprojektor gelegt und besprochen. Alternativen und Verbesserungen werden dazu notiert. Nach dieser Vorentlastung schreiben die S dann ihre endgültige Übersetzung.

L *Here are some pieces of transparency. The students who get a piece will write their rough translation of the English sentence on it so that we have something to compare afterwards.*

Kopiervorlage 4

Lösungsbeispiel:

In Carlow haben Menschen Geister/Gespenster in einer Kneipe gesehen. In Ballymena sagen die Leute, dass sie einen kopflosen Reiter auf einem weißen Pferd gesehen haben. In Kinsale wird manchmal nachts die Stimme einer Frau gehört (manche Leute sagen, sie steckt sich Ohrringe in die Ohren). Aber wenn die Leute nach ihr suchen, ist sie immer verschwunden. Jedes Dorf in Irland, so scheint es, hat sein eigenes Gespenst.

Warum sind in Irland Gespenster so beliebt? Na ja, die Iren erzählen gern Geschichten – und Gespenstergeschichten sind immer beliebt. Es gibt auch viele verfallene Häuser, die besonders in nassen und windigen Nächten geisterhaft/gespenstisch aussehen können. Das Ergebnis / Die Folge? Gespenster (ob sie nun existieren oder nicht!) sind für Irlands Tourismusindustrie enorm wichtig geworden: Touristen können Gespenstertouren machen und ganze Wochenenden in Burgruinen/Schlossruinen verbringen.

Festigung

Zur weiteren Übung eignen sich viele Texte aus den vorherigen *Highlight*-Bänden, da davon ausgegangen werden kann, dass den S Vokabeln und Strukturen bekannt sind. Ziehen Sie bei leistungsstarken S ruhig auch schwierigere Texte zum Üben heran, die mehr unbekanntes Vokabular enthalten. Die S müssen so mehr nachschlagen und den Kontext genauer erfassen. Achten Sie jedoch darauf, dass die Texte nicht allzu schwierig sind, da sonst die Motivation der S verloren geht.

Mediation

Auf der Kopiervorlage 5 wird den S ein kommentierter Text als Übersetzungsübung angeboten, bei dem schwerpunktmäßig die Tipps aus dem SB beachtet werden müssen. Es werden noch einige andere Hinweise und Hilfen zur Übersetzung gegeben.

Lösungsbeispiel:

Willkommen in Nordirland

Wir freuen uns, dass Sie Nordirland als Urlaubsziel ausgewählt haben! Es gibt viele Sehenswürdigkeiten und Sie können / man kann so viele verschiedene/unterschiedliche Aktivitäten unternehmen/machen.

Wenn das Wetter schön ist, können Sie / kann man einen Ausflug zum Giant's Causeway an der Nordküste machen. Es ist manchmal sehr windig oder regnerisch an der Küste/See, vergessen Sie also nicht, eine Jacke und einen Regenschirm mitzunehmen. Menschen, die Städte lieber mögen als ruhige Dörfer, können in die Hauptstadt von Nordirland fahren, nach Belfast. Belfast hat sich in den letzten 20 Jahren sehr verändert. Heutzutage/Heute bietet die Stadt viel Kunst und Kultur. Menschen, die gerne einkaufen gehen/bummeln, können dort in das neuste Einkaufszentrum/Shoppingcenter gehen – Victoria Square. Belfast hat auch ein tolles Nachtleben. Es gibt in der Odyssey Arena für jeden etwas. Sie können / Man kann zum Bowling oder zu Konzerten gehen. Oder Sie können / man kann Zeit in den vielen Bars und Restaurants verbringen, die einen guten Blick / eine gute Aussicht auf den River Lagan haben.

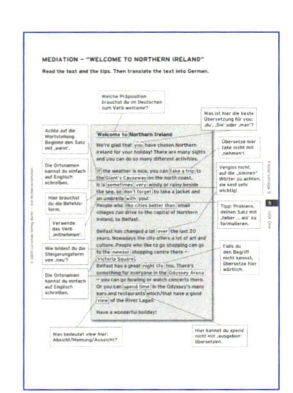

Haben Sie einen wunderbaren Urlaub!

Kopiervorlage 5

DIDAKTISCH-METHODISCHER HINWEIS

Es darf bei den *Mediation*-Aufgaben mit dem Wörterbuch gearbeitet werden.
Vorgehen bei einer wörtlichen Übersetzung (vgl. hierzu auch HRU-S. 90):
1. Die S lesen den Text zunächst aufmerksam durch und machen sich ein Bild vom Textinhalt.
2. Dann werden unbekannte Wörter und Phrasen (markiert und) nachgeschlagen. So ist gewährleistet, dass auch Feinheiten, die evtl. wichtig sind, verstanden werden.
3. Die S lesen den Text nochmals konzentriert und schreiben, besonders bei der Prüfungsvorbereitung, eine Rohfassung ihrer Übersetzung. Sie achten dabei auf einen korrekten Satzbau und die richtige Verwendung der Zeiten.
4. Die Rohfassung wird dann genau gelesen und verbessert. Dabei liegt das Augenmerk vor allem auf der Flüssigkeit der Übersetzung.
   Bei der Verbesserung des Textes achten die S besonders auf folgende Punkte:
   – Verwendung der Zeiten
   – Satzstellung (SPO / Ort vor Zeit)
   – Stil/Sprache
   – Grammatikalische Richtigkeit der Sätze
   – Richtige Wahl der Wörter (ein Wort kann oft mehrere Bedeutungen haben)
   – Richtige Wiedergabe von feststehenden Phrasen
   – Vermeidung von Fehlern aufgrund von „*false friends*"
5. Die Übersetzung wird „ins Reine" geschrieben. Soll die Übersetzung besprochen werden, bietet es sich an, dass die S mit einem großen Zeilenabstand schreiben, damit sie Varianten oder Verbesserungen in ihren Text schreiben können.

Interpreting

Vorlage 6 bietet eine Übung zum *Interpreting* an. Kopieren Sie die Vorlage in Klassenstärke und erklären Sie kurz die Ausgangssituation: Rita trifft Ben aus Irland. Da die beiden noch Schwierigkeiten haben, sich sprachlich gegenseitig zu verstehen, bedienen sie sich eines Dolmetschers – diese Rolle nehmen die S ein. Die S arbeiten zunächst einzeln und machen sich Notizen auf einem separaten Notizzettel. Anschließend spielen jeweils drei S die Situation durch, wobei ein/e S das Dolmetschen übernimmt. Der/Die Dolmetscher/in arbeitet dabei mit dem Notizzettel, damit die Sätze der beiden Partner/innen nicht zu Hilfe genommen werden können. Die Überprüfung der Lösungen erfolgt im Plenum. Die Lösungen werden von den S auf den Kopien in der Mittelspalte festgehalten.

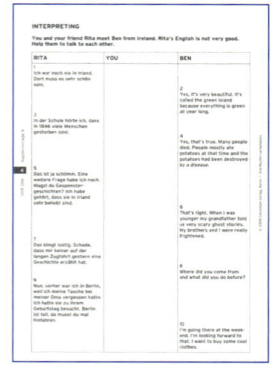

Kopiervorlage 6

Hinweis: Erinnern Sie die S an den verlangten Pronomenwechsel, denn er bereitet ihnen erfahrungsgemäß immer wieder Schwierigkeiten.
Lösungsbeispiel:
1 *She says that she has never been to Ireland. It must be very beautiful there.*
2 *Ja, es ist sehr hübsch dort. Es wird auch die grüne Insel genannt, weil alles ganzjährig grün ist.*
3 *In school she heard that many people died in 1846.*
4 *Ja, das stimmt. Viele Menschen starben. Die Menschen aßen / ernährten sich damals hauptsächlich (von) Kartoffeln und die Kartoffeln wurden von einer Krankheit zerstört / waren von einer Krankheit zerstört worden.*
5 *She thinks that's terrible. She has one more question. She wants to know if you like ghost stories. She heard that they're very popular in Ireland.*
6 *Das ist richtig. Als er jünger war, hat sein Großvater ihnen sehr gruselige Gespenstergeschichten erzählt. Seine Brüder und er haben sich sehr gefürchtet.*
7 *She thinks that's / that sounds funny. She says that it's a pity that nobody told her a story on the long train journey yesterday.*
8 *Er fragt, wo du hergekommen bist und was du vorher gemacht hast.*
9 *She says that she was in Berlin before because she had forgotten her bag at her grandmother's place. She had visited her on her birthday. She says that Berlin is great and that you should go there.*

10 *Er erzählt, dass er am Wochenende dorthin fährt und sich schon darauf freut. Er will coole Kleidung/Klamotten kaufen.*

▶ WB S. 8, Ex 14

S. 19

WORTSCHATZ	wake up: he woke up • racehorse
MEDIEN	**L:** Grafik oben von SB-S. 19 auf Folie, Tageslichtprojektor
	S: leere DIN-A4-Blätter

WRITING – Two open-ended stories

DIDAKTISCH-METHODISCHER HINWEIS
Weisen Sie die S darauf hin, dass sie beim kreativen Schreiben (*open-ended story*, *keyword story* und *picture-based story*) auf den Aufbau achten (Einleitung – Hauptteil – Schluss), wobei bei der *open-ended story* die Einleitung schon vorgegeben ist. Arbeiten die S nach einer Vorgabe (z. B. einem Bild oder Text), müssen sie sich einen sinnvollen Zusammenhang bzw. eine logische Fortführung der Geschichte überlegen. Dabei sollten sich die S immer fragen, was in der Handlung der Geschichte passieren soll und wie der Höhepunkt gestaltet sein könnte. Die Geschichte wird im *past tense* verfasst. Geben Sie immer eine gewünschte Wortanzahl für einen Text vor.

1 A ghost story …
Präsentieren Sie die Illustration von SB-S. 19 oben rechts auf einer Folie, die die S beschreiben. Sie können sie auch nach ihren persönlichen Campingerfahrungen fragen. Danach erzählen Sie den Anfang der Geschichte möglichst anschaulich nach oder lesen ihn aus dem SB vor. Die S sind anschließend aufgefordert, in Partnerarbeit Ideen zusammenzutragen, wie die Geschichte weitergehen könnte. Dazu stellen Sie die Fragen aus dem SB als Anregung: *What was the night and the weather like? What happened? What happened next? What did Tom do in the morning?* Die Ideen werden an der Tafel gesammelt und bieten eine Grundlage für die Fortsetzungsgeschichten der S. Weitere Anregungen finden die S auf der SB-Seite. Die Geschichte wird daraufhin in Einzelarbeit fortgesetzt.
Lösung:
individuelle Lösungen

2 The first race …
Die S betrachten die Abbildung und lesen anschließend den Anfang der Geschichte. Vor dem Schreiben können wieder gemeinsam Ideen zu deren Fortführung zusammengetragen werden. Die S arbeiten anschließend schriftlich in Einzelarbeit. Eine Alternative für lernlangsamere S besteht darin, sich von den Mitschülerinnen/Mitschülern Ideen zu einer Fortsetzung stichpunktartig aufschreiben zu lassen. Aus den Stichpunkten entwickeln die S dann eine Geschichte.
Lösung:
individuelle Lösungen

Creative writing

Geben Sie zur spielerischen Übung einen Anfangssatz für eine Geschichte vor, die fortgeführt werden soll. Schreiben Sie den Satz an die Tafel und teilen Sie die Klasse in Gruppen von je vier bis fünf S ein. Jedes Gruppenmitglied schreibt einen Satz oder mehrere Sätze einer Fortsetzung auf ein leeres DIN-A4-Blatt. Danach werden die Blätter im Kreis der Gruppe weitergegeben und die/der S setzen die Story ein Stück fort. Der Fantasie der S sind keine Grenzen gesetzt. Es gilt jedoch zu beachten, dass die Ideen durchaus einen Bezug zu den vorherigen haben müssen, da sonst die Geschichte zusammenhanglos erscheint. Anschließend werden die Ergebnisse der Klasse vorgelesen.

L *I'll give you the first sentence of a story and you will continue it in your groups.* (Geben Sie den S einen Satz vor, den Sie auch an die Tafel schreiben.) *Each student has a*

sheet of paper. First you copy the sentence from the board and then you write one or two sentences how you think the story could go on. Then you give the sheet to somebody else in your group who reads the story so far and adds one or two more sentences. Be careful that the story has a story line and that it has an end. Your stories should be finished in about seven
minutes time.

> **DIDAKTISCH-METHODISCHER HINWEIS**
>
> **Überarbeiten von Texten:** Trainieren Sie mit den S immer wieder das Überarbeiten von Texten. Folgende Punkte sollten dabei beachtet werden:
> – *wh*-Fragen beantworten *(who, when, where, what, why, how)*
> – chronologische Abfolge der Sätze beachten
> – Wort-/Satzwiederholungen vermeiden
> – abwechslungsreiche Satzanfänge verwenden (z. B. *In the morning/afternoon/ evening ..., First ..., Then ..., After that ..., Later ..., Some time later ..., Suddenly ..., At ... o'clock ..., At lunchtime ..., Finally ...*)
> – Überleitungen prüfen
> – Sätze durch Adjektive ausgestalten
> – Details ergänzen
> – den Text in Absätze unterteilen
> – Rechtschreibfehler verbessern
> – die richtige Zeit verwenden
>
> Die **Überprüfung und Verbesserung von Texten** kann auf unterschiedliche Weise durchgeführt werden: in Einzel-, Partner- oder Gruppenarbeit oder auch mit der ganzen Klasse. Sollen möglichst viele S die Texte lesen und verbessern, dann bietet sich folgende Vorgehensweise an: Die S bewegen sich durch den Raum und setzen sich bei einem vereinbarten Signal (z. B. Klatschen) an den nächstgelegenen Sitzplatz und beginnen mit dem Lesen und Kommentieren des Textes, der dort ausliegt. Die Kommentare werden dabei am besten an den Rand geschrieben. Erklingt wieder das Signal, bewegen sich die S weiter. Anhand der Kommentare überarbeiten die S anschließend ihre Texte.

▶ WB S. 9, Ex 15, 16

LOOK AT LANGUAGE

S. 20/21

WORTSCHATZ	S. 20: **ancestor** • **landowner** • **pick** • **smell** • **rent** • workhouse • separate • surprising • **wash** • **dining room** • **reception** • **receptionist** S. 21: chambermaid • Bosnia • **marry**
STRUKTUR	*Before that they had lived in Ireland.* (= past perfect)
SPRECHABSICHT	Über Ereignisse sprechen, die weiter in der Vergangenheit liegen als andere: *After I had washed my hands, I ate lunch.*
MEDIEN	L: Kopie/n von Vorlage 2 (unten) auf Folie / als Arbeitsblätter in Klassenstärke, Tageslichtprojektor; CD 1, Nr. 22, 23, CD-Spieler; vorb. Folie

STRUCTURES

Pat's Irish ancestors

Wortschatzarbeit
Zur Entlastung des Wortschatzes lassen Sie die *matching exercise* von Vorlage 2 (unten) bearbeiten. Kopieren Sie die Aufgabe entweder auf eine Folie, die für die Arbeit im Plenum genutzt wird, oder als Arbeitsblätter für die Einzelarbeit.
Lösungen:
a) reception: *visitors arrive in this area*
b) smell: *you do this with your nose*
c) rent: *you pay this for your flat or house if you don't own it*
d) dining room: *you have meals there*

Kopiervorlage 2

e) receptionist: *a person who works at the front of a hotel*
f) landowner: *a person who owns land*
g) separate: *the opposite of 'together'*
h) ancestor: *a person from your family who lived a long time ago*
i) wash: *you do this with soap and water*
j) pick: *when you pull a flower or vegetables from a plant*

DIDAKTISCH-METHODISCHER HINWEIS

Die **Semantisierung neuer Vokabeln** mithilfe von einsprachigen Worterklärungen geht über das Nachschlagen der deutschen Bedeutung in einem englisch-deutschen Wörterbuch hinaus. Neue Vokabeln lassen sich auf anschauliche Weise auch in der englischen Sprache erklären – mit sprachlichen Mitteln, die die S verstehen können. Auf diese Weise bleibt der Kontext der Einsprachigkeit erhalten und steigert das Selbstvertrauen in die eigenen sprachlichen Fähigkeiten.

Präsentieren Sie den Text von der Hör-CD und stellen Sie als Hörauftrag die Fragen *Had Pat's ancestors been rich? (no) Where did Pat's family live when they couldn't pay the rent any longer? (in a workhouse)*. Die S öffnen das SB, überfliegen den Text und kontrollieren selbstständig, ob die Fragen richtig beantwortet wurden. Danach beschreiben sie die beiden Illustrationen zum Text.

L *Have a look at the two drawings on the right. Describe them, please. Say what the people are doing and where they are.*
S *In the top picture you can see some people in a field. There's man who is holding a baby, a woman who is working in the field and a girl is standing next to the man. I think it's a family. The field is next to an old house.*
L *What could the woman be doing in the field?*
S *Maybe she's picking potatoes.*
L *That's probably true. And what's in the second picture?*
S *In the bottom picture there are some people sitting and standing in a harbour. A mother is holding her baby. There are many boxes and bags. On the right is a horse and in the background there are some boats. I think the people are waiting for a ship that takes them to America.*

Erweiterung

Um den Text inhaltlich weiter zu erschließen, wird er vorgelesen und die S korrigieren die Fehler in den folgenden Sätzen. Bereiten Sie entweder eine Folie mit den Sätzen vor oder bearbeiten Sie die Aufgabe nach dem Lesen mündlich.
– *Pat's family had owned the farmland in Ireland.* (Pat's family had *rented* the farmland in Ireland.)
– *In 1846 the men had planted tomatoes.* (In 1846 the men had planted *potatoes*.)
– *Pat's family had been able to pay the rent and they had lived in a hotel.* (Pat's family *had not* been able to pay the rent and they had lived in a *workhouse*).
– *They had been given lots of food for free.* (They *had not* been given lots of food for free.)

past perfect

1 **Pat's Irish ancestors came to the USA in 1850. ...**
Die S erledigen diese Aufgabe in Einzelarbeit schriftlich.
Lösungsbeispiele:
2 They *had rented* the land.
3 They *had always worked hard.*
4 They *had always been poor and very hungry.*
5 *The men had planted potatoes.*
6 *The plants had begun to grow.*
7 *They had found that the potatoes had a disease.*
8 *Hundreds of people had starved.*
9 *The family had not been able to pay the rent.*
10 *They had had to go to the workhouse.*

Alternative

Eine Alternative dazu ist die Bearbeitung der Aufgabe zusammen mit einer Partnerin / einem Partner. Das Tandem versucht, so schnell wie möglich zehn Sätze zu finden und zu notieren. Es spielt dabei gegen ein anderes Tandem. Das schnellste Paar gewinnt.

A ghost in modern Ireland
Spielen Sie auch den zweiten Text von der Hör-CD vor. Die S lesen beim Hören den Text mit und beantworten die Grobverständnisfragen *Where did Pat stay? (in a hotel) What was gone after dinner? (his money)*.

2 What happened before? Look at the text and complete the sentences.
Diese Aufgabe wird schriftlich in Einzelarbeit erledigt.
Lösungen:
2 Before I ate my dinner, I had *washed and had put on some new clothes*.
3 When I came back to my room, I saw that *my money had disappeared*.
4 Before I left my room, I *had put it on the table next to my bed*.
5 The receptionist said that this *had happened (in the room) before*.

Erweiterung

Erweitern Sie die Übungsmöglichkeiten durch die Zuhilfenahme eines beliebigen Texts aus dem SB oder auch aus anderen sprachlich angemessenen Quellen. Die S sollen dabei Ideen äußern, was vor bestimmten Ereignissen in der Vergangenheit passiert sein könnte. Lesen Sie einen Text langsam vor. Ein/e S, der/die etwas beitragen möchte, ruft „stop" und äußert seinen/ihren Beitrag. In leistungsstarken Klassen lesen auch die S den Ausgangstext vor. Ein Beispiel zur *Exercise 2* von SB-S. 19 wäre:

L *I'm going to read the beginning of the story about Olivia and Star to you and you can add ideas about things that happened before. If you have an idea you say stop and tell the class. Here's an example: Olivia worked on a special farm in Ireland. You could say stop now and add 'Before she had worked in a café.' Now you. She looked after racehorses.*
S *Stop. She had had many riding lessons before.*

Zur weiteren Festigung schreiben die S die SB-Texte ab und notieren zwischendurch ihre Ideen. Dabei sind der Fantasie der S keine Grenzen gesetzt.

3 Read the checkpoint and complete the example.
Die S lesen den *Checkpoint* vor und ergänzen die Lücke. Es bietet sich an, den *Checkpoint* abschreiben zu lassen, damit die Regel besser behalten wird. Zur visuellen Unterstützung und Verdeutlichung der Zeitenfolge zeichnen Sie einen Zeitstrahl an die Tafel und halten die beiden Ereignisse fest.
Lösung:

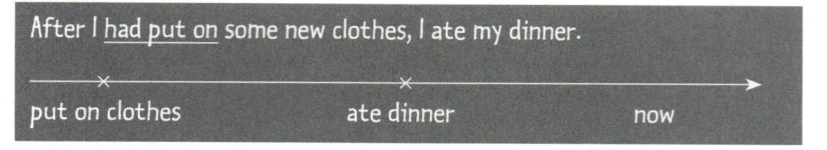

> After I <u>had put on</u> some new clothes, I ate my dinner.
> ×————————×————————→
> put on clothes   ate dinner   now

Analog dazu denken sich die S eigene Beispielsätze aus und verdeutlichen sie grafisch. Weitere Ausführungen zum *past perfect* finden die S im *Summary* auf SB-S. 93.

Creative writing

Der zweite Text von SB-S. 20 kann auch als Anfang einer *open-ended story* dienen, die von den S fortgeführt wird. Dabei liegt das Augenmerk weniger auf den grammatischen Strukturen als auf der Beachtung der Hinweise zum Schreiben einer Geschichte (vgl. did.-method. Hinweise auf HR U-S. 51 und 52).

4 Later the chambermaid tells Pat what really happened. …
Diese Aufgabe wird von den S schriftlich in Einzelarbeit bearbeitet. Die Partizipien zu den unregelmäßigen Verben finden die S auf SB-S. 180/181 in der dritten Spalte.
Lösungen:
1 I went into your room, Sir, after you *had begun* your meal.
2 I saw the money on the table where you *had put* it.
3 I put it under the clothes which you *had taken* off.
4 I *had already told* the receptionist what I *had done* before you phoned.

Wortschatzarbeit

Fragen Sie zur Reaktivierung des Wortfelds *jobs in a hotel*, was die Begriffe *chambermaid* und *receptionist* bedeuten und welche Aufgaben die so bezeichneten Menschen haben. Erarbeiten Sie gemeinsam ein *word web*, das auch andere Berufe berücksichtigt.

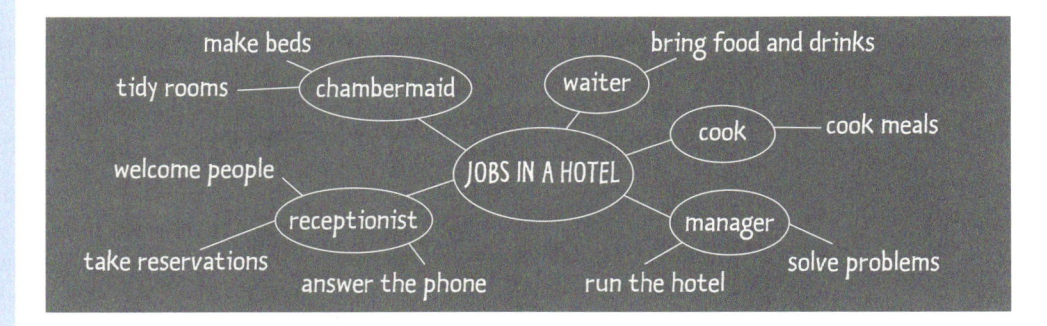

```
                                            bring food and drinks
     make beds
tidy rooms ─── chambermaid    waiter
                                      cook ─── cook meals
welcome people         JOBS IN A HOTEL
           receptionist         manager
take reservations                       solve problems
         answer the phone   run the hotel
```

5 Now write about an immigrant family from Bosnia. ...

Die S lösen die Aufgabe schriftlich in Einzelarbeit und illustrieren einige Sätze mit einem Zeitstrahl.

Lösungen:
1 Zoran's parents *married* after they *had met* at a friend's party.
2 When Zoran *began* school in Sarajevo, his parents *had already bought* a house there.
3 But after the family *had lived* in Sarajevo for a few years, the war *began*.
4 They *decided* to emigrate after some bombs *had exploded* near their house.
5 Before they *moved* to Bavaria, they *had spent* six weeks with friends in Austria.

Transfer **And you?**

Die S schreiben ihre eigene Geschichte in Einzelarbeit und verwenden dabei die *past perfect*-Form, um über Ereignisse zu berichten, die weiter in der Vergangenheit zurückliegen. Fällt es den S schwer, über ihre eigenen Erfahrungen zu schreiben, können natürlich auch Geschichten erfunden werden. Denkbar ist ebenfalls, dass die S zusammenarbeiten und ein/e Partner/in zunächst drei oder vier Sätze notiert, die über zurückliegende Ereignisse in der Vergangenheit berichten. Der/Die Mitschüler/in soll nun noch weitere Ergänzungsvorschläge machen und an die Vorgaben anknüpfen.
Lösung:
individuelle Lösung

▶ WB S. 10, Ex 17–19

S.22

MEDIEN   **S:** Wörterbücher

WORDPOWER

1 Smaller things: What are the missing words?

Diese Aufgabe wird von den S mündlich im Unterrichtsgespräch bearbeitet. Anschließend finden sie mindestens fünf weitere Wortpaare. Sie schließen sich zu Tandems zusammen und geben dem/der Partner/in jeweils einen Begriff des Wortpaares vor. Die dazu passende Ergänzung soll gefunden werden.

L *Have a look at the pictures on page 22. There are two things in each picture. One is big and one is smaller. What's the big thing in the first picture?*
S *A mountain.*
L *And what's the smaller thing in front of it?*
S *A hill.* (S lösen die Aufgaben.)
L *Now find five more words like this and then work with a partner. Give one word of each pair. Does your partner know the corresponding word?*

Lösungen:
1 a *hill*   2 a *lake*   3 a *path*

Erweiterung Schreiben Sie folgende Wörter (s. u.) an die Tafel, zu denen die S ebenfalls die entsprechende Verkleinerung finden sollen. Da einige der zu findenden Wörter unbekannt sind, können die S auch mit einem Wörterbuch arbeiten.
clock (watch); book (booklet/brochure); lake (pond/puddle); dog (puppy); cat (kitten); man (boy); woman (girl); metre (centimetre); a pound (a penny); a dollar (a dime/cent)

2 Word families: Write the missing words.

Die S erledigen diese Aufgabe schriftlich in Einzelarbeit. Sofern ihnen noch weitere verwandte Wörter einfallen, können sie auch diese notieren. Eine Auswertung erfolgt im Unterrichtsgespräch.
Lösungen:

	verbs	nouns			nouns	adjectives
1	live	life		6	peace	peaceful
2	*fly*	flight		7	rock	*rocky*
3	build	*building*		8	death	*dead*
4	invite	*invitation*		9	*crime*	criminal
5	*serve*	service		10	poverty	*poor*

3 Match the sounds with the words.

Sprechen Sie in lernlangsameren Klassen die Wörter zunächst vor, damit die S die korrekte Aussprache präsent haben. Nennen Sie für jeden Laut ein zusätzliches Beispiel, an dem sich die S beim Zuordnen orientieren können, z. B. [eɪ] *sail*; [aɪ] *my*; [iː] *sleep*; [aʊ] *cow*.
Die S sortieren die Wörter aus dem grünen Kasten selbstständig und kontrollieren ihre Lösungen mithilfe des *Dictionary* oder eines Wörterbuchs.
Lösungen:
1 [eɪ] *grey, raise* 2 [aɪ] *wide, child* 3 [iː] *peace, sheep* 4 [aʊ] *loud, power*

4 Head, hair, ears and fingers: Write what the words mean.

Diese Aufgabe wird in Einzelarbeit schriftlich gelöst. Die Ergebnisse werden mit denen eines Partners / einer Partnerin verglichen. Weisen Sie darauf hin, dass es unterschiedliche Lösungen geben kann. In lernlangsameren Klassen wird die Aufgabe gemeinsam mündlich bearbeitet.
Lösungsbeispiele:
2 *A hairdresser cuts people's / your hair.*
3 *Earrings are rings which hang from your ear.*
4 *If a friend says "Fingers crossed!" to you, he/she is wishing you good luck.*

Erweiterung Mithilfe des Vokabelverzeichnisses im SB lassen sich auf ähnliche Weise bereits bekannte Vokabeln wiederholen und definieren. Ein/e S stellt eine Frage, der/die Partner/in beantwortet diese. Am einfachsten dürfte die Frage *What is/are …?* sein. Regen Sie die S zur Verwendung anderer Fragewörter an, indem Sie diese wiederholen und an die Tafel schreiben, z. B. *when, what, how, who*.

S. 23

WORTSCHATZ	ban
MEDIEN	L: Internet

REVISION

tenses (Wiederholung)

1 Tourists in Ireland

a) Look at the text below and copy the time phrases in red. …
Bearbeiten Sie diese Aufgabe gemeinsam und notieren Sie die *time phrases* und die dazu passenden Zeitformen an der Tafel. Zusätzlich können Sie die S weitere *time phrases* dazu zusammentragen lassen.

L *Read the time phrases in red. Which tenses do they need?* (Schreiben Sie die Ergebnisse an die Tafel.) *Do you know any other time phrases for the tenses? Let's add them.*

simple present	simple past	present perfect	past perfect	present continuous	future
every year always often never	last year in the past after 1998 yesterday	since 1990 for five years ever	before that after	at the moment now	in the next few years in three years tomorrow

Lösungen:
every year → *simple present*
last year → *simple past*
in the past → *simple past*
since 1990 → *present perfect*
after 1998 → *simple past*
before that → *past perfect*
at the moment → *present progressive*
in the next few years → *future tense*

Erweiterung Geben Sie Zeitformen vor und erteilen Sie den S den Auftrag, Beispielsätze aus den SB-Texten zu finden und zu notieren. Im Idealfall enthalten diese Beispielsätze auch *time phrases*.

> **L** *Look through your English book and find more examples for sentences in the different tenses. Write them down. Maybe you can even find some with time phrases, that would be even better. Don't forget to write the correct name of the tense next to the sentences.*

b) Now write the text with the right form of the verbs.
Die S arbeiten schriftlich in Einzelarbeit. Im Anschluss wird jeder Satz zusammen im Unterrichtsgespräch kontrolliert und verbessert. Die S markieren dann in ihren Texten die Signalwörter und Zeitformen farbig. Bei Fragen finden die S Angaben zu den Zeitformen auf den *Summary*-Seiten auf SB-S. 92–94.
Lösungen:
About six and a half million foreign tourists *visit* Ireland every year. The largest number of foreign tourists *comes* from Great Britain, but Ireland is popular with Germans too: about 300,000 Germans *visited* Ireland last year. In the past British tourists usually *travelled* by ferry, but since 1990 more and more of them *have flown* instead. More visitors *arrived* in Northern Ireland after 1998, although very few tourists *had visited* Northern Ireland before that. The number of tourists *is growing* fast at the moment and in the next few years the country *will need* many more hotels and bed and breakfasts.

2 Irish - Ireland's own language ...

Einstieg Zur Reaktivierung der Bildung des Passivs geben Sie folgende Sätze vor: *A terrible disease destroyed the potatoes in 1846. / Many tourists visit Ireland.* Lassen Sie die S daraus Passivsätze bilden (Lösungen: *The potatoes were distroyed by a terrible disease in 1846. / Ireland is visited by many tourists.*).

***passive* (Wiederholung)** Diese Aufgabe wird von den S schriftlich in Einzelarbeit bearbeitet. Bei Fragen finden sie Angaben zu Bildung und Gebrauch des Passivs auf der *Summary*-Seite auf SB-S. 101.
Lösungen:
1 The Irish language *was banned* by *the British before 1916.*
2 But today the Irish language *is learned* by *all students in Irish schools.*
3 Irish is *regularly spoken* by *about 1% of Ireland's population.*
4 And TV programmes in Irish *are shown* by *TG4.*

3 Quick check

a) Questions about Ireland

Die Aufgabe kann von den S im Unterrichtsgespräch bearbeitet werden. Vielleicht lassen sich aus dem SB zum Thema *Ireland* weitere Fragen finden, die die S ihren Mitschülerinnen/Mitschülern stellen können. Sollten sich einzelne Punkte nicht eindeutig mithilfe des SB beantworten lassen, können die S das Internet zu Rate ziehen.

Lösungsbeispiele:
1. **a)** *The Irish country is very green.*
   b) *The coast is sometimes rocky with cliffs and sometimes there are sandy beaches.*
2. *Many Irish people starved in 1846 because most people ate potatoes and in 1846 the potatoes had a disease so nobody could eat them.*
3. *Dublin is in the east of Ireland. It's smaller than Munich.*
4. *Northern Ireland is part of the United Kingdom. It uses pounds, not euros. It has a different flag.*

b) Poor Phil: Look at the pictures and finish the sentence.

Die S betrachten die Illustrationen und beschreiben mündlich, was zu sehen ist. Dann lösen sie den nebenstehenden Satz.

Lösung:
Phil *couldn't* play football last Saturday because he *had broken* his leg on Wednesday.

c) Complete the sentence in German.

Die S versuchen, den Satz selbstständig zu ergänzen. Sollten sie Probleme haben, schauen sie auf der SB-S. 21 oder im *Summary*, SB-S. 93, nach.

Lösungsbeispiel:
Die *past perfect*-Form wird gebraucht, wenn ein Ereignis in der Vergangenheit *weiter* zurückliegt als ein anderes Ereignis in der Vergangenheit.

▶ WB S. 11, Ex 20–22
▶ WB S. 12, Ex 1–3 *(Test yourself)*

REVISION AND PRACTICE

S.102/103

WORTSCHATZ	S. 103: *folk music* • *split up: they split up* • *solo singer* • *harp* • *symbol* • *coin* • *beer* • *sea kayaking* • *wave* • *paddle*
MEDIEN	L: Internet; Folie mit Checkliste, Tageslichtprojektor

> **DIDAKTISCH-METHODISCHER HINWEIS**
>
> Die *Revision and Practice*-Seiten sind ein fakultatives Angebot, welches viele Prüfungsaufgaben und -formate präsentiert. Die Seiten können zur Differenzierung und zur gezielten Prüfungsvorbereitung eingesetzt werden. Dazu sollten sie am besten von den S in Einzelarbeit schriftlich bearbeitet werden. Ab und zu sind auch Partneraufgaben dabei. In den HRU werden teilweise Vorschläge gemacht, wie sie gemeinsam erarbeitet werden können.

1 Ireland

a) True or false? If false, write the right information.

Die S arbeiten schriftlich in Einzelarbeit. Mithilfe der SB-S. 8–11 suchen sie die Informationen heraus und korrigieren sie, wenn sie falsch sind.
Sind einzelne S sehr schnell fertig, können sie ähnliche Aufgaben/Statements für eine Partnerin/einen Partner entwickeln.

Lösungen:
1 *True.*
2 *False: The Irish language is spoken by a minority of the population.*
3 *False: Euros are used in the Republic of Ireland and pounds are used in Northern Ireland.*
4 *True.*
5 *True.*
6 *False: Many people from abroad work in Ireland.*
7 *False: In Northern Ireland there are more Protestants than Catholics.*
8 *False: 40 % of all European software is made in Ireland.*

b) Find the information on the Internet and write your answers in English.

Diese Aufgabe kann in Einzel- oder Partnerarbeit bearbeitet werden.

Lösungen:
1 *Munster*   2 *Cologne (Köln)*   3 individuelle Lösungen

2 Sport in Ireland

a) Look at the two pictures below and prepare …

Die S überlegen zunächst selbstständig, was sie zu den beiden Bildern sagen könnten, und notieren Stichpunkte zu den Leitfragen. Die S sollen dabei auch die Bilder vergleichen.

b) Now talk to your partner about the two pictures. …

In einem zweiten Schritt tauschen sich die S mit dem/der Partner/in aus. Nachdem beide S ihren Vortrag ein Mal gehalten haben, können sie ihren eigenen Beitrag um interessante Punkte und Redewendungen erweitern. Dann wird der Vortrag erneut gehalten, wobei der/die Partner/in auf die Redezeit achtet. Es sollte ca. zwei Minuten lang gesprochen werden (s. auch Hinweis zur M10-Prüfung auf HRU-S. 36).

Lösungsbeispiel:
In the first picture I can see some people in a stadium watching a football match. Everybody seems to be really excited because of the match. Just one boy is bored and has fallen asleep. In the second picture there are some hills and a path where two girls are hiking. Perhaps it is somewhere in the Alps. It's cloudy weather and it's raining. I think it's cold because the girls are wearing hats and warm clothes. One of the girls is really happy and enjoys walking and hiking. The other girl seems to be bored and tired of walking. A sign says "Café 10 miles". The two pictures are both situations where some people are really happy and some are bored. Perhaps the pictures tell us that not everybody is happy doing the same things. I think the bored people have gone hiking or to the match with their friends even though they didn't really want to go. I think you could learn from this that you should say if you don't want to do something.

3 Irish music: Write the sentences with the verbs in the *past perfect*.
Diese Aufgabe wird von den S schriftlich in Einzelarbeit erledigt.
Lösungen:
1. The Irish rock band U2 started in 1976. Before that Irish music *had been* mostly folk music.
2. Before B*Witched split up in 2002, they *had had* four singles at the top of the UK charts.
3. Boyzone toured the UK again in June 2008. Before that they *hadn't toured* the UK for seven years.
4. Andrea Corr *had sung* with her brother and sisters in The Corrs before she became a solo singer.
5. "I went to the *Riverdance* show last night. I *had never seen* it before, but I enjoyed it."

4 The harp, an Irish symbol: Translate into German.
Hier können die S in Einzel-, Partner- oder Gruppenarbeit arbeiten. Wenn Sie die Partner- oder Gruppenarbeit wählen, übersetzen die S abwechselnd oder reihum mündlich einen Satz. Dabei können die Partner Verbesserungsvorschläge oder Alternativen einbringen, um die darauf folgende schriftliche Übersetzung vorzubereiten.
Lösungsbeispiel:
Die Harfe ist Irlands Nationalinstrument und eines der wichtigsten Symbole des Landes. Sie ist / befindet sich nicht auf der irischen Fahne, aber sie ist auf der irischen Euromünze und auf der Fahne des Präsidenten und sie ist auch der Name eines der beliebtesten Biere Irlands. In der Vergangenheit wurde die Harfe in irischen Burgen auf Festen und Hochzeiten gespielt. Später sind viele Harfenspieler nach Großbritannien, Kanada oder in die USA emigriert. Die Harfe ist aber auch heute noch ein beliebtes Instrument.

5 Finish the story. Write at least 120 words.
Die S betrachten erst das Bild und lesen den Anfang der Story. Bevor sie fortfahren, lesen sie die Ideen im Kasten unter der Aufgabe. Lernlangsamere S können zunächst zusammen mit dem/der Partner/in einige weitere Ideen notieren.
Lösungen:
individuelle Lösungen

Unit 2

South Africa

Themen

Südafrika: Landeskunde, Kultur und Geschichte Im Laufe der Unit 2 machen sich die S ein Bild von diesem Land, das sich innerhalb der letzten Jahrzehnte vom Apartheidstaat zur *rainbow nation* gewandelt hat. Die S werden mit den vielen dort lebenden unterschiedlichen Bevölkerungsgruppen und der einenden Bedeutung der gemeinsamen Nationalhymne sowie -flagge vertraut gemacht. Doch auch vorherrschende gesellschaftliche Probleme wie soziale Ungleichheit, Arbeitslosigkeit, Gewalt und HIV/AIDS (vor allem in Städten und Stadtvierteln wie Johannesburg und Soweto) werden nicht ausgespart. Die S erfahren etwas über die Geschichte der Apartheid und die Rolle Nelson Mandelas bei deren Überwindung. Verschiedene Jugendliche berichten über ihren Lebensalltag und eine junge Südafrikanerin schildert ihren Lebensweg von der Schulzeit in Soweto bis zur Parkrangerin im Krüger Nationalpark. Die S lernen die Tierwelt Südafrikas und die Sehenswürdigkeiten von Kapstadt kennen. Auch auf den wachsenden Einfluss des Tourismus wird eingegangen. Ein Bericht über die Fußball-WM im Jahr 2010 illustriert den Rang, den diese Sportart im Leben vieler Südafrikaner einnimmt.

Kommunikative Sprechabsichten

Über kulturelle Aspekte bzw. gesellschaftliche Entwicklungen Südafrikas diskutieren
Informationen zum Veranstaltungsprogramm erfragen

Sagen, wie einem ein Besuch bzw. eine Besichtigung (nicht) gefallen hat
Über Ereignisse sprechen, die durch einen Zeitplan festgelegt sind
Über Pläne und Absichten sprechen

I disagree because the number of people with no job has been going down.
How long does the visit take?

Visiting the prison was scary/great/...

Our boat leaves tomorrow at 10.30 a.m.

When are you leaving tomorrow? – I'm leaving after lunch.

Sprachliche Mittel/ Strukturen

Sprachliche Mittel, die von den S angewendet werden sollen:
Die einfache Gegenwart *(simple present)*: Das *simple present* ist den S aus den vergangenen Schuljahren bereits bekannt. Es wird gebraucht, wenn etwas regelmäßig oder niemals geschieht *(I go to the mall every day. I never go to school by bike.)*, wenn etwas immer so ist *(The Kruger National Park is in the northeast of South Africa.)* oder wenn gegenwärtige Zustände beschrieben werden *(Christine lives in South Africa.)*.
Die S lernen nun eine weitere Verwendungsmöglichkeit des *simple present* kennen: so wird diese Zeitform gerne genutzt, wenn man über Ereignisse in der Zukunft sprechen will, die durch einen Zeitplan, z. B. einen Fahrplan, ein Programm oder einen Kalender, festgelegt sind. *(Our boat leaves tomorrow at 10.30 a.m.)*
Die Verlaufsform der Gegenwart *(present progressive)*: Das *present progressive* ist den S ebenfalls aus den vorherigen Schuljahren bekannt. Die Zeitform drückt aus, was jemand gerade macht oder was gerade geschieht. Der Vorgang ist im Verlauf *(in progress)* und noch nicht abgeschlossen.
Das *present progressive* kann jedoch auch genutzt werden, um zukünftige Pläne oder ein Vorhaben auszudrücken. In diesem Zusammenhang wird oft eine Zeitangabe verwendet, die sich auf die Zukunft bezieht. *(I'm going into town tomorrow after lunch.)*

Sprachliche Strukturen, die von den S verstanden werden sollen:
Partizipien in Verbindung mit Nomen: vgl. hierzu HRU-S. 27.
Bedingungssatz (if-sentences) Typ II: vgl. hierzu HRU-S. 141.

LEAD-IN

S. 24

WORTSCHATZ	railway • wealthy • running water • World Cup • rhinoceros, rhinoceroses • leopard • elephant • buffalo, buffaloes • lion
SPRECHABSICHT	Bilder beschreiben und vergleichen: *There are many modern buildings in the photo of Johannesburg.*
MEDIEN	L: vorb. Farbfolie von SB-S. 24, Tageslichtprojektor; Fotos von SB-S. 24 auf Farbfolie; CD 1, Nr. 24, CD-Spieler

Einstieg

Befragen Sie die S zur Fußball-WM 2010 *(What do you know about the 2010 FIFA World Cup?)*. Einige S werden in diesem Zusammenhang sicher Südafrika erwähnen. Fragen Sie, was sie sonst noch über dieses Land wissen, und halten Sie ihr Vorwissen stichpunktartig an der Tafel oder auf einer Leerfolie fest.
Kopieren Sie die Fotos und die Texte von SB-S. 24 auf Farbfolie. Entfernen Sie dabei die Nummerierung der Bilder (1–4) und trennen Sie die Bilder von den Texten ab, indem Sie die Folie zerschneiden. Mischen Sie die Text- und Bildelemente und fordern Sie die S auf, die Texte zu lesen und den richtigen Bildern zuzuordnen. Die S ergänzen daraufhin die zu Beginn der Stunde gesammelten Stichpunkte mit den neuen Fakten. Diese können auch abgeschrieben werden.

Alternativ können Sie auch nur die Fotos auf Farbfolie kopieren und dazu die Texte von der Hör-CD vorspielen. Hierzu muss ebenfalls die ursprüngliche Nummerierung der Bilder (1–4) ersetzt und durch eine andere Kennzeichnung (z. B. A–D) ergänzt werden. Die S sollen nach dem Hören der Texte die Bilder in die richtige Reihenfolge bringen. Anschließend werden die Lösungen im SB kontrolliert und die Texte noch einmal laut vorgelesen.

1 Read the texts and look at the photos.

Die S arbeiten mündlich in Partnerarbeit. Danach werden die Ergebnisse im Plenum verglichen.
Lösungsbeispiele:
1 *Yes, the city centre of Johannesburg looks like a German city (e.g. Frankfurt) because it also has modern buildings, skyscrapers, wide streets, cafés and shops, many people in the streets. I think there are also many offices and banks.*
2 *The suburbs are different because the houses are small and have no electricity or running water. People who live there are mostly poor.*
3 *Three popular sports in South Africa are cricket, rugby and football. The World Cup is a football competition for all the countries in the world.*
4 *The "Big Five" are the biggest animals of Kruger National Park: rhinoceroses, leopards, elephants, buffaloes and lions. Rhinoceroses and elephants are big and grey. They eat plants; rhinoceroses are dangerous, elephants can be dangerous too. Leopards and lions are big cats. They eat meat and can run very fast. They are dangerous. Buffaloes are black and have big horns. They eat plants and are dangerous.*

PRONUNCIATION

Die großen Wildtierarten Südafrikas werden wie folgt ausgesprochen: rhinoceros [raɪˈnɒsərəs], leopard [ˈlepəd], elephant [ˈelɪfənt], buffalo [ˈbʌfələʊ], lion [ˈlaɪən].

2 Picture-based conversation: Compare photos 1 and 2. ...

Notieren Sie vorab die vorgegebenen Schlagwörter *(buildings, people, etc.)*, die bei einer späteren Unterhaltung hilfreich sein können, in einer Tabelle an der Tafel (s. nächste Seite).
Lassen Sie als Einstimmung auf das Gespräch die S die Tipps auf SB-S. 12 noch einmal laut vorlesen. Die S erarbeiten anschließend analog dazu in Einzelarbeit ihre Gedanken zu den Bildern, indem sie die Tabelle ins Heft übertragen und durch eigene Notizen ergänzen.

	photo 1	photo 2
buildings	modern, high, offices, skyscrapers, shops, cafés, clean	small, dirty, no electricity no running water, some new houses
people	wealthy, good life	poor, suffer from AIDS, unhappy
jobs	good jobs, money	unemployed, not many jobs
activities	hobbies, shopping, have fun, enjoy life, meet friends	
problems		AIDS, few schools/hospitals, violence, drugs

Danach trägt ein/e S mithilfe der Stichworte seine/ihre Betrachtungen einem Partner / einer Partnerin vor. Die S sollen in ihrem Vortrag zunächst die jeweiligen Bilder beschreiben. Sie können auch Vermutungen über das Leben der Menschen anstellen, die in den reichen bzw. armen Stadtvierteln wohnen. Abschließend folgt dann der Vergleich der Bilder.

L *Talk to your partner about your notes. First describe picture 1 and then picture 2. Then compare the two pictures.*

Während der Partnerarbeit haben die S die Gelegenheit, ihren Vortrag zu verbessern bzw. zu ergänzen. Allerdings sollte hierbei auch darauf geachtet werden, dass sich die S – analog zur Prüfungssituation – nur Notizen machen und nicht ganze Sätze ausformulieren. Die/Der zuhörende S macht Verbesserungsvorschläge und kontrolliert zusätzlich, ob das Zeitlimit von zwei Minuten in etwa erreicht bzw. eingehalten wird. Abschließend tragen die S ihre modifizierten Beiträge der Klasse vor. Für weitere hilfreiche did.-method. Hinweise zur *picture-based conversation* vgl. auch HRU-S. 38.

Lösungsbeispiel:
In picture 1 you can see the centre of a big city in South Africa. The streets are very clean. In the background there are many modern buildings and skyscrapers. You can also see some shops, offices and many people in the streets. The people who are walking in the streets look well-dressed. They seem to be very busy.
In picture 2 there are many houses in the background that are really small and close to each other. They're not built very well and there's a lot of garbage outside. I think this is a township in one of the big cities. The people there are probably very poor. I can see some new houses. But they don't look finished because there are no roofs.
When you compare the pictures you can see that the city centre is rich whereas the suburb looks really poor. The people in the city have everything that is necessary like schools, work, cars, railways, etc. They have good jobs and can enjoy their lives and do nice things like go shopping, meet friends and sit in cafés or restaurants. The people from the suburbs don't live in such a modern and wealthy place. There are few schools, few hospitals and many houses are without electricity and running water. Whereas the people in the city can live good lives, the people in the suburbs have many more problems like crime and unemployment. The people are badly educated, and many also suffer from HIV/AIDS.

INFO-BOX

Zu den größten **Städten** Südafrikas gehören das industrielle Zentrum Johannesburg (3,9 Millionen Einwohner) im Norden des Landes, das von Touristen gerne besuchte Kapstadt (3,5 Millionen) an der Südwestküste am Kap der Guten Hoffnung sowie Durban (3 Millionen) mit seinem hohen Anteil indischstämmiger Bevölkerung (ca. 20 %) an der Nordostküste. Viele afrikanische Vororte sind ehemalige **townships** (während der Apartheid eingerichtete getrennte Wohngegenden für Nichtweiße) an der Peripherie der großen Städte. Die dortigen Lebensbedingungen sind oft schwierig. So leben z. B. im Vorort Soweto im Südwesten von Johannesburg auf einer Fläche von ca. 63 Quadratkilometern offiziell 2,5 Millionen Menschen in meist notdürftigen Behausungen aus Wellblech und Pappe, den sogenannten *shacks*. Der Alltag der dort lebenden Menschen ist häufig von Armut, Krankheiten und Kriminalität geprägt. Mittlerweile hat sich dort jedoch auch eine neue Mittel- und Oberschicht herausgebildet, da die südafrikanische Regierung seit dem Beginn der Post-Apartheid-Ära viel Geld bereitstellte, um z. B. Geschäftsgründungen zu fördern und viele Wohngegenden mit Elektrizität und mit fließendem Wasser zu versorgen (zu Soweto vgl. auch HRU-S. 71). Von den in Südafrika populären **Sportarten** wurden *rugby* und *cricket* traditionell vorwiegend von der anglo-europäisch geprägten weißen Bevölkerungsschicht gespielt, wohingegen Fußball die meisten Anhänger bei den schwarzen Südafrikanern fand. Diese Einteilung begann sich nach dem Ende der Apartheid jedoch langsam zu verwischen. Südafrika war während der Zeit der Apartheid von internationalen Sportereignissen wie den Olympischen Spielen sowie den Cricket- oder Rugbymeisterschaften ausgeschlossen. Nach dem Rugby World Cup 1995 stellt die **Fußball-WM 2010** ein weiteres Novum in der Geschichte Südafrikas dar – das erste Turnier dieser Art in Afrika. Dafür wurden eigens neue Stadien errichtet und die Infrastruktur vieler Städte ausgebaut. Der frühere südafrikanische Präsident Paul Kruger gründete 1898 den (im Jahr 1926 nach ihm benannten) **Krüger Nationalpark** im Nordosten des Landes. Der Nationalpark ist nicht nur das erste, sondern mit einer Fläche von rund 20.000 km² auch das größte Wildschutzgebiet Südafrikas (und damit einer der größten in Südafrika überhaupt). Darüber hinaus ist der Park Heimat der fünf großen Säugetierarten Elefant, Nashorn, Büffel, Löwe und Leopard. Ursprünglich begehrte Trophäen von Großwildjägern, werden die *Big Five* heute eher im Rahmen von Foto-Safaris von Touristen „gejagt".

▶ WB S. 13, Ex 1–3

S. 25

WORTSCHATZ	**rainbow nation** • **the Whites** • **Afrikaans** • **Dutch** • **the Coloureds** • **no wonder that** • *united* • *strive for* • *freedom* • **go up** • **go down** • **electric** • **disagree with**
SPRECHABSICHT	Über kulturelle Aspekte bzw. gesellschaftliche Entwicklungen Südafrikas diskutieren: *I disagree ... because the number of people with no jobs has been going down.*
MEDIEN	L: vorb. Tafelbild bzw. Folie der Grafik auf SB-S. 25 (oben); Internet; CD 1, Nr. 26–28, CD-Spieler; Zahlen zur Demografie der BRD (Arbeitslosigkeit, Obdachlosigkeit, versch. Bevölkerungsgruppen) S: Notizzettel

3 The "rainbow nation"

a) When do you usually see a rainbow?

Die S beschreiben kurz das Auftreten und Aussehen eines Regenbogens: *It's in the sky when the sun comes out and it's still raining. There are many different colours in a rainbow from red, orange and yellow to green, blue and violet.*

b) Now read the text: Why is South Africa called the rainbow nation?

Bevor der SB-Text von den S gelesen wird, sollen sie sich das Kreisdiagramm ansehen und nachfolgend mündlich auswerten. Präsentieren Sie hierfür das Diagramm an der Tafel oder auf Folie.

Nach kurzer Überlegungszeit versprachlichen die S die Informationen. In lernlangsameren Klassen oder Gruppen kann dies durch gezielteres Nachfragen geschehen, wobei die S reihum nur je einen Satz zu jeder Information formulieren; dieser wird an der Tafel notiert. Lassen Sie die S auch vermuten bzw. klären Sie, was mit *African* und *coloured* gemeint ist *(black people / people with white and black ancestors)*.

L *Look at this chart about South Africa. What does it show?*
S *The chart shows how many different people live in South Africa.*
L *What kinds of people live in South Africa?*
What per cent of the people are black or African / coloured / …?
What's the biggest/smallest group?
S antworten.

Lassen Sie die S daraufhin Vermutungen anstellen, warum Südafrika als *rainbow nation* bezeichnet wird.
L *You have already described what a rainbow is. Why is South Africa called a rainbow nation?*
S vermuten.

Nachfolgend lesen die S den SB-Text und bestätigen so ihre Vermutungen bzw. verbessern ihre Ansicht. Gehen Sie auch kurz klärend auf die unterschiedlichen Schreibweisen zur Bezeichnung verschiedener Bevölkerungsgruppen ein, die sich von der Hautfarbe her ableiten: *the Blacks/Whites/Coloureds/…*, aber *black/white/coloured people*. Geografische Herkunftsnamen und Sprachen werden hingegen immer groß geschrieben: *Asians / Asian people; Dutch/Afrikaans* usw.
Lösung:
South Africa is called the rainbow nation because it has so many colours, languages and cultures.

Erweiterung

Die S recherchieren mithilfe des Internets, wie die neun verschiedenen (Sprach-)Gruppen der schwarzen Südafrikaner heißen und wie groß die Zahl ihrer Sprecher ist. Mithilfe der Karte im hinteren Innendeckel des SB können die S auch beschreiben, in welcher Region des Landes diese Ethnien hauptsächlich angesiedelt sind. Geben Sie hierzu die Schlagwörter *Languages in South Africa* in eine Internet-Suchmaschine ein.
Lösung:
Ndebele, Northern Sotho, Southern Soto, Swati, Tsonga, Tswana, Venda, Xhosa, Zulu.

4 Two symbols of the rainbow nation
a) The South African flag: Listen and choose the right option.

Lenken Sie die Aufmerksamkeit der S zunächst auf die auf SB-S. 25 abgebildete Flagge und lassen Sie diese näher beschreiben *(Look at the South African flag. How many colours are there?)*. Beim ersten Hören verschaffen sich die S anschließend einen Überblick über den Hörtext und beantworten folgende Verständnisfrage: *What kind of symbol is the flag? (It's a symbol of the new multicultural South Africa.)*

In einem zweiten Hördurchgang beantworten die S die Fragen zum Text im SB. Geben Sie den S zuvor kurz Zeit, die Antwortmöglichkeiten genau durchzulesen, damit sie wissen, worauf sie achten müssen.

Lösungen:
1 b) *1994.*
2 a) *Seven days.*
3 b) *The British flag.*

Tapescript
The flag of South Africa is one of very few national flags with six colours. The many colours are symbols of the many peoples that live together in South Africa.
The flag only became the national flag on April 27th 1994. It had been chosen on April 20th – only seven days before it was first used – so people had to work quickly in order to have the new flag ready in time!

Before 1994, only Whites were allowed in the government of South Africa, and the country had a different flag: it was orange, white and blue, and it had Dutch flag and the British flag on it.

Now the new flag is a good symbol of the new multicultural South Africa – the rainbow nation.

INFO-BOX

Die heutige **Flagge Südafrikas** ist noch jung, sie wurde erst am 27.04.1994 in Südafrika mit dem Inkrafttreten der Übergangsverfassung eingeführt. Jeder der auf der Flagge zu sehenden Farben werden unterschiedliche Bedeutungen zugeschrieben: Laut einer Auslegung weist die Farbe Rot auf das in den Befreiungskämpfen vergossene Blut hin. Weiß steht für die weiße und Schwarz für die schwarze Bevölkerung des Landes. Grün versinnbildlicht die Landwirtschaft oder das Land. Gold verweist auf die farbige Bevölkerung oder auch die Bodenschätze Südafrikas. Blau steht für die Meere. Darüber hinaus soll das zur Seite geneigte grüne Y in seinem zusammenlaufenden V-Teil das Zusammenwachsen des Landes und in dem auslaufenden Fuß die zukünftige nationale Einheit darstellen. Gemeinhin wird der Titel „Regenbogenflagge" aber auch als Anspielung auf die kulturelle Vielfalt des Landes und seine vielen unterschiedlichen Bevölkerungsgruppen gesehen.

b) The South African national anthem: Listen and answer the questions.
Geben Sie den S genügend Zeit, die Fragen vorab genau durchzulesen. Die S hören den Hörtext und lösen die Aufgabe schriftlich.
Lösungen:
1 *four verses*   **2** *five languages*   **3** *in 1997*

Tapescript
South Africa's national anthem is another good symbol of the rainbow nation, a country with many colours and cultures. The national anthem has four verses. The first verse is usually sung twice, in two different African languages. The second verse is in a third African language, the third verse in Afrikaans and the last verse in English – so it is sung in five languages altogether. During the apartheid years, the first verse was a song of protest against the white government. It has been part of the official national anthem since 1997. Here is the full national anthem, with the last verse in English:

Nkosi sikelel' iAfrika
Maluphakanyisw' uphondo lwayo,
Yizwa imithandazo yethu,
Nkosi sikelela, thina lusapho lwayo.

Morena boloka setjhaba sa heso,
O fedise dintwa la matshwenyeho,
O se boloke, O se boloke setjhaba sa heso,
Setjhaba sa South Afrika – South Afrika.

Uit die blou van onse hemel,
Uit die diepte van ons see,
Oor ons ewige gebergtes,
Waar die kranse antwoord gee,

Sounds the call to come together
And united we shall stand
Let us live and strive for freedom,
In South Africa our land.

c) Listen to the last verse: What are the four missing words ...
Die S lesen den Lückentext laut vor. Danach hören sie noch einmal den letzten Teil der Nationalhymne und ergänzen die fehlenden Wörter, die sie auf Notizzettel notieren. Anschließend wird der englische Teil der Hymne komplett ins Heft übertragen. Klären Sie auch die Bedeutung unbekannter Wörter wie *united (together), freedom (be free, liberty)* und *strive for (if you want something and try to get it)*.
Lösungen:
Sounds the call to come *together*,
And united we shall *stand*,
Let us *live* and strive for freedom,
In South Africa our *land*.

5 Going up and going down: Make four sentences.

Die folgende Aufgabe kann in Gruppen von je vier S bearbeitet werden. Die Gruppenmitglieder teilen die vier Säulendiagrammpaare untereinander auf, wobei jede/r S versucht, nach einer kurzen Einarbeitungszeit eine Äußerung zu ihrem/seinem Diagramm innerhalb der Gruppe beizutragen. Lernstärkere S können auch mit den gegebenen Zahlen arbeiten. Anschließend werden die Ergebnisse in der Klasse besprochen.

In lernlangsameren Klassen bietet es sich an, das erste Beispiel gemeinsam durchzusprechen. Im Anschluss daran bearbeiten die S die Aufgabe wie beschrieben in Gruppenarbeit, wobei sie sich an der Vorgabe im Buch orientieren.

L *Look at the first chart in exercise 5. You can see how many people were without a job in 2001. What per cent were without a job?*
S *29.4%.*
L *What about today?*
S *23% of people are without a job.*
L *So are there more or less people without a job today? Look at the sentence and answer the question.*
S *The number of people without a job has been going down.*

Lösungsvorschläge:
- *The number of people without a job has been going down. In 2001 29.4% were unemployed. Today the number is 23%.*
- *The number of people without a house or a flat has been going down. In 2001 16.4% were without a house. Today only 14.4% have no house / are without a house or a flat.*
- *The number of houses with running water has been going up. In 2001 72.1% of all houses had running water. Today 74.4% have running water.*
- *The number of houses with electric light has been going up. In 2001 67.9% of all houses had light. Today 80% have electric light.*

Festigung

Im anschließenden Unterrichtsgespräch, das zur folgenden Aufgabe überleitet, sollen die S anhand der Daten zu einer Schlussfolgerung über die Lebenssituation der Menschen in Südafrika kommen.
L *What can you say about the situation in South Africa? Has it changed? Is it getting better or worse? Why?*
S *The situation is getting better because more people have jobs / have a house/flat …*

6 Do you agree or disagree with the sentences below? Say why.

Die S geben ihre Meinung zu den drei Behauptungen wieder und versuchen, diese gut zu begründen, indem sie sich an den Informationen auf SB-S. 25 orientieren.
Lösungsbeispiele:
1 *I disagree because black South Africans belong to nine different groups. Each one has its own language and culture.*
2 *I disagree because the number of unemployed people has been going down in the towns from 29.4% to 23%.*
 I agree because I think there are still so many people without a job – 23%! When the unemployment rate is so high, people have little money and can't have a good life.
3 *I agree because when you look at the charts in exercise 5 you can see that the situation is getting better. There are less people with no job or no house, and more houses with running water and electric light. So many people live in better houses now.*
 I disagree because I think there are still lots of houses without running water or electric light. That means a lot of people, especially those who are poor, don't have a better life.

Erweiterung

Schreiben Sie die aktuellen demografischen Zahlen von Deutschland zur Arbeitslosigkeit, Obdachlosigkeit oder zu den verschiedenen Bevölkerungsgruppen an die Tafel. Dies gibt den S die Möglichkeit, die Situation in Südafrika zusätzlich in Relation zu einem anderen Land zu setzen und ermöglicht ein differenziertes Beantworten der Fragen.
Mögliche Fragen:
– *How many people in Germany don't have a job?*

- *If you compare this with South Africa, do you still think unemployment is not a big problem in South Africa?*
- *Look at the number of houses without running water and electricity in South Africa and compare them to the houses in Germany. Do you think life is better for all the people in South Africa?*

INFO-BOX

Südafrika liegt an der Südspitze des afrikanischen Kontinents. Hauptstadt des Landes ist Pretoria, der Regierungssitz ist jedoch in Kapstadt. Die insgesamt 48 Millionen Menschen zählende Bevölkerung wird aufgrund ihrer kulturellen und ethnischen Vielfalt auch gerne als *rainbow nation* bezeichnet; sie setzt sich aus rund 38,2 Millionen Schwarzafrikanern verschiedener Volksgruppen und etwa 4,4 Millionen weißen Nachfahren europäischer Einwanderer zusammen. Die *Coloureds*, d. h. Menschen mit sowohl afrikanischer als auch europäischer Herkunft, nehmen mit ca. 4,3 Millionen zahlenmäßig den 3. Rang ein; daneben gibt es noch rund 1,2 Millionen Menschen asiatischer, hauptsächlich indischer Abstammung.

S. 26

WORTSCHATZ	apartheid • **the Blacks** • **govern** • township • **badly-paid** • **sex** • **fire at** • **unarmed** • **injure** • **more and more** • **free** • **disadvantage** • **education** • **rate** (of HIV/AIDS)
SPRECHABSICHT	Ein Bild bzw. eine Situation beschreiben: *I'm standing in Sharpeville, in front of me I can see many people.*
MEDIEN	**L:** Kopien von Vorlage 7 (oben) in Klassenstärke; CD 1, Nr. 29, CD-Spieler; Karton bzw. Papier in Postergröße; Kopien von Vorlage 8 in Klassenstärke **S:** Buntstifte

"Apartheid" and after

Einstieg

Präsentieren Sie den S Kopien von Vorlage 7 (oben) in Klassenstärke mit dem Tagebuchauszug des südafrikanischen Jugendlichen Delani, der darüber berichtet, wie er während der Zeit der Apartheid diskriminiert wird. Erläutern Sie kurz den zeitlichen Hintergrund und lassen Sie die Geschichte still lesen. Fordern Sie die S auf, die Art der Diskriminierung zu benennen.

L *Delani is from South Africa. In the 1980s, when he was a teenager, he wrote about his life in his diary. Read a part from Delani's diary. Something bad happenend to him. What was it?*

S *White policemen shouted at him because he went to a beach that was for Whites only.*

Kopiervorlage 7

Ermuntern Sie die S dazu, ihre Meinung zu dem Vorfall zu äußern. Auch das Vorwissen der S hinsichtlich der Diskriminierung von US-Afroamerikanern kann als Parallele thematisiert werden. Klären Sie in diesem Zusammenhang die Vokabeln *disadvantage* (*opposite of advantage; if somebody doesn't have the same chances as other people*) und *discrimination* bzw. *discriminate against* (*treat somebody or a group of people badly / worse than others because of their age, sex, race, etc.*).

Mögliche Fragen:
- *What do you think about what happened to Delani?*
- *Could Delani and his friends have acted differently?*
- *What would you do if you were in Delani's place?*

Leiten Sie zum SB-Text über, indem Sie diesen von der Hör-CD vorspielen und die S auffordern, drei Ungerechtigkeiten bzw. Nachteile herauszuhören, mit denen sich schwarze Südafrikaner konfrontiert sahen. Zusätzlich sollen sie auch das politische System der Apartheid benennen, das dahinter steht (sofern die S dies nicht schon im Vorfeld genannt haben).

L *Let's find out more about the situation in South Africa at that time. Black South Africans had many disadvantages. Name three of them and find the name of the system that treated them so badly.*

Die S machen sich beim Hören Notizen; ihre Ergebnisse werden gesammelt und stichwortartig an der Tafel festgehalten. Im Anschluss lesen die S den SB-Text, um ihre Ergebnisse zu kontrollieren bzw. zu ergänzen.
Lösungsmöglichkeiten:
- *not allowed to vote or to govern the country*
- *had to live outside the city centres in townships*
- *no electricity or running water*
- *bad schools and jobs*
- *not allowed to use same places as Whites (parks, swimming pools, public toilets)*
- *not allowed to marry a white person, have sex with a white person*
- → *this system was called apartheid*

1 Questions on the text

Die S bearbeiten die Aufgabe schriftlich in Einzelarbeit. Unbekannter Wortschatz wird im Vokabelverzeichnis nachgeschlagen. Danach erfolgt die Korrektur der Antworten im Unterrichtsgespräch.
Lösungen:
1 *Only white people governed the country before 1994.*
2 *The black people weren't allowed to vote, they had to live outside the cities in the townships, they had to go to different schools and got badly-paid jobs, they weren't allowed to use parks, pools or toilets. They even weren't allowed to marry white people. Sex between people of different colours was a crime.*
3 *In Sharpeville the police fired at black people who were protesting against apartheid. In Soweto the police fired at protesting students and pupils.*
4 *Mandela was in prison on Robben Island.*
5 *The government decided to free Mandela because they hoped that he could stop the violence.*
6 *Today the Blacks are usually poorer than the Whites and still get a worse education. They also suffer from crime and unemployment and have one of the highest rates of HIV in the world.*

Erweiterung Die S suchen die im SB-Text genannten Jahreszahlen *(1960, 1976, 1980s, 1994)* heraus und erklären noch einmal mit eigenen Worten, was zu jenem Zeitpunkt passierte. Alternativ können Sie die S auch auffordern, den Text noch einmal durchzulesen und passende Überschriften zu den vier einzelnen Abschnitten zu finden.

2 You're a reporter in 1960: Look at photo 2 and make a report …

Die S versetzen sich in die Lage eines Reporters im Jahre 1960, der die Proteste beobachtet und darüber berichtet. Besprechen Sie zunächst das Foto auf SB-S. 26. Die S sollen anschließend die betreffende Stelle im SB durchlesen, sich Notizen machen und einen Bericht anfertigen, den sie zunächst einer Partnerin / einem Partner vorlesen und daraufhin noch weiter verbessern, bevor sie ihn in der Klasse vortragen.
In lernlangsameren Gruppen kann gemeinsam besprochen werden, was genau in Sharpeville passierte. In lernstärkeren Klassen hingegen können die dortigen Ereignisse im Unterrichtsgespräch auch noch weiter ausgemalt werden.
Lösungsbeispiel:
I'm standing in Sharpeville. In front of me I can see hundreds of people. They're protesting against apartheid. The black people are angry because they are being treated badly. They don't want any more injustice – they want to have a better life. The protest is peaceful but very loud. On the other side the police are standing in a line with their weapons and shields. Oh no! Now the police have fired at *the people. I can't believe it. They didn't do anything.* And now I can see *some people throwing things at the police.* People are shouting and *protesting. Now the police are firing at the unarmed people. Everybody is running away. This is really dangerous – I have to go.* This is the worst violence I've ever seen!

Wortschatzarbeit Zur Vertiefung des Wortschatzes legen die S ein Wortfeld zum Thema *apartheid* an. Dies kann auch in Form eines *word web* geschehen: Diskutieren Sie mit den S vorab mögliche Unterkategorien und sammeln Sie ihre Vorschläge an der Tafel.

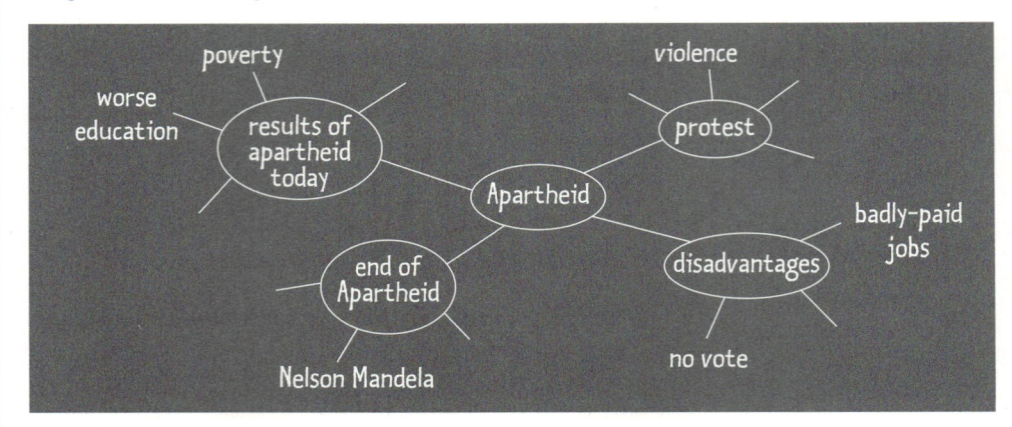

```
                poverty                      violence
    worse                                       |
  education    results of                    protest
      \       apartheid                    /
       \       today   \                  /
                        \                /       badly-paid
                         Apartheid                 jobs
                        /                \       /
                       /                  \     /
                 end of                 disadvantages
                Apartheid                    |
                    |                      no vote
              Nelson Mandela
```

> **DIDAKTISCH-METHODISCHER HINWEIS**
>
> **Wortschatzarbeit mit *word webs*:** Die S wurden in den vorangegangenen Bänden der *New Highlight*-Reihe an die Arbeit mit Wortnetzen *(word webs)* herangeführt. Besonders in höheren Klassen eignen sich Wortnetze gut dazu, den bekannten Wortschatz zu reaktivieren und neue Vokabeln in Wortfelder zu integrieren. So können die Wortfelder allmählich immer komplexer angelegt werden. Die S erhalten dadurch auch Vorlagen, die sie als Hilfen zum monologischen Sprechen zu einem Thema verwenden können.

Erweiterung Zur Weiterarbeit malen die S Schilder bzw. Poster mit Slogans, die gegen das System der Apartheid gerichtet sind – so können sie z. B. in die Rolle der Protestierenden in Sharpeville oder Soweto schlüpfen, die gegen das Apartheid-Regime protestieren, oder Anhänger sein, die Nelson Mandelas Freilassung fordern.

Weiterführung Eine weitere Möglichkeit zur Vertiefung und Umwälzung des Gelernten bietet das Kreuzworträtsel auf Vorlage 8. Verteilen Sie Kopien in Klassenstärke an die S.

Lösungen:

1	govern	**7**	injustice
2	protest	**8**	Mandela
3	townships	**9**	AIDS
4	unarmed	**10**	Soweto
5	education	**11**	injured
6	unemployment	**12**	apartheid

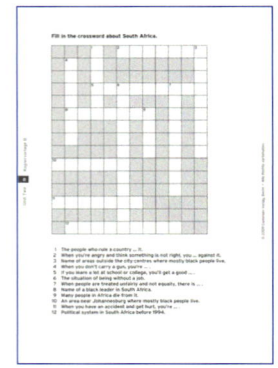

Kopiervorlage 8

INFO-BOX

Als **Apartheid** (Afrikaans, von *apart* „getrennt, einzeln, besonders") bezeichnete man ursprünglich die Rassentrennung in Südafrika. Seit dem Ende der Apartheid-Ära wird der Begriff als Synonym für „Rassentrennung" im Allgemeinen verwendet. Die Apartheid-Politik wurde seit 1948 von der burischen *National Party* betrieben. Das hieß, dass die Rassentrennung im öffentlichen wie im privaten Leben strikt umgesetzt wurde – wenn nötig auch mit Gewalt. Schwarze durften nicht aktiv am politischen Geschehen teilnehmen, soziale und sexuelle Kontakte zwischen Schwarzen und Weißen waren verboten, und zur weiteren Abgrenzung wurden sogenannte Homelands oder Townships in den städtischen Randgebieten – im Grunde Ghettos für schwarze Südafrikaner – errichtet. Das Ende der Apartheid ist das Ergebnis jahrelanger Proteste seitens der schwarzen Bevölkerung Südafrikas sowie der großen wirtschaftlichen Probleme, die aus den von der internationalen Staatengemeinschaft erlassenen Sanktionen resultierten. Bereits in den 1950er Jahren formierte sich der *African National Congress (ANC)*, eine Partei, die gegen die Unterdrückung der schwarzen Bevölkerung kämpfte. Ihr prominentestes Mitglied, Nelson Mandela, kam 1962 ins Gefängnis, führte aber von dort aus den Kampf gegen die Apartheid weiter. 1989 schließlich kam es in Südafrika zur „Wende": Präsident F. W. de Klerk, Mitglied der *National Party* und einstiger Verfechter der Rassentrennung, begann mit dem Abbau der Apartheid. Nelson Mandela, der kurz darauf aus der Haft entlassen wurde, kämpfte von nun an als freier Mensch gegen die Rassentrennung. 1993 wurden sowohl de Klerk als auch Mandela mit dem Friedensnobelpreis ausgezeichnet. 1994 fanden die ersten „gesamtsüdafrikanischen" Wahlen statt; Nelson Mandela wurde der erste schwarze Präsident Südafrikas.

Als **Townships** bezeichnet man die während der Apartheid in Südafrika eingerichteten Wohngegenden für nicht-weiße Bevölkerungsgruppen, um diese im Sinne einer „idealen Apartheidsstadt" vom Stadtzentrum und damit von der weißen Bevölkerung fernzuhalten. Ein typisches Beispiel für diese Art Wohnsiedlung ist **Soweto** (*South Western Township*). Am 16. Juni 1976 kam es dort zu einem Schüleraufstand, der sich gegen die Schulpolitik der weißen Buren-Regierung richtete. Diese wollte Afrikaans als verbindliche Unterrichtssprache in 50 % aller Stunden vorschreiben. Die schwarzen Südafrikaner lehnten dies ab, da sie Afrikaans als Sprache der Unterdrücker sahen. Während eines Schülerstreiks kam es zur Konfrontation mit der Polizei, bei der 23 Menschen starben, als die Polizei das Feuer gegen die unbewaffneten Schüler eröffnete. Die Unruhen weiteten sich in den kommenden Tagen auf das gesamte Township aus, sodass insgesamt 566 Opfer zu beklagen waren. Seit diesem blutig niedergeschlagenen Aufstand galt Soweto als Symbol und Zentrum des schwarzen Widerstandes gegen das Apartheid-Regime.

Sharpeville ist der Name eines Townships, in dem es am 21. März 1960 zu einem Massaker kam, als mehrere Tausend schwarze Südafrikaner auf einer Protestkundgebung gegen die Apartheid-Politik der Regierung demonstrierten und 69 Menschen von der Polizei erschossen wurden. Diese behauptete, die Menge habe mit Steinen nach ihnen geworfen. Als Folge der daraufhin einsetzenden Unruhen wurde der Ausnahmezustand verhängt und politische Gruppen wie der ANC verboten. Die UNO verurteilte den Vorfall in einer Resolution scharf. Sharpeville markiert den Übergang schwarzer Gruppen vom passiven zum gewaltsamen Widerstand sowie die zunehmende internationale Isolation des Landes. Heute ist der 21. März der *Human Rights Day* in Südafrika.

▶ WB S. 14, Ex 4

	S. 27	
	WORTSCHATZ	kwaito • **sort of** • hip-hop • dress • braai • ostrich • steak • taste • security • be afraid of • thief, thieves • chill out • huge • lawyer • diamond
	SPRECHABSICHT	Verschiedene Lebensstile beschreiben: *Mabobo has a small house with no running water, while Gavin lives in a big house.*
	MEDIEN	L: CD 1, Nr. 30–35, CD-Spieler; Kopien von Vorlage 7 (unten) in Klassenstärke; Internet

Young South Africans

Einstieg

Die S betrachten die Fotografien der vier südafrikanischen Jugendlichen und beschreiben diese näher. In die Personenbeschreibung sollten nicht nur Aussehen und Kleidung, sondern auch der erste Eindruck der S einfließen:

L *Look at the four young South Africans and describe them.*
   What are they wearing? What do they look like?
   How old are they?
   What are they like – friendly, arrogant …? What do you think?

In einem ersten Hördurchgang, bei dem die S den SB-Text mitlesen, sollen sie auf den/die Herkunftsort/e der Teenager achten und diese/n benennen.

L *Now let's have a closer look at the lives of these young people in South Africa. Listen to the text and find out where they come from.*

Lösung:
Tumelo and Gavin are from Joburg (Johannesburg). Makobo is from Joburg too, she came from a village two years ago. Mafuane lives in Sandton, a rich suburb of Joburg.

3 Young people in South Africa
a) Who talks about what? Find at least one topic per person.

Die S lesen den SB-Text und beantworten die Fragen in Einzelarbeit. Dazu schreiben sie die infrage kommenden Namen zu den vorab notierten Schlagwörtern. Im Anschluss werden die Lösungen im Unterrichtsgespräch verglichen. Die S sollen Belegstellen für die verschiedenen Schlagwörter vorlesen und dabei sagen, welche Informationen dazu im Text gegeben werden.

Lösungen:
Tumelo: *music, language*
Gavin: *food, family, work, crime*
Makobo: *crime, a disease, no work, family*
Mafuane: *sport, family, work*

Wortschatzarbeit

Zur Entlastung des Wortschatzes verwenden Sie Kopien von Vorlage 7 (unten) in Klassenstärke. Die S ordnen die unbekannten Wörter den entsprechenden Beschreibungen zu. Alternativ dazu können Sie in lernstärkeren Gruppen den Wortschatz auch an der Tafel notieren und die S auffordern, diesen zu umschreiben.

Lösungen:
1 sort of: *kind of*
2 dress: *the way people wear clothes*
3 ostrich: *a large bird that cannot fly*
4 thieves: *they steal things from people*
5 afraid of: *when you're scared of something, you're … it.*
6 chill out: *relax in a nice place*
7 huge: *the opposite of really small*
8 lawyer: *a person that helps and represents other people in court*
9 diamond: *an expensive rock*

Kopiervorlage 7

b) Compare Makobo and Gavin's lifestyles …

Zur Vorbereitung der Übung sollen die S vorab eine Tabelle erstellen, in der Makobo und Gavin sowie die im SB genannten (und auch weitere) Schlagwörter aufgelistet werden. Die S machen sich anhand der Informationen aus dem SB-Text stichwortartig Notizen dazu und äußern auch Vermutungen. In lernlangsameren Klassen werden die Ergebnisse gemeinsam in der Klasse besprochen und weiter verbessert.

L *Let's have a closer look at Makobo and Gavin's lifestyles. Please make notes about their families, houses, etc.*

	Makobo	Gavin
family	mum, sisters, Makobo	dad, Gavin
house	came from a village to the city, lives in a suburb with many problems	lives in a nice house with a garden and a pool; probably lives in a rich suburb
money	mother: unemployed / died; not much money	father: puts up security fences, lots of work, has money
disease	mother died of AIDS worried about younger sisters; might get AIDS too	
future	had to leave school to look after sisters; probably won't be able to find a good job	helps his dad, probably will have a good job later
free time	probably doesn't have much free time; has to look after her sisters	having a braai, chilling out at the pool, enjoying life
problems in the area	drugs, violence, unemployment	lots of thieves

Die S arbeiten anschließend in Einzelarbeit die Aufgabe schriftlich aus und vergleichen die beiden Jugendlichen. Sie tragen ihre Ergebnisse in der Klasse vor.
Lösungsbeispiel:
Makobo's family moved from a village to Johannesburg. They live in an area with many problems, e.g. drugs and violence. I don't think their house is nice, perhaps it doesn't even have electricity or running water. On the other hand, Gavin lives in a house with a garden and a pool. It seems to be a really nice place. Makobo's mother was unemployed, so her family probably didn't have much money, whereas Gavin's father has a good job. He has lots of work and also a lot of money. Gavin probably gets anything he wants. For Makobo, AIDS is a huge problem, because her mother has died from it, but in Gavin's family and the area where he lives this doesn't seem to be a problem. Gavin seems to have no worries about the future and enjoys his life. He likes having a braai or chilling out in the pool. He also will probably have a good job later when he finishes school. For Makobo, this is not possible. She had to leave school in order to look after her sisters, so she might not make a lot of money or even have a good job later. She can't enjoy her life as much as Gavin or do fun things in her free time.

Transfer Fragen Sie die S nach ihrer Einschätzung der Situation und ihrer Meinung zu den vier Jugendlichen bzw. ihren Lebensumständen. Mögliche Fragen:
– *How would you feel in Makobo's (Gavin's / ...) place? What would you do?*
– *Which of the four teenagers would you like to meet? Why?*
– *What would you like to ask them?*
– *What would you like to do together?*

4 Mafuane invites Tumelo to a kwaito concert.
a) Listen and take notes.

Die S verschaffen sich beim ersten Hören zunächst einen Überblick und machen sich Notizen zu den Fragen, die (vor allem in lernlangsameren Klassen) nach einem zweiten Hördurchgang anschließend schriftlich in Einzelarbeit beantwortet werden.

Lösungen:
1 Mafuane's aunt in Durban got the tickets for Mafuane.
2 On Saturday 30th of August in Durban. It starts at 3 p.m.
3 They want to meet at Tumelo's place.

Erweiterung Als Erweiterung eignen sich für einen weiteren Hördurchgang folgende Fragen:
– *What does Tumelo want to do before they go to town? (Have lunch at his place.)*
– *When does Mafuane want to come to Tumelo? (At about 11.30.)*
– *Does Tumelo like the idea of going to the concert? (Yes, he likes it and he's really looking forward to it.)*

Tapescript
MAFUANE Hi, Tumelo. You OK?
TUMELO Yeah, thanks. Not bad.
MAFUANE Listen. You know the Bouga Luv concert …
TUMELO Yes …
MAFUANE Well, I've been able to get two tickets for it.
TUMELO Wow! Really?
MAFUANE Yeah – my aunt in Durban got them for me. Would you like to come?
TUMELO Sure I'd love to come! You know I'd travel anywhere to hear live Kwaito music! When exactly *is* the concert? At the end of the month, isn't it?
MAFUANE On Saturday 30th August, in Durban. It starts at 3 p.m. Where shall we meet? In town?
TUMELO No, come round to my place, Mafuane. Have lunch here, and then we can go into town together.
MAFUANE OK, Tumelo. I'll come round at … err … about 11.30, OK?
TUMELO That sounds fine. Hey, thanks so much for the idea, Mafuane. I'm really looking forward to it.
MAFUANE Me too. See you then, Tumelo!
TUMELO Bye, Mafuane. Thanks again.

b) Now listen to Bouga Luv's kwaito music: Do you like it?
Die S sollen sich zunächst den Spitznamen Bouga Luvs notieren: *Listen to Bouga Luv. What's he called?(He's called the King of Kwaito)*.
Anschließend hören sich die S die Musik an und erklären, ob sie ihnen gefällt oder nicht. Die S sollen ihre Meinung begründen; auch Vergleiche mit anderen Musik-richtungen bieten sich hier an: *Do you like Bouga Luv's music? Why / Why not? Does it remind you of other kinds of music? Does it sound like rap / hip-hop / …?*
Lösung:
individuelle Lösungen

Tapescript
Bouga Luv – whose real name is Kabelo Mabalane – is sometimes called the King of Kwaito. Here's one of his most popular songs, sung in Zulu and English, called Dubula, dubula, dubula. What do you think of it?

Weiterführung Als Vertiefung führen die S eine Recherche zu Bouga Luv und anderen namhaften Kwaito-Künstlern wie Arthur Mafokate, Mandoza oder der Gruppe Bongo Maffin durch. Sie wählen einen Künstler aus und recherchieren Informationen aus dem Internet oder nutzen andere Quellen. Anschließend erarbeiten sie in Partner- oder Gruppenarbeit ein Porträt des Künstlers, der samt Foto und mithilfe von acht *facts* vor der Klasse portraitiert wird.

▶ WB S. 14, Ex 5, 6

SKILLS

S. 28

WORTSCHATZ	Cape Town • rand • bone • guided tour • exit • guide • penguin
SPRECHABSICHT	Informationen zum Veranstaltungsprogramm erfragen: *How long does the visit take?*
	Sagen, wie ein Besuch / eine Besichtigung gefallen hat: *Visiting the prison was scary/great/ …*
MEDIEN	L: CD 1, Nr. 36, 37, CD-Spieler; Internet; Leerfolie, Folienstift, Tageslichtprojektor

SPEAKING – A visit

Die S lesen den kleinen SB-Text über die Gefängnisinsel Robben Island durch, betrachten das Foto auf SB-S. 28 oben und beschreiben es kurz. Geben Sie eventuell weiteren Wortschatz wie z. B. *watch tower* (Wachturm) oder *barbed wire* (Stacheldraht) vor. Lassen Sie die S auch Robben Island und Cape Town auf der Südafrikakarte auf der hinteren Umschlaginnenseite des Buches suchen.

L *Please describe the picture.*
S beschreiben.
L *What kind of building is it and where can you find it?*
S *It's a prison. It's on an island / on Robben Island 12 km away from Cape Town.*

Aktivieren Sie an dieser Stelle noch einmal das Vorwissen der S, indem Sie diese kurz zum Thema Apartheid und über die Person Nelson Mandelas berichten lassen.

How much will the Kemas pay?

Die S sollen nun bei geschlossenem SB den anschließenden Dialog zwischen Mr. Kema und einem Angestellten anhören. Folgende Verständnisfragen eignen sich für den ersten Hördurchgang:

L *Close your books and listen to the dialogue. The Kemas want to go to Robben Island.*
How much do the Kemas have to pay?
When will the next boat leave?

Lösungen:
They have to pay 150 rand for each adult and 75 rand for each child. (That's 450 rand in total.)
At 11 o'clock.

What's 150 rand in euros? Find out on the Internet!

Erläutern Sie in diesem Zusammenhang auch kurz die Bedeutung des Rand als Währung Südafrikas (vgl. HRU-S. 77). Die S können im Internet (auch als Hausaufgabe) den Wert dieser Währung in Relation zum Euro recherchieren.
Lösung:
(vom aktuellen Wechselkurs abhängig)

Als Vorarbeit für *Exercise 1* sollen die S in einem zweiten Hördurchgang die Fragen notieren, die Mr. Kema während des Dialogs an den Angestellten richtet, um Hintergrundinformationen für die Fahrt nach Robben Island zu erhalten (*What does Mr. Kema ask? What does he want to know? Please write down the questions.*).

Die S hören sich den Dialog an und notieren die geeigneten Sprechakte (*Does the ticket include the boat trip? How long does the visit take? And when does the next boat leave?*). Lassen Sie den Dialog bei Bedarf noch ein drittes Mal vorspielen.

Die S überprüfen nun mithilfe des SB die von ihnen gefundenen Fragen. Danach lesen verschiedene S paarweise den Dialog vor und üben auf diese Weise das laute Vorlesen.

Fragen Sie die S anschließend nach den anderen wichtigen Bestandteilen des Dialogs, die als Grundlage für ein Gespräch zum Thema „Informationen erfragen" dienen könnten (*You want to visit more tourist places. Which parts of these sentences could you use for a dialogue?*).

Die S nennen daraufhin relevante Textstellen aus dem SB. Notieren Sie die infrage kommenden Frage- bzw. Antwortteile auf Folie oder an der Tafel und ergänzen Sie gegebenenfalls. Auf diese Weise wird gemeinsam das Grundgerüst eines Dialogs erarbeitet, das auch auf ähnliche Situationen übertragen werden und (lernlangsameren) S bei der Bearbeitung von *Exercise 1* helfen kann.

> A Hi, I'd like tickets for ..., please. ... adults and ... children.
> B No problem, ... rand for each adult and ... rand for each child.
> A Does the ticket include ...?
> B Yes, it does. And it also includes ...
> A How long does the visit take?
> B It's about ... altogether.
> A And when does ... leave?
> B It ... at ... o'clock.

1 Partner work: Make dialogues for the two places below ...
Die S erarbeiten die Dialoge in Partnerarbeit und studieren sie passend zu den jeweiligen Gesprächsanlässen bzw. Handlungsorten ein. Dazu kann das zuvor entwickelte Raster benutzt werden. Die S präsentieren die Dialoge anschließend vor der Klasse und spielen sie möglichst auswendig vor.
Lösungsbeispiele:
A *Hi, I'd like tickets for Maropeng, please. One adult and three children.*
B *No problem, 85 rand for the adult and 50 rand for each child.*
A *Does the ticket include the underground boat trip?*
B *Yes, it does.*
A *How long does the visit take?*
B *It's about three hours altogether.*
A *And when does the last boat leave?*
B *It leaves at 4 o'clock.*

A *Hi, I'd like tickets for the museum, please. Two adults and two children.*
B *No problem, 35 rand for each adult and 20 rand for each child.*
A *Does the ticket include a guided tour?*
B *Yes, it does.*
A *How long does the visit take?*
B *It's about two hours altogether.*
A *And where is the museum shop?*
B *It's near the exit.*

Sie können abschließend noch einmal inhaltlich auf die Knochenfunde in Maropeng und das Apartheid-Museum in Johannesburg eingehen (vgl. die Hintergrundinformationen auf HRU-S. 77) und die S anschließend nach ihren Reisepräferenzen befragen: *Which tour would you like to take? Why?*

What did the Kemas like on Robben Island?
Die S hören sich nach dem Durchlesen der Frage im SB den Dialog an und lesen diesen ebenfalls paarweise laut vor. Anschließend geben sie kurz die Punkte wieder, die von den Kemas bei ihrer Tour nach Robben Island positiv bewertet wurden. Diese werden als Vorbereitung zu *Exercise 2* an der Tafel notiert.
Hier bietet es sich an, ebenso die nicht ganz so zufriedenstellenden Aspekte der Reise zu vermerken.

What did the Kemas like on Robben Island?	What didn't they like on Robben Island?
– the guide in the prison was great – the tour of the island was brilliant – the penguins (never seen them outside a zoo before) – the shop was very good – the island is a special place	– visiting the prison was a bit scary – they couldn't get out of the bus – there was no café in the shop

2 Have you ever been to a famous place? Tell your partner about your ...

Nachfolgend sollen die S zusammen mit einem/einer Partner/in einen ähnlichen Bericht über den Besuch eines Museums oder einer anderen Sehenswürdigkeit anfertigen. Dazu wird zunächst der Tipp im SB gemeinsam gelesen. Jede/r S erarbeitet zunächst eine eigene Version, die sich die Tandemspartner gegenseitig vorlesen und die zusammen mithilfe weiterer Ideen und Vorschläge der Partnerin / des Partners überarbeitet und zusätzlich ausgeschmückt wird. Es bietet sich nachfolgend an, den Vorgang zu wiederholen und den Bericht noch einmal einem/einer anderen Mitschüler/in zu berichten, der/die die Geschichte noch nicht kennt.

Lösungen:
individuelle Lösungen

INFO-BOX

Robben Island liegt in der Tafelbucht („Table Bay") ca. 12 km vor Kapstadt. Im Lauf ihrer wechselvollen Geschichte wurde die Insel als Sträflingskolonie, Militärbasis, Leprastation und (bis 1996) als Gefängnisinsel genutzt, bevor sie 1997 zu einem Natur- und Nationaldenkmal umgestaltet wurde, das der über dreitausend politischen Gefangenen gedenkt, die von dem Apartheid-Regime dort unter menschenunwürdigen Bedingungen festgehalten wurden. Der wohl berühmteste Insasse war Nelson Mandela, der dort achtzehn Jahre in einer winzigen Zelle saß und den ersten Teil seiner Biografie *A long way to freedom* schrieb. Heute besuchen viele Touristen das Museum auf der Insel, wobei auch Führungen von ehemaligen Inhaftierten durchgeführt werden. Robben Island ist Heimat für eine Vielzahl von Tieren wie Möwen, Pinguinen und Robben, nach denen die Insel (von den Holländern) auch benannt wurde. Der Name der südafrikanischen Währung, **Rand**, leitet sich von Afrikaans *Witwatersrand* ab, einem 200 km langen und fast 1.800 m hohem südafrikanischen Höhenzug. In dieser dicht besiedelten Gegend lagern 40 % des weltweiten Goldvorkommens und werden dort abgebaut. Die 1961 eingeführte Währung wird mit R abgekürzt (z. B. R25); ein Rand setzt sich aus 100 cents zusammen. Der Rand hat seit seiner Einführung stark an Wert abgenommen und ist starken Schwankungen unterworfen, so bekommt man heute für einen Euro ca. 11,28 Rand (Stand Okt. 2009). **Mrs Ples** ist der Name für einen sehr gut erhaltenen Schädel eines Urmenschen oder *Australopithecus africanus*, eines Vorläufers des modernen Menschen, der 1947 in Südafrika gefunden wurde. Der Spitzname Mrs Ples leitet sich von der ursprünglichen Zuschreibung des leitenden Forschers ab (*Plesianthropus transvaalensis* oder Fast-Mensch von Transvaal). Das Geschlecht von Mrs Ples ist heute allerdings umstritten, da es sich bei dem Fund um den Schädel eines Jugendlichen handelt, was eine eindeutige Festlegung erschwert. Die Fundstelle liegt in der Region Skerkfontein, auch „Wiege der Menschheit" genannt; diese wurde von der UNO 1999 zur *World Heritage Site* ausgerufen. 2001 in Johannesburg eröffnet, zeigt das **Apartheid-Museum** die Geschichte der Apartheid in Südafrika (1948–1994). Der Besucher taucht dank einer gelungenen Museumsarchitektur in eindrucksvolle Erlebnisräume ein, die die Geschichte der Unterdrückung der schwarzen Bevölkerung sichtbar und fühlbar machen. Den Höhepunkt bietet der Nachbau einer Isolationszelle.

S. 29

WORTSCHATZ	divide into
SPRECHABSICHT	Einen Vortrag halten: *I'm going to talk about Nelson Mandela ...*
MEDIEN	L: Internet; CD 1, Nr. 38, CD-Spieler

SPEAKING – A topic-based talk about South Africa

HINWEIS ZUR M10-PRÜFUNG

Auf dieser Seite wird ein Bestandteil der mündlichen Prüfung, *topic-based talk*, kleinschrittig vorbereitet und geübt. Die S sollen hier ihre Fähigkeiten zum zusammenhängenden Sprechen unter Beweis stellen, indem sie zu einem vorbereiteten Thema (wie z. B. Südafrika) einige Minuten flüssig frei vortragen. Sie stützen sich hierbei auf bereits erworbenes Faktenwissen und versuchen, dieses gezielt und geschickt einzusetzen. In der Prüfung wird ihnen ein Impuls in Form einer Grafik, eines Zitats, einer kleinen Anzeige usw. präsentiert. Die S sollen sich Notizen machen und mehrere Fragen hierzu beantworten.

Zum Ablauf der Prüfung:
Für den *topic-based talk* bereitet die/der S zwei der Themen des vergangenen Schuljahres vor und zieht in der Prüfung eines davon (Die Themen sind auf Karteikarten geschrieben.). Anschließend soll sie/er nach kurzer Vorbereitungszeit ihr/sein Wissen zu dem Thema ca. zwei Minuten präsentieren. Es folgt ein Gespräch, das keine Fakten zum Thema abprüft, sondern eher die Meinungen und Ansichten der/des S in den Vordergrund stellt. Die prüfenden Lehrkräfte können bei Bedarf mit entsprechenden Fragen und Impulsen lenken, nehmen dabei aber eine passive Haltung ein, damit die/der S möglichst viel sprechen muss.

1 Choose one of these two topics for a topic-based talk

Die S betrachten die Bilder und wählen eines der beiden Themen aus.

2 Find information about your topic.

1 Die S berücksichtigen zunächst die Informationen, die ihnen im SB zur Verfügung gestellt werden, indem sie die betreffenden Stellen zu Nelson Mandela und dem Krüger Nationalpark noch einmal kurz nachlesen bzw. ihr Vorwissen zu schon erarbeiteten verwandten Themen (z. B. Apartheid) rekapitulieren. Erst danach nutzen sie die vom Verlag bereitgestellten Informationen im Internet auf www.new-highlight.de oder andere Quellen wie z. B. Bücher oder andere Internetseiten. Dies kann sowohl in der Klasse als auch im Rahmen einer Hausarbeit geschehen.

2 Die S lesen den Aufgabenteil vor und benennen die drei bzw. vier relevanten dort aufgeführten übergeordneten Schlagwörter. Schreiben Sie diese an die Tafel und überlegen Sie gemeinsam mit den S vorab auch noch andere mögliche relevante Unterpunkte für ihren Vortrag. Diese können dann später als Gliederungspunkte bzw. Grundgerüst bei der weiteren Ausgestaltung des Vortrags dienen.

3 Mithilfe der zur Verfügung stehenden Quellen finden die S Hintergrundinformationen zu dem von ihnen gewählten Thema und sammeln stichwortartig einzelne Fakten zu jedem Gliederungspunkt. Dies geschieht, analog zur Prüfungssituation, in Einzelarbeit. Das Ausformulieren ganzer Sätze sollte an dieser Stelle vermieden werden. Stattdessen bietet es sich an, eine Tabelle zu den wichtigsten Punkten anzulegen und sich Notizen dazu zu machen.

HINWEIS ZUR M10-PRÜFUNG

Da die S im mündlichen Teil der M10-Prüfung bei ihrer Vorbereitung keine Zeit zum Ausformulieren ganzer Sätze haben, sollte auch beim Üben des *topic-based talk* im Unterricht der Schwerpunkt auf dem Vortragen anhand von Notizen liegen und die Zeitvorgabe beachtet werden.

4 Abschließend äußern die S ihre eigene Meinung zum Thema und begründen diese möglichst stichhaltig und umfassend.

Geben Sie in lernlangsameren Klassen durch weitere Fragen Hilfestellung:
- *What do you think about Nelson Mandela?*
- *What part of his life do you think is most interesting? Why?*
- *What do you admire/like best about him? Why?*
- *Do you think he was an important person? Why?*

Erweiterung
- *What's your opinion about the Kruger National Park? Why?*
- *Do you think it's a good or bad idea to have a national park?*
- *What do you like best about the park?*
- *Would you like to go there? Why?*

3 A card for your topic

Bevor die S die Karten zu ihrem Thema anschauen, sollten sie zunächst still den Tipp lesen, der auf den Ablauf eines Vortrags in der mündlichen Abschlussprüfung eingeht und auch die Funktion von Impulskarten mit anschließenden Fragen (wie die im SB) erklärt. Anschließend fasst ein/e S den Tipp mit eigenen Worten kurz zusammen.

4 Listen to two students, Sarah and Karl. Who uses their card better? ...

Die unterschiedlichen Vorträge von Sarah und Karl zu Nelson Mandela dienen dazu, noch einmal auf mögliche Fehler und Schwierigkeiten beim Verfassen von Vorträgen einzugehen.

Spielen Sie zunächst den ersten Teil des Hörtextes mit Sarahs Aussage vor und fordern Sie die S dazu auf, Stellung zu nehmen, wie ihnen der Vortrag gefällt. Sie sollen dabei ihre Ansichten begründen. Fragen Sie die S auch, wie man Sarahs Ausführungen noch weiter ausarbeiten und verbessern könnte *(Did you like Sarah's talk? What's missing? What can you do to make it better?)*. Spielen Sie Sarahs Aussage ggf. noch ein weiteres Mal vor und notieren Sie die Vorschläge der S an der Tafel.

Im Anschluss daran wird der zweite Teil mit Karls Vortrag vorgespielt, der wesentlich besser auf die Fragen der Karte eingeht und auch viele Hintergrundinformationen bietet. Die S sollen ebenfalls ihre Ansichten dazu äußern und während des zweiten Hörens besonders darauf achten, auf welche unterschiedlichen Bereiche aus dem Leben Mandelas Karl Bezug nimmt *(Listen to Karl's talk. Did you like his talk? Why(not)? Which parts of Mandela's life does Karl talk about?)*. Anschließend werden beide Vorträge miteinander verglichen *(When you compare Karl's to Sarah's talk, what's different? Who uses their card better and why?)*.

Lösungsbeispiel:
Karl uses his card better because he answers all the questions on the card. He says why Mandela was in prison and why he got out and why he admires Mandela. Karl gives a lot of information about Mandela's life (before and after prison).

Tapescript

SARAH Mandela was in prison because ... the white government didn't like him. Later they wanted him out of prison. I admire Mandela because he became president.

KARL Nelson Mandela has spent all his long life in the fight against injustice. When he was a young man, he joined the ANC, the largest black organisation which was fighting against apartheid. At first he used peaceful methods, but later he used violence. That's why the government put him in prison when they caught him. He spent 37 years in a prison on Robben Island, often alone. He wasn't allowed many letters or visitors.

While he was in prison, black South Africans protested against apartheid and against the violence of the white government – for example in Soweto in 1976. In the end there was so much violence that the government decided to free Nelson Mandela – only he could stop the violence. But Mandela's price was free elections. When the elections took place in 1994, Mandela was elected president.

I admire Mandela because although he spent so many years in a terrible prison he wasn't angry when he came out of prison. He worked hard for injustice in his country, and although he is now an old man, he is still working for the peace in the world.

5 **Now give your talk.**

Die S versprachlichen nun ihr Thema mithilfe ihrer Notizen und Gliederungspunkte, wobei die Ausführungen und Satzanfänge in der Aufgabe (5.1–5.3) eine grobe Struktur vorgeben (Einleitung, Referieren über das Thema, Wiedergabe der eigenen Meinung). Die S sollten ca. zwei Minuten flüssig sprechen. Der Vortrag kann in einem ersten Schritt zunächst abwechselnd in Partnerarbeit gehalten werden, wobei der/die andere Partner/in noch weiter Rückmeldung gibt und während des Redens auch auf die Zeitvorgabe achtet. Anschließend werden die Vorträge dann in der Klasse gehalten.
Lösung:
individuelle Lösungen

Erweiterung

Im Anschluss an die gehaltenen Vorträge bietet es sich an, diese komplett und in ganzen Sätzen von den S ausarbeiten zu lassen. Auf diese Weise tragen die S zu diesem Thema (sowie zu weiteren folgenden Übungsthemen) eine Datensammlung zusammen, anhand derer sie später noch einmal alle wichtigen Informationen zu prüfungsrelevanten Themen wiederholen und lernen können.

Weiterführung

Als Zusatzaufgabe kann das nichtgewählte Thema auf SB-S. 29 oder auch ein anderes Thema als Vortrag für die nächste Stunde vorbereitet werden. Der *topic-based talk* sollte im Laufe des Schuljahres mit vielen Themen immer wieder geübt werden. Erstellen Sie hierzu Karten mit Thesen und Fragen und verteilen Sie diese an die S. In lernlangsameren Klassen können Sie auch drei bis vier wichtige Gliederungspunkte vorab gemeinsam mit den S überlegen.
Weitere Themenvorschläge:
– *Robben Island*
– *Apartheid – before and after*
– *South Africa – a rainbow nation*
– *Soweto and Johannesburg*
– *crime in South Africa*
– *AIDS in South Africa*
– *sport in South Africa*

INFO-BOX

Zum **Krüger Nationalpark** vgl. HRU-S. 64. **Nelson Mandela** wurde am 18.07.1918 in Südafrika geboren. Er konnte aufgrund der Zugehörigkeit des Thembu-Stammes zum Königshaus studieren. Bereits während seines Jurastudiums engagierte er sich im Kampf gegen die Vormachtstellung der weißen Minderheit im Lande. Die mit dem Machtantritt der *National Party* 1948 beginnende Rassentrennung verstärkte Mandelas politisches Engagement, sodass er bald führendes Mitglied des ANC wurde. 1961 wurde er Vorsitzender des militanten Flügels des ANC. Drei Jahre später wurde Mandela wegen Aufrufs zum bewaffneten Kampf zu lebenslanger Haft verurteilt. Intensive Kampagnen des ANC sowie wachsender internationaler Druck sorgten letztlich im Jahre 1990 für seine Freilassung durch den weißen Präsidenten Frederik Willem de Klerk. Durch den Wahlsieg des ANC bei den ersten demokratischen Wahlen 1994 wurde Mandela zum ersten schwarzen Präsidenten Südafrikas. Während seiner Amtszeit, die bis 1999 andauerte, erlangte er viel Anerkennung für seine Politik der Aussöhnung mit dem Apartheid-Regime. 1993 hatte er dafür gemeinsam mit Expräsident de Klerk den Friedensnobelpreis erhalten.

S. 30–32

WORTSCHATZ	S. 30: **heavy** • **bucket** • **exist** • **get into trouble** • **kids stuff** • **traditional** • **fast-food restaurant** • **cycle** • anything **else** • **course** • **positive** • **disappointed** • **useless** • Mozambique • Zimbabwe S. 31: the **very** first day • **welcome** • **training** • **natural catastrophe** • **flood** • **hippo, hippos** • **zebra** • **break the rules** • put the animals **in danger** • **monkey** • **aggressive** • **colleague** • the tourists' **fault** • outer fence • **human**
MEDIEN	L: Kopien von Vorlage 9 (oben) in Klassenstärke; Internet; Karton bzw. Papier in Postergröße S: Wörterbücher, Buntstifte

READING – A life story

DIDAKTISCH-METHODISCHER HINWEIS

Umgang mit unbekannter Lexik: Die S sollten stets versuchen, unbekannte Wörter aus dem Textzusammenhang heraus zu verstehen. Weisen Sie die S immer wieder darauf hin, dass sie nicht jedes einzelne unbekannte Wort verstehen und nachschlagen müssen. Um das Erschließen aus dem Textzusammenhang zusätzlich zu üben, können Sie die Lesetexte für die S kopieren. Die S lesen den kopierten Text und unterstreichen dabei den unbekannten Wortschatz. Im Anschluss versuchen sie, möglichst viele dieser Wörter aus dem Kontext zu erschließen. Vielfach geht die Bedeutung eines Wortes aus dem unmittelbar vorher oder danach Erwähnten hervor. Gänzlich unbekannte Wörter werden in einem letzten Schritt dann im Wörterbuch nachgeschlagen.

Einstieg Verteilen Sie als Einstieg Kopien von Vorlage 9 (oben) in Klassenstärke oder präsentieren Sie diese als Folie. Die dort in ungeordneter Abfolge abgebildeten Grafiken zeigen Stationen auf Dominique Mathebulas Lebensweg, der Autorin des *Reading*-Textes. Fordern Sie die S auf, die Bilder kurz zu beschreiben und Vermutungen darüber anzustellen, worum es in der (Bild-)Geschichte gehen könnte. Anschließend lesen die S den Text im SB still und bringen die Bilder in die richtige Reihenfolge, indem sie sie nummerieren. Besprechen Sie die Aufgabe gemeinsam in der Klasse, indem Sie die S die entsprechenden Abschnitte benennen lassen.

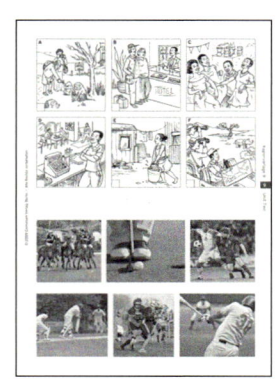

Kopiervorlage 9

L *Who/What can you see in the pictures?*
S beschreiben.
L *What is the story about?*
S *Maybe it's about the life of this young woman / her life as a ranger / about the work in a national park.*
L *Let's find out. The pictures show what happens in the story. Read the text and bring the pictures in the right order. Number them from 1 to 6.*

Lösungen:
E 1; **C** 2; **D** 3; **B** 4; **F** 5; **A** 6

Stellen Sie den S noch weitere allgemeine Verständnisfragen zum Lesetext. Fragen Sie sie insbesondere nach den unterschiedlichen Jobs, die Dominique in ihrem Leben bereits innehatte, und wie sie ihr gefielen. Dazu berücksichtigen die S die Grafiken und lesen den Text noch ein weiteres Mal.

L *What's the name of the young woman in the story?*
S *Dominique Mathebula.*
L *What's her job?*
S *She's a ranger at Kruger Park.*
L *What different jobs did Dominique have before that? Did she like them?*
S *She worked in a fast-food restaurant in Johannesburg. It was boring.*
She took a course at a school in the evenings which trained different skills. She enjoyed it.
She welcomed guests in a hotel at Kruger Park. She liked it a lot.
She's also very happy with her job as a ranger now.

Daraufhin bearbeiten die S die nachfolgenden Übungen im SB; davon *Exercises 1–3* schriftlich in Einzelarbeit. Die Überprüfung erfolgt anschließend im Plenum. Unbekannter Wortschatz wird aus dem Kontext abgeleitet bzw. im Vokabelverzeichnis nachgeschlagen.

1 True (T), false (F) or not in the text (NT)?
Lösungen:
1 F   3 F   5 T   7 T
2 T   4 NT 6 NT 8 F

2 Who ...
Lösungen:
1 *her mother*
2 *a teacher from her school*
3 *her friends and family*
4 *the customers in the fast-food restaurant*
5 *four rangers and twenty workers*
6 *(crowds of) tourists*

3 Questions on the text: Answer in full sentences.
Lösungen:
1 *She had to fetch water with a bucket. She didn't like it because it was heavy.*
2 *She had great friends. / She had good fun with her friends. / There were a lot of music bands in Soweto. She enjoyed listening to them. She also liked dancing, singing, and taking part. / There was a special atmosphere in Soweto; people felt proud.*
3 *Dominique's first job wasn't very well-paid. It was quite a long way from home. The work itself was boring.*
4 *In her first job in Kruger Park she welcomed the guests and looked after them.*
5 *The problem is that there are too many elephants in Kruger Park. They don't have enough space. / It is a problem if the Kruger Park has too many elephants because they don't have enough space.*
6 *The biggest danger for people in the Kruger Park are car accidents.*

4 Adjectives
a) Look at the text again and guess what these adjectives mean. ...
Die S versuchen zunächst, die Bedeutung der Adjektive aus dem Kontext zu erraten. Sie tauschen dazu auch in Partnerarbeit ihre Vermutungen aus und diskutieren mögliche Lösungen.

b) Now use a dictionary and check that your answers in 4a) are correct.
Die Überprüfung erfolgt mithilfe des Wörterbuchs; die unterschiedlichen Umschreibungen werden zusätzlich gemeinsam in der Klasse verglichen.
Lösungsvorschläge:
1 Something is serious if *you worry about it.*
2 You feel confident when *you are sure about something.*
3 You are disappointed when *something doesn't work out as you wanted.*
4 Something is healthy when *it's good for your body or your mind.*

Wortschatzarbeit Präsentieren Sie den S noch weitere Adjektive aus vorangegangenen Units oder aus dem Lesetext, z. B. *proud, difficult, successful, close, aggressive*. Die S formulieren weitere Umschreibungen bzw. Definitionen dazu oder arbeiten mit Gegensatzpaaren. Die auf diese Weise zusammengestellte Liste kann den S im weiteren Verlauf beim Erstellen eines Berichts hilfreich sein.

5 Look at the text again and explain in German ...
Die S bearbeiten die Übung in Partnerarbeit, indem sie einen der beiden Aufgabenteile auswählen, die betreffenden Textstellen nachlesen, sich stichwortartig Notizen machen und ihre Ergebnisse der Partnerin / dem Partner vortragen, die/der daraufhin Rückmeldung gibt. Anschließend werden mögliche Lösungen gemeinsam in der Klasse besprochen.
Lösungsbeispiele:
1 *Obwohl es viele Probleme gab, war das Leben der Menschen in Soweto nicht nur schlecht. Sie hörten den verschiedenen Musikbands zu. Sie tanzten oder sangen und unternahmen*

viele Dinge. Die Menschen waren auch stolz darauf, dass sie gegen die Apartheid gekämpft hatten. Sie wussten, dass sie eine wichtige Rolle dabei gespielt hatten.

2 *Dominique mag es nicht, wenn die Touristen die Regeln im Park nicht befolgen. Dadurch geraten oft Tiere in Gefahr oder sterben sogar. Wenn die Touristen z. B. die wilden Affen füttern, werden die Tiere oft aggressiv und gefährlich und müssen getötet werden. Eine andere Gefahr für die wilden Tiere ist, wenn ihnen Menschen zu nahe kommen. Dominique erzählt, wie ein Leopard auf der Flucht gegen einen elektrischen Zaun läuft und stirbt.*

Transfer

6 What are important things in a job: …

Die Aufgabe regt die S an, ihre eigenen Präferenzen zu einem Sachverhalt wiederzugeben bzw. ihre Einstellungen und Meinungen auszudrücken. Dies ist für die mündliche Prüfung von besonderer Bedeutung und sollte daher ausführlicher im Unterricht behandelt werden.

Notieren Sie die genannten Schlagwörter *(money, colleagues, job, customers, hours of work)* an der Tafel und befragen Sie die S, welches davon ihnen am wichtigsten ist *(Which of these things is most important to you?)*. Dies kann auch in Form einer kleinen Umfrage geschehen, bei der abgestimmt wird. Die S lesen daraufhin Dominiques Aussage mit der Bewertung ihrer Arbeit. Sammeln Sie noch weitere hilfreiche Redemittel bzw. Satzanfänge an der Tafel. Anschließend bearbeiten die S die Aufgabe schriftlich in Einzelarbeit und tragen später in der Klasse ihre Meinung vor. Die Ergebnisse werden an der Tafel zu den jeweiligen Schlagwörtern stichwortartig notiert.

Lösungsbeispiel:

What's important in a job is that *you earn enough money, because without it you worry all the time about your life and you can't buy nice things. I also think it's good to have friendly colleagues who like and respect you. I'd like to meet and to talk to a lot of interesting people in my job, not just work in an office. I don't like jobs where you can't enjoy your life because you have to work all the time. But most important to me is that I like my job and the work I do. I want to be good at it too.*

Transfer

Befragen Sie die S nach den Erfahrungen, die sie bereits in der Arbeitswelt gesammelt haben (z. B. in Form von Nebenjobs oder Praktika), und lassen Sie die Tätigkeiten näher beschreiben. Fragen Sie die S auch, ob und warum sie sich eine Weiterarbeit in diesem Bereich (nicht) vorstellen können. Anschließend stellt jede/r S ihren/seinen Traumjob vor und begründet dies anhand der bereits erarbeiteten Kriterien. Alternativ dazu können sich die S auch in einem Jobinterview gegenseitig befragen und ihre Ergebnisse der Klasse präsentieren.

Mögliche Fragen:
– *What kind of work experience do you have?*
– *Have you ever had a part-time job?*
– *What did you like / didn't you like about it?*
– *Would you like to have this kind of job after school? Why (not)?*
– *What's your dream job? Why?*

Als weitere Transfermöglichkeit bietet es sich an, die S nach einem möglichen Beruf als Ranger zu befragen:
– *Would you like to work as a ranger? Why (not)?*
– *What part of the work would you like best?*

Weiterarbeit

Folgende Möglichkeiten bieten sich zur Weiterarbeit an:
– Einen Brief an die Parkverwaltung schreiben und sich um die Stelle als Ranger im Krüger Park bewerben.
– Mithilfe einer Internetrecherche den Beruf des Rangers in Südafrika und den des Rangers in Nordamerika präsentieren und die beiden miteinander vergleichen.
– Einen Urlaubsblog anlegen und über eine (fiktive) Südafrikareise oder Safari-Erfahrung schreiben. Alternativ dazu kann dies auch in Form einer *open-ended story* geschehen, bei der die ersten Sätze vorgegeben werden.
– Einen Urlaubsprospekt eines Reisebüros für eine Safaritour in Form eines Flyers bzw. Posters mithilfe von Fotos und Werbeslogans erstellen. Weitere Details wie z. B. *accomodations, trails, prices* können der Homepage des Krüger Nationalparks entnommen werden.

▶ WB S. 15, Ex 7, S. 16, 17, Ex 8–11

WORTSCHATZ	halfway up • HIV positive
MEDIEN	L: CD 1, Nr. 44, 45, CD-Spieler; Kopien von Vorlage 10 (oben) in Gruppenstärke, Folie von Vorlage 10 (oben), Tageslichtprojektor; Internet; Kopien von Vorlage 11 in Klassenstärke
	S: Notizzettel, Handys

LISTENING – Two radio diaries

Einstieg Schreiben Sie als Hinführung zum Hörtext den Namen Nelson Mandela an die Tafel. Die S hatten bereits zu verschiedenen Anlässen Gelegenheit, mehr über den Politiker zu erfahren, und haben eventuell auch schon einen Vortrag zu seiner Person gehalten.

Aktivieren Sie dieses Vorwissen der S, indem Sie sie auffordern, zusammen mit einer Partnerin / einem Partner oder in einer Kleingruppe innerhalb von drei Minuten möglichst viele Informationen aus dem Gedächtnis stichpunktartig zusammenzutragen. Die Ergebnisse werden an der Tafel festgehalten. Lernlangsamere S nehmen das SB zuhilfe.

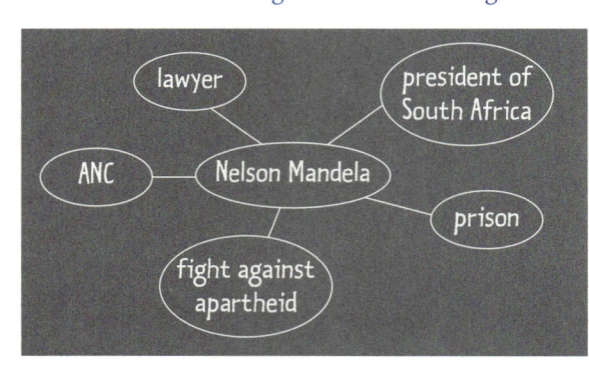

Arbeiten Sie anschließend den Lebensabschnitt von Mandelas Zeit im Gefängnis weiter heraus und lenken Sie die Aufmerksamkeit der S auf einen speziellen Tag und gleichzeitig historischen Moment im Leben Mandelas.

L *How long did Mandela have to stay in prison? Where was his prison?*
S *He stayed in prison for 27 years. He was a prisoner on Robben Island.*
L *You probably know why Mandela got out of prison, but do you also know when?*
S *(vermuten:) in 1990*
L *The day that Mandela was released from prison was very important. Let's find out more about this day.*

Die S hören anschließend den Hörtext mit dem Auftrag, den genauen Tag von Mandelas Entlassung sowie die erzählenden Personen zu benennen. Dazu machen sie sich Notizen.

– *On what day did Mandela come out of prison? (February 11th, 1990)*
– *Who's talking about this day? (first part: Lucinda [Rhulani] from Cape Town; second part: a reporter/journalist; third part: Nelson Mandela)*

1 The day that Nelson Mandela came out of prison
a) Listen to Lucinda and her radio diary. What's the right option: …

Die S betrachten das Foto von Nelson Mandela und seiner damaligen Frau Winnie und beschreiben es kurz mündlich *(Who's with Mandela in the picture? What are they doing? What has happened?)*. Sie lesen die Aufgabenstellung und die vier Sätze genau durch und hören danach den Hörtext ein zweites Mal. Während des Hörens notieren sich die S ihre Lösungen auf Notizzetteln.
Lösungen:
1 *a)* **2** *b)* **3** *c)* **4** *b)*

b) Now listen again and finish the sentences.
Die S arbeiten schriftlich in Einzelarbeit. Die Lösungen werden in einem weiteren Hördurchgang zunächst stichpunktartig festgehalten und nachher im Unterrichtsgespräch kontrolliert. Anschließend schreiben die S den Abschnitt komplett ab.
Lösungen:
1 Lucinda works in a *call centre* in Cape Town.
2 On the February 11th, 1990 Nelson Madela came *out of prison*.
3 At *Victor Verster Prison* Nelson Mandela talked to Mr de Klerk, the *prime minister* of South Africa.

4 Some people were standing halfway up trees in order to get the best possible *view*.
5 Nelson Mandela walked through the crowd for more than *an hour*.
6 He said that apartheid has no *future*.

Tapescript

LUCINDA	Hi, my name's Lucinda Rhulani, and I'm a call centre worker in Cape Town. I'm married, and I have three children. Back in the 1980's I was single and lived in Johannesburg, and in those days I kept a radio diary. My radio diary includes 11th February 1990, the day that Nelson Mandela was allowed to come out of prison. Here's what I said then …
	Well, today, they say, is *the* day. Nelson Mandela is no longer on Robben Island – he's in a prison called Victor Verster Prison, where he has been talking with Mr de Klerk, the prime minister. And today he's coming out of prison – after 27 years! I can't believe it. I've specially taken a day off work today, so I can watch it all on TV in my own flat. It wasn't easy, because so many people wanted to stay at home today. I'm going to switch on the TV …
NEWSREADER	You join us at the Victor Verster Prison, where the excitement is running high – people halfway up trees, standing on their toes, clinging to the wires, trying to get the best possible view. Any moment now … If we can just spot Mr. Mandela … There's Mr. Mandela! Mr. Nelson Mandela, a free man taking his first steps into a new South Africa. And a salute from Mr. Mandela, his wife Winnie, greeting the people. His first public appearance in nearly three decades. Seventy-two years old, walking strongly, step-by-step. And one wonders what must be passing through Mr. Mandela's mind at this moment.
NELSON MANDELA	When I saw that crowd, I must confess that I didn't have the courage and the confidence to speak to them. I never imagined that there would be such crowds. It rather took me by surprise. I think it took us more than an hour to go through the crowds just to get to the platform.
	Today, the majority of South Africans black and white recognized that apartheid has no future!

Projekt

Die S können mithilfe ihres Handys oder eines anderen Aufnahmegeräts ein eigenes *radio diary* erstellen, in dem sie einige Minuten über ihre Erlebnisse an einem besonderen Tag in ihrem Leben sprechen. *(In a radio diary, you can record important events or days. Make your own radio diary about a special day in your life – at school, in your family, a famous person you've met, a great concert you've been to. Say why this day is/was so important to you.)* Geben Sie in lernlangsameren Klassen hilfreiche Redemittel bzw. Satzanfänge vor.

2 Thembi, a young woman with AIDS

Einstieg

Zeichnen Sie zur Vorbereitung des zweiten Hörtextes zum Thema AIDS in Südafrika bei geschlossenem Schülerbuch zunächst eine AIDS-Schleife an die Tafel oder verwenden Sie ein entsprechendes Foto bzw. eine Grafik aus dem Internet. Die S werden dieses Symbol bereits kennen. Fragen Sie die S, was sie über diese Krankheit wissen. Notieren Sie auch die Abkürzungen HIV und AIDS an der Tafel. Die S erzählen ggf. auch auf Deutsch.

L *What's this?*
S *It's about AIDS. / It's a symbol for AIDS. / You wear it on your clothes to show that you care about people with AIDS.*
L *It's called a red ribbon. It's a symbol of solidarity for HIV positive people and people with AIDS.*
What do you already know about HIV and AIDS?
S berichten.

Verwenden Sie anschließend die Grafiken von Vorlage 10 (oben), die zwei Schaubilder zum Thema HIV und AIDS in Südafrika präsentiert. Kopieren Sie die Vorlage für den weiteren Unterrichtsverlauf auf Folie. Teilen Sie die Klasse in Gruppen ein. Kopieren Sie die Vorlage in ausreichender Anzahl für die S. Jede Gruppe soll jeweils ein Schaubild auswerten.

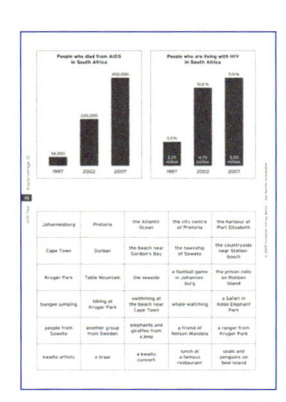

Kopiervorlage 10

Klären Sie vorab noch einmal den Bedeutungsunterschied zwischen AIDS und HIV. Anschließend bearbeiten die S in Gruppenarbeit die Grafik, wobei sie sich erst eigene Notizen machen und anschließend ihre Resultate in der Gruppe diskutieren.

L *Do you know the difference between HIV and AIDS?*
S *machen Vorschläge.*
L *HIV (or human immunodeficiency virus) is the name of the virus that causes AIDS. When people are HIV positive, they can carry the virus in their bodies for many years; sometimes they don't even know that they are carrying it. After some time, the virus damages the immune system. A person gets sick a lot because the immune system can't fight the virus; this person now has AIDS.*
L *Please work in groups now and look at the chart. What does it show? Make notes and discuss them in your group. After that, write five sentences for the discussion in class later.*

Notieren Sie mögliche hilfreiche Redemittel zur Auswertung der Daten an der Tafel. Die S können auch Prognosen für die Zukunft machen.

- The chart shows ...
- The number of people ... in South Africa has been going ...
- In ..., ... thousand people died ....
- In ..., ... percent of the people in South Africa were living ..., where as in .... it was ...
- In the future ...

Werten Sie die Daten zusammen mit den S in der Klasse aus. Einzelne S tragen ihre Ergebnisse vor und diskutieren bzw. kommentieren diese dann, bevor sie auf Folie notiert werden.
Lösungsbeispiele:
- *The chart shows the number of people who died from AIDS / who are living with HIV in South Africa.*
- *The number of people who died from AIDS has been going up from 56,000 in 1997 to 400,000 in 2007.*
- *The number of people living with HIV has been going up from 5.5% in 1997 to 11.5% in 2007 / 2.25 million people in 1997 to 5.5 million people in 2007.*
- *In 2007, 400,000 people died from AIDS.*
- *In 2007, 5.5 million people were living with HIV, whereas in 1997 it was only 2.25 million.*
- *In the future, many more people will die from AIDS / will be living with HIV.*

Nehmen Sie noch einmal auf die aktuelle Situation der AIDS-Erkrankungen in Südafrika Bezug und leiten Sie dadurch zum Hörtext über.

L *We've seen now that AIDS is a big problem in South Africa; many people have it. There are also many young people who are affected by AIDS. Thembi is one of them. Let's find out more about her.*

a) True or false?
Die S lesen sich zunächst die Sätze der Übung aufmerksam durch. Daraufhin hören sie die Geschichte von Thembi und bearbeiten die Aufgabe schriftlich in Einzelarbeit, indem sie die Lösungen auf Notizzetteln notieren und diese später gemeinsam in der Klasse besprechen.
Lösungen:
1 T   2 T   3 T   4 T   5 F

b) Listen again: What's the right option?
Die S arbeiten wieder in Einzelarbeit. Sie notieren beide Antwortoptionen vorab auf einem Notizzettel und unterstreichen während des Hörens die richtige Lösung. Gegebenenfalls kann die Geschichte zur Überprüfung auch noch ein weiteres Mal gehört werden. Dann werden die Ergebnisse der S im Plenum besprochen.
Lösungen:
1 *ill*   3 *years*   5 *doesn't wish*
2 *five times*   4 *love*   6 *won't die*

Tapescript

THEMBI — Ok, I'm going to tell you how I was infected. I had this boyfriend and then we broke up. I went my own way and he went his way. A year later I heard that he died. When I went to his house his family was gathered there. I said, what happened? Was he shot? Or was he stabbed? His sister told me no, he was sick. I said what? She said he was very thin and he couldn't talk and then all of a sudden he just lost a lot of weight. Then I asked her what if he had AIDS. She said I don't know. That's when I started to get really worried. So I decided OK, I'm going to go for a test. I went to the clinic. They bring all of the equipment in front of me and just prick all of my fingers. Then ten minutes passed by. The counselor came back and said we need to have another one. He started to do another one and another one. They did all my five fingers. And I started to worry. I was like, why is he testing me five times? Then he said OK, now it's time for your report. He said, when your blood looks like this – it means you have the virus. You are HIV positive and you've been positive for many years. I just stared at him, and said OK. Now I'm at home. Oh, hi. This is Melikhaya, my boyfriend. Say hi.

MELIKHAYA — Hi.

THEMBI — I was just telling them about how cute you look.
My boyfriend's name is Melikhaya, we live together. We've been together for 2 years. And Melikhaya is obsessed with music.
Come Melikhaya, let's dance.
We are very close. Everyone knows we are very close. If they see Melikhaya they see me. We are always together. He met me and I met him and that was it. I remember when I find out about my HIV status it was very painful to tell him. I thought, what if I've also infected him? Now I've ruined my life and I've ruined everybody's life.
Melikhaya, do you ever wish that maybe you would have never met me?

MELIKHAYA — No, just because the only thing is that I love you. You know that?

THEMBI — Yes, but I am the one who has infected you.

MELIKHAYA — I don't want to blame you. You didn't chase after AIDS. You didn't go to the top of the mountain and say you want to have AIDS, you know? And I don't want you to blame yourself. Just be strong.

THEMBI — OK. For me what scares me most is I think we are not going to die at the same time if we die.

MELIKHAYA — I know that you think that if you die first I'm going to have another girlfriend.

THEMBI — No! No! Really I'm thinking if one of us dies, how would it be. At least if we were going to die at the same time.

MELIKHAYA — Give me a kiss for that.

Transfer

Fragen Sie die S nach ihrer Meinung zu Thembi und ihrer Geschichte:
– *What do you think about Thembi and her life?*
– *Do you think it's a sad story or one that gives hope to other people? Why (not)?*
– *If you met a person with HIV, what would you like to ask this person?*

Hinweis

Persönliche Fragen bei der Besprechung des Themas AIDS bzw. HIV können problematisch sein, da die S vielleicht unmittelbar selbst oder im Bekanntenkreis betroffen sind und sich nicht dazu äußern möchten bzw. dies als unangenehm empfinden. Daher sollten Fragen mit Transfercharakter in diesem Fall vorsichtig gehandhabt werden. Es liegt im Ermessen der Lehrkraft, inwieweit dies thematisiert wird.

Erweiterung

Die Geschichte von Thembi beruht auf einer wahren Begebenheit; auch die Fotos auf SB-S. 33 zeigen die reale Person Thembi. Wenn sich die S noch mehr für dieses Thema und Thembis Schicksal interessieren, bietet es sich an, weiter im Internet zu recherchieren und ihre Geschichte zu hören bzw. nachzulesen. Mithilfe einer Suchmaschine, in die die Schlagwörter *Thembi's AIDS diary* eingegeben werden, lässt sich die Website dazu leicht finden. Dort ist das von Thembi gesprochene *AIDS diary* noch einmal abrufbar. Fordern Sie die S auf, noch weitere Infomationen über Thembi zusammenzutragen und in der Klasse zu präsentieren; dies kann auch im Rahmen eines kurzen mündlichen Vortrags geschehen.

Weiterführung	Zur Festigung und Vertiefung des Wissens der S zum Thema AIDS kopieren Sie den Fragebogen mit Fragen zu HIV und AIDS von Vorlage 11 in Klassenstärke und verteilen ihn an die S. In diesem Kontext bietet sich auch fächerübergreifendes Arbeiten an; so wäre es sinnvoll, weitere Inhalte in Kooperation mit dem Biologieunterricht zu verwirklichen. Die S füllen den Fragebogen in Einzelarbeit aus. Die Lösung bzw. weitere Fragen der S zu diesem Thema werden anschließend in der Klasse gemeinsam besprochen.

Lösungen:

1 a)	3 b)	5 c)	7 c)
2 b)	4 b)	6 b)	8 c)

Kopiervorlage 11

▶ WB S. 18, Ex 12, 13

S. 34

WORTSCHATZ	translate
MEDIEN	**L:** Folie von Vorlage 9 (unten) / Kopien von Vorlage 9 (unten) in Klassenstärke; Fotos von SB-S. 34 (unten) auf Farbfolie, Tageslichtprojektor; Internet; Kopien von Vorlage 12 in Klassenstärke; Karton bzw. Papier in Postergröße, Kopien von Vorlage 13 in Klassenstärke
	S: Wörterbücher, Buntstifte

MEDIATION – The 2010 World Cup

Einstieg in das Thema Sport

Verwenden Sie die Fotos von Vorlage 9 (unten), die mehrere Sportarten zeigen, um in das Thema (National-)Sport einzuführen. Kopieren Sie dazu die Fotos auf Folie oder verteilen Sie Kopien davon in Klassenstärke an die S.
Die S sollen zunächst alle Sportarten benennen und vermuten, in welchen Ländern diese besonders häufig gespielt werden. Fragen Sie auch, welche der dort gezeigten Sportarten als Nationalsport in Südafrika angesehen werden können und welche anderen Sportarten sie kennen, die dort ebenfalls viele Anhänger finden.

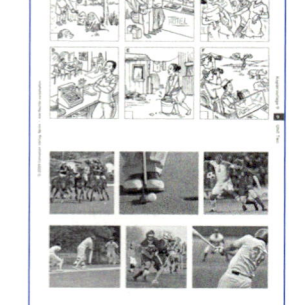

Kopiervorlage 9

L *What kinds of sport can you see on these photos?*
S *football/golf/lacrosse/baseball/polo/cricket*
L *Where are these sports mostly played? / In which countries do people play these sports?*
S *People play lacrosse in Canada and the USA. They play baseball in Canada and the USA. They play football and golf all over the world. Cricket is played in Canada, Great Britain, India, Australia ... Polo is played in Great Britain, for example.*
L *Some of these sports are extremely popular in South Africa or are even called national sports. Name three of them.*
S *football, cricket, (golf)*
L *Do you know any other popular sports in South Africa?*
S *rugby, ...*

Abschließend können Sie die S zu ihrem Wissen über den Fussballsport in Südafrika befragen. Die S werden wahrscheinlich recht schnell auf die Fußballweltmeisterschaft 2010 zu sprechen kommen. Lassen Sie die S dazu erzählen und stellen Sie ihnen weitere Fragen (vgl. nächste Seite).

Einstieg

Kopieren Sie die beiden Fotos von SB-S. 34 unten auf Farbfolie und präsentieren Sie diese den S bei geschlossenem SB. Die S beschreiben die Bilder und erklären (auch anhand ihres Vorwissens zum Thema, vgl. SB-S. 24), um welche Sportart bzw. um welches sportliche Ereignis es sich hier wahrscheinlich handelt. Informationen zur Fußball-WM finden Sie in der Info-Box auf HRU-S. 64.

L *What can you see in the pictures?*
S *In the first photo, there are many people with South African flags. They're fans. They're at a sports event. In the second photo, there's a big stadium.*

L *What kind of sport could it be? What sports event could these photos be from?*
S *I think these are South African football fans – they're watching a game with their team / maybe their team is playing at the World Cup in South Africa.*

Fordern Sie daraufhin die S auf zu erzählen, was sie über dieses Sportereignis wissen. Mögliche Fragen:
(vor 2010)
– *What do you know about the World Cup in South Africa?*
– *When will it take place?*
– *Do you know any towns where football will be played?*

(nach 2010)
– *When did the World Cup take place?*
– *What teams played in the finale and where did they play?*
– *Who won?*
– *What about the German team?*
– *What was your favourite game at the World Cup? Why?*
– *Where did you watch the games?*
– *Do you know anybody who travelled to South Africa to watch a game?*
– *What else do you remember /do you know about the World Cup?*

Leiten Sie zum SB über und gehen Sie noch einmal kurz auf das dort abgebildete Logo ein. Die S beschreiben die Abbildung; eventuell können sie sich auch an frühere Weltmeisterschaften und andere Logos erinnern.
Weitere Informationen sowie Darstellungen diverser WM-Logos früherer Jahre sind auf der Homepage der FIFA im Internet zu finden.

L *Look at the picture on top of page 34. What is it?*
S *It's the logo of the 2010 World Cup in South Africa. You can see a football player who is trying to score a goal.*
L *Do you remember another World Cup or European Cup? When and where was it?*

1 The 2010 World Cup in South Africa ...

Lassen Sie die Aufgabenstellung und den Tipp zum Anfertigen einer Rohübersetzung zunächst laut vorlesen. Weitere Hinweise zum wörtlichen Übersetzen von Texten geben die did.-method. Hinweise auf HRU-S. 50 und 90. Gehen Sie auch auf das Erstellungsdatum des Textes ein, sodass den S bewusst wird, dass es sich hier um einen Artikel handelt, der zwei Jahre vor der eigentlichen Weltmeisterschaft verfasst wurde.

L *When was the newspaper article written?*
S *In 2008.*
L *That's two years before the World Cup took place. The reporter writes in this article about the preparations for the World Cup. Read the text and the four notes at the bottom of the text.*

Die S lesen den zu übersetzenden SB-Text mitsamt den Fußnoten still. Danach wird der Artikel noch einmal laut vorgelesen. Die S erhalten den Auftrag, in Einzel- oder Partnerarbeit eine Rohübersetzung anzufertigen, wobei sie ein zweisprachiges Wörterbuch zu Hilfe nehmen dürfen. In lernlangsameren Klassen empfiehlt es sich, den ersten Abschnitt gemeinsam zu übersetzen und dabei den Hinweis in der Fußnote zu beachten. Bei Bedarf kann auch der ganze Text zunächst grob mündlich übersetzt werden.

L *Please do a rough/quick translation of the first two sentences. You don't have to get every word right. Don't forget the notes.*
S *übersetzen.*
L *Now translate the rest of the text the same way. We'll discuss it in class afterwards so that you can write a better version/translation later.*

Nachdem die S eine Rohfassung des Textes erstellt haben, wird diese in der Klasse besprochen, wobei verschiedene S ihre Versionen zu den einzelnen Sätzen vorlesen. Gehen Sie auf schwierige Stellen ein, indem Sie diese an der Tafel notieren und die S

Verbesserungsvorschläge machen lassen. Die S machen sich Notizen und notieren sich Alternativen und Korrekturen. Im Anschluss erarbeiten sie eine zweite Fassung. Diese zweite Version wird auch noch einmal gemeinsam besprochen und als Lösung auf Folie notiert. Weisen Sie darauf hin, dass es zu jedem Satz stets mehrere Möglichkeiten der Übersetzung gibt.

Lösungsbeispiel:

Der World Cup 2010

Jeder, den ich hier treffe, spricht mit mir über die Fußball-WM 2010. Überall gibt es Poster, Flaggen und Bilder. Internationale Sportereignisse sind hier unglaublich wichtig. Warum? Weil sich die Leute daran erinnern, dass Südafrika wegen der Apartheid-Politik der Regierung von den Olympischen Spielen von 1964 bis 1992 ausgeschlossen wurde. Aus diesem Grund sprechen die Leute immer noch über das erste internationale Großereignis, das hier nach dem Ende der Apartheid stattgefunden hat: Es war die Rugby-WM 1995 in Südafrika. Die Südafrikaner sind darauf besonders stolz, weil ihr Land das Finale gegen Neuseeland gewonnen hat. Aber die Fußball-WM 2010 ist natürlich ein noch wichtigeres Ereignis. Port Elizabeth baut ein neues Stadion dafür. Es gibt einen neuen Hochgeschwindigkeitszug zwischen dem Stadtzentrum von Johannesburg und dem Flughafen. Die Entscheidung, dass die Fußball-WM 2010 in Südafrika stattfinden sollte, wurde im Jahr 2006 getroffen, und seitdem fühlen sich die Südafrikaner selbstbewusster und weniger isoliert. Die Fußball-WM hat die letzten Geister/Schatten der Apartheid vertrieben.

DIDAKTISCH-METHODISCHER HINWEIS

Weitere Vorschläge zum Vorgehen bei einer wörtlichen Übersetzung (vgl. hierzu auch HRU-S. 50):
- Nach dem Erstellen der Rohübersetzung lesen die S ihre Version noch einmal am Stück genau durch und markieren „holprige" Stellen. Diese überarbeiten sie anschließend gezielt, indem sie die betreffende Stelle im SB nachlesen und über alternative Übersetzungsmöglichkeiten nachdenken bzw. das Wörterbuch zu Rate ziehen.
- Die S prüfen nach ihrer Übersetzung abschließend, ob sie den gesamten Text übersetzt haben. Oft werden kleine Wörter nicht berücksichtigt oder (gerade in Prüfungssituationen) auch ganze Sätze vergessen.

Mediation

Als weitere Übungsmöglichkeit finden Sie auf Vorlage 12 einen Text über Südafrika, der mit zusätzlichen Hinweisen und Tipps zum Übersetzen versehen wurde.

Lösungsbeispiel:

Sport in Südafrika

Jeder redet / Alle reden über die Fußball-WM / den World Cup, aber nicht jeder ist / alle sind darüber glücklich! Während der nächsten Fußball-WM / des nächsten World Cups werden Mannschaften/Teams aus der ganzen Welt in zehn fantastischen Stadien in verschiedenen südafrikanischen Städten Fußball spielen. Fünf davon sind alte Stadien, die für die Fußball-WM / den World Cup modernisiert werden. Die anderen fünf werden neue Stadien sein, die für die Wettkämpfe nächsten Sommer in Port Elizabeth, Durban, Polkwane, Nelspruit und Kapstadt / Cape Town gebaut werden.

Kopiervorlage 12

Viele Menschen sind verärgert, dass die Regierung Milliarden Rand für neue Stadien ausgegeben hat, wenn es doch dringend von den ärmeren Leuten in den Townships gebraucht wird. Der Bürgermeister von Kapstadt / Cape Town war nicht sehr glücklich darüber, eine Genehmigung für ein neues Stadion unterschreiben zu müssen. Die Mehrheit der Menschen in Kapstadt / Cape Town hat immer noch kein fließendes Wasser in ihren Wohnungen. Die Organisatoren planen, 120.000 Freitickets/Freikarten an die Bauarbeiter und an arme Leute zu verteilen. Die Eintrittskarten/Tickets werden für Südafrikaner auch billiger sein. Aber ist das genug? Könnte man das Geld nicht besser für etwas anderes ausgeben? Einige Leute machen sich Sorgen, dass die schönen neuen Stadien nach der Fußball-WM / dem World Cup leer und ungenutzt sein werden. Aber vielleicht nicht – Südafrika hat sich dafür beworben, die Rugby-Weltmeisterschaft / den Rugby World Cup 2015 zu organisieren.

Weiterführung	Wenn Sie das Thema Fußball-WM 2010 inhaltlich noch weiter vertiefen wollen, können Sie auf folgende Ideen zurückgreifen: – Die S suchen die Homepage der FIFA oder andere relevante Websites auf und erstellen (in Gruppen- oder Partnerarbeit) anhand der dort gefundenen Informationen ein Quiz zur WM. Dies muss dann von den anderen Gruppen gelöst werden. – Die S erarbeiten in Gruppenarbeit ein Portrait zu einem der Austragungsorte in Südafrika und präsentieren die neun verschiedenen Städte in der Klasse (Lage, Sehenswürdigkeiten, Spiele, Wissenswertes, …). Dies kann auch mithilfe eines Plakats geschehen. Anschließend wird in der Klasse darüber abgestimmt, welche Stadt das attraktivste Reiseziel ist.
Interpreting	Auf Vorlage 13 wird eine Übung zum *Interpreting* angeboten. Das Arbeitsblatt wird zu dritt mündlich oder zu Hause in Einzelarbeit bearbeitet. Erläutern Sie zunächst kurz die Ausgangssituation: Sie machen mit einem Freund Urlaub in Südafrika und unterhalten sich mit einem australischen Touristen. Da sich die beiden aufgrund fehlender Deutsch- bzw. Englischkenntnisse nicht verständigen können, soll die/der S die Rolle einer Dolmetscherin / eines Dolmetschers einnehmen und abwechselnd die englischen bzw. deutschen Äußerungen der beiden Gesprächspartner übersetzen. Zur weiteren Vorgehensweise vgl. HRU-S. 50. Lösungsbeispiel:

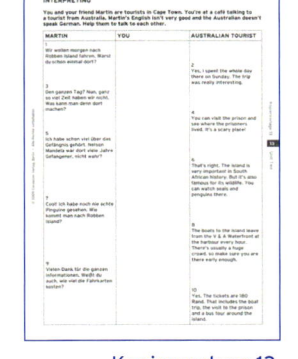

Kopiervorlage 13

1 *They want to go to Robben Island tomorrow. Have you ever been there?*
2 Er hat am Sonntag den ganzen Tag dort verbracht. Die Fahrt war sehr interessant.
3 *The whole day? They don't have that much time. They want to know what you can do there.*
4 Man kann das Gefängnis besuchen und sehen, wo die Gefangenen lebten. Es ist ein unheimlicher Ort!
5 *He's already heard a lot about the prison. Nelson Mandela was a prisoner there for many years, wasn't he?*
6 Das stimmt. Die Insel ist für die Geschichte Südafrikas sehr wichtig. Sie ist aber auch wegen ihrer Tier- und Pflanzenwelt berühmt. Man kann dort Robben und Pinguine sehen.
7 *He's never seen real penguins. How do you get to Robben Island?*
8 Die Boote zur Insel fahren jede Stunde vom V & A Waterfront am Hafen ab. Dort gibt es gewöhnlich sehr viele Menschen. Deshalb sollte man darauf achten, früh genug da zu sein.
9 *Thank you very much for all the information. Do you know how much the tickets are too?*
10 Die Fahrkarten kosten 180 Rand. Das schließt die Bootsfahrt, den Museumsbesuch und eine Bustour über die Insel ein.

▶ WB S. 19, Ex 14

S. 35	
WORTSCHATZ	catalogue • screen • miss • return • replacement • receive • ASAP (= as soon as possible) • stay • television • charger • rechargeable battery
MEDIEN	L: Folie der drei Texte auf SB-S. 35 (oben), Tageslichtprojektor; Kopien von Vorlage 14 in Klassenstärke

WRITING – When you have to complain

Einstieg	Präsentieren Sie die drei Texte von SB-S. 35 einzeln auf Folie. Die S haben nun ca. fünfzehn Sekunden pro Text Zeit, den Reklamations- bzw. Beschwerdebrief grob zu lesen und zu scannen. Stellen Sie den S hierfür vorab die Frage nach dem Anlass der Beschwerde. **L** *I'm going to present three different texts to you. You have fifteen seconds to look at each text quickly. Please scan the text / read the text quickly and try answer the following question: What are these people complaining about?*

Die S überfliegen jeden Text und beantworten anschließend mündlich die Frage.
Lösung:
- *first letter: something is wrong with the laptop computer*
- *second letter: the digital camera hasn't arrived yet*
- *third letter: somebody is complaining about Penguin Palace Hotel*

> **DIDAKTISCH-METHODISCHER HINWEIS**
>
> Vor der Bearbeitung der *Exercises* im SB bietet es sich an, eine Aufgabe vorzuschalten (s. Einstieg), in der **das suchende Lesen *(scanning)*** trainiert wird. Dabei geht die/der Lesende von einer Frage aus und überfliegt den Text rasch, bis sie/er die gesuchte Information gefunden hat. Es ist hierbei also nicht das Ziel, den Inhalt des gesamten Textes oder gar jedes unbekannte Wort zu verstehen.

1 Find the phrases which mean ...

Die S versuchen, die richtige Lösung zu finden, und äußern ihre Vermutung in der Klasse.
Lösungen:
1 *damaged*
2 *missing*
3 *return*
4 *replacement*
5 *let me know*
6 *haven't received it*
7 *ASAP (as soon as possible)*
8 *dirty*
9 *complain*

Festigung

Festigen Sie den Wortschatz, indem Sie die Übung auf Vorlage 14 verwenden, die die S bei geschlossenem SB bearbeiten. Kopieren Sie dazu die Aufgabe in Klassenstärke. Die S sollen für die dort angegebenen Umschreibungen das richtige Wort selbst finden. Als Hilfe können sie unter verschiedenen Wörtern in Lautschrift auswählen. Auf diese Weise wird gleichzeitig auch die Aussprache des neuen Wortschatzes und das Lesen von Lautschrift geübt.
Lösungen:
1 *replacement*
2 *stay*
3 *damaged*
4 *screen*
5 *missing*
6 *catalogue*
7 *ASAP*
8 *return*
9 *received*

Kopiervorlage 14

Wortschatzarbeit

Sie können in diesem Zusammenhang auch ein Wortfeld zum Thema Computer- bzw. Multimediatechnologie erstellen lassen. Die S legen (ausgehend von den neu gelernten Wörtern) ein Wortfeld zu diesem Thema an, indem Sie möglichst viele passende Wörter zusammentragen. Dies kann in Form eines *word web* geschehen. Alternativ dazu können die S auch kleine Zeichnungen anfertigen.

2 Copy and complete the email. The write what it means in German.

Die S wenden ihr erworbenes Wissen nun an und bearbeiten die Übung schriftlich in Einzelarbeit, indem sie zuerst die E-Mail vervollständigen, sie ins Heft übertragen und danach ins Deutsche übersetzen.
Lösungen:
Dear Sir or Madam,
A week ago I ordered a *digital camera*. When it arrived it was a bit *damaged*. Also the cable to the computer *was missing*. Should I *return* the camera? Let me know as soon *as possible*. And please send me a *replacement*.
Jenny Owen

Sehr geehrte Damen und Herren,
Vor einer Woche habe ich eine Digitalkamera bestellt. Als sie ankam, war sie ein bisschen beschädigt. Auch fehlte das (Verbindungs-)Kabel zum Computer. Soll ich die Kamera zurückschicken? Lassen Sie es mich so bald wie möglich wissen. Und bitte senden Sie mir ein Ersatzgerät.
Jenny Owen

3 Your ordered a mobile phone online. ...

Die Aufgabe wird von den S ebenfalls in Einzelarbeit schriftlich bearbeitet. Klären Sie mithilfe der Bilder im SB vorab die Bedeutung der Begriffe *charger* und *rechargeable battery*. Als weitere Hilfestellung können die S noch einmal die drei Beschwerdebriefe im SB oder auf Folie durchlesen. Lernstärkere S sollten die E-Mail auch noch weiter ausgestalten (im Lösungsteil in Klammern).
Lösungsbeispiel:
*Dear Sir or Madam,
On the 2nd of February I ordered a mobile phone from Tommy (online / from your catlogue / on the phone). When it arrived the charger and the rechargeable battery were missing. Please let me know what I should do. Should I return the phone? Or can you send me the missing parts? Please write back as soon as possible.
Thanks,
(Name)*

4 On a holiday in South Africa you stayed in the *Magic* campsite ...

In dieser Aufgabe formulieren die S sehr frei in Einzelarbeit. Weisen Sie die S vorab darauf hin, dass sie unter der Rubrik *Ideas* noch weitere Hilfen bzw. Vorschläge zur Ausgestaltung ihres Briefes finden. Anschließend hört sich die Partnerin / der Partner die fertige Version an bzw. liest diese durch und macht Verbesserungsvorschläge. In lernlangsameren Klassen sollten vorab gemeinsam im Plenum mögliche Satzanfänge bzw. weitere Redemittel gesammelt und an die Tafel geschrieben werden.
Lösungen:
individuelle Lösungen

Festigung Zum weiteren Trainieren von Beschwerdebriefen sollten die S auch noch andere E-Mails zu ähnlichen Anlässen verfassen. Für weitere Beschwerdemöglichkeiten bieten sich folgende Themen an:
– defekter MP3-Player (schaltet sich immer wieder aus)
– kaputtes Campingzelt (Wasser dringt ein)
– Schulrucksack mit größerem Loch geliefert
– falsches Handy wurde geliefert
– Hotel in Spanien war eine Katastrophe

▶ WB S. 20, Ex 15, 16

LOOK AT LANGUAGE

S. 36/37

WORTSCHATZ	S. 36: *ladies and gentlemen*
STRUKTUR	*This evening we have a coach tour of Cape Town.* (= simple present mit Bezug auf die Zukunft) *Dave is leaving tomorrow, but Lucy is staying longer.* (= present progressive mit Bezug auf die Zukunft)
SPRECHABSICHT	Über Ereignisse sprechen, die durch einen Zeitplan festgelegt sind: *Our boat leaves tomorrow after 10.30 a.m.* Über Pläne und Absichten sprechen: *When are you leaving tomorrow?*
MEDIEN	L: CD 1, Nr. 46, 47, CD-Spieler; Kopien von Vorlage 10 (unten) und 15 in Gruppenstärke auf Karton, Büroklammern, Musterklammern, Würfel; Internet; Kopien von Vorlage 16 in halber Klassenstärke S: Bastelzeug

STRUCTURES

On holiday in Cape Town

Einstieg Präsentieren Sie den Text zunächst von der Hör-CD. Führen Sie dazu vorab kurz in den Kontext ein. (*Sabine and Julian are on a holiday in Cape Town. In the evening they meet their guide. Let's find out more about their holiday.*) Stellen Sie den S folgende Verständnisfrage: *Why does the guide meet with Sabine and Julian? What does he talk about with them?*

Die S hören den Text bei geschlossenem SB, machen sich Notizen und beantworten die Frage. Anschließend überprüfen sie ihre Antwort, indem sie den Text im SB lesen und die Lösung gemeinsam in der Klasse besprechen *(He tells them about the tours for the week. / He talks about the programme for the next week.)*.

Zur weiteren Vertiefung hören die S den Text noch einmal, wobei sie gleichzeitig mitlesen, und beantworten daraufhin folgende Detailfragen:
Where's the coach tour? (in Cape Town)
What islands do they visit? (Seal Island, Robben Island)
What animals do they see? (penguins, seals, ostriches)

simple present mit Bezug auf die Zunkunft

1 Look at the text and write the tourists' programme for the week. …
Die Aufgabe wird von den S in Einzelarbeit schriftlich erledigt.
Lösungen:
– Tuesday, 13th May: We *explore* Cape Town together.
– Wednesday, 14th May: We *travel* to Hermanus.
– Thursday, 15th May: We *visit* the Table Mountain National Park.
– Friday, 16th May: We *visit* Robben Island.
– Saturday, 17th May: You *are* free!
– Sunday, 18th May: We *offer* a tour to Langa.
– Monday, 19th May: We *visit* an ostrich farm.

Alternative

Eine Alternative dazu ist die Bearbeitung der Aufgabe in Partnerarbeit, wobei immer zwei Tandems gegeneinander antreten. Jedes Team versucht, so schnell wie möglich die richtigen Verben zu finden und zu notieren. Das schnellste Paar gewinnt.

2 When? Complete the time phrases.
Die Aufgabe wird von den S im Unterrichtsgespräch bearbeitet. Anschließend halten die S die Wendungen schriftlich im Heft fest; sie können bei der Bearbeitung späterer Aufgaben zum Thema Reiseprogramme hilfreich sein.
Lösungen:
1 *in* the evening
2 *on* Monday evening
3 *at* the weekend
4 *at* night
5 the day *after* tomorrow
6 *at* eleven o'clock
7 *in* the afternoon

3 Checkpoint: Look at Exercise 1 again and complete the sentence …

Einstieg

Kopieren Sie als Vorbereitung für die Arbeit mit dem *Checkpoint* den Text auf SB-S. 36 oben und verteilen Sie ihn an die Klasse. Die S sollen alle Zeitformen im Text unterstreichen, benennen und sich schließlich überlegen, warum diese Zeit *(simple present)* hier benutzt wird. Dazu empfiehlt es sich, das SB zu schließen.

Die S lesen anschließend den *Checkpoint* im SB nach und nennen die richtige Lösung. Sie übertragen den *Checkpoint* ins Heft und notieren sich noch drei weitere Beispielsätze dazu, die sie der SB-Seite entnehmen oder sich selbst ausdenken.
Lösungen:
Mit der *simple present*-Form sprichst du über die Gegenwart. Du kannst sie aber auch verwenden, wenn du über Ereignisse in der *Zukunft* sprechen willst, die durch einen Zeitplan, z. B. einen Fahrplan, ein Programm oder einen Kalender, festgelegt sind.
Beispiel: Our boat *leaves* tomorrow at 10.30 a.m.
Bei Fragen finden die S Angaben zu den Zeitformen auf den *Summary*-Seiten auf SB-S. 92–94.

Festigung

Mit dem *simple present*-Kreisel von Vorlage 15 sowie den Wortkarten auf Vorlage 10 (unten) können die S spielerisch den Gebrauch des *simple present* mit zukünftiger Bedeutung üben. Es empfiehlt sich, einen gewissen Kontext zu wählen, z. B.: *You're joining a travel group for a tour of South Africa. Try to find out more about the different parts of the programme.*
Vorbereitung: Kopieren Sie Vorlage 15 auf Karton. Einzeln oder in Kleingruppen schneiden die S die Scheiben aus. Weiter innen wird bei der einen Scheibe das kleine graue Sichtfenster ausgeschnitten. Beide Scheiben werden mit einer Musterklammer

verbunden und stellen nun den Kreisel dar. Zusätzlich wird pro Kreisel Vorlage 10 (unten) mit den Wortkärtchen auf Karton kopiert, diese werden zerschnitten.

Durchführung: Mithilfe des Kreisels und der Kärtchen sollen Sätze gebildet werden, wobei die S das Verb deklinieren müssen und sich den letzten Teil des Satzes entweder selbst ausdenken oder die Kärtchen zuhilfe nehmen. Zunächst wird die Büroklammer auf das Feld *explore* gesteckt, das Sichtfenster zeigt ein beliebiges Feld. Wer beginnt, würfelt und zählt im Uhrzeigersinn ein neues Verbenfeld ab, auf das die Büroklammer gesteckt wird. Nun wird erneut gewürfelt und die untere Scheibe entsprechend der Würfelzahl gedreht. Die/Der S bildet dann den Satzbeginn (z. B. *On Wednesday we visit ...*), der nun noch fortgeführt werden muss. Dies geschieht mithilfe der Wortkärtchen. Die/Der S zieht ein Kärtchen und versucht, den Satz zu vervollständigen. Wenn dies keinen Sinn macht, wird erneut gezogen. Alternativ können die S auch die Wortkarten vor sich auslegen und sich die passende Antwort aussuchen. Abschließend können Sie nach Spielende die S auch auffordern, eine organisierte Reisetour mit festem Programm mithilfe der Angaben im Spiel zu entwerfen.

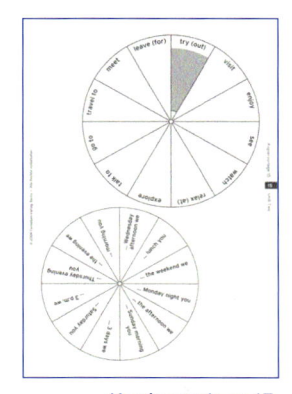

Kopiervorlage 15

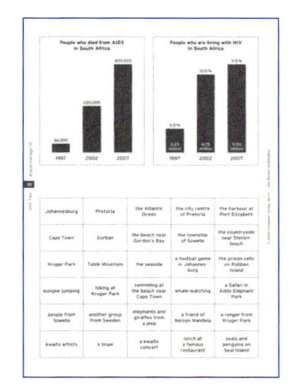

Kopiervorlage 10

Transfer Fordern Sie die S auf, analog zu *Exercise 1* ein eigenes Reiseprogramm zu einer Tour mit Sehenswürdigkeiten aus ihrer unmittelbaren Umgebung oder der nächstgrößeren Stadt zu entwerfen. Tragen Sie dazu in lernlangsameren Klassen mögliche Ziele gemeinsam mündlich zusammen. Die S bilden daraufhin Sätze zu einer einwöchigen Tour und tragen diese in der Klasse vor (Siehe in diesem Zusammenhang auch die fakultative Aufgabe auf SB-S. 104.). Alternativ können die S natürlich auch anhand ihres Vorwissens oder mithilfe einer Internetrecherche eine fiktive Reisebroschüre bzw. Reiserouten zu anderen südafrikanischen Städten entwerfen.

> **INFO-BOX**
>
> **Cape Town** (oder dt. Kapstadt) ist nach Johannesburg mit ca. 3,5 Millionen Einwohnern die zweitgrößte Stadt Südafrikas und liegt an der Südwestküste des Landes an der Tafelbucht. Die im 17. Jhd. von holländischen Einwanderern gegründete Stadt wurde nach dem ca. 45 km entfernten Kap der Guten Hoffnung benannt. Kapstadt ist bei Touristen wegen seiner Einkaufsmöglichkeiten und aufgrund seiner alten historischen Gebäude aus der Gründungszeit sehr beliebt. Über Kapstadt erhebt sich der 1.086 m hohe **Tafelberg**, der seinen Namen seiner abgeflachten plateauartigen Form verdankt. Der Berg ist Teil des *Table Mountain National Park* und ein beliebtes Kletter- und Wanderziel. Man kann jedoch auch die Seilbahn auf das Plateau hinauf nehmen. Die ca. 150 km östlich von Kapstadt in der Provinz Westkap gelegene Stadt **Hermanus** zählt ca. 48.000 Einwohner. Der Ort ist vor allem als Treffpunkt zum Beobachten von Walen *(whale watching)* bekannt, die direkt vom Land aus gesehen werden können. Die steinige Felsinsel **Seal Island** nahe Kapstadt ist wegen der dort in größerer Zahl vorkommenden Seehunde bekannt. **Boulders Beach** ist ein geschützter Strand auf der Kap-Halbinsel, in dessen unmittelbarer Nähe seit 1982 Brillenpinguine brüten. Die mittlerweile auf 3.000 Tiere angewachsene Kolonie kann mithilfe von Holzstegen von Besuchern beobachtet werden.

Präsentieren Sie den Text von SB-S. 37 mithilfe der Hör-CD. Die S hören den Text und lesen gleichzeitig still mit. Stellen Sie als Hörauftrag vorab folgende Fragen:
– *When does Sabine want to meet Terry?* (on Saturday)
– *Why can't Sabine meet Terry on Friday?* (She visits Robben Island.)
– *What's a surprise for Terry?* (Sabine has a boyfriend who is with her.)

Anschließend üben die S das ausdrucksstarke Lesen in Partnerarbeit.

present progressive
mit Bezug
auf die Zunkunft

4 Look at the text again: What are Terry's plans for tomorrow …

Die S lösen die Aufgabe mündlich und überlegen anschließend, analog zur Herangehensweise auf der vorherigen SB-Seite, um welche Zeitform es sich hier handelt *(present progressive)* und warum sie an dieser Stelle verwendet wird.
Lösungen:
And in the evening they're *having* a braai. On Sunday *he's helping a friend*.

5 Now complete the checkpoint. Finish the sentence and the examples.

Verfahren Sie hier wie in *Exercise 3*.
Lösungen:
Mit der *present progressive*-Form kannst du sagen, was gerade passiert. Aber du kannst damit auch über die *Zukunft* sprechen und sagen, was jemand plant oder vorhat.
Beispiele: When are you leaving tomorrow? – I*'m leaving* after lunch.
How long *are* your friends staying here? – Dave *is leaving* tomorrow, but Lucy *is staying* longer.
Bei Fragen finden die S Angaben zu den Zeitformen auf den *Summary*-Seiten auf SB-S. 92–94.

6 You don't want to meet Sally: Look at the pictures below and tell …

Bearbeiten Sie die ersten drei Beispiele gemeinsam mündlich in der Klasse. Die S betrachten hierzu die Illustrationen und vervollständigen die Sätze. Zu *Thursday evening* sollen sie sich eine eigene Lösung ausdenken.
Lösungen:
– On Monday I'm *going* to the cinema.
– *On Tuesday evening I'm working at a supermarket.*
– *On Wednesday evening I'm buying a car with my parents.*
– *On Thursday evening I'm …* (individuelle Lösungen)

Erweiterung

Anschließend nutzen die S noch die restlichen Tage der Woche *(Friday, Saturday, Sunday)* und denken sich weitere Beispiele dafür aus, warum es an diesem Tag mit einem Treffen (nicht) klappen wird.

Festigung

Zur weiteren Festigung des Gebrauchs des *present progressive* mit Zukunftsbedeutung verwenden Sie Kopien von Vorlage 16 in halber Klassenstärke. Die S arbeiten in Tandems; sie zerschneiden die Vorlage und erhalten je einen der beiden Zeitpläne, in den sie ihren Namen eintragen. Fordern Sie die S auf, sich zu einem geplanten Ereignis gegenseitig nach einem möglichen freien Termin zu befragen. Die Tabellen sind so konstruiert, dass ein möglicher gemeinsamer Termin zur Verfügung steht.

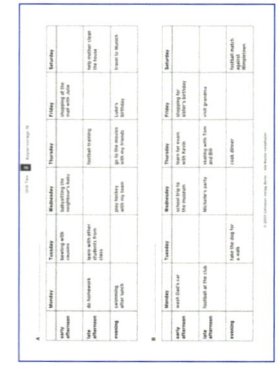

Kopiervorlage 16

L *Please work with a partner. Use one of the charts. It's a schedule of your activities for that week. You want to do something together with your partner. Look at your schedule when you have free time and ask him or her if he or she is free at that time.*

Sie können in lernlangsameren Klassen als zusätzliche Hilfestellung auch noch weitere Redemittel an der Tafel notieren:
– *Hi … I'd like to … with you.*
– *Are you free on …?*
– *What are you doing on …?*
– *What about … early/late afternoon/evening?*
– *I'm sorry. On … I'm …*
– *Yes, that sounds great.*

Wenn Sie die Übung noch weiter vertiefen wollen, dann lassen Sie die S entweder selbst einen Terminplan analog zur Vorlage anfertigen oder die Vorlage in ihre Bestandteile zerschneiden und neu anordnen. Dann kann die Befragung erneut und beliebig oft durchgeführt werden.

▶ WB S. 21, Ex 17, 18

S. 38/39

WORTSCHATZ	S.38: **laptop computer** • dependent • armed
MEDIEN	L: Wortkarten; Karton in Plakatgröße
	S: Wörterbücher; Filzstifte

WORDPOWER

1 Parts for a laptop computer: What are they?
Die S lösen diese Aufgabe in Partnerarbeit und konsultieren evtl. noch einmal SB-S. 35. Die Kontrolle erfolgt anhand eines Wörterbuchs.
Lösungen:

1 screen　　　　3 cable　　　　　　　　5 mouse
2 charger　　　　4 rechargeable battery　6 keyboard

Erweiterung　Erweitern Sie die Aufgabe, indem Sie die S noch weitere Wörter zum Bereich Computer suchen lassen, die sie zeichnen oder auf Englisch erklären sollen. Es kann auch ein *word web* zum Thema Computer angelegt werden.

2 A fishing trip: Write words which mean the same.
Die S arbeiten schriftlich in Einzelarbeit, indem sie den SB-Text durchlesen und die gesuchten Begriffe notieren. Geben Sie den S den Hinweis, dass die Zahl der Kästchen als weitere Hilfestellung gedacht ist und der Zahl der gesuchten Buchstaben entspricht.
Lösungen:

2 huge　　　　　5 fortunately
3 nearly　　　　6 harbour
4 frightened

3 Opposites
Die S können diese Aufgabe zusammen mit der Partnerin / dem Partner schriftlich erledigen. Weisen Sie die S darauf hin, dass solche Aufgaben oft in der Prüfung vorkommen. Klären Sie in lernlangsameren Klassen vorher ab, was die Begriffe bedeuten. Die Kontrolle erfolgt mithilfe des Wörterbuchs.

a) Write opposites with *in-*, *un-* or *im-*:
Lösungen:

1 impossible　　　3 unarmed
2 independent　　4 unhappy

b) Write the opposites of these words:
Lösungen:

1 peace　　　3 majority　　　5 go down
2 wide　　　4 small　　　　6 badly-paid

4 Animals
Die S überlegen sich zunächst in Einzelarbeit passende Wörter zu den Oberbegriffen und schreiben diese mit Filzstift auf Wortkarten. Lernlangsamere S können zur Auffrischung noch einmal im SB oder im WB blättern. Sofern das Wörterbuch der S eine zusammenfassende *word bank* zum Thema *animals* enthält, kann auch diese konsultiert werden.
Notieren Sie die Oberbegriffe an der Tafel und lassen Sie jede/n S ihre/seine Wortkarten zum entsprechenden Thema an der Tafel anbringen. So ergibt sich eine große Wörtersammlung zur Wiederholung des Wortschatzes. Diese notieren die S ins Heft.
Lösungsvorschläge:

1 South Africa's "Big Five"	2 Pets	3 On the farm	4 South African birds
– rhinoceros	– fish	– cow	– ostrich
– leopard	– dog	– sheep	– penguin
– elephant	– cat	– chicken	
– buffalo	– mouse	– pig	
– lion	– hamster		

Alternativ kann die Aufgabe auch in Gruppen zu je drei S bearbeitet werden. Die Gruppe überlegt sich zunächst gemeinsam mögliche Wörter; danach werden die drei Oberbegriffe unter den S der Gruppe aufgeteilt (Die Rubrik *South African birds* wird nicht berücksichtigt oder einer anderen Rubrik zugerechnet.). Jede/r S notiert nun möglichst viele Wörter zu ihrer/seiner Kategorie. Danach gehen die S, die die gleichen Oberbegriffe haben, zusammen und fertigen daraus ein großes Plakat, wobei jedes von den S gefundene Wort nur einmal vorkommen soll.

5 Social Problems: Write what the words and phrases mean.

Die S arbeiten schriftlich in Einzelarbeit. Die Verbesserung erfolgt in der Klasse, wobei mehrere passende S-Lösungen an die Tafel geschrieben werden sollten.
Lösungsbeispiel:
1 Thieves are people who *steal things from other people.*
2 Running water is *water that you have e.g. in the kitchen or bathroom. You don't have to fetch it.*
3 There is violence *when people fight against each other.*
4 Unemployment is when *people don't have jobs.*

Erweiterung

Erweitern Sie die Aufgabe, indem sie die S jeweils andere Wörter für ihre/n Partner/in suchen lassen, die/der diese umschreiben soll. Die S können zum Auffinden solcher Wörter auch das SB benutzen. Es sollte mit Wörtern gearbeitet werden, die den S bereits bekannt sind. Zur Kontrolle und Verbesserung nutzen die S das Wörterbuch.

REVISION

1 An email from the Kruger Park ...

Diese Aufgabe wird von den S schriftlich in Einzelarbeit erledigt. Die Verbesserung erfolgt im Unterrichtsgespräch.
Lösungen:
Hello from the Kruger Park! We saw *some* zebras and hippos this morning, but we haven't seen *any* lions yet. *Somebody* told us that they sometimes drink from a lake near here, but when we went there we saw *no* animals at all! The park is great and there aren't many tourists – you can drive for miles and not see *anybody*! Best wishes, Tim

tenses
(Wiederholung)

2 In a restaurant in the Kruger Park ...

Diese Aufgabe wird von den S in Partnerarbeit gelöst. Die richtigen Lösungen werden anschließend gemeinsam besprochen und an der Tafel notiert. Die S sollen ihre Wahl der Zeitformen dabei begründen.
Lösungen:
It's lunchtime here in the *Khoka Moya Camp* in the Kruger Park and all around me customers *are enjoying* their meals in this fine modern restaurant. I*'ve just ordered* an ostrich steak. Mm! I'm hungry and *I'm really looking forward* to it! All the food here *is prepared* by Mosola Manyi who *has worked / has been working* in the kitchen since 1997. At first he *didn't know* much about work in a large kitchen. "But I've been able to learn very fast," says Mosola. "And now I*'m* very happy with my job." Before Mosola *came* to the camp he *had lived* in a small village where he *had had to* carry the water 500 metres into the family house. Mosola's parents still *live* in the village and Mosola *visits* them as often as he can.

3 Quick check

Die Aufgaben werden von den S in Einzelarbeit bearbeitet.
Lösungen:
a) What's ...
1 kwaito: *A sort of black South African hip-hop.*
2 a braai: *Afrikaans word for a barbecue.*
3 a township: *Areas outside the cities where only black people live. (They were built during the apartheid years. Many people are still very poor.)*
4 apartheid: *South Africa's political system before 1994 in which black people were treated very badly.*

b) Present tense with future meaning: complete the two sentences.

1 Mit dem *simple present* kannst du über die Zukunft reden, wenn es um *einen Zeitplan, z. B. einen Fahrplan, ein Programm oder einen Kalender* geht.
2 Mit dem *present progressive* kannst du über die Zukunft reden, wenn es um *Pläne oder Vorhaben* geht.

c) Now copy and complete the dialogue. Put the verbs in the right form.

SARAH   What *are* you *doing* at the weekend?
MICHAEL   I'*m visiting* my aunt and uncle in Pretoria.
SARAH   Oh! And when *does* your plane *leave*?
MICHAEL   It *leaves* at 8.42 on Saturday morning.

▶ WB S. 22, Ex 19–21
▶ WB S. 23, 24, Ex 1–4 *(Test yourself)*

REVISION AND PRACTICE

S. 104/105

| WORTSCHATZ | S. 105: *imagination* • *Oscar* • *perform* |
| MEDIEN | L: Internet |

1 South Africa
a) Answer the questions.
Mithilfe des SB finden die S die Antworten zu den Fragen in Partnerarbeit schriftlich heraus und wiederholen so den landeskundlich relevanten Stoff zum Thema der Unit.
Lösungen:
1 *Cape Town is in the southwest, Durban is in the east, Joburg is in the northeast and Kruger Park is also in the northeast of South Africa (on the border to Mozambique and Zimbabwe).*
2 *The population is about 48 million people. The population is smaller than Germany's.*
3 *14.4% of the people don't live in a real house or flat. 23% don't have a job.*
4 *The rand.*
5 *The colours of the flag are black, yellow, green, red, blue and white.*

Differenzierung
Lernstarke S finden mithilfe der Cornelsen-Internetseite oder anhand anderer Websites weitere Fragen zum Thema Südafrika, die wiederum von den Mitschülern/Mitschülerinnen beantwortet werden können. Lassen Sie die gefundenen Fragen dazu von den S an die Tafel oder auf Folie schreiben.

b) You have three days in South Africa. You can visit ...
Nach der Verbesserung von Teilaufgabe a) im Unterrichtsgespräch erhalten die S kurz Zeit, um sich über die Teilaufgabe b) Gedanken zu machen. Danach äußern sie in einer S-Kette oder im Einzelgespräch ihre Meinung zur Aufgabe mündlich.
Lösungen:
individuelle Lösungen

2 A group of South Africans is on holiday in Bavaria. ...
Diese Aufgabe bearbeiten die S schriftlich in Einzelarbeit. Dazu machen sie sich (möglichst in Tabellenform) zunächst einige Notizen zu den verschiedenen Programmpunkten und formulieren dann Sätze aus. Bei Fragen finden die S Angaben zu den Zeitformen auf den *Summary*-Seiten auf SB-S. 92 und 93.
Lösungsbeispiel:
This afternoon we visit Munich's city centre. We have a tour of the Olympic stadion and after that we explore the town together. You can visit one of the museums. There's also enough time for shopping. On Tuesday morning the bus leaves at 8 a.m. We go to Starnberger See and have a boat trip. Later you can relax in a beer garden in the afternoon. On Wednesday we visit Neuschwanstein. We have a booked tour at 11 a.m. After that we go back to the bus so that you can change clothes. We then have a three-hour walk in the mountains. On Friday morning we leave really early at 7 a.m. and go to the Zugspitze, Bavaria's highest mountain. We take the railway to the top of the mountain. You can take lots of pictures and have a snack or drink in the café.

3 And you? Write six sentences about your plans ...
Die Aufgabe wird von den S ebenfalls schriftlich in Einzelarbeit bearbeitet. Die Auswertung kann in Form eines Doppelkreises erfolgen, in dem die S ihre Pläne für das Wochenende austauschen (vgl. didakt.-method. Hinweis auf HRU-S. 101). Alternativ können einige S ihre Pläne im Unterrichtsgespräch mitteilen.
Lösungen:
individuelle Lösungen

DIDAKTISCH-METHODISCHER HINWEIS

Bei der **Doppelkreismethode** („Karussell") wird die Lerngruppe in zwei gleich große Untergruppen geteilt, die sich aus einem inneren und einem äußeren Kreis gegenüberstehen und sich anschauen. Der äußere Kreis bewegt sich nun um zwei S nach links. In einem festgelegten Zeitraum, den Sie durch ein vereinbartes Zeichen (z. B. ein Glöckchen) beginnen bzw. beenden, sprechen die sich gegenüberstehenden Partner miteinander zum vorgegebenen Thema oder mithilfe von evtl. zu übenden Strukturen. Danach bewegt sich der Außenkreis weiter und das Gespräch wird mit einer neuen Partnerin / einem neuen Partner „wiederholt". Wenn es das Thema und die Lernstärke der Klasse erlauben, können nach Austausch mit ca. drei bis fünf Partnern Innen- sowie Außenkreis berichten, was sie erfahren haben. Dazu sollen sich die S während der Gespräche Stichwörter auf einem Notizblatt aufschreiben.

4 Problems

Auch hier arbeiten die S schriftlich in Einzelarbeit. Sie lesen zur Vorbereitung noch einmal die Texte auf SB-S. 35 durch.
Lösungsbeispiele:

a) Write two emails and complain.

1 Hi Paul,
On March 6th I bought an MP3 player from you online. It arrived yesterday, but the cable to the computer was missing. Can you send me the missing cable? Or should I return the MP3 player? Please send me a replacement as soon as possible.
Thanks,
(Name)

2 *Dear Sir or Madam,*
On Saturday October 5th I ordered a digital camera from your online shop Flop, but I still haven't received it. Have you sent it? Please send me the digital camera ASAP.
Best regards,
(Name)

b) Write a letter to the manager of *Bing*.
Dear Sir or Madam,
I want to complain about how you treated my rucksack when I flew with Bing from South Africa back to Germany. First you lost my rucksack; then when you found it, was damaged and some of the things which I had packed in it were missing. My digital camera and my MP3 player are gone.
Will you send replacements? Please let me know ASAP.
Yours faithfully,
(Name)

5 You're going to compare the two suburbs of Johannesburg. ...

a) Plan it! ...
Die S betrachten die beiden Bilder im SB und lesen sich die Ideenvorschläge durch. Diese dienen als Gliederungsgerüst beim Beschreiben und Vergleichen der beiden Bilder. Die S machen sich stichwortartig Notizen zu den genannten Punkten.

b) Do it! ...
Die S formulieren anhand ihrer Stichwörter zehn Sätze, indem sie die Bilder beschreiben und miteinander vergleichen.

c) Check it! ...
Die S lesen ihren Bildvergleich noch einmal durch und korrigieren ihn. Dabei prüfen Sie, ob auch alle wichtigen Aspekte berücksichtigt wurden.
Lösungsbeispiel:
In the first picture you can see a black South African family with three children. They're walking in the streets of Alexandra Township. The family is wearing nice clothes, maybe they're on a Sunday walk. But the neighbourhood looks really poor – there are no real streets, and the houses are small and not very modern. I don't think these people have a big house, they probably can't buy many things. The family in Sandton, on the other hand, owns a

really nice house and has a big garden. You can see them having lunch. I think they live in a nice and wealthy neighbourhood and they probably have good jobs. They have enough money to buy nice things. I think these people don't have many worries in their lives, they're able to live a good life and to be happy. For the family in Alexandra township, this is much more difficult, because they have much less money and probably more worries too. Maybe there are also problems like drugs, crime or unemployment in their neighbourhood.

6 *Tsotsi*, a South African film ...

Die S lösen die Aufgabe in Einzelarbeit, indem sie die Lösungen stichwortartig auf Notizzetteln notieren. Nach der darauffolgenden gemeinsamen Besprechung kann der Text auch ins Heft übertragen werden.
Lösungen:
Have you ever seen the film *Tsotsi*? It's one of *the most successful* films that South Africa has ever produced and it won the Oscar for the *best* foreign language film in 2006. The kwaito music in the film is performed by Zola, one of South Africa's *biggest* music stars. The film is about a gang in Soweto. When they steal a car they find a baby in it. For Tsotsi, the baby is the beginning of a *better* life than the one he had before. Of course, life in the film is *more dramatic* than real life for most people in Soweto. There's a lot of violence and one of the *worst* moments is when the gang kills a man on a train. It's an honest film with no easy answers.

Erweiterung

Diese Übung lässt sich weiter vertiefen, indem die S zunächst zwei Teams bilden und sich die S jeder Gruppe danach eine Vielzahl an Adjektiven überlegen. Anschließend präsentieren sie eines davon den S der anderen Gruppe, die nun innerhalb einer begrenzten Zeitspanne die richtigen Steigerungsformen dazu finden müssen und ggf. auch einen beliebigen passenden Satz dazu bilden sollen. Danach wird gewechselt. Die Gruppe mit den meisten richtigen Antworten gewinnt.

7 At the cinema: Finish the story in at least 120 words.

Die S arbeiten schriftlich in Einzelarbeit. In lernlangsameren Gruppen/Klassen können vorher im Unterrichtsgespräch stichwortartig Ideen gesammelt werden, mit denen sich die Geschichte weitererzählen lässt.
Lösungen:
individuelle Lösungen

Unit 3
India

Themen

Indien: Landeskunde, Filmindustrie, Geschichte In dieser Unit wird der Subkontinent Indien mit seinen vielen Facetten und Kontrasten vorgestellt. So weist das nach China bevölkerungsreichste Land der Welt eine Vielzahl von Religionen und Bevölkerungsgruppen auf, beherbergt eine einzigartige und gleichzeitig gefährdete Tierwelt (der vom Aussterben bedrohte Tiger ist nur ein Beispiel hierfür) und hat in den letzten Jahren den Wandel vom Entwicklungsland zum Schwellenland mit wachsenden Industriezweigen vollzogen. Die S lernen alle diese Aspekte kennen, erfahren aber auch gleichzeitig etwas über die Probleme des Landes, wie z. B. die große Kluft zwischen Arm und Reich, die Gegensätze zwischen der oft noch verarmten Landbevölkerung, die gegen Überschwemmungen zu kämpfen hat, und den Megacitys, in denen moderne Zentren und Slums nebeneinander liegen. Auch auf Bollywood, Indiens riesige Filmindustrie, die inzwischen viele Anhänger in Deutschland gefunden hat, wird ebenso eingegangen wie auf das kontroverse Thema der arrangierten Ehen. Schließlich erfahren die S etwas über indisches Essen und lernen den Gründungsvater des modernen Indien, Mohandas „Mahatma" Gandhi kennen.

Kommunikative Sprechabsichten

Berichten, was jemand gesagt hat   *Kala said that families were very important in India. Lalit said that his family would move into a new house next year.*

Sprachliche Mittel/ Strukturen

Sprachliche Mittel und Strukturen, die von den S angewendet werden sollen:
Indirekte Rede (*reported speech*): In der direkten oder wörtlichen Rede, die den S bereits seit dem ersten Lernjahr vertraut ist, wird wiedergegeben, was jemand gesagt, gefragt, geschrieben oder gedacht hat. Besonderes Merkmal dabei sind die Anführungszeichen, mit denen die wörtliche Rede gekennzeichnet ist. Die indirekte Rede (*reported speech*) hingegen gibt nicht den genauen Wortlaut der Sprecherin / des Sprechers wieder; es wird vielmehr darüber berichtet, was jemand gesagt, gefragt, geschrieben oder gedacht hat. Die indirekte Rede wird oft mit bestimmten Verben wie *say, tell, ask* oder *explain* eingeleitet. Wenn diese Verben im *simple present* stehen, bleibt die Zeitform des Gesagten unverändert. Wenn die indirekte Rede jedoch durch ein Verb im *simple past* eingeleitet wird, so wird das Gesagte gegenüber der direkten Rede meist um eine Zeitstufe zurückversetzt, z. B.:
Direkte Rede: *Linda: "I have relatives who are living in the USA."*
Indirekte Rede: *Linda said that she had relatives who were living in the USA.*

LEAD-IN

S. 40

WORTSCHATZ	introduction • come to mind • religion • New Delhi • northwest • Russia • Muslim • prince • Hindu • tiger • extinct • protect • reserve
MEDIEN	L: Kopien von Vorlage 17 in Klassenstärke; CD 1, Nr. 48, CD-Spieler; Kopien von Vorlage 18 in Klassenstärke / Folie von Vorlage 18, Folienstift, Tageslichtprojektor S: Notizzettel

Einstieg

Stimmen Sie die S mit einem Quiz auf das Thema Indien ein. Verwenden Sie dafür Kopien von Vorlage 17 in Klassenstärke. Die S sollen ohne das SB anhand ihres Vorwissens und mithilfe von Vermutungen versuchen, die richtigen Antworten zu finden und anzukreuzen. *(We are going to talk about India today. Please do this quiz and try to find the right answers.)* Besprechen Sie anschließend die Ergebnisse gemeinsam im Plenum.

Lösungen:

1 b)   5 c)
2 a)   6 a)
3 b)   7 b)
4 c)

Kopiervorlage 17

1 Introduction to India

a) What comes to mind when you think about India?

Führen Sie ein kurzes Brainstorming zum Thema Indien durch. Fordern Sie die S auf, möglichst viele Aspekte zu notieren, die ihnen zu diesem Land einfallen. Das vorab gelöste Quiz kann hierbei auch als Hilfe herangezogen werden. Stellen Sie den S gegebenenfalls noch weitere Fragen.

> **L** *Let's do some brainstorming about India. Please write down what comes to mind when you think about India. You have two minutes.*
> *Do you know any cities in India?*
> *Do you know any Indian food?*
> *Which famous people are from India?*

Nachdem die S kurz überlegt haben, können sie zur weiteren Unterstützung die Unit 3 im SB kurz durchblättern und dort noch nach weiteren Hinweisen suchen. Die von den S genannten Aspekte werden an die Tafel geschrieben. Dies kann auch in Form eines *word web* erfolgen, das später bzw. im Lauf der Unit noch weiter ergänzt wird.

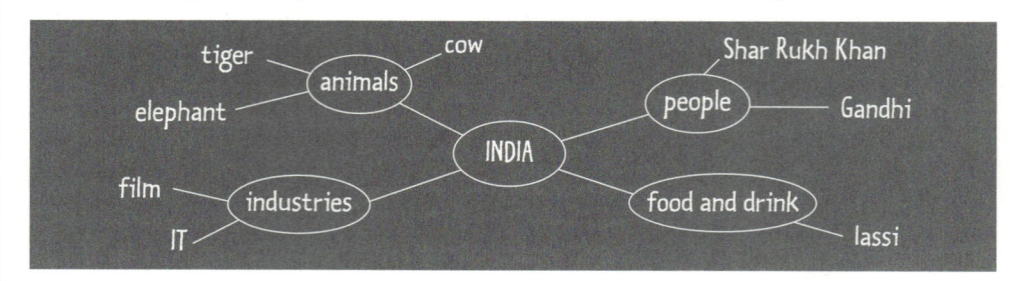

b) Listen: Which five topics are discussed?

Vor dem ersten Hördurchgang lesen die S die Begriffe durch und notieren diese auf Notizzetteln, sodass sie die richtige Lösung während des Hörens ankreuzen bzw. unterstreichen können. Die S bearbeiten die Aufgabe in Einzelarbeit.

Lösungen:

music (**4**) – religion (**6**) – languages (**3**) – population (**5**) – industries (**1**)

Erweiterung

Für einen weiteren Hördurchgang eignen sich folgende Verständnisfragen:
– *How many strings does a sitar have? (21/22/23)*
– *Which bands used the famous Indian instrument? (the Beatles, Metallica)*

- *How many Indians are Hindus? (80%)*
- *How many languages exist in India? (1 500)*
- *What's an important Indian industry? (the film industry)*

Tapescript

What you have been listening to is Indian music. And the instrument which you heard is called the sitar – it's an instrument with strings, like a guitar, but while a guitar usually has six strings, a sitar has 21, 22 or 23 strings. The sitar has been played for hundreds of years in India – in Europe it became popular in the 1960s when the Beatles used sitar music in some of their songs. In 1991 the sitar was used in the song "Wherever I may roam" by the heavy metal band Metallica.

Indian music is very old. And Indian culture is very old. Its first cities were built 4 500 years ago. Its oldest texts are about 3 500 years old. 80 % of Indians are Hindus – which is probably the oldest religion in the world.

India is an enormous country. It has about one sixth of all the people in the world. So many people speak many different languages of course – over 1 500 different languages! But only 122 languages are spoken by more than a million people. Although only a minority of Indians speak English, the number is still so large that India has more English-speaking people than Britain.

India is a young, modern country too. Over 30 % of the population is under 14 years old. Its modern industries are growing fast and its film industry is the largest in the world. On the other hand, while more and more Indians have more and more money, the country still has too many people who live in poverty.

In this Unit, Unit 3, you'll be able to explore some of these themes. Enjoy!

c) Look at the map of India at the front of the book.

Die S erledigen diese Aufgabe mündlich in Partnerarbeit, wobei immer ein/e S die Fragen von SB-S. 40 stellt und der/die andere S die Indienkarte auf der vorderen Umschlagsinnenseite des SB aufschlägt und versucht, die Fragen zu beantworten.
Lösungen:
1 **b)** India is about *nine* times bigger than Germany.
2 **b)** The highest mountains in India are in the *north* of the country.
3 **c)** The capital of India is *New Delhi*.
4 **a)** In the northwest India has a border with *Pakistan*.
5 **c)** From the north to the south India is about *3200 km*.

Erweiterung

Nach der Beantwortung der Fragen bilden die S in Partnerarbeit eigene geografische Fragen, die die anderen S beantworten sollen.
Beispiele:
- *What countries have a border with India? (Pakistan, China, Nepal, Bhutan, Bangladesh, Myanmar/Burma)*
- *What about Sri Lanka? Where is it? (It's an island southwest of India.)*
- *Name three large cities in the west of India. (Ahmedabad, Mumbai, Puna)*
- *What oceans are next to India? (the Arabian Sea, the Indian Ocean, the Gulf of Bengal)*

Wortschatzarbeit

Zur Vorentlastung des neuen Wortschatzes in den vier Texten auf den SB-S. 40 und 41 erhalten die S ein Arbeitsblatt von Vorlage 18, auf dem sie den einsprachigen Vokabelerklärungen den richtigen Wortschatz zuordnen sollen. Alternativ kann dies auch gemeinsam in der Klasse geschehen. Kopieren Sie dazu die Vorlage auf Folie und lassen Sie die Aufgabe mündlich lösen.
Lösungen:
1 *tiger*
2 *Hindus*
3 *Muslim*
4 *extinct*
5 *in order to*
6 *protect*
7 *reserve*
8 *department store*
9 *rupee*
10 *crops*

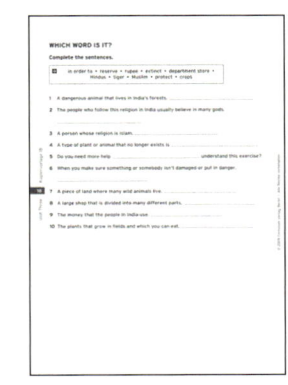

Kopiervorlage 18

> **PRONUNCIATION**
>
> Die verschiedenen Ortsbezeichnungen bzw. Religionen werden wie folgt ausgesprochen: *New Delhi* [nju: 'deli], *Russia* ['rʌʃə], *Taj Mahal* [tɑ:dʒ mə'hɔ:l], *Hindu* ['hɪndu:], *Muslim* ['mʊzlɪm, 'mʌzlɪm]. Bitte beachten Sie auch die Betonung der Wörter *religion* [rɪ'lɪdʒən] und *rupee* [ru:'pi:].

> **LANGUAGE AWARENESS**
>
> Gehen Sie auch auf den *false friend "billion"* (Milliarde) ein, indem Sie das Wort an der Tafel notieren und die S auffordern, die richtige Zahl dazuzuschreiben.

▶ WB S. 25, Ex 1

Die S betrachten die vier Fotos auf den SB-S. 40/41 und beschreiben diese zunächst kurz. Anschließend erhalten sie den Auftrag, die vier zugehörigen Texte still zu lesen und die dazu gestellten Fragen stichwortartig in Einzelarbeit zu beantworten.

L *Look at the pictures. They show different aspects of India. Please describe them.*
S *In picture 1 there's a beautiful white building with four towers. It looks like a church or mosque. / It's the Taj Mahal. In picture 2 there's a tiger. Picture 3 shows an Indian city with many people, cars, shops and buildings. In picture 4 there is an almost empty street with houses in many colours. Maybe it's in a village.*
L *Now read the four texts and answer the questions for each text. Make short notes.*

Are Muslims a majority or a minority in India?
Lösung:
a minority

How do we know that *Project Tiger* seems to be successful?
Lösung:
more tigers in 2003 than in 1972

S. 41

WORTSCHATZ	one **billion** people • **department store** • rupee • **crop** • **grow** crops • monsoon wind
SPRECHABSICHT	Bilder beschreiben und vergleichen: *The first picture shows ... In the second picture the situation is different ...*
MEDIEN	**L:** Kopien von Vorlage 19 in Gruppenstärke, Folie von Vorlage 19, Tageslichtprojektor; Internet; Poster **S:** Buntstifte

Why are Indian city streets often noisy?
Lösung:
streets are full and busy (many cars, buses, bikes, people and animals)

When's the monsoon season and what damage ...
Lösung:
between June and September / winds can bring rain, the rain can cause floods which destroy crops, damage buildings

2 Read the texts again and then write three questions about India ...
Die S lösen die Aufgabe in Partnerarbeit, indem sie sich Fragen für die Partnerin / den Partner notieren und darauf achten, möglichst auch die dazugehörigen Lösungen zu finden. Danach stellen sie sich gegenseitig Fragen. Einige Fragen werden anschließend im Plenum gesammelt und an der Tafel notiert; sie können als Grundlage für die weitere Arbeit zum Thema Indien dienen.
Lösungen:
individuelle Lösungen

▶ WB S. 25, Ex 2

3 Picture-based conversation ...

HINWEIS ZUR M10-PRÜFUNG

In dieser Aufgabe wird ein Bestandteil der mündlichen Prüfung, *picture-based conversation*, vorbereitet und geübt. Für eine ausführliche Vorgehensweise zu diesem Thema vgl. HRU-S. 150, 151 und 179.

Die S bearbeiten diese Aufgabe in Einzelarbeit, indem sie noch einmal die Tipps auf SB-S. 12 durchlesen und sich anschließend in Tabellenform Notizen zu den Bildern mithilfe der Schlagwörter im SB machen. Später tauschen sich die S in Tandems mündlich aus und beschreiben bzw. vergleichen beide Bilder anhand ihrer Notizen ca. zwei Minuten lang, während die Partnerin / der Partner zuhört und darauf eingeht. Die S können auch erklären, welches Bild ihnen besser gefällt bzw. sie mehr anspricht, wobei sie ihre Meinung begründen.

Lösungsbeispiel:

The first picture shows a street in a big Indian city. The city might be Mumbai, where 19 million people live. The street in the picture is very busy. There are lots of people – most of them are men. The houses are quite high. Many people seem to live here. I can also see lots of shops and cafés. The shops have big signs, some of them are in English. I think the street is very noisy because there are crowds of people, and also many cars and motorbikes. The houses in the street are all grey but the cars have nice colours. One of them is blue and has a yellow roof. I think it's a taxi. The people who are walking in the street probably live and work in this neighbourhood too. They work in the shops and cafés or they are taxi drivers. In the second picture the situation is different. It must be somewhere in a village in the country. There aren't many people in the picture. I can only see two women and a man on his motorbike. The houses are old and small. They have different colours, but look a lot more simple than the houses in the first picture. Yet above the roofs you can see many cables, so the houses must have electricity. I think the area which is shown in the picture is very quiet; there is no traffic. The people who live in the village probably work in the fields. They grow their own food or they have animals.

I think the people in the city and in the village live in quite different environments. The city is loud and noisy, but there are also many shops. Life for the people there must be difficult sometimes because of all the noise and traffic and bad air, but they probably have better jobs. They can use the parks, work in offices and shop in many stores. Life in the village, on the other hand, is much more simple and poorer. The people there can probably only find work as farmers and earn less money. I think the people in the city have more money and live in more modern buildings, but some of the city's suburbs are really poor too. The people in the village don't live in big and wealthy houses, but they have electricity and probably running water as well.

Erweiterung

Zur Vertiefung und Bearbeitung weiterer Aspekte der indischen Bevölkerungsstruktur wie Religionszugehörigkeit, (An-)Alphabetismus bzw. Bevölkerungsentwicklung können Sie Vorlage 19 nutzen. Die S gewinnen dadurch weitere Einblicke in die Vielfältigkeit und Gegensätze des Subkontinents. Verteilen Sie Kopien der Vorlage in Gruppenstärke. Die S bearbeiten die verschiedenen Statistiken in Dreiergruppen, wobei jeweils ein/e S eine davon auswählt und interpretiert. Da die Abbildungen unterschiedlich leicht zu deuten sind, empfiehlt es sich, lernlangsamere und lernstärkere S in einer Gruppe zu mischen. Anschließend diskutieren die S ihre Ergebnisse in der Gruppe, bevor sie sie in der Klasse vorstellen. Unterstützend dazu werden die Grafiken noch einmal auf Folie präsentiert.

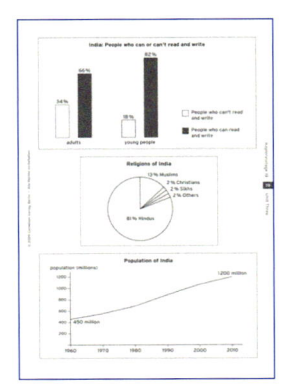

Kopiervorlage 19

L *Please work in groups of three and look at the charts. Choose one chart for each student. What does it show? Make notes and discuss them in your group. After that, write four sentences for the discussion in class later.*

Mögliche Redemittel bzw. Satzanfänge zur Auswertung der Statistiken, die an der Tafel notiert werden, können deren Bearbeitung erleichtern.

- Chart 1 shows ...
- In India, most people ...
- The two biggest religious groups are ...
- Only ... % of the population are ...

- Chart 2 shows ...
- ... % of the ... in India ... read and write, whereas ...
- More young people ... adults ...

- Chart 3 shows ...
- From ... to ..., the number of ... has been going ...
- In ..., there were ..., whereas in ...

Lösungsbeispiele:
- *Chart 1 shows the number of people who can or can't read and write in India.*
- *66% of the adults can read and write, whereas 34% of them can't read and write.*
- *82% of the young people in India can read and write, but only 66% of the adults.*
- *More young people than adults can read and write.*

- *Chart 2 shows the different religions of India.*
- *In India, most people are Hindus.*
- *The two biggest religious groups are Hindus (81%) and Muslims (13%).*
- *Only 2% of the population is Christian and 2% is Sikh. 2% of the people belong to other religions.*

- *Chart 3 shows the population of India.*
- *From 1960 to 2010, the number of people has been going up.*
- *In 1960 there were 450 million people, whereas in 2010 there will be / are / were 1 200 million people.*
- *In 1990, there were about 800 million people, whereas in 2000, there were almost 1 000 million / 1 billion people.*

Weiterarbeit Zur Weiterarbeit bieten sich folgende Möglichkeiten an:
- Weitere Städte bzw. Sehenswürdigkeiten in Indien im Internet oder mithilfe von Reiseführern recherchieren und eine Collage mit Fotos und interessanten Bildbeschreibungen erstellen. Dazu kann auch eine fiktive Reiseroute präsentiert werden.
- Die Klasse in zwei Gruppen einteilen und mithilfe einer Folie der Indienkarte aus dem SB ein Quiz zu den verschiedenen Städten und Regionen Indiens abhalten. Jede Gruppe entsendet je eine/n Vertreter/in; diese nennen abwechselnd geografische Daten wie z. B. Städtenamen, die die andere Gruppe innerhalb von fünf Sekunden erraten muss.
- Ein ausführliches Referat zur Tierwelt Indiens mit Schwerpunkt auf dem *Project Tiger* halten.
- Die klimatischen Verhältnisse in Indien recherchieren (z. B. Jahreszeiten, Wetter, Monsun, Naturkatastrophen) und die Ergebnisse in der Klasse vorstellen.

INFO-BOX

Das **Taj Mahal** wurde zwischen 1631 und 1653 vom damaligen Großmogul Shah Jahn in Agra im indischen Bundesstaat Uttar Pradesh erbaut und ist eine der berühmtesten Sehenswürdigkeiten Indiens. Mit dem Mausoleum erfüllte er den Wunsch seiner geliebten und im Kindbett verstorbenen Frau Mumtaz Mahal nach einer eigenen Grabstätte. Das Taj Mahal verbindet verschiedene Baustile, so finden sich neben indischen Elementen auch islamische Einflüsse (wie die vier Minarette) und persische Komponenten (z. B. der 300 Quadratmeter große Garten). Das auch im Inneren prachtvoll ausgeschmückte Taj Mahal wurde 1983 in die Liste des UNESCO-Weltkulturerbes aufgenommen und lockt jährlich zwischen zwei und vier Millionen Besuchern an.

INFO-BOX

Das 1972 ins Leben gerufene **Tiger-Projekt** hat sich ganz dem Schutz der wenigen noch in freier Wildbahn lebenden Bengalischen Tiger verschrieben. Zu diesem Zweck wurden bis 2004 ca. 40 verschiedene Reservate eingerichtet, die das natürliche Ökosystem der Tiger bewahren sollen. Während die Zahl der Tiger in den 1990er Jahren bis auf 4.000 Tiere angestiegen war, fiel ihre Zahl im Jahr 2008 wieder auf 1.400. Dies ist vor allem auf die zunehmende Wilderei, auf unterbezahlte und unterbesetzte Wildhüterstellen sowie auf das Beschönigen von Statistiken seitens der indischen Regierung zurückzuführen. Indien ist mit fast 1,2 Milliarden Menschen nach China das zweitbevölkerungsreichste Land der Welt, dessen **Bevölkerungszahlen** sich allein von 1960 bis 2000 auf 1 Millarde Menschen vordoppelt haben. Bei einem Bevölkerungswachstum von 1,4 % vergrößert sich die Zahl der Inder jedes Jahr um 15 Millionen Menschen. Obwohl noch immer 70 % aller Einwohner auf dem Land leben, ist eine zunehmende Verstädterung zu beobachten, was vor allem auf die schlechten Lebensbedingungen im ländlichen Raum und die dadurch ausgelöste Landflucht zurückzuführen ist. So gibt es allein 34 Städte mit mehr als einer Million Einwohnern. Zu den bevölkerungsreichsten Städten zählen Mumbai (Bombay), Delhi und Kolkata (Kalkutta).

S.42

WORTSCHATZ	face • Bollywood • career • box-office hit • download • romantic • good looks • illegal • condition • sweatshop • they said that they would ... • child labour • United Nations, UN • according to the UN • millionaire
MEDIEN	L: CD 1, Nr. 51, CD-Spieler; vorb. Folie, Folienstift, Tageslichtprojektor

Different faces of India

Aktivieren Sie das Vorwissen der S zum Thema Bollywood und fragen Sie vorab, welche indischen Filme oder Schauspieler sie bereits kennen.

L *What's the name of India's film industry?*
S *Bollywood.*
L *Do you know any famous Bollywood films or actors? Have you ever seen an Indian movie?*
S berichten.

1 India's film industry

Spielen Sie anschließend den ersten Text auf SB-S. 42 bei geschlossenem SB von der Hör-CD vor. Schreiben Sie die Fragen von *Exercise 1* als Hörauftrag an die Tafel und führen Sie in die Situation ein. *(Let's find out more about Bollywood. Listen to this report, make notes and answer these questions.)* Die S machen sich Notizen zu den Lösungen und beantworten die Fragen. Anschließend kontrollieren sie ihre Ergebnisse eigenständig, indem sie den Text noch einmal im SB nachlesen und nach den entsprechenden Stellen suchen.
Lösungen:
1 *film industry began in Bombay/Mumbai; Bombay + Hollywood = Bollywood*
2 *romantic films with brilliant dancing scenes*

Erweiterung Stellen Sie den S zusätzliche Fragen zum Detailverstehen.
Mögliche Fragen:
– *Who is Katrina Kaif and what is special about her family? (She's a Bollywood actress with an Indian father and an English mother.)*
– *What tells you that she had success as a film star? (She now has six box-office hits. / She became one of the most downloaded film stars in India.)*
– *Why has she been so successful? (She played in romantic films. / Because of her good looks and because she has lost her British accent.)*
– *Compare Bollywood and Hollywood. (Bollywood is now the world's largest film industry and produces more films than Hollywood.)*

2 What do the texts tell you about India? Choose the right option …

Die S beschreiben zunächst kurz das Foto auf SB-S. 42 unten. Lesen Sie danach den dazugehörigen Text laut im Plenum vor und klären Sie gegebenenfalls den zum Textverständnis relevanten unbekannten Wortschatz. Anschließend lesen die S die Aufgabenstellung still durch und melden sich ebenfalls still, wenn sie die Lösung gefunden haben. Wenn die meisten S auf diese Weise anzeigen, dass sie die Antwort wissen, wird diese in der Klasse kontrolliert und gemeinsam besprochen.

L *Look at the photo on page 42 and describe it, please. What are the people in the photo doing? How do they feel?*
S *I can see four boys/teenagers. They're sitting on the floor at small tables. I think they're writing / they're working on something. They're looking up – maybe at a board. They don't look very happy. But maybe they're just busy with their work.*
L *These boys are making jewelry.* (Illustrierend Schmuckstücke an die Tafel zeichnen.) *They should go to school because they're still very young. But in India, a lot of children work illegally in factories or sweatshops. Let's find out more about those children in the text.* (S lesen den Text.) *Now read exercise 2 and raise your hands when you know the answer.*

Lösung:
c) *India has some very wealthy people but also many people who are very poor.*

Lassen Sie die S ihre Wahl abschließend begründen.

L *What passage in the text tells you that there are both very poor and very wealthy people in India?*
S *There are many poor children who work in sweatshops, but there are also many millionaires in Mumbai (more than in Manhattan).*

Erweiterung

Um den Text inhaltlich weiter zu erschließen, wird er von den S noch einmal laut gelesen. Präsentieren Sie dazu eine Folie mit vorbereiteten Sätzen, die Fehler enthalten, und lassen Sie diese mündlich verbessern.
Vorschläge:

- The police arrested 17 children in a sweatshop.
- The children were making clothes for an Indian clothing company.
- The police said that they would arrest the owner of the factory.
- Children who are younger than 10 are not allowed to work in India.

Lösungen:
– *The police closed down a factory / a sweatshop and saved 17 children.*
– *The children were making clothes for an international clothing company.*
– *Police said that they would try to send the children back to their families.*
– *Child labour under 14 is banned in India.*

INFO-BOX

Zur indischen Filmindustrie **Bollywood** vgl. HRU-S.124. Die 1984 in Hongkong geborene und in Hawaii bzw. England aufgewachsene Schauspielerin **Katrina Kaif** ist britisch-indischer Herkunft; so stammt ihr (muslimischer) Vater aus Kaschmir und ihre Mutter aus England. Vor dem Beginn ihrer Filmkarriere 2003 arbeitete Kaif zunächst als Model. Um in Bollywoodfilmen mitspielen zu können, musste sie sowohl Hindi- als auch Tanzunterricht nehmen. Inzwischen kann sie auf eine Reihe äußerst erfolgreicher Filme zurückblicken. Die **Textilindustrie** ist wegen der hohen Inlandsnachfrage und des Exports einer der wichtigsten Industriezweige Indiens, in der viele Inder, einige davon auch Kinder, oft unter menschenunwürdigen Arbeitsbedingungen Kleidung produzieren bzw. nähen. **Kinderarbeit** allgemein ist ein komplexes und äußerst kontrovers diskutiertes Thema: Es herrscht keine Einigkeit darüber, ob Kinderarbeit generell abgeschafft werden sollte. Es existiert lediglich ein Konsens der 183 Mitgliedstaaten der Internationalen Organisation für Arbeit darüber, dass es Formen gibt, die nicht tragbar sind und sofortiges Handeln auf (inter-)nationaler Ebene erforderlich machen, wie z. B. Sklaverei und Prostitution. In Indien wird das Verbot von Kinderarbeit (für Kinder unter 14 Jahren) in vielen Bereichen nicht befolgt. Kritiker der internationalen Bestimmungen drängen darauf, stattdessen die Arbeitsbedingungen dieser Kinder zu verbessern und ihre Rechte allgemein zu stärken. Dies erscheint ihnen in einem Land wie Indien, das noch immer durch Analphabetismus und Unterernährung gekennzeichnet ist und in dem mehr als 40 % der Menschen weniger als einen US-Dollar pro Tag zur Verfügung haben, besser umsetzbar und mehr im Interesse der Kinder.

S. 43

WORTSCHATZ	arrange • marriage • horoscope • choice • height • centimetre, cm • mother language • Hindi • smoker • eating habit • dress style • ethnic clothes • ghost town • cholera • info box
MEDIEN	L: vorb. Folie, Folienstift, Tageslichtprojektor; Poster; Kopien von Vorlage 20 in Klassenstärke S: Buntstifte

Wortschatzarbeit

Führen Sie zur Vokabelvorentlastung einen Teil der Lexik zu dieser Seite mit einer einfachen Zuordnungsübung ein, die Sie vorher auf Folie oder an der Tafel vorbereiten. Lesen Sie die neuen Vokabeln erst vor und lassen Sie dann die Wörter nachsprechen. Daraufhin ordnen die S die Wörter den passenden Erklärungen zu.

arrange	the act of choosing between two or more things
marriage	the kind of clothes you pick and wear
horoscope	a thing that you do often and almost without thinking about it
choice	how tall a person is
height	when a man and a woman marry and live together
mother language	to plan or organise something in advance
habit	when the stars tell you what's going to happen to you
dress style	someone's first language

Lösungen:
arrange: *to plan or organise something in advance*
marriage: *when a man and a woman marry and live together*
horoscope: *when the stars tell you what's going to happen to you*
choice: *the act of choosing between two or more things*
height: *how tall a person is*
mother language: *someone's first language*
habit: *a thing that you do often and almost without thinking about it*
dress style: *the kind of clothes you pick and wear*

3 Arranged marriages

Einstieg

Leiten Sie danach zum Text auf SB-S. 43 oben über, indem Sie die S zum Thema Kontaktanzeigen befragen und nach möglichen Kriterien für einen Lebenspartner suchen lassen. Dies dient auch der Vorbereitung auf *Exercise 3.3*. Daraufhin lesen die S den Text still.

L *Have you ever read adverts in the newspaper or on the Internet where people are looking for a partner for life? What things are important to them? What do they write about themselves or want to know about a partner?*

S *how old they are / their age; how tall they are / their height; what job they have; how much money they earn / their salary; what hobbies they have; where they live; about their families ...*

L *In India, people also look for a partner with the help of adverts. Please read the text.*

1 Die S beantworten die Frage mündlich im Plenum.
Lösung:
the parents

2 Diese Aufgabe eignet sich gut, um eine kurze Diskussion zusammen mit den S durchzuführen. Diese kann entweder in der Kleingruppe oder auch innerhalb der Klasse stattfinden. Vor der Diskussion sollten die S aber genügend Zeit haben, schriftlich in Einzelarbeit mögliche Pro- und Contra-Argumente zu finden, die sie einbringen können, und diese stichwortartig zu notieren. Benutzen Sie zum Diskutieren die *Fishbowl*-Technik (vgl. did.-method. Hinweis unten).
Lösungen:
individuelle Lösungen

DIDAKTISCH-METHODISCHER HINWEIS

Bei der *Fishbowl*-Technik bilden die S einen Innen- und einen Außenkreis. Der Innenkreis in der Mitte besteht aus vier Stühlen, von denen drei mit beliebigen S aus der Klasse besetzt werden. Es bietet sich an, lernstärkere S auszuwählen, die sich gut ausdrücken können. Ein Stuhl bleibt zunächst frei. Alle anderen S gruppieren sich in einem Außenkreis um die S in der Mitte. Die Diskussion beginnt, indem die drei S im Innenkreis ihre Argumente austauschen. Wann immer ein/e S des Zuschauerkreises etwas beizutragen hat, nimmt er/sie den freien Stuhl in der Mitte ein. Ein/e Mitschüler/in, der/die gerade nicht aktiv an der Diskussion teilnimmt bzw. schon länger im Innenkreis sitzt, steht auf und verlässt diesen, sodass wieder ein Platz in der Mitte frei wird. So bleibt gewährleistet, dass für die zusehenden S stets ein Platz frei gehalten wird. Der Vorteil dieser Methode liegt darin, dass die Diskussion in Gang bleibt und auch lernlangsamere S, die noch nicht besonders redegewandt sind, aktiv daran teilhaben können. Damit die Diskussion nicht abbricht und die Motivation nicht versiegt, empfiehlt es sich, auch eine hohe Fehlerquote seitens der S hinzunehmen. Diese Methode eignet sich auch für den Deutschunterricht.

Weiterarbeit

Hier können Sie auch fächerübergreifend mit dem Fach Deutsch zusammenarbeiten, das als Prüfungsthema das Schreiben einer Erörterung vorsieht. Soll das Thema nicht im Englischen vertieft werden, kann dies evtl. auch im Deutschunterricht geschehen.

3 Die S bearbeiten die Aufgabe schriftlich in Einzelarbeit. Hierzu können sie die im Text aufgeführten Kategorien (*age, height, religion* usw.) zu Hilfe nehmen und auch mit den bei der Hinführung zum Text gemeinsam erarbeiteten Kategorien arbeiten. Wenn die S nichts Persönliches über sich selbst preisgeben wollen, kann es auch sinnvoll sein, eine Internetanzeige zu einer fiktiven Person zu erstellen. Die Ergebnisse werden anschließend in der Klasse vorgestellt.
Lösungen:
individuelle Lösungen

Projekt

Die S können mit den eigenen oder fiktiven *Internet adverts* an der Tafel oder (mithilfe von Postern) an einer Pinnwand eine kleine Ausstellung gestalten. Diese wirkt besonders ansprechend, wenn die einzelnen Anzeigen mit Bildern und Verzierungen schön ausgestaltet sind.

Einstieg

4 The floods of 2008

Bevor die S den zweiten Text auf SB-S. 43 still lesen, nehmen Sie noch einmal auf das Thema Klima und Monsun Bezug, das in der Unit bereits angesprochen wurde. Erläutern Sie in diesem Zusammenhang kurz die Hintergründe der Flut in Bihar. Erklären Sie dabei auch den Begriff *embankment* (Deich).

L *Do you remember what a monsoon is? What effects can it have? If you don't know, look at page 41.*

S *The monsoon is a special kind of wind. Monsoon winds bring rain between June and September and can cause floods.*

L *In the next text, you'll find out more about the floods in Bihar. The floods there were caused by monsoon winds. As a result, there was too much water in the river near Bihar. The embankments that should have kept the water back and protected the people in the region broke and the water came into the villages and cities.*

Um das Leseverstehen der S zu vertiefen, lassen Sie den Text still lesen und die Aufgabe schriftlich in Einzelarbeit bearbeiten. Dabei sollen die S ganze Sätze formulieren (*Read the text and answer the questions in full sentences, please.*).

Lösungen:
1 *The floods of 2008 were the worst floods in Bihar in fifty years. Hundreds of villages have been damaged and two million people have left their homes.*
2 *The usual population of Bihar is 50,000 people. Half of the people left the city because of the floods.*
3 *In the city there was no clean water or electricity. These terrible conditions could lead to diseases like cholera.*

Wortschatzarbeit

Mit der Übung von Vorlage 20 wird die neue Lexik auf den SB-Seiten 42 und 43 gefestigt. Kopieren Sie dazu die Vorlage in Klassenstärke auf Arbeitsblätter. Weisen Sie die S noch einmal darauf hin, dass die Zahl der gestrichelten Linien der Zahl der Buchstaben des Wortes entspricht. In lernlangsameren Klassen können Sie ggf. die gesuchten Vokabeln auch noch zusätzlich an die Tafel schreiben.

Lösungen:
1 *eating habits*
2 *conditions*
3 *nickname*
4 *according to*
5 *illegal*
6 *arranged marriage*
7 *career*
8 *ghost town*
9 *child labour*
10 *box-office hit*

Kopiervorlage 20

Erweiterung

Zur weiteren Vertiefung der Wortschatzarbeit und als Vorbereitung auf die folgende Aufgabe erhalten die S den Auftrag, noch einmal die Texte auf SB-S. 42 und 43 durchzulesen und in Einzelarbeit zu jedem Text fünf wichtige *keywords* herauszusuchen.

Lösungsvorschläge:
Text 1: *Bollywood, film industry, box-office hits, career, film star*
Text 2: *illegal child labour, sweatshop work, working conditions, (international) companies, millionaires*
Text 3: *arranged marriages, partners, Internet adverts, choice, family*
Text 4: *floods, damaged, population, left, no clean water or electricity*

5 With the information from pages 40–43 write an info box ...

Diese Aufgabe dient zur Wiederholung und Zusammenfassung der wichtigsten landeskundlichen Aspekte, mit denen die S bisher in Berührung gekommen sind, und eignet sich besonders zum Üben von Kurzreferaten. Die S arbeiten wiederum schriftlich in Einzelarbeit. In einem ersten Schritt suchen sie auf den SB-S. 40–43 nach Informationen und notieren sich stichwortartig die wichtigsten *keywords*. Danach erstellen sie in einem zweiten Schritt die Info-Box, indem sie schriftlich ganze Sätze zu relevanten Fakten über Indien ausformulieren. Anschließend können die Ergebnisse schriftlich präsentiert und ggf. überarbeitet werden (vgl. did.-method. Hinweis auf HRU-S. 52 bzw. S. 114) oder auch mündlich in Form von Referaten in der Klasse vorgestellt werden.

Gestalten Sie die Info-Box noch ausführlicher, indem Sie die Suche von Informationen mithilfe des Internets oder eines Online-Lexikons zulassen.

Lösungsbeispiel:

*India has the second biggest **population** in the world – about 1.13 billion people. There are many big **cities**, e.g. Mumbai. About 19 million people live there. The streets in the cities are very full and busy because there are lots of cars, taxis, buses and of course people. In the city centres people can work in banks or offices, shop in department stores or go to parks. One of India's biggest **industries** is the film industry. Bollywood produces more films now than Hollywood. Some Indian film stars are popular in Europe too. There are many millionaires in India because Indian companies and businesses are growing, but some people still work in terrible conditions, e.g. in clothes factories. Because 70% of all Indians live in villages, farming is very important too. There are many different **languages** in India, two of them are Hindi and English. About 80% of Indians are Hindus and 13.4% are Muslims, but there are other **religions** in India too. **Poverty** is still a big problem in India: Child labour under 14 is banned, but 55 million children have to work in Indian factories or sweatshops. And some people who live in the suburbs next to the city centres are very poor too. Although there's electritiy and running water in lots of villages now, many people in the country only earn about 50 rupees / one dollar a day. The **climate** often changes people's lives. The Monsoon winds bring rain between June and September, but if there's too much rain there are floods too, e.g. in the province of Bihar. In the floods of 2008 two million people had to leave their homes. There was no clean water or electricity. Hundreds of villages were damaged and the crops destroyed. There are many wild **animals** in Indias national parks, e.g. lions, leopards, rhinoceroses, buffaloes or elephants. The most famous of them is the tiger. In 2003 there were 1 576 tigers in 27 reserves. For many **families** in India, it's normal that the parents arrange marriages for their children with the help of newspaper or Internet adverts.*

DIDAKTISCH-METHODISCHER HINWEIS

Weitere Tipps zum Überarbeiten von Texten:
- stärker beschreibende Wörter finden
- die Satzstellung überprüfen
- überflüssige Wörter und Redewendungen streichen
- Satzanfänge und Überleitungen prüfen
- Zwischenüberschriften finden
- aktuelle Bezüge herstellen

INFO-BOX

Klimatisch bedingte Naturkatastrophen sind ein großes Problem in Indien. Während der Zeit des **Monsunregens** von Juni bis September kommt es oft zu Überschwemmungen, die ganze Landstriche wegspülen. Andererseits können auch Dürren das Land verheeren und Hunderte von Menschen das Leben kosten, wenn der Monsunregen zu schwach ausfällt. In der nordindischen Provinz **Bihar** kam es 2008 während der Zeit des Sommermonsuns zu den schlimmsten Überflutungen seit Jahren. Mehr als 1,2 Millionen Menschen wurden dadurch obdachlos, 250.000 Häuser zerstört und Verbindungsstraßen blockiert. Hunderte Menschen starben. Wegen der großen Regenmassen war der größte Fluss der Region, „Kosi", über die Ufer getreten und hatte die Deiche durchbrochen.

▶ WB S. 26, Ex 3–5

SKILLS

S. 44

SPRECHABSICHT Zwischen zwei Gesprächspartnern vermitteln/dolmetschen: *Tobias says that he loves the food in India.*
MEDIEN L: Leerfolie, Folienstift, Tageslichtprojektor; CD 1, Nr. 55, 56, CD-Spieler

SPEAKING – Interpreting: In India

Einstieg

Zur Reaktivierung bereits bekannter Redemittel fragen Sie, was man sagen könnte, wenn man in einer Reise- oder Urlaubssituation gerade jemanden kennengelernt hat und mehr von dieser Person erfahren will. *(Imagine you are on holiday. You meet someone from another country. What can you ask him or her?)* Sammeln Sie die Vorschläge der S, halten Sie diese auf Folie fest und ergänzen Sie evtl. auch noch weitere Fragen. Die Folie (vgl. Abb. unten) wird dann zur Weiterarbeit nach Bearbeitung der Aufgaben im SB wieder herangezogen.

> Where / Which country are you from?
> Where do you live?
> How long have you been / are you going to stay here?
> What's your job?
> What sights have you visited so far?
> What are your plans for the next days?
> What do you like most here? What don't you like?

Die S entwickeln nun in Partnerarbeit kurze Dialoge zu einem fiktiven Treffen in einer Urlaubssituation, z. B. ein Gespräch zwischen zwei ausländischen Touristen in einem Hotel oder am Bahnhof. Dazu greifen sie auf die Redemittel der Folie zurück und denken sich passende Antworten bzw. weitere Fragen aus. Anschließend üben die Tandems die Dialoge ein und spielen sie in der Klasse vor.

L *You're a tourist in Berlin/Munich/London/Mallorca/ ... At the hotel/station, you talk to a tourist from another country. Work with a partner and write a short dialogue. Then practise and act the dialogue together. Later you will act the dialogue in class.*

Leiten Sie anschließend zu SB-S. 44 über und stellen Sie kurz die beiden Reisenden bzw. die Ausgangslage vor, die die S dort vorfinden.

L *Imagine you're travelling in India by train as a tourist. On the train you meet two people, Tobias from Germany and Govind who is Indian. They can't understand each other because Tobias only speaks German and Govind only speaks English. Learn more about this situation in your books on page 44.*

1 Work with two partners.
a) Read the sentences below and agree together how ...

Die S lesen vor der Bearbeitung der Aufgabe den Tipp zunächst laut vor, der weitere Hilfestellung beim Übersetzen gibt. Besonderes Augenmerk sollten die S dabei auf die Verwendung des Pronomenwechsels legen, der auch in der Prüfung anzuwenden ist. Es empfiehlt sich, vorbereitend einige Beispielsätze dazu an die Tafel zu schreiben und mündlich übersetzen zu lassen.
Beispiele:

> – Peter: „Ich hoffe, dass ich ihn bald sehen kann."
>   Peter says he hopes that he can see him soon.
> – Julie: „Für mich ist das kein Problem."
>   Julie says that this is no problem for her.
> – Ben: "When can I go home?"
>   Ben will wissen / fragt, wann er nach Hause gehen kann.

Lassen Sie zum dritten Tipp im SB noch weitere Redemittel zusammentragen, die bei den folgenden Gruppenarbeiten von Nutzen sein können.
Beispiele:
- *Pardon, can you say that again, please?*
- *Can you speak louder / more slowly, please?*
- *Sorry, I don't know. Can you help me, please?*

Anschließend bearbeiten die S die Aufgabe in Dreiergruppen, wobei sie zunächst schriftlich in Einzelarbeit mögliche Lösungen notieren und diese anschließend in der Gruppe austauschen bzw. diskutieren. Weisen Sie vorab noch einmal darauf hin, dass es dabei nicht nur eine Lösung geben muss, sondern mehrere Varianten infrage kommen können. Denkbar ist auch, das Gespräch kurz nachspielen zu lassen, indem die S die Rollen der drei Gesprächspartner einnehmen.
Lösungsbeispiel:
Govind sagt, dass *er froh ist dich zu treffen*.
And Tobias says *that he is happy to visit India*.
Er fragt, was *dir in Indien besonders gefällt*.
Tobias says that *he loves the food here*.

b) Now listen and check your answers.
Nachfolgend hören sich die S die Musterlösung an und notieren sich mögliche Abweichungen. Da es stets mehrere Übersetzungsmöglichkeiten gibt, werden im Anschluss die Lösungen der S vorgelesen, überprüft und gegebenenfalls verbessert oder um weitere Varianten ergänzt.

Tapescript
GOVIND	I'm glad to meet you, Tobias.
STUDENT	Also Govind sagt, dass er sich freut, dich kennenzulernen.
TOBIAS	Und ich freue mich, dass ich nach Indien gekommen bin.
STUDENT	And Tobias says he is very happy that he came to India.
GOVIND	Tell me, what do you like especially in India?
STUDENT	Er fragt, was du in Indien besonders magst.
TOBIAS	Ich liebe das Essen hier.
STUDENT	Tobias says that he loves the food in India.

DIDAKTISCH-METHODISCHER HINWEIS

Die *Interpreting*-Aufgaben werden von den S in Dreiergruppen bearbeitet: Je nach Teilaufgabe nimmt in wechselnder Reihenfolge immer ein/e S den englisch- bzw. deutschsprachigen Part ein oder fungiert als Dolmetscher/in. Die Dialogvorgaben für die englisch- bzw. deutschsprachigen Partner befinden sich weiter hinten im SB auf den sogenannten *Partner Pages* (SB-S. 88–91). Der/die Dolmetscher/in schaut beim Übersetzen nicht in das SB. Achten Sie bei der Organisation der Gruppen auch darauf, dass S unterschiedlicher Leistungsniveaus zusammenarbeiten.
Für die Durchführung der Aufgabe können Sie den S folgende Tipps geben:
– Verwende kurze, einfache Sätze.
– Du musst nicht Wort für Wort übersetzen; es kommt darauf an, dass du sinngemäß übersetzt.
– Unbekannte Wörter kannst du umschreiben oder durch ähnliche Wörter ersetzen.
– Hast du große Übersetzungsprobleme mit einem Satz, der für den Gesprächsverlauf unbedeutend ist, kannst du ihn weglassen.
– Manchmal hilft auch der Einsatz von Körpersprache und Gesten.
– Anfangswörter wie „und", „also" und „na" können oft weggelassen werden.

2 Work again with two partners.
Die S sollen nun, wie bereits in *Exercise 1*, in Dreiergruppen arbeiten, wobei sie je nach Teilaufgabe unterschiedliche Rollen einnehmen; insgesamt werden drei verschiedene Teile eines Dialogs bearbeitet. Geben Sie vorab ggf. weitere hilfreiche Hinweise zum Übersetzen und weisen Sie noch einmal darauf hin, dass zwei der S ihren Part von den *Partner Pages* ablesen, während der/die Dolmetscher/in nicht ins Buch schauen soll (vgl. did.-method. Hinweis oben).

L *Work in groups of three, please. Two of you read the dialogue on page 88 and one of you interprets. If you're the interpreter, listen to your partners and don't look at the book.*

Lösungen:
a) Partner B and C: ...

GOVIND	And what do you think of our weather in India?
STUDENT	*Govind möchte wissen, wie du das indische Wetter findest.*
TOBIAS	*Ach, ich liebe das Wetter, weil es hier viel heißer und sonniger ist als in Deutschland.*
STUDENT	Tobias says that he loves the weather because it's much hotter and sunnier here than in Germany.
GOVIND	Are there things which you don't like so much in India?
STUDENT	*Govind fragt, ob es Sachen gibt, die du in Indien nicht so magst.*
TOBIAS	*Mit dem Zug fahren ist unbequem, weil die Züge oft zu voll sind.*
STUDENT	Tobias says that travelling by train is uncomfortable because the trains are often too full.

b) Now change roles. ...

GOVIND	If you think the trains are full, you should see the buses – they're even fuller!
STUDENT	*Govind sagt, wenn du denkst, die Züge seien voll, solltest du mal die Busse anschauen – sie sind noch voller.*
TOBIAS	*Aber beim Reisen kommt man leicht mit anderen Menschen ins Gespräch.*
STUDENT	Tobias says that it's easy to start talking with other people when you travel.
GOVIND	Do you think Indians are friendly?
STUDENT	*Govind fragt, ob du denkst, dass die Inder freundlich sind.*
TOBIAS	*Auf jeden Fall. Die Inder, die ich kennengelernt habe, sind fast alle sehr freundlich.*
STUDENT	Tobias says yes – almost all the Indians he has met are very friendly.

c) Change roles again. ...

GOVIND	What in your opinion is the biggest difference between India and Germany?
STUDENT	*Govind fragt, was deiner Meinung nach der größte Unterschied zwischen Indien und Deutschland ist.*
TOBIAS	*Hier gibt es so viele Menschen – nicht nur in den Städten, auch auf dem Lande.*
STUDENT	Tobias says that there are so many people here – in towns and in the country.
GOVIND	Do you like that?
STUDENT	*Govind fragt, ob du das magst.*
TOBIAS	*Ja und nein. Manchmal ist es toll, manchmal ist es mir zu viel.*
STUDENT	Tobias says yes and no. Sometimes it's great, sometimes it's too much for him.

d) Now listen to Govind and Tobias's full dialogue ...

Die S hören eine mögliche Variante des Dialogs von der Hör-CD und überprüfen so ihre eigenen Aussagen. Fordern Sie die S auf, beim Hören vor allem auf Stellen zu achten, die ihnen beim Übersetzen Schwierigkeiten bereitet haben, und sich dabei auch Notizen zu machen. Anschließend werden diese Stellen noch einmal im Plenum besprochen.

Tapescript:
Entspricht den Lösungen der Teilaufgaben 1 b) sowie 2 a), b) und c).

Festigung

Zur Weiterarbeit oder als weitere Differenzierungsmöglichkeit können Sie noch einmal auf die eingangs erarbeitete Folie zurückkommen. Die S benutzen die dort notierten Impulse nun, um in Einzelarbeit oder zusammen mit einem/einer Partner/in einen Dialog zu entwerfen, der dann von einer anderen Gruppe analog zum Vorgehen im SB durchgeführt wird. Hierbei ist es durchaus denkbar, dass die Entwürfe Sätze oder Teile der Dialoge aus dem SB enthalten, die dann ergänzt werden. Natürlich können die S auch ganz andere Dialoge entwerfen.

HINWEIS ZUR M10-PRÜFUNG

Interpreting ist ein wichtiges Element der mündlichen Abschlussprüfungen. Es geht dabei nicht um eine wortgetreue Übersetzung, sondern vielmehr um eine sinngetreue Wiedergabe des Gesagten. Am Anfang des Lernprozesses ist sicher eine hohe Fehlertoleranz gefragt. Dies bedeutet, dass Fehler hinnehmbar sind, solange die korrekte Botschaft ankommt. Inwieweit Sie diese Fehlertoleranz auch in der Prüfung zulassen, sollte im Prüferteam besprochen werden.

S. 45

SPRECHABSICHT	Einen Vortrag halten: *I'm going to talk about the geography in India.*
MEDIEN	L: vorb. Folie, Folienstift, Tageslichtprojektor; Internet; Kopien von Vorlage 21 (oben) in Klassenstärke auf Karton; Kopien von Vorlage 21 (unten) in halber Klassenstärke auf Karton

SPEAKING – A topic-based talk about India

HINWEIS ZUR M10-PRÜFUNG

Auf dieser Seite wird ein Bestandteil der mündlichen Prüfung, *topic-based talk*, kleinschrittig vorbereitet und geübt. Weitere Hinweise dazu finden Sie auf HRU-S. 78.

1 Before you talk

a) First choose one of the three topics below for your talk.
Schreiben Sie die drei möglichen Themen des Vortrags *(The geography of India, Work and industry in India, Bollywood)* an die Tafel. Überlegen Sie gemeinsam mündlich, was man zu den einzelnen Themen schreiben könnte *(What do you already know about these topics? What information could be important?)*.
Dies kann auch in Form eines Brainstormings erfolgen, das dabei helfen soll, das Vorwissen der S zu reaktivieren und zu rekapitulieren, was sie bereits über diese Themen erfahren haben. Das Brainstorming kann entweder innerhalb der Klasse im Unterrichtsgespräch oder auch in Gruppenarbeit erfolgen. Die so zusammengetragenen Impulse dienen als Hilfestellung bei der weiteren Erarbeitung des Vortrags. Danach entscheiden sich die S für ein Thema.

b) Then find information about your topic. ...
Für das weitere Vorgehen in den Teilaufgaben b) und c) vgl. Teilaufgabe c).

c) Prepare your talk. ...
Damit die S bei der weiteren Informationsbeschaffung zielgerichteter vorgehen können, bietet es sich an, zunächst vier relevante Unterpunkte zu jedem Thema zu erarbeiten. Diese dienen dann auch später bei der Gliederung und Ausgestaltung des Vortrags als Grundgerüst. Präsentieren Sie dazu die bereits im SB genannten drei Themen mit den jeweiligen Unterpunkten auf einer vorbereiteten Folie. Fordern Sie die S auf, sich mögliche weitere Gliederungspunkte zu jedem der drei Themen auszudenken und diese zu benennen.

L *You're going to give a talk about one of the topics. Each topic can be divided into three or four parts. Let's find some more examples for these parts together.*
S *famous Bollywood stars / what's typical for a Bollywood film / ...*

The geography of India	Work and industry in India	Bollywood
1 Big rivers, big mountains	1 Modern industries	1 How it began
2 The monsoon winds	2 Child labour	2
3 Big cities, small villages	3	3
4	4	4

Ergänzen Sie die Vorschläge der S auf der Folie. Da es sich bei den Unterpunkten im SB nur um Beispiele handelt, können Sie auch noch mehr Vorschläge der S aufnehmen. Anschließend werden die Gliederungen ins Heft übertragen.

Die S sollen daraufhin ihr Thema auswählen und als Hausaufgabe oder im Unterricht möglichst viele Informationen dazu zusammentragen. Notieren Sie die relevanten SB-Seiten sowie die genannte Internetadresse samt Code an der Tafel oder lassen Sie die S die entsprechende Stelle im SB nachlesen. Fordern Sie die S auf, Beispiele zu den Gliederungspunkten zu finden, stichwortartig zu notieren und abschließend ihre eigene Meinung zum Thema zu äußern.

L *Now choose your topic and find information about it. You can look in your books on pages 40–43, 46 and 47. You can also use (library) books or find information on the Internet. (Adresse notieren.) Make short notes and find examples for each of the four parts of your topic. After that, think about your opinion on the topic and make notes too.*

Bevor der *talk* durchgeführt wird, können Sie in einem Zwischenschritt gemeinsam in der Klasse die Ergebnisse der Informationssuche bzw. die von den S notierten Stichworte und Beispiele besprechen. Dies gibt lernlangsameren S die Möglichkeit, weitere interessante Punkte zu ergänzen oder unwichtige Dinge wegzulassen.

2 When you're ready for your talk

Nutzen Sie zur Durchführung des *topic-based talk* Vorlage 21, auf der die drei *topic cards* von SB-S. 45 sowie die dazugehörigen weiterführenden Fragen von SB-S. 89 zu finden sind. Zerschneiden Sie die kopierte Vorlage und kopieren Sie den oberen Teil mit den *topic cards* vorbereitend in Klassenstärke auf Karton; von den weiterführenden Fragen auf dem unteren Teil der Vorlage werden Kopien in halber Klassenstärke auf Karton benötigt.

a) First look at the card for your topic.

Verteilen Sie die *topic cards* an die S und geben Sie ihnen genug Zeit, ihre Karte auszuwählen und das Zitat sowie die zugehörigen Fragen durchzulesen. Die S überlegen kurz, was sie sagen wollen, und überfliegen dazu ihre Aufzeichnungen. Gegebenenfalls können Sie auch noch einmal den Tipp auf SB-S. 29 lesen lassen oder dessen Inhalt gemeinsam rekapitulieren, damit die S über den ungefähren Ablauf bzw. Zeitrahmen Bescheid wissen *(Look at the card for your topic and think about what you can say. The tips on page 29 can help you.)*.

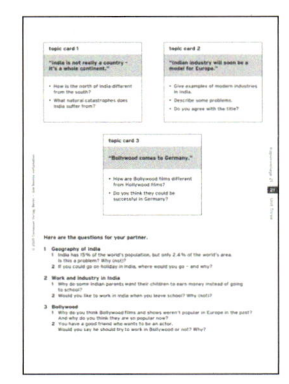

Kopiervorlage 21

b) Now work with a partner. ...

Für das weitere Vorgehen in den Teilaufgaben b) und c) vgl. Teilaufgabe c).

c) Change roles. ...

Teilen Sie die S in Zweiergruppen ein. Bestimmen Sie, wer zuerst sprechen wird, und verteilen Sie an die/den andere/n S die Karten mit den weiterführenden Fragen. Klären Sie die S über den weiteren Ablauf auf und lesen Sie den Tipp auf SB-S. 45 unten vor bzw. lassen Sie die S den Tipp lesen.
Jeweils die Hälfte der S soll nun für drei oder vier Minuten mithilfe der Gliederungspunkte und Notizen einen Kurzvortrag halten und dabei die Fragen ihrer *topic card* möglichst ausführlich beantworten. Danach werden den S von ihrem/ihrer Partner/in Fragen gestellt, sodass sich ein Gespräch zum jeweiligen Thema entwickelt. Die S sollen dabei auch nicht vergessen, ihre eigene Meinung darzulegen und zu begründen.

L *Work in pairs. One of you is giving a talk and the other is listening to the talk. You have ... minutes.*
Those of you who are giving the talk: Use your notes, tell your partner what you know about the topic and answer the questions on your topic card. Make sure to give your opinion on the topic as well.
Those of you who are listening: Listen to what your partner says and make sure he or she answers all the questions on his or her topic card. Then use the other card and ask your partner more questions on his or her topic.

Nachdem der/die erste Partner/in den Vortrag gehalten hat, kann der/die andere Tandempartner/in ein kurzes Feedback geben und mitteilen, wie man den Vortrag noch ergänzen oder verbessern könnte *(Tell your partner what he or she could add or change about the talk to make it better.)*. Danach werden die Rollen getauscht *(Now change roles.)*. Die adaptierten Vorträge werden anschließend auch in der Klasse gehalten.
Lösungen:
individuelle Lösungen

Erweiterung

Im Anschluss an die gehaltenen Vorträge bietet es sich an, sie als Hausarbeit in ganzen Sätzen ausarbeiten zu lassen. Auf diese Weise tragen die S zu diesem Thema (sowie zu weiteren folgenden Übungsthemen) eine Datensammlung zusammen, anhand derer sie später noch einmal alle wichtigen Informationen zu prüfungsrelevanten Themen wiederholen und lernen können.

Weiterführung

Der *topic-based talk* sollte im Laufe des Schuljahres mit vielen Themen immer wieder geübt werden. Erstellen Sie hierzu Karten mit Thesen und Fragen und verteilen Sie diese an die S.
Weitere Themenvorschläge für einen *topic-based talk*:
– *Indian wildlife and the Project Tiger*
– *Mahatma Gandhi*
– *India as a holiday destination*

S. 46–48

WORTSCHATZ	S.46: **matter to you** • **consider** • **middle class** • **event** • **pump** • **motor industry** • **result** • **maker** • **steel** • **businessman** • steel **plant** • **steel-making** • they **used to** be British
	S.47: **influence** • **entertainment** • **emotion** • **happy ending** • **extra terrestrial** • **trend** • **gold medal** • **Commonwealth Games** • **Formula One Grand Prix** • **no doubt** • **from now on** • **world sport** • **dominate** • **the other way round** • **salary**
	S.48: **spread**
MEDIEN	L: Folie von Vorlage 22, Tageslichtprojektor; Kopien von Vorlage 23 in Klassenstärke; Kopien von Vorlage 24 in Klassenstärke
	S: Wörterbücher

READING – A magazine article

Einstieg

Schreiben Sie die Überschrift des Lesetextes *(Why India matters – to you!)* an die Tafel. Fordern Sie die S auf, darüber nachzudenken, welche indischen Einflüsse man in Deutschland finden kann. Präsentieren Sie dazu auch unterstützend die Fotos von Vorlage 22 auf Folie. Die S beschreiben die Fotos näher und ziehen Rückschlüsse über die Bedeutung von indischen Einflüssen in Deutschland und für sie selbst.

L *What could this title mean? Is India important to you? What Indian things can you find in Germany?*
S antworten.
L *Now have a look at these photos.* (Fotos präsentieren.) *Please describe pictures 1 and 2. What do they have to do with Germany?*
S *There's a film roll and an Indian flag. That must be Bollywood. There are sometimes Bollywood movies on German TV. I can also see some kind of food – bread with rice and some sauces. I think it's Indian food / curry. There are many Indian restaurants in Germany now.*
L *Have you ever seen a Bollywood film or eaten Indian food? Did you like it? Why (not)?*
S antworten.
L *What about pictures 3 and 4? What could they be about?*
S *In picture 3 there's a car from motor sports. I think it's Formula 1. There's a small car in picture 4.*

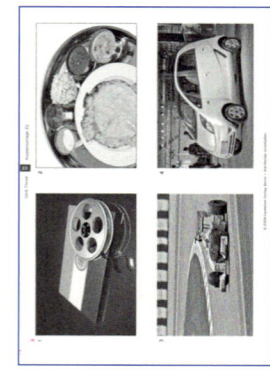

Kopiervorlage 22

L *There's an Indian Formula One team. Do you know its name? Have you seen it on TV? (Lösung: Force India Formula One team). What about the car in picture 4? What kind of car is it? Have you ever seen it here in the streets?*
S *vermuten.*
L *This car is from an Indian automobile company. It's called Nano. Would you like to drive this car in Germany?*
S *antworten.*

Einstieg Fordern Sie die S auf, den Text im SB in einem ersten Durchgang zu überfliegen und das Hauptthema von jedem Absatz zu finden sowie ein weiteres in diesem Zusammenhang wichtiges Wort zu benennen. Machen Sie eine konkrete Zeitvorgabe, z. B. zwei Minuten (s. did.-method. Hinweis unten).

L *Let's find out more about the Nano and why India could be important for us in Germany. Have a very quick look at each paragraph and find its main topic. Look for one other word you think is important for the topic too. You have two minutes to do this.*

Im Anschluss werden die Ergebnisse gesammelt und an der Tafel notiert.
Lösungsvorschläge:
paragraph 1: *population / industry*
paragraph 2: *steel / Mr Mittal*
paragraph 3: *cars / Tata*
paragraph 4: *Bollywood / German TV*
paragraph 5: *films / Hollywood*
paragraph 6: *sport / Formula One*
paragraph 7: *cricket / money*
paragraph 8: *football / football clubs*

DIDAKTISCH-METHODISCHER HINWEIS
Skimming ist in diesem Zusammenhang der erste Schritt in den Text hinein. Es ist ein „überfliegendes Lesen", das drei- bis viermal schneller als informationsentnehmendes Lesen abläuft und der Leserin / dem Leser eine ungefähre Vorstellung vom Textinhalt vermittelt.

1 Find a title for each paragraph 1–8.
Die S bearbeiten diese Aufgabe schriftlich in Einzelarbeit und ordnen die Überschriften den richtigen Abschnitten im SB-Text zu.
Lösungen:
paragraph 1: *E*   paragraph 5: *B*
paragraph 2: *H*   paragraph 6: *D*
paragraph 3: *G*   paragraph 7: *F*
paragraph 4: *C*   paragraph 8: *J*

2 Questions on the text: Answer in full sentences.
Die S lesen zunächst den Tipp durch und beantworten die Fragen schriftlich in Einzelarbeit. Dabei sollen Sie ausführlich antworten und (wenn möglich) mehrere Begründungen bzw. Beispiele finden.
Lösungsvorschläge:
1 *More than a billion people live in India. / India has a population of over a billion people.*
2 *Years ago the biggest steel-making companies were American, Japanese or German. Now the largest steel-making company in the world is Indian. The owner, Mr Lakshmi Mittal, has built steel plants all over the world. The world's sixth largest steel-making company, Tata steel, is Indian too.*
3 *The Nano is one of the world's cheapest cars. It costs only 1 540 euros.*
4 *A Hindi film is now often in the Top Ten of films in Britain. Indian films are now shown on German TV, and in 2008 an Indian company tried to buy a Hollywood studio.*
5 *British cricket players want to play in Indian clubs because they can earn more money there. 80% of all the money in world cricket comes from India.*

3 India's influence in the world
a) Translate the following two sentences into German.
Die Aufgabe wird mündlich im Unterrichtsgespräch bearbeitet.
Lösungsbeispiel:
1 *Du denkst also, dass Indien ein weit entferntes Land ist, das nichts mit dir zu tun hat?*
2 *Was schon im Cricket passiert ist, könnte in anderen Sportarten auch geschehen.*

b) Choose one topic (industry, films or sport) and then write ...
Die S erledigen die Aufgabe schriftlich in Einzelarbeit. Während sie im ersten Teil ein Thema auswählen und dabei inhaltlich auf den Text eingehen, legen sie in der zweiten Teilaufgabe noch einmal eigene Erfahrungen dar und benennen Beispiele. Dazu können die S an die zu Beginn der Stunde geführten Gespräche anknüpfen. Um ihnen die Bearbeitung von Punkt 2 zu erleichtern, erarbeiten Sie mit den S vorab hilfreiche Redemittel zur Schilderung eigener Erfahrungen, z. B. *In my experience/opinion .... / For example, ... / I think that ... / It seems to me that ...* Abschließend bewerten sie die Kernaussage des Textes und begründen ihre Entscheidung.
Lösungsvorschlag:
1 industry: *Mr Mittal, an Indian businessman, owns the world's biggest steel company. He's the fourth richest person in the world. Tata, India's second biggest company, now sells Jaguar cars and Land Rovers. Tata plans to sell the world's cheapest car, the Nano. India's film industry is really big now and an Indian company even tried to buy a Hollywood studio.*
films: *Bollywood films have become very successful outside Asia. A Hindi film is now often in the Top Ten of films in Britain, and more and more people in Germany like to watch Bollywood films on TV. An Indian company even tried to buy a Hollywood studio.*
sport: *India dominates cricket – even British players want to go to India because they can earn more money there. An Indian businessman owns part of a British football club. India also takes part in the Commonwealth Games and in the Formula One Grand Prix races.*
2 individuelle Lösungen

4 Explain the six verbs in complete sentences. ...
Die S sollen zunächst den Tipp beachten, der weitere Hilfestellung zur Bearbeitung der Aufgabe gibt. Danach arbeiten sie zuerst in Einzelarbeit und benutzen das Wörterbuch; in einem zweiten Schritt vergleichen sie ihre Lösungen mit denen der Nachbarin / des Nachbarn und überarbeiten gegebenenfalls ihre Erklärungen, bevor sie sie in der Klasse vorlesen.
Lösungsvorschläge:
1 *When you believe something, you think it's true.*
2 *When you consider something, you think a lot about it.*
3 *When you found something, you start a business or an organisation.*
4 *When something grows, it gets bigger.*
5 *When you dominate something, you have a lot of influence on it.*
6 *When you own something, it's yours / it belongs to you.*

Erweiterung

Zur Vertiefung suchen sich die S aus dem Text weitere Wörter heraus, mit denen sie ähnlich verfahren. Dabei können auch S-Gruppen gegeneinander antreten. Die Gruppe, die zuerst alle Lösungen findet, hat gewonnen.

Wortschatzarbeit

Mit der Übung auf Vorlage 23 wird die neue Lexik des Lesetextes gefestigt. Kopieren Sie dazu die Vorlage in Klassenstärke auf Arbeitsblätter und lassen Sie die Aufgabe in Partnerarbeit lösen. Die Ergebnisse werden anschließend in der Klasse besprochen.
Lösungen:
1 *gold medal*
2 *steel plants*
3 *happy ending*
4 *world sport*
5 *middle class*
6 *social event*
7 *Commonwealth Games*
8 *motor industry*
9 *family entertainment*
10 *Formula One Grand Prix*

Kopiervorlage 23

Transfer

5 And you? ...

Die S betrachten vorab das Foto auf SB-S. 47, das ein Filmposter zu einem in Deutschland bekannten Bollywoodfilm zeigt (vgl. dazu auch die Info-Box auf HRU-S. 124). Dann überfliegen sie noch einmal die angegebenen Textstellen. Zur Bearbeitung der Aufgabe überlegen die S zunächst kurz und notieren dann ihre Antwort (ggf. auch stichwortartig). Anschließend werden einige S aufgefordert, im Unterrichtsgespräch ihre Meinung darzulegen.

Lösungsbeispiel:
I have seen Bollywood films and I don't like them. There are too many colours in an Indian film and the people in the film sing too much. I'm not a big fan of the dancing scenes either, they make the films really long. The happy endings in these films are OK, but I hate all the emotion. I prefer American and European films.

Erweiterung

In lernstarken Gruppen können die S Fragen zu den Aussagen ihrer Mitschüler stellen, die im Anschluss beantwortet werden sollen.

Mögliche Fragen:
What was the name of the film that you saw?
What kind of films do you like?
Is there a film star that you like a lot?

Interpreting

Vorlage 24 bietet eine Übung zum *Interpreting* an. Verteilen Sie die Vorlage in Klassenstärke und führen Sie kurz in die Ausgangssituation ein: Auf einer Busfahrt begegnen sich Julia und Anand, ein junger Inder. Da Julia nur schlecht Englisch und Anand kein Deutsch spricht, benötigen sie einen Dolmetscher – diese Rolle sollen die S einnehmen. Zur weiteren Vorgehensweise beim *Interpreting* vgl. HRU-S. 118.

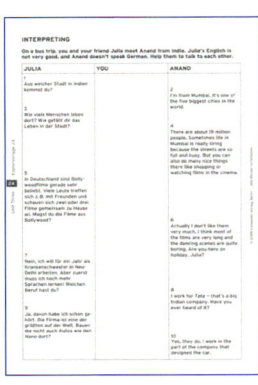

Kopiervorlage 24

Lösungsbeispiele:
1 *She wants to know which city in India you come from.*
2 Er sagt, dass er aus Mumbai kommt. Das ist eine der fünf größten Städte der Welt.
3 *She wants to know how many people live there. How do you like living in the city?*
4 Er sagt, dass es dort etwa 19 Millionen Menschen gibt. Er findet das Leben in Mumbai manchmal wirklich anstrengend, weil die Straßen so voll und belebt sind. Aber man kann dort auch viele schöne Dinge unternehmen, wie Einkaufen oder Filme im Kino anschauen.
5 *She says that Bollywood films are very popular in Germany at the moment. For example, many people meet with friends and watch two or three movies together at home. She asks if you like Bollywood movies.*
6 Er mag Filme aus Bollywood eigentlich nicht. Er findet, dass die meisten Filme sehr lang sind und dass die Tanzszenen ziemlich langweilig sind. Er will wissen, ob du hier im Urlaub bist.
7 *She says that she wants to work as a nurse in New Delhi for a year. But before she has to learn more languages. She wants to know what kind of job you have.*
8 Er arbeitet für Tata, eine große indische Firma. Er möchte wissen, ob du schon einmal davon gehört hast.
9 *She has heard of it. It's one of the biggest companies in the world, isn't it? Don't they build cars like the Nano?*
10 Er sagt, das stimmt. Er arbeitet in dem Teil des Unternehmens, das das Design des Autos entwickelt hat.

INFO-BOX

Tata ist ein aus fast 100 verschiedenen Unternehmen bestehender indischer Mischkonzern, dessen Sparten vor allem die Metall- und Rohstoffverarbeitung, Energie, Dienstleistungen und den Kommunikationssektor umfassen. *Tata* hat ca. 350.000 Beschäftigte und machte 2007 einen Umsatz von ca. 60 Milliarden Dollar. Die Gesellschaft hat Niederlassungen in 85 Ländern und gehört, weit über die Landesgrenzen Indiens hinaus, zu den größten Konzernen weltweit. Eines der Unternehmen aus dem Konzern, *Tata Motors*, vertreibt den viersitzigen indischen Kleinwagen *Nano*, der Ende 2009 auf den indischen Markt kommt und mit einem Preis von umgerechnet 1.440 Euro weit unter vergleichbaren Angeboten der Konkurrenz liegt. Als Synonym für Indiens Filmindustrie gilt das Wort **Bollywood**, eine Verballhornung der Worte Bombay (der frühere Name Mumbais) und Hollywood. In Bollywood werden jährlich ca. 250 Filme produziert. Ein typischer Bollywoodfilm dauert zwei bis vier Stunden und beinhaltet meist mehrere ausgedehnte Tanzszenen. Die Filme sind auf der gesamten Welt, vor allem jedoch in Asien und Afrika, weit verbreitet, sie finden jedoch auch in Deutschland immer mehr Anhänger. Einer der seit den 1990er Jahren erfolgreichsten indischen Schauspieler ist der 1965 geborene **Shar Rukh Khan**, der gleichzeitig auch die indische Ausgabe von „Wer wird Millionär" moderiert. Gemeinsam mit seiner Filmpartnerin Zayed Khan spielt er in dem Film **„Ich bin immer für dich da"** einen indischen Major, der neben romantischen Verwicklungen auch gegen einen Terroristen zu kämpfen hat. Viele der Actionszenen des Films erinnern an Stunts berühmter Hollywoodfilme.

▶ WB S. 27–29, Ex 6–9

S. 49

WORTSCHATZ	chicken tikka masala • menu • use • film director • origin
MEDIEN	L: CD 2, Nr. 10, 11, CD-Spieler; vorb. Folie des Rezeptvorschlags auf HRU-S. 126 und Kopien davon in Klassenstärke, Tageslichtprojektor; Zutaten, Mixer; DVD des Films *Bend it like Beckham*, DVD-Spieler/Laptop, TV-Gerät/Beamer
	S: Notizzettel

LISTENING – Indian Culture in Britain

Einstieg Fragen Sie die S zunächst nach ihrem Lieblingsgericht. Die S antworten und rufen sich gegenseitig auf.

L *What's your favourite dish? What do you like eating most? Answer and then ask another student.*
S1 *My favourite dish is ... What about you?*
S2 *I like eating ...*

Wortschatzarbeit An dieser Stelle können Sie noch einmal das Wortfeld *food and drink* reaktivieren. Geben Sie den S einige Minuten Zeit, so viele Nahrungsmittel und Getränke auf Notizzetteln zu notieren, wie ihnen einfallen. Nennen Sie als Hilfestellung auch vorab einige Kategorien. Anschließend werden die Ergebnisse der S an der Tafel zusammengetragen. Die S erklären, welche dieser Lebensmittel gesünder sind als andere, und legen ein *word web* zum Thema Essen und Trinken in ihrem Heft an.

L *Take a piece of paper. Write down as many words about food and drink as you can remember. You have two minutes. Think about vegetables, fruit, drinks, fast food, things on sandwiches or sweets.*
S *apples/bananas/broccoli/milk/lemonade/cheeseburgers/ ...*
L *Which food is healthy? What's really unhealthy?*
S *Fruit like apples and bananas is healthy. Cheeseburgers and cola are unhealthy. ...*
L *Now use these words and make a word web.*

1 **Indian food is very popular in Britain. ...**
a) Listen and match each food on the menu with a picture.

Leiten Sie zum SB über, indem Sie die S nach ihren Erfahrungen mit der indischen Küche bzw. indischem Essen befragen: *Have you ever been to an Indian restaurant? Did you like it?*

Lesen Sie danach gemeinsam den Aufgabentext von *Exercise 1* und beschreiben Sie das Gericht *chicken tikka masala* genauer (*It's chicken with curry and tomato sauce.*). Die S betrachten anschließend die Fotos der verschiedenen indischen Speisen bzw. Getränke im Buch und stellen Vermutungen an, worum es sich dabei handeln könnte.

L *Here you can see a menu with typical Indian food. Does anybody know some of these dishes?*
S antworten.
L *Let's try and guess what could be in them.*
S1 *There are vegetables in picture A.*
S2 *Picture F looks like there's meat in it.*
S3 *The drink in picture G could be a shake.*
usw.

Lesen Sie vor der Höraufgabe die Namen aller indischen Gerichte auf der Speisekarte noch einmal laut vor (vgl. *Pronunciation*-Kasten). Die S notieren die Namen auf Notizzettel. Spielen Sie anschließend den Text von der Hör-CD vor und fordern Sie die S auf, den Essensnamen das passende Foto zuzuordnen.

L *You're going to hear more about these different dishes. Please write down the names on the menu on a piece of paper. Then listen and match each food with a photo.*

Die S arbeiten in Einzelarbeit und notieren sich die Lösungen auf Notizzettel. Spielen Sie den Hörtext zweimal vor. Während die S im ersten Hördurchgang nur Vermutungen anstellen, kontrollieren und verbessern sie diese in der zweiten Runde.
Lösungen:
1 Dahi: *picture D*
2 Gosht: *picture H*
3 Kofta: *picture F*
4 Aloo: *picture E*
5 Sabzi: *picture A*
6 Mithai: *picture C*
7 Kulfi: *picture B*
8 Lassi: *picture G*

PRONUNCIATION

Die verschiedenen indischen Gerichte bzw. Getränke werden wie folgt ausgesprochen: *chicken tikka masala* [tʃɪkɪn tɪkə məˈsɑːlə], *dahi* [deɪ], *gosht* [gɒʃt], *kofta* [ˈkɒftə], *aloo* [ˈɑːluː], *sabzi* [ˈsʌbzi], *mithai* [ˈmɪtaɪ], *kulfi* [ˈkʊlfi], *lassi* [ˈlæsiː].

b) Now listen again and take notes ...

Lesen Sie vorab gemeinsam die Anleitung bzw. die genannten Wörter in diesem Aufgabenteil. Präsentieren Sie den Hörtext ein drittes Mal und lassen Sie die S während des Hörens mögliche Antworten notieren, die sie in einem weiteren Durchgang überprüfen.
Lösungen:
1 *to make Indian sauces less hot / with ice and water to make a drink, lassi*
2 *for making pancakes*
3 *in desserts*

Tapescript

TEENAGER	I'm very sorry but I don't understand the words on this menu. Can you help me, please?
WAITER	Of course. No problem.
TEENAGER	The first word is *dahi*. What's that?
WAITER	*Dahi* is yogurt and is part of most Indian meals. If you find Indian sauces too hot, just mix *dahi* into them and they will be less hot.
TEENAGER	Thank you. And *gosht*? What is *gosht*?
WAITER	Well, *gosht* is meat, usually lamb, but it can be pork. But not beef, because cows are holy in the Hindu religion and killing them is a crime. Oh, and the next word, *kofta*, can also be meat, but with *kofta* the meat is rolled into balls before it is cooked. *Kofta* can also be made with vegetables instead of meat.

TEENAGER	Yes, I know the word *kofta* from Turkish food ... And what's *aloo*?
WAITER	*Aloo* are potatoes. We sometimes use potatoes for making pancakes. They're easy to make, and taste really good.
TEENAGER	It all sounds good!
WAITER	Now the next word, *sabzi*, is a meal made from vegetables. We have different vegetables in different parts of the country, of course. Some vegetables, like carrots for example, are sometimes used in desserts – while some fruits, like bananas and mangoes, are sometimes eaten with meat in dishes which aren't sweet.
TEENAGER	And are *mithai* desserts?
WAITER	Yes, that's right. *Mithai* are desserts, and are often very sweet. Many of our desserts are made from milk ... And *kulfi* is ice cream. It is heavier than European ice cream, and it melts much more slowly.
TEENAGER	The last food is *lassi* ...
WAITER	Well, *lassi* isn't a food, actually. It's a drink. It's made from *dahi* ... sorry, yogurt ... mixed with ice and water. It can be a sweet drink with fruit in it, but it isn't always sweet.
TEENAGER	It all sounds so good. I don't know where to start!

Erweiterung Präsentieren Sie ein Rezept für Mango Lassi auf Folie und stellen Sie es gemeinsam mit mitgebrachten Zutaten in der Klasse her. Statt einer reifen Mango lässt sich auch Mangopulp aus der Dose verwenden, das im Asia-Laden zu kaufen ist. Verteilen Sie auch Kopien des Rezepts an die S.

Recipe Suggestion (for 4 portions)

250 g plain natural yoghurt	4 teaspoons sugar
130 ml milk	1 teaspoon lemon juice
200 g mango(es)	lemon balm leaves
(or 130g mango pulp)	mineral water

Peel and cube the mango. Mix all the ingredients in a blender until smooth.
Add lemon juice to taste and garnish with lemon balm leaves.
Should the consistency be too thick, add some mineral water.
Serve chilled. If kept in the fridge, it will keep for up to 24 hours.

---

2 Gurinder Chadha is a British film director ...

Fragen Sie die S vorab, ob sie den im SB vorgestellten Film schon einmal gesehen haben: *Have you ever watched the film 'Bend it like Beckham'? Did you like it?* Lesen Sie die gesamte Aufgabe gemeinsam. Anschließend hören die S das Interview von der Hör-CD und bearbeiten die Übung in Einzelarbeit, indem sie während des Hörens die richtige Antwortoption auf Notizzettel notieren.

Lösungen:

1 c)   **2** a)   **3** c)   **4** b)   **5** c)

Tapescript

INTERVIEWER	Hi, Paul, and thank you for coming on the programme this morning.
PAUL	I'm pleased to be here, thank you.
INTERVIEWER	Paul, you've come to talk about Gurinder Chadha today. You've known her for quite a long time, since she began making documentaries for the BBC in the 1980s.
PAUL	Yes, I worked with her till she moved into film production in 1993.
INTERVIEWER	Gurinder is often called a British film director of Indian origin. Was she born in India or in Britain?
PAUL	Neither in Britain nor in India. She was born in Africa, in Kenya actually.
INTERVIEWER	In Kenya? What was her family doing in Africa?
PAUL	There were thousands of Asian people in East Africa in those days. The British had brought Asian people to work in shops and small businesses when Kenya was still a British colony.
INTERVIEWER	And at what age did she come to Britain?

PAUL	She was only two years old when her parents went to Southall, which is a suburb in the west of London. It wasn't easy for her parents in those days because there weren't many Asians in Britain then. Her father had different jobs – once he was a postman – before he saved enough money to buy his own shop.
INTERVIEWER	Was her home an Indian home?
PAUL	Her parents wanted it to be. They wanted her to learn Indian dance routines and how to cook Indian food. But she didn't want to grow up Indian. She was living in Britain, not in India. And soon she was fascinated with the lives of Indians who live in Britain. Their problems, what they feel, who they are …
INTERVIEWER	One of her first films was called *I'm English, but* …
PAUL	Yes, that says it all, doesn't it?
INTERVIEWER	Has she ever worked for Bollywood?
PAUL	Well, she once started work on a Bollywood film. But it didn't lead to anything.
INTERVIEWER	Her most famous film is probably *Bend it like Beckham*. Tell us about it.
PAUL	Well, it's about Jess Bhamra, who's 19, and Indian, and lives with her family in London. Jess wants to play football and practises in a park. But her parents don't know about it, of course. Football! For a girl! Can you imagine? Then Jess meets a professional footballer, and her double life begins … The film was very successful in Britain and in the USA – and in India too, I'm happy to say.
INTERVIEWER	Is she married to an Indian?
PAUL	No, she's not. Her husband is half Japanese and half American, but that's another story.

Weiterführung Präsentieren Sie einen Filmausschnitt aus dem 2002 gedrehten Film *Bend it like Beckham*. Die S sollen anschließend kurz erklären, ob und warum ihnen der Film(ausschnitt) gefallen hat: *I liked / didn't like the film because … / It looks like an interesting/boring/ … film because …*

INFO-BOX

Chicken tikka masala ist ein Currygericht aus gegrillten marinierten Hähnchenfleischstücken in einer würzigen Tomatensoße. Das in Indien unbekannte Gericht (dort kennt man nur *chicken tikka* ohne Soße) entstand in Großbritannien und wird seit den 1960er Jahren häufig in indischen Restaurants in Europa angeboten. Als **Dahi** wird in Indien der Naturjoghurt bezeichnet. Bei dem Gericht **Gosht** handelt es sich um Lammcurry. Es ist ein scharfes indisches Schmorgericht mit vielen Zwiebeln und typischen indischen Gewürzen. Hinzu kommt frischer Spinat, der mitgeschmort wird. Als Beilagen gibt es oft würzigen Reis und Minzjoghurt mit Gurke. **Kofta** (von türkisch *köfte*) sind kräftig gewürzte Hackfleischbällchen mit Rind- oder Lammfleisch. Bei **Aloo** handelt es sich um Kartoffeln; sie sind Bestandteil vieler indischer Gerichte. Unter **Sabzi** versteht man ein in verschiedensten Variationen zubereitetes, fleischloses Gemüsegericht, in dem viele Gewürze verwendet werden. Bei **Mithai** handelt es sich um Süßigkeiten, die aus Zucker, Milch sowie Kondensmilch bestehen und meist fritiert werden. **Kulfi** ist eine indische Eiscreme, die aus Milch zubereitet wird. **Lassi** ist die Bezeichnung für ein indisches Joghurtgetränk. Man trinkt Lassi gern zu scharfen Speisen, da es die Schärfe des Essens mildert. **Gurinder Chadha** wurde 1960 in Kenia geboren. 1961 siedelte sich die Familie in West-London an. Chadha war zunächst als Reporterin für die BBC tätig und gewann zahlreiche Preise für ihre Dokumentationen. 1990 gründete sie ihre eigene Filmproduktionsgesellschaft, wobei sie dem Genre „Dokumentationen" bis 2002 stets treu blieb. In diesem Jahr wurde der erste kommerzielle Film, ***Bend it like Beckham***, gedreht. Er handelt von einem jungen indischstämmigen Mädchen in Großbritannien, Jess, deren Hobby Fußballspielen ist. Das gefällt ihren Eltern nicht sehr, die darauf hoffen, dass ihre Tochter im akademischen Bereich brilliert und indische Traditionen pflegt. Jess schließt sich dennoch einer Frauenfußballmannschaft an, in deren Trainer sie sich verliebt. Die Protagonistin bekommt sogar ein Angebot für ein Fußball-Stipendium in den USA, das sie schließlich, auch mit der Unterstützung ihrer Eltern, antreten kann.

▶ WB S. 30, Ex 10, 11

S. 50

| MEDIEN | L: vorb. Kopien des Textes auf SB-S. 50 in Klassenstärke; Kopien von Vorlage 25 in Klassenstärke |

MEDIATION – Information about Mohandas Gandhi

HINWEIS ZUR M10-PRÜFUNG
In dieser Aufgabe wird ein Bestandteil der schriftlichen Prüfung und ein neuer Aufgabentyp innerhalb des Bereichs *mediation* vorbereitet und geübt, bei dem es um sinngemäßes Übersetzen bzw. Zusammenfassen auf Deutsch geht.

1 Du hast im Internet diesen Text über Mohandas Gandhi gefunden …

Einstieg Bevor die S die Aufgabe inhaltlich bearbeiten, stellen Sie zunächst das Thema vor und aktivieren Sie das eventuell vorhandene Vorwissen der S.

L *Let's talk about an important man in India's history, Mohandas Gandhi. Do you know anything about him?*
S äußern Vermutungen.

Die S lesen daraufhin still den Text auf SB-S. 50. Stellen Sie ihnen zur Verständnissicherung einige kurze inhaltliche Fragen.

– *What was Gandhi called later?* (Mahatma, which means 'Great Soul')
– *What was Gandhi's policy against the British?* (non-violence)
– *What was Gandhi's plan for India?* (independence from Britain)

Lesen Sie anschließend gemeinsam die Tipps zum Übersetzen des Textes sowie die Aufgabenstellung durch. Die S lesen den Text erneut und können sich danach kurz mit dem Nachbarn über dessen Inhalt unterhalten. Die Weiterarbeit erfolgt alleine. Als Arbeitstechnik empfiehlt es sich, dass die S die zugehörige Textstelle zur jeweiligen Frage markieren. Verteilen Sie dazu Kopien des Textes als Arbeitsblatt in Klassenstärke an die S.
Lösungsbeispiele:

1 *Gandhi war eine/r der bedeutendsten Führer/Führungspersönlichkeiten des 20. Jahrhunderts, weil er Indien in die Unabhängigkeit führte und spätere Persönlichkeiten wie Martin Luther King und Nelson Mandela inspirierte.*
2 *Nach 1915 kämpften viele Inder um die Unabhängigkeit des Landes. Die Briten übten Gewalt aus, z. B. bei dem Massaker von Amritsar, bei dem 1.000 Inder starben. Viele Inder antworteten ebenfalls mit Gewalt. Gandhi dagegen war für die Gewaltlosigkeit. Er beharrte darauf, dass Gewaltlosigkeit gegenüber den Briten effektiver sei.*
3 *Alle Inder mussten eine Salzsteuer zahlen. Um dagegen zu protestieren, organisierte Gandhi 1930 den Salzmarsch ans Meer, wo die Menschen ihr eigenes Salz herstellten. Obwohl die Briten Gandhi ins Gefängnis steckten, bekam er viel Publicity / öffentliche Aufmerksamkeit dafür. Dies überzeugte viele Menschen, dass die Briten die Kontrolle über ihre Kolonie verloren.*
4 *Viele Muslime wollten ein eigenes unabhängiges Land. Deshalb entstanden mit der Unabhängigkeit 1947 zwei Länder aus der britischen Kolonie Indien: Pakistan (muslimisch) und Indien (mehrheitlich hinduistisch).*
5 *Nach der Unabhängigkeit gab es Kämpfe zwischen Hindus und Muslimen, bei denen Tausende getötet wurden. Gandhi ging 1948 in den Hungerstreik, bis die Kämpfe aufhörten.*
6 *Ein Hinduextremist erschoss Gandhi am 30. Januar 1948.*

DIDAKTISCH-METHODISCHER HINWEIS
Anders als beim wortwörtlichen Übersetzen wird beim **sinngemäßen Übersetzen** die Fähigkeit der Schüler getestet, den Inhalt eines (mitunter auch sehr komplexen) Textes zu verstehen und sinngemäß wiederzugeben. Dabei kommt es nicht darauf an, dass alle Details berücksichtigt werden, sondern dass die S die wichtigsten Punkte erkennen und im vorgegebenen Zeitrahmen zusammenfassen, ggf. auch mit eigenen Worten. Als Hilfestellung bietet es sich an, unterstützende Fragen auf Deutsch zu stellen oder Satzanfänge vorzugeben.

Mediation Nutzen Sie zur weiteren Übung und Festigung den Text und die Übungen von Vorlage 25 und kopieren Sie diese in Klassenstärke für die S. Die S sollen analog zur Übung auf SB-S. 50 den Text über Indien lesen und die dort gestellten Fragen auf Deutsch mit eigenen Worten beantworten.
Lösungsvorschlag:

1 *In Indiens drei größten Städten Mumbai, Delhi und Bangalore leben über 35 Millionen Menschen, in Kalkutta 19 Millionen. In den Städten gibt es viele unterschiedliche Menschen, Sprachen und Lebensstile.*
2 *Die Probleme in Indiens Städten sind Arbeitslosigkeit, Kriminalität, Überbevölkerung und Umweltverschmutzung. Die Städte wachsen immer noch weiter, weil viele Menschen dort hinziehen, um Arbeit zu finden.*
3 *Es gibt fünfzehn große Sprachen und über tausend Dialekte in Indien. Sanskrit wurde in früheren Zeiten benutzt, heute spricht kaum noch jemand diese Sprache. Viele Schüler müssen Sanskrit aber immer noch in der Schule lernen.*
4 *Hindi wird von den meisten Menschen in Indien gesprochen. Da man nach der Unabhängigkeit nach einer Sprache suchte, die überall im Land verstanden werden konnte, wählte man Hindi als Nationalsprache.*
5 *Die meisten Kinder lernen ihre Muttersprache in ihrer Region, weil sie stolz auf ihre eigene Sprache und ihre Kultur sind und sich damit identifizieren. Daneben lernen sie auch noch Hindi und als dritte Sprache Englisch.*
6 *Im Naturreservat Kaziranga sind die Rhinozerosse geschützt. Wenn sie alt sind und sich nicht mehr gegen stärkere und jüngere Rhinozerosse durchsetzen können, verlassen sie das Reservat und gehen an seine Grenzen. Dort werden sie von den Dorfbewohnern gepflegt. Die Tiere sind eine große Attraktion, weil die Touristen, die bisher keine Rhinozerosse sehen konnten, ein Foto von ihnen aus der Nähe machen können.*

Kopiervorlage 25

INFO-BOX

Mohandas Gandhi wurde am 2. Oktober 1869 in der kleinen Hafenstadt Porbandar in die Kaste der Kaufleute geboren, die Teil der gesellschaftlichen Oberschicht ist. Im wohlhabenden Elternhaus wurde er strikt nach den Regeln des Hinduismus erzogen, was auch seine spätere Maxime der Gewaltlosigkeit prägte. Gandhi studierte Jura in England und reiste 1893 nach Südafrika, wo er sich als Anwalt für die dortigen indischen Einwanderer einsetzte; so gründete er 1894 den *Natal Indian Congress* (NIC), der sich gegen die staatliche Diskriminierung der Menschen in Südafrika wandte. Gandhi kehrte 1914 nach Indien zurück. Er wurde 1920 Vorsitzender des *Indian National Congress* und begann die Kampagne der Nichtzusammenarbeit. Durch die konsequente gewaltlose Verweigerung jeglicher Kooperation mit dem britischen Kolonialregime wollte er die Unabhängigkeit Indiens erreichen. 1922 führte dieses Aufbegehren, nun in seiner Funktion als Vorsitzender des *Indian National Congress*, zu sechs Jahren Haft, er wurde jedoch wegen seines schlechten Gesundheitszustandes bereits vor Ablauf der Strafe entlassen. 1930 nahm er am sogenannten „Salzmarsch" teil, der sich gegen das Salzmonopol der britischen Regierung wandte und die Bevölkerung wiederum zum zivilen Ungehorsam aufforderte. 1947 erlangte die britische Kolonie ihre Unabhängigkeit und bildete die Nationalstaaten Indien und Pakistan. Gandhi, der durch einen Hungerstreik die Gewalt zwischen Muslimen und Hindus unterbinden konnte, wurde am 30.01.1948 in Delhi von einem fanatischen Hindu erschossen.

▶ WB S. 31, Ex 12

S. 51

MEDIEN L: Leerfolie, Folienstift, Tageslichtprojektor

WRITING – A keyword story

HINWEIS ZUR M10-PRÜFUNG

In dieser Aufgabe wird ein Bestandteil der schriftlichen Prüfung und ein neuer Aufgabentyp innerhalb des Bereichs *text production* vorbereitet und geübt, die *keyword story*. Hierbei handelt es sich um das zusammenhängende Schreiben einer Geschichte anhand von vorgegebenen Stichwörtern.

1 A writing competition: Can you win a free holiday to India? ...
a) Choose at least six words and then write a story ...

Die S betrachten zunächst das Foto auf SB-S. 51 und beschreiben es näher. Sie stellen auch Vermutungen über die Lage des abgebildeten Strandes an. Teilen Sie den S daraufhin mit, wo sich der Strand befindet, und führen Sie in den weiteren Zusammenhang ein, indem Sie Ziel und Zweck des Schreibwettbewerbs erläutern.

L *Look at the picture. What can you see? Where could it be?*
S *There's a nice sandy beach with palm trees and some houses. It looks like a place where people go on holiday. Probably it's somewhere in India.*
L *That's right – it's a beach in Kerala, a province in the southwest of India. Many tourists come here to spend their holidays. You could come here on a free holiday if you win a writing competition. You have to write a nice story with the help of some words. Let's find out more about it.*

Lassen Sie daraufhin den Aufgabentext sowie die zehn Begriffe aus dem Kasten lesen. Klären Sie unbekannten Wortschatz und gehen Sie auf die beiden Hinweise ein, die sich auf die Mindestanzahl der Worte und den Titel der Geschichte beziehen. Die S sollen vor der Bearbeitung der Aufgabe zunächst die nachfolgenden Tipps laut vorlesen.

Lernstärkere S beginnen sofort mit der Bearbeitung der Aufgabe. Lernlangsamere S können sich zunächst mit einem/einer Partner/in besprechen, um Ideen für eine Geschichte auszutauschen. Zusätzlich können Sie auch den ersten Satz einer möglichen Geschichte vorgeben. Mit Gruppen, die noch zusätzliche Hilfe benötigen, kann ein Brainstorming durchgeführt werden, um so weitere Impulse zur Verfügung zu stellen. Dazu werden zu den *keywords* im gelben Kasten mehrere W-Fragen auf Folie oder an die Tafel geschrieben, die diese Schlagwörter in einen größeren Zusammenhang einbinden, und dann Ideen und Vorschläge der S dazu notiert.

Where	did you travel?	Why	did you/somebody laugh?
Who	travelled with you? / planned the trip?	How	did you feel?
How	did you plan the trip?	What	was spectacular?
When	did you go?	Who	did you meet?
How	did you get there?	How	did you meet people?
Why	were you looking forward to it?	Why	was there an accident?
What	did the place look like?	How	did the accident happen?
What	was colourful?		

Weisen Sie die S darauf hin, dass die Geschichte auch in eine ganz andere Richtung gehen kann und nicht unbedingt vom Thema „Reisen" handeln muss. Je nach Auswahl und Zusammenstellung der *keywords* kann auch ein ganz anderer Vorfall (Im Reisebüro, Ein Unfall usw.) thematisiert werden.
Lösungen:
individuelle Lösungen

b) OK, you've written your story. Can you now improve ...

Lesen Sie die im SB genannten Tipps und Beispiele zu den Verbesserungsmöglichkeiten einzelner Sätze gemeinsam durch. Die S versuchen anschließend, möglichst viele Punkte für die Überarbeitung ihrer Geschichte zu berücksichtigen (zur Überarbeitung von Texten siehe auch HRU-S. 52 und 114).

c) Now work with a partner. ...
Die S arbeiten in Partnerarbeit und lesen sich gegenseitig ihre Geschichten vor bzw. lassen die Partnerin / den Partner ihre Version durchlesen. Sie wenden das in Teilaufgabe b) erworbene Wissen nun auch am Text der Mitschülerin / des Mitschülers an, indem sie versuchen, weitere Verbesserungsvorschläge dazu zu machen. Anschließend werden die Storys in der Klasse vorgelesen.

Creative writing Die S entwerfen eine weitere Geschichte anhand der *keywords*, die nun aber in eine ganz andere Richtung geht und nicht vom Thema Reise handelt. Führen Sie dazu in lernlangsameren Klassen vorbereitend ein weiteres Brainstorming durch und sammeln Sie mögliche Ideen.

> **INFO-BOX**
> **Kerala** (wörtlich: Land der Kokospalmen) ist eine Provinz im Südwesten Indiens und liegt am arabischen Meer. Sie ist von tropischem Klima geprägt und zieht mit ihrer 590 km langen Küstenlinie, der Malarbarküste, immer mehr Touristen in ihren Bann, die die landschaftliche Schönheit und die Strände genießen.

▶ WB S. 32, Ex 13, 14

LOOK AT LANGUAGE

S. 52/53

WORTSCHATZ	S. 52: **conference** • **everywhere they go** • **add** S. 53: **contrast** • **replace ... with** • **brackets** • **report**
STRUKTUR	*Kala said that families were very important in India.* (= reported speech)
SPRECHABSICHT	Berichten, was jemand gesagt hat: *Neela reported that all her friends had computers.*
MEDIEN	L: vorb. Folien, Folienstifte, Tageslichtprojektor; Kopien von Vorlage 26 in Klassenstärke

STRUCTURES

What's life like for young people in India?

Einstieg Präsentieren Sie bei geschlossenem SB eine vorbereitete Folie mit der Aussage Kalas in einer Sprechblase. Notieren Sie dazu Kalas Namen und deuten Sie eventuell auch ihre Person an. Wie im SB sollten sich die markierten Verben deutlich (am besten durch Verwendung eines farbigen/roten Folienstifts) vom Rest ihrer Aussage absetzen. Setzen Sie Kalas Aussage in den zugehörigen Kontext und fordern Sie die S auf, den Text vorzulesen.

L *At a conference in Kolkata, lots of young people talked about their own lives and what life is like for young people in India. Please read what Kala said at the conference.*

Lesen Sie anschließend den Konferenzbericht von Kalas Aussagen (im SB auf der rechten Seite) langsam vor. Die S sollen beschreiben bzw. Vermutungen anstellen, worin sich dieser zweite Text vom ersten unterscheidet.

L *Here's another version from the same event. It's a report about the conference. Listen, please. It's almost the same text, but some things are different. What has changed?*
(L liest den Bericht vor.)
S *The report is about what Kala has said and explained at the conference. The tense of the verbs has changed.*

Danach lesen die S im SB Kalas Aussage sowie den Bericht nach und überprüfen ihre Vermutungen. Lassen Sie noch einmal die Zeitformen der Verben in den beiden Texten benennen (*simple present* im gesprochenen Text, *simple past* im Bericht).

reported speech

1 Read what Dinkar said. Can you complete the report?

Dinkars Aussagen schließen sich an Kalas Äußerungen an; die S sollen daher nun den Bericht Dinkars nach dem Vorbild Kalas vervollständigen. Weisen Sie die S auf den zugehörigen Tipp hin, der Hilfestellung beim Lesen der Aufgabe bietet. *(Dinkar was at the conference too. Please complete his report and find the right form of the verbs. Kala's report will help you.)* Anschließend bearbeiten die S den Bericht schriftlich in Einzelarbeit, indem sie Dinkars Worte für den Bericht in die indirekte Rede umwandeln. Die Besprechung und Verbesserung erfolgt im Unterrichtsgespräch.

Lösungen:
Dinkar explained that about 40 % of the population *earned* less than $1.25 a day. He added that young people *had* to work hard. And he said some of them *worked* in sweatshops.

2 Now read the report. Can you write what Neela actually said?

Lassen Sie danach Uttams Äußerungen sowie den zugehörigen Konferenzbericht vorlesen. Diese dienen wiederum als Vorbild bei der Bearbeitung von *Exercise 2*. Die S beschreiben, inwiefern sich Dinkars Bericht von seiner direkten Aussage unterscheidet. Machen Sie die S auf den Pronomenwechsel aufmerksam und lassen Sie sie Beispiele dafür nennen, die Sie an der Tafel notieren. Ergänzen Sie hierbei gleichzeitig die weiblichen Personalformen. Sie können hierfür auch wahlweise mithilfe einer vorbereiteten Folie arbeiten, auf der die betreffenden Pronomen eingekreist werden.

I → he / she
my → his / her

L *Read what Uttram said at the conference and what is said in the report. What has changed?*
S berichten.
L *Have a look at the pronouns too. What's different?*

Anschließend soll nun – im Vergleich zu *Exercise 1* in umgekehrter Reihenfolge – Neelas indirekte in direkte Rede übertragen werden. Die S lesen den Tipp sowie den Konferenzbericht und vervollständigen anschließend schriftlich in Einzelarbeit Neelas Äußerungen unter Berücksichtigung des Pronomenwechsels.

Lösungen:
I text *my* friends when *I want* to tell them something. All *my* friends *have* computers and mobile phones and they *listen* to music on their MP3 players.

Die S lesen abschließend den *Checkpoint*, in dem der Unterschied zwischen direkter und indirekter Rede erläutert wird.

Erweiterung

Die S überfliegen noch einmal die Konferenzberichte auf der rechten Seite und suchen die Verben heraus, die zur Wiedergabe von Aussagen verwendet werden *(said, explained, added, told)*. Diese werden im Heft notiert und können bei der Bearbeitung der späteren Übungen herangezogen werden.

3 What did Ela say? ...

Lassen Sie die SB schließen. Präsentieren Sie Elas wörtliche Rede auf SB-S. 53 nach demselben Muster wie Kalas Aussage (auf SB-S. 52) auf Folie und lassen Sie diese vorlesen. Anschließend benennen die S die darin enthaltenen Verben und Pronomen. Fordern Sie die S auf, Vermutungen anzustellen, wie der zugehörige Konferenzbericht aussehen könnte, und übertragen Sie gemeinsam mündlich in der Klasse den ersten Satz in die indirekte Rede. Geben Sie in lernlangsameren Klassen das einleitende Verb sowie die umgewandelten Personalpronomen vor; in lernstärkeren Klassen können auch weitere Sätze bearbeitet werden.

L *Please read what Ela said at the conference in Kolkata. Name the verbs and pronouns. How would a report about what Ela said look like? Try to find the first sentence.*

Anschließend lesen die S den entsprechenden Bericht im SB nach und vergleichen ihn mit ihren eigenen Vermutungen bzw. Aussagen.

Lassen Sie danach den Tipp laut vorlesen; die hier genannten Beispiele (z. B. *reported, insisted, complained*) können die bereits erstellte Liste einleitender Verben vervollständigen (s. o.). Anschließend lösen die S die Aufgabe schriftlich in Einzelarbeit, wobei sie sich an der mündlichen Aussage Elas orientieren. Die Ergebnisse werden im Plenum besprochen. Um das Abschreiben des Berichts aus dem SB zu vermeiden, können Sie auch noch einmal das SB schließen und die S die Aufgabe mithilfe der Folie bearbeiten lassen.

Lösungsbeispiel:

Ela *reported* that when she *had left* her family's village and *had found* a job in Kolkata the contrast *had been* enormous. She *insisted* that it *hadn't been* easy, and *complained* that she *had often felt* lonely. Ela *added* that she *knew* many young people who *had left* their families. She *explained* that they *had tried* to find work in a big city but she *thought* that many of them *had been* unsuccessful.

Lassen Sie danach gemeinsam Lalits Äußerungen sowie den zugehörigen Konferenzbericht lesen und von den S die Änderungen kommentieren, wobei sie – analog zu den vorherigen Übungen – vor allem auf den Wechsel der Zeitformen der Verben achten sollen.

Erweiterung Notieren Sie zur weiteren Übung noch einige weitere ähnliche Sätze an der Tafel oder auf Folie und lassen Sie die Sätze von den S umwandeln. Dies kann entweder von direkter zu indirekter Rede oder umgekehrt erfolgen.

– "I'll live in a different place next year."
– "I won't have to share a room with my brothers."
– "My family will have a better life."

Lösungen:
– *Lalit explained that he would live in a different place next year.*
– *He said that he wouldn't have to share a room with his brothers.*
– *He added that his family would have a better life.*

4 Finish the checkpoint.

Die S bearbeiten den *Checkpoint*, indem sie zuerst die Erklärungen vorlesen und anschließend die dort aufgeführten Satzanfänge unter Zuhilfenahme der Aussagen der Jugendlichen auf den SB-S. 52 und 53 vervollständigen (*Read the checkpoint and finish the sentences. You'll find examples in the young people's texts.*). Danach notieren die S den *Checkpoint* in Tabellenform im Heft und markieren die relevanten Verben rot. Optional können sie zusätzlich für jede Zeitform noch ein weiteres Beispiel aus dem Text heraussuchen.

Lösungsvorschläge:
1 *simple present:* Kala: "They find *a relative who helps them.*" / *simple past:* Kala said that they found *a relative who helped them.*
2 *simple past:* Ela: "I left my village *and found a job in Kolkata.*" / *past perfect:* Ela reported that she *had left her village and had found a job in Kolkata.*
3 *present perfect:* Ela: "They have tried *to find work in a big city.*" / *past perfect:* Ela added that they *had tried to find work in a big city.*
4 *will:* Lalit: "We will have *running water and electricity.*" / *would:* Lalit hoped that they *would have running water and electricity.*

Festigung Verteilen Sie zur weiteren Übung der indirekten Rede Kopien von Vorlage 26 in Klassenstärke, die Aufgaben zur Umwandlung von direkter in indirekte Rede und umgekehrt enthält.

Lösungen:

1 Mandy's dreams

MANDY	"I want to be a pop star."
DAD	"You'll never be a star. You don't play the guitar well enough."
MANDY	"I have a good voice. I want to be a singer."
DAD	"You'll need a lot of luck. You'll need a good manager."
MANDY	"I already have a manager."
DAD	"I'm really surprised!"

Kopiervorlage 26

2 What did Mandy's friends think?

1 Tom pointed out that *she needed more publicity.*
2 *Babs said that she had lots of talent.*
3 *Mike insisted that she had to make a video.*
4 *Josie told Mandy that they would watch her on TV.*
5 *Mark asked why she didn't go to a talent show.*
6 *Cameron thought that many people had tried this before without success.*

▶ WB S. 33, Ex 15–17

S. 54

WORTSCHATZ	be educated
MEDIEN	L: CD 2, Nr. 12, CD-Spieler
	S: Notizzettel

WORDPOWER

1 A country of contrasts. ...
Zur Bearbeitung der Aufgabe arbeiten die S in Einzelarbeit und notieren die Lösungen. Die Besprechung erfolgt im Plenum.
Lösungen:
"When I think *of* India I see a land of contrasts. While a majority suffers *from* poverty and disease, many millions spend their money *on* the latest gadgets. *In* the country poor farmers have to wait *for* the right weather conditions and depend *on* each other for help, while in modern city centres the rich can apply *for* well-paid jobs and look forward *to* successful careers. At the same time some families and communities are very traditional, while other people believe *in* equal rights for men and women and fight *against* injustice."

2 Explain what these people do.
Die S erledigen diese Aufgabe zunächst schriftlich in Einzelarbeit. Die Lösungen werden danach mit denen der Nachbarin / des Nachbarn verglichen. Auf diese Weise erkennen die S, dass mehrere Definitionen eines Wortes richtig sein können bzw. einige ihrer Umschreibungen die Bedeutung des Wortes nicht ganz treffen. Lassen Sie verschiedene Definitionen zu einem Wort an die Tafel schreiben, um Unterschiede oder Gemeinsamkeiten zu entdecken.
Lösungsbeispiele:
Students are people who *go to school or university to learn something.*
Fishermen are people who *go fishing and sell the fish to earn their living.*
Actors are people *who play in movies or act in theatres.*
Farmers *are people who grow crops in their fields.*
Artists *are people who produce works of art, e.g. paintings.*
Thieves *are people who steal things from other people.*

3 Sounds

a) Do the three words rhyme – yes or no?
Die S lösen die Aufgabe in Einzelarbeit und notieren die richtige Antwort auf Notizzettel. Lassen Sie lernlangsamere S vor der Bearbeitung der Übung den Hörtext von Teilaufgabe b) bereits ein erstes Mal hören.
Lösungen:

1	*yes*	5	*yes*	9	*no*
2	*no*	6	*no*	10	*yes*
3	*no*	7	*yes*	11	*no*
4	*no*	8	*no*	12	*yes*

b) Now listen and check your answers. Were you right?
Die S hören die Beispiele von der Hör-CD und überprüfen ihre Antworten. Anschließend werden die Ergebnisse noch einmal im Plenum verglichen.

4 Explain the blue words or phrases in English.

Die S überlegen sich in Partnerarbeit eine Umschreibung für die blau markierten Stellen. Anschließend werden die Erklärungen im Plenum vorgetragen und überprüft. Erarbeiten Sie in lernlangsameren Klassen den ersten Satz gemeinsam.
Lösungsbeispiele:
1 This means that Kareena is one of the *richest stars* in *the Indian film industry*.
2 This means that she has acted in several *films which have sold very well*.
3 This means that she has won lots of *prizes*.
4 *This means that the way she dresses is amazing.*
5 This means that she *went to school* in Mumbai and Dehradun.

S. 55

MEDIEN	L: Poster; Internet; vorb. Folie, Folienstift, Tageslichtprojektor
	S: Buntstifte

REVISION

adjectives/adverbs
(Wiederholung)

1 Use the right forms of the adjectives and the adverbs.

Die Aufgabe wird von den S schriftlich in Einzelarbeit bearbeitet und anschließend in der Klasse besprochen. Bei Fragen finden die S Angaben zu den Adjektiven und Adverben auf den *Summary*-Seiten auf den SB-S. 95 und 96.
Lösungen:
1 Driving in India is *more exciting* than in Germany.
2 Some of the cars on the roads are *incredibly old*.
3 Others are some of *the most modern* cars in the world.
4 Luckily, most drivers drive *safely* and *well*.
5 But there are some *crazy* drivers too, of course.
6 And traffic isn't *as organised* as in Germany.

simple past /
past perfect
(Wiederholung)

2 Simple past or past perfect?

Die S lösen die Übung schriftlich in Einzelarbeit und begründen kurz beim Besprechen der Aufgabe, warum sie die jeweilige Zeitform gewählt haben. Bei Fragen finden die S Angaben zu den Zeitformen auf SB-S. 92 und 93.
Lösungen:
Hi! We *moved* to Mumbai three years ago after I *had lived* all my life in a village. At first I *found* life in the city very difficult. Before we *came* to Mumbai, my school *had been* near our house. In my first year in Mumbai, I *had* to go to school by bus. But luckily I quickly *made* new friends, and my friends soon *said* that I *had become* a true *Mumbaikar* – a person who is from Mumbai.

3 Connect the sentences with the right word.

Hier nennen die S die richtige Lösung im Unterrichtsgespräch und geben auch die Bedeutung des Wortes wieder, das nicht in den Text passt. Lassen Sie zur Festigung den Text anschließend mit der richtigen Variante abschreiben.
Lösungen:
Project Tiger was founded *in order to* help tigers in India. Tigers were almost extinct *because* people needed more and more land. *Project Tiger* has opened 27 tiger reserves *since* it began in 1973. The tigers *which* live in reserves are protected. Their number has grown to 4000 *while* the project has existed – and the project now wants to open more reserves *so that* the tiger population can grow even bigger.

Projekt

Die S erstellen anhand der Informationen auf den SB-S. 40 und 50 sowie mithilfe weiterer Internetrecherchen ein Poster, das zu Spenden für das Tiger-Projekt aufruft. Dabei sollen Hintergrundinformationen, Fotos und griffige Slogans präsentiert werden, die möglichst viele Menschen überzeugen. Die S arbeiten in Partnerarbeit oder in Kleingruppen und tragen zunächst Material zusammen, bevor sie das Poster erarbeiten und dazu eine kleine Präsentation in der Klasse geben.

▶ WB S. 34, Ex 18–20

4 Quick check
a) India

Diese Übung kann schriftlich in Einzelarbeit oder im Unterrichtsgespräch bearbeitet werden. Lernstärkere S können sich noch weitere Fragen (samt Lösungen) für ihre Mitschüler/innen ausdenken.

Lösungsvorschläge:

1 a) *The Monsoon is a wind that brings rain between June and September and can cause floods.*
   b) *A sweatshop is a small factory where people work in terrible conditions.*
   c) *Bollywood is the nickname for India's film industry. It comes from a mixture of Bombay and Hollywood.*
   d) *The Taj Mahal is one of the most famous buildings in India. (It was built in 1648 by a Muslim prince.)*

2 – *The world's largest steel-making company is Indian, and an Indian company has bought European car companies (e.g. Jaguar, Land Rover).*
   – *Bollywood, India's film industry, is very successful outside India.*

3 – *There are very modern city centres, but also very poor suburbs/slums.*
   – *Some people live a very traditional life as farmers, but they often also have electricity and mobile phones.*
   – *There are some very rich people (e.g. there are more millionaires in Mumbai than in New York), but you can also find sweatshops, child labour and very poor people.*
   – *Some old traditions like arranged marriage still exist, but many people use modern technology like the Internet to find partners for their children.*

reported speech (Wiederholung)
Einstieg

b) Complete the sentences: Use *reported speech*.

Präsentieren Sie zur Wiederholung der indirekten Rede und als Vorstufe zur Übung eine vorbereitete Folie mit Beispielsätzen, die die verschiedenen im *Checkpoint* auf SB-S. 53 dargelegten Möglichkeiten noch einmal aufgreift. Notieren Sie dazu einige Beispielsätze, die aus dem SB stammen oder sich thematisch anlehnen. Sie können auch zusätzlich noch die verwendeten Zeiten notieren. Die S wandeln die Sätze auf der Folie zunächst in die indirekte Rede um; die Lösungen sowie die Zeitformen werden ebenfalls auf Folie notiert.

– "I have relatives who are living in Britain," Uttam explained.	simple present, present progressive
– "It wasn't easy to live in Kolkata. I often felt lonely," Ela said.	simple past
– "Many people have left their families to find work," Ela added.	present perfect
– "My family will move into a new house," Lalit reported.	will-future

Lösungen:
– *Uttam explained that he had relatives who were living in Britain. (simple past, past progressive)*
– *Ela said that it hadn't been easy to live in Kolkata and that she had often felt lonely. (past perfect)*
– *She added that many people had left their families to find work. (past perfect)*
– *Lalit reported that his family would move into a new house. (would)*

Die S bearbeiten die Übung schriftlich in Einzelarbeit.
Lösungen:
1 Lalit explained that *his parents had chosen a wife for him.*
2 He said that *they had already met several times.*
3 He added that *he hoped they would be happy together.*

▶ WB S. 35, Ex 1–3 *(Test yourself)*

REVISION AND PRACTICE

S.106/107

WORTSCHATZ	S. 107: *bat • set • wooden • stick • simplified • explanation • reality • complicated*
MEDIEN	L: Internet

1 India

a) Be careful – there are ten …

Diese Aufgabe kann von den S schriftlich in Einzelarbeit oder halbschriftlich in Gruppenarbeit bearbeitet werden. Wird die Aufgabe in Gruppenarbeit erledigt, sollte die Klasse in möglichst gleich große Gruppen aufgeteilt werden. Diese spielen gegeneinander und erhalten ein Zeitlimit. Es gewinnt die Gruppe, die die meisten Fehler richtig entdeckt hat. Natürlich können statt Gruppen auch Partner gegeneinander spielen.
Die Verbesserung erfolgt jeweils im Unterrichtsgespräch.

Lösungen:
1 India is an enormous country and has a population of *more than a billion / about 1.13 billion* people.
2 A *minority* of the population lives in the large cities, e.g. New Delhi *(the capital)*, Chennai, Kolkata and Mumbai.
3 Indian parents usually arrange marriages for their children.
4 The children *don't* always have to agree with their parents' choice of husband or wife.
5 One problem in India is that *between June and September* monsoon winds can cause terrible floods.
6 The floods are in the country *and* in towns.
7 There are many poor people in India and *there is a middle class of 350 million people*.
8 Many *poor* Indians work in sweatshops.
9 In India, children under 14 are *not* allowed to work in factories.
10 India has lots of beautiful buildings. One of the most famous ones is perhaps the Taj Mahal, which was built by a *Muslim* prince in 1648.

b) Look on the Internet and find …

Geben Sie den S eine kleine Auswahl an Websites vor, mit deren Hilfe sie zielgerichteter vorgehen können. Die S suchen nach neuen, noch unbekannten Informationen und notieren diese. Dabei müssen sie sich nicht unbedingt auf zwei Fakten beschränken. Mithilfe der Informationen kann eine S-Gruppe für Mitschüler/innen ein Quiz zusammenstellen. Die zuvor aufgeschriebenen Informationen dienen als Lösungen und stellen ein Grobgerüst zum Verfremden bzw. Abwandeln der Sätze dar. Aus diesen abgewandelten Sätzen müssen dann die Mitschüler/innen fehlerhafte Aspekte finden. Dazu darf natürlich ebenfalls das Internet als Quelle benutzt werden. Achten Sie darauf, dass die S nur englischsprachige Seiten besuchen, da zwei der unten angegebenen Seiten (wikipedia und india-tourism.com/EN) auch auf Deutsch verfügbar sind.
– http://incredibleindia.org/
– http://www.india-tourism.com/EN/
– http://en.wikipedia.org/wiki/India

Lösungen:
individuelle Lösungen

2 Some Indian students visited your school last week. …

Wiederholen Sie im Unterrichtsgespräch die wichtigsten Regeln zur Bildung der indirekten Rede. Gehen Sie dabei auch auf weitere Möglichkeiten für die einleitenden Verben ein. Danach bearbeiten die S die Aufgabe schriftlich in Einzelarbeit. Die Korrektur erfolgt im Unterrichtsgespräch.

Lösungsvorschläge:
– Eswar complained that he was tired after the journey but he said *that he was looking forward to his time in Germany.*
– Rupa *explained* that this was her *first visit to Germany and added that she had never been outside India before.*

- Tuhina reported that her parents were proud that she had been able to come here and added that she would tell them all about it when she got home.
- Nirvan hoped that he would be able to see a Bayern Munich football match and insisted that he had always wanted to see them.

3 Rupa told you about cricket which is a very popular sport ...

Die S können diese Aufgabe mündlich zusammen mit der Nachbarin / dem Nachbarn bearbeiten, indem jeder S abwechselnd je einen Satz umwandelt. Alternativ kann die Aufgabe natürlich auch schriftlich in Einzelarbeit bearbeitet werden.

Lösungen:

"I'm a real cricket fan. I know the names of all India's top players and I have watched many international matches. I'm going to see the match between India and Pakistan next month and I hope I'll be able to stay in a hotel in Chennai. Cricket matches can last three days but they are really exciting too."

4 You want to explain to your class how cricket is played ...

Die S arbeiten allein an der Lösung der Aufgabe. Dabei sollten sie sich an das Zeitlimit halten und die Zeit gegebenenfalls selbst stoppen. Dies ist vor allem für die Abschlussprüfung wichtig, da es dann gilt, sich die zur Verfügung stehende Zeit gut einzuteilen.

Lösungsbeispiel:

Zwei Mannschaften/Teams, jede/s mit elf Spielern, spielen gegeneinander. Nur zwei Spieler aus Mannschaft/Team A spielen zur selben Zeit / gleichzeitig: Sie versuchen, mit ihren Schlägern, die sie in der Hand halten, einen kleinen, sehr harten Ball zu schlagen/treffen. Wenn sie den Ball weit wegschlagen, dürfen sie zwischen zwei Sätzen/Sets von Holzstäben hin- und herrennen und bekommen/erzielen bei jedem Lauf/Mal einen Punkt.
Alle elf Spieler aus Mannschaft B sind auf dem Feld. Einer von ihnen wirft den Ball – die anderen versuchen, den Ball/ihn zu fangen, nachdem der Spieler aus Mannschaft A (den Ball/ihn) geschlagen/getroffen hat. Wenn sie den Ball fangen, ist der Spieler von Mannschaft A „aus dem Spiel/raus", und ein neuer Spieler aus Mannschaft A nimmt seinen Platz ein. Wenn alle Spieler aus Mannschaft A „aus dem Spiel/raus" sind, tauschen die Mannschaften die Plätze / ihre Rollen: Mannschaft A ist auf dem Feld, Mannschaft B versucht, den Ball zu schlagen/treffen.
Das ist eine sehr vereinfachte Erklärung: die Wirklichkeit ist sogar noch komplizierter!

5 Rupa's hotel in Chennai was awful and now she wants ...

Die S fertigen ihre Geschichte schriftlich in Einzelarbeit an. Ihre Texte können von Mitschülern/Mitschülerinnen in einem weiteren Durchgang überarbeitet werden. Erarbeiten Sie in lernlangsameren Klassen ein konkretes Textgerüst, woran sich die S beim Schreiben orientieren können.

Lösungsvorschlag:

Dear Mr Gangotri,
I stayed in your hotel between April 9th and 13th. I chose the hotel because the advert said that it was near the stadium. But in fact it was many kilometres away, and there was no bus. I had to take the taxi each time I wanted to go there, which was really expensive. I tried to talk to the people at the reception, but they were very unfriendly and didn't want to help me. The room was small and the floor really dirty. One of the windows was broken, so it was really noisy from the street outside. I didn't enjoy my stay at all. I'd like my money back, because it cost me so much to travel to the stadium and I had such a terrible experience staying in your hotel. Please reply ASAP.
With best regards,
Rupa

EXTRA PAGES

S. 56–59

MEDIEN   L: CD 2, Nr. 13–18, CD-Spieler; vorb. Folie, Folienstift, Tageslichtprojektor

A SHORT STORY

Einstieg

Bevor Sie den S die Geschichte präsentieren, führen Sie kurz in die Situation ein:

L *You're going to hear a story about a young woman and what happened to her at a train station. Listen, please.*

Spielen Sie anschließend die Story bei geschlossenem SB bis Zeile 49 abschnittweise vor. Dazu sollen die S Fragen als wahr oder falsch einschätzen, die Sie auf Folie präsentieren oder vorab an der Tafel notiert haben. Falsche Aussagen werden von den S korrigiert.

> – The young woman is upset because she will probably lose her job.
> – It's not easy to get to the train because there are a lot of people in her way.
> – She's one of the last people to catch the train.
> – There are a lot of people on the platform so she can't get a seat.
> – She's a little afraid of the man who is selling tea.
> – She calls home to say that she didn't find the time to buy water.
> – She watches a dog.
> – There's a women sitting next to her who is dressed all in black.

Lösungen:
– *false: She's upset because she will probably miss the train.*
– *true*
– *false: She misses the train.*
– *false: There's not a single passenger on the platform.*
– *true*
– *false: She calls home to tell that she'll be late.*
– *true*
– *true*

Nachdem Sie die Geschichte bis Zeile 49 vorgespielt haben, lassen Sie die S Vermutungen anstellen, wie es weitergehen könnte. Klären Sie dazu auch den für das Verständnis der Geschichte wichtigen Begriff *burkha (a piece of clothing for Muslim women that covers their whole bodies)*. Sammeln Sie die Ideen der S an der Tafel und fragen Sie auch, wie sie selbst in dieser Situation reagieren bzw. was sie (über die Frau) denken würden.

L *What do you think is going to happen next (to the young woman)? How could the story continue?*
S *The woman in the burkha starts talking to her in an angry voice. / Some criminals attack her. / …*
L *What would you do in such a situation when you're in an empty place? What would you think about or feel towards the woman who is wearing the burkha?*
S berichten.

Lassen Sie danach die SB öffnen. Die S betrachten die Fotos und beschreiben sie kurz. Anhand des letzten Fotos auf SB-S. 59 stellen sie weitere Hypothesen auf, wie die Geschichte enden könnte.

L *What can you see in the photos?*
S beschreiben.
L *What about the last photo? What does it tell you about the end of the story?*

S *The young woman isn't afraid (of the woman in the burkha) anymore. They're both sitting in the train and the young woman is laughing. The woman in the burkha has put her hand on the other woman's hand. One of them has probably made a joke.*
L *Let's find out more about the end of the story.*

Spielen Sie daraufhin den Rest des Textes vor; die S lesen gleichzeitig mit. Befragen Sie die S abschließend zum Titel bzw. zum Ende der Kurzgeschichte.

L *What about the title of the story? Why is it called nightmare?*
S *At first the young woman is very scared of the situation and of the woman in the burkha. She feels like she is living in a nightmare.*
L *Is the ending of the story what you expected? Why / Why not?*
S äußern sich.

Erweiterung

Zur weiteren Vertiefung eignen sich folgende Verständnisfragen:
– *What does the young woman worry about when she thinks about missing the train? (to wait at the station for an hour, to ride in an empty compartment)*
– *She's also scared of how the man selling tea might react. Why? (She's afraid that he might throw something / his tea things at her.)*
– *Who is Vikram? (A person from her home, probably her husband.)*
– *What does she think the woman with the burkha has in her bag? (a bomb)*
– *The food seller makes her even more frightened. Why? (Because he says what she is scared of the whole time: 'At such times you shouldn't be sitting here.')*
– *What does the young woman think when she looks at the hands of the woman with the burkha? (that she's a man / a criminal hiding behind the burkha)*
– *Who is entering the empty compartment? (the young woman, the woman with the burkha, a fisherwoman)*
– *What about Hasnia? (The young woman knows her from college. Her brother stabbed his wife.)*

Weiterführung

Als Möglichkeit zur Weiterarbeit eignen sich:
– Ein alternatives Ende der Geschichte ab Zeile 116/117 *(I open my eyes ...)* entwerfen.
– Die Kurzgeschichte aus der Perspektive der Frau mit der Burkha schreiben.

Unit 4
Young adults

Themen

Die Belange von Teenagern Die Unit setzt sich hauptsächlich mit dem Leben von Jugendlichen in Europa auseinander. Dabei wird auf Probleme wie z.B. Teenagerschwangerschaften, Drogenmissbrauch, Auseinandersetzungen mit den Eltern, Diskriminierung von Jugendlichen und Jobbewerbungen eingegangen. Es wird auch das Thema Fahrstunden angesprochen und eine bei englischen Teenagern beliebte Bücherreihe vorgestellt. Ein Textauszug aus dem Buch *About a boy* von Nick Hornby stellt den S ein Buch vor, das sich um das Thema Erwachsenwerden und Beziehungen dreht.

Kommunikative Sprechabsichten

Die Belange junger Erwachsener diskutieren	*I don't get drunk every weekend.*
Über Fahrstunden sprechen	*Driving lessons are very expensive.*
Sagen, was unter bestimmten Bedingungen passieren wird	*I'll show you the mountains if you come to Bavaria.*
	If you are tired, my dad can take you home.
Sagen, was unter bestimmten Bedingungen passieren würde, was aber ziemlich unwahrscheinlich ist	*If I had a car, I would pick you up.*
	If he had a good voice, he could be a star.

Sprachliche Mittel/Strukturen

Sprachliche Mittel und Strukturen, die von den S angewendet werden sollen:
Bedingungssatz Typ I *(if-sentences)*: Es gibt verschiedene Arten von *if*-Sätzen: Die Formen der *if*-Sätze Typ I und Typ II sind den S bereits aus den vorangegangenen Bänden bekannt. In dieser Unit werden Bildung und Gebrauch der *if*-Sätze schwerpunktmäßig vertieft. Bei *if*-Sätzen handelt es sich um Bedingungssätze. Sie bestehen aus einem Nebensatz *(if-clause)*, in dem die Bedingung genannt wird, und einem Hauptsatz, der die Folge oder Konsequenz beschreibt. Beim *if*-Satz Typ I handelt es sich um eine reale, d.h. erfüllbare Bedingung, die der Sprecher für möglich hält. Der Nebensatz mit *if* wird meistens im *simple present*, der Hauptsatz mit dem *will-future* + Infinitiv gebildet (z.B.: *If you don't go to bed early, you'll be [= will be] tired in the morning.*). In der Regel steht der *if*-Satz vor dem Hauptsatz, es ist aber auch möglich, den Hauptsatz an die erste Stelle zu setzen und den Nebensatz folgen zu lassen. Wenn der Nebensatz dem Hauptsatz folgt, wird meistens im Englischen kein Komma gesetzt (*If the weather is fine, we'll [= we will] go for a walk. / We'll go for a walk if the weather is fine.*). Bedingungssätze des Typs I beziehen sich auf die Zukunft oder die Gegenwart. Der Hauptsatz kann – statt *will* – ein modales Hilfsverb (z.B. *can, must, should*) enthalten: *If we get tickets, we can go to the concert.* Wenn man ausdrücken will, dass unter einer gleichen Bedingung immer wieder die gleiche Wirkung oder Folge auftritt, stehen sowohl im *if*-Satz als auch im Hauptsatz das *simple present* (*If rivers overflow, fields are damaged.*).
Bedingungssatz Typ II: Bedingungssätze des Typs II drücken aus, was unter bestimmten Bedingungen passieren würde, wobei es jedoch ziemlich unwahrscheinlich ist, dass diese Bedingungen erfüllt werden.
Auch Sätze des Typs II bestehen aus den oben genannten beiden Teilen (Haupt- und Nebensatz). Der Nebensatz *(if-clause)* steht dabei im *simple past*. Der Hauptsatz enthält je nach Inhalt die Wörter *would, could, might* + Infinitiv (*If I had enough money, I would go on holiday.*). Im SB wird allerdings nur die Bildung der Sätze mit *would* geübt.

Sprachliche Strukturen, die von den S verstanden werden sollen:
Partizipien in Verbindung mit Nomen: vgl. hierzu HRU-S. 27.

LEAD-IN

S. 60

WORTSCHATZ	Internet forum • apparently • teenage girl • have a baby • pregnant • get drunk • row • argue • pretty well • mug • commit a crime • kind of • voluntary work • instead of reporting ... • for once • stress • addicted to • be prejudiced against • portray • chav • driving test • take a test • unless
SPRECHABSICHT	Über Belange junger Erwachsener sprechen: *I think teenagers are under too much stress.*
MEDIEN	L: Kopie von Vorlage 27 auf Folie, Tageslichtprojektor, Folienstift; DIN-A3 Kopie von Vorlage 27; CD 2, Nr. 19, CD-Spieler

Einstieg

Kopieren Sie Vorlage 27 auf Folie und steigen Sie mithilfe der Fotos in das Thema ein. Lassen Sie die S beschreiben, was sie auf den Fotos sehen und die Oberbegriffe zu den Bildinhalten nennen. In lernlangsamen Gruppen decken Sie die Fotos nacheinander auf.

L *Have a look at these photos. What can you see?*
S *There are many young people. / There are two people holding hands. / A mother is shouting at her son. / ...*
L *Can you find one word that describes the main thing in the photo?*
S *Love/drugs/sport/jobs/...*

Erarbeiten Sie anschließend mit den S ein Tafelbild zu Themen, die für Jugendliche relevant sein könnten. Als zentralen Impuls hängen Sie eine DIN-A3 Kopie von Vorlage 27 an die Tafel und halten die Bereiche fest, die auf den Fotos vorkommen. Die S ergänzen weitere Themen, die aus ihrer Sicht für Jugendliche von Interesse sind (vgl. Tafelbild unten). Um möglichst viele S zu aktivieren, teilen Sie Kreidestückchen an mehrere S aus, die ihre Ideen an der Tafel notieren und die Kreide dann weiterreichen. Hinterher werden doppelte Angaben entfernt und evtl. fehlende ergänzt. Falls die S nicht viele eigene Ideen haben, lassen Sie sie die Unit durchblättern und herausfinden, welche Themen dort angesprochen werden.

Kopiervorlage 27

L *These are a few things that are considered relevant to teenagers. I'm sure you think that some other topics are important too. Please go to the board and write them down.* (S schreiben an die Tafel.) *OK, let's see what you've written down. Is anything there twice? Is anything missing?*

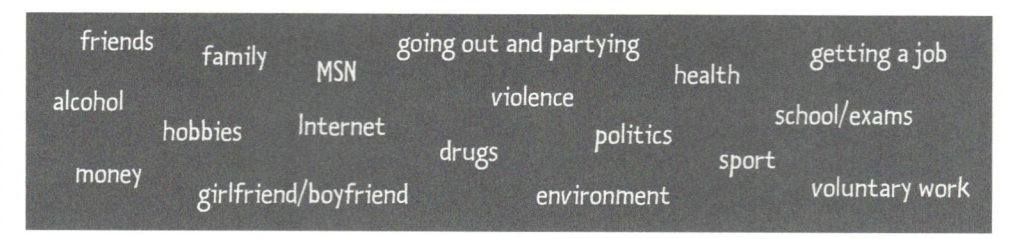

> friends family MSN going out and partying health getting a job
> alcohol violence school/exams
> hobbies Internet politics sport
> money drugs
> girlfriend/boyfriend environment voluntary work

Einführung neuer Lexik

Um den SB-Text vorzuentlasten, führen Sie anhand der Folie von Vorlage 27 folgende Vokabeln ein: *have a baby, pregnant, row, argue, addicted to.* Nennen Sie Sätze, in denen die Vokabeln in einem Kontext dargestellt werden, und lassen Sie die S die passenden Fotos zu den Vokabeln finden.

Danach präsentieren Sie den Text auf SB-S. 60 von der Hör-CD und lassen die S heraushören, welche Probleme genannt werden und diese stichpunktartig notieren. In lernlangsamen Gruppen lesen die S beim Hören den Text mit. Die Stichpunkte werden anschließend an der Tafel oder auf der Folie von Vorlage 27 gesammelt. Zur Kontrolle wird der SB-Text vorgelesen, fehlende Angaben werden ergänzt.

L *You will hear what some British teenagers tell a German girl, Selma, about their lives and problems. Listen and please take notes about the problems that are mentioned.* (S hören

SB-Text und machen Notizen.) *Tell me, what did you find out?* (Probleme werden zusammengetragen.) *Read the text in your English books now and see if you can add some more things.*

Lösungsbeispiele:
poverty, teenage girls with babies, alcohol, crime/knives/mugging, stress, (too many) exams, job/money/unemployment, illness, parents splitting up

Transfer Die S sollen in Partner- oder Gruppenarbeit kurze Statements besprechen und notieren. Darin schätzen sie ein, ob die bereits genannten Punkte für sie persönlich oder für Teenager in Deutschland allgemein auch zutreffen. Am besten ist es, wenn die S ihre eigenen Erfahrungen, Meinungen und Einstellungen wiedergeben. Die Ergebnisse werden im Plenum verglichen.

- **L** *Work with a partner / in a group and make notes on each problem. Is it a problem for you too or for teenagers in Germany? Say why or why not.*
- **S1** *Do you think poverty is a problem for teenagers in Germany?*
- **S2** *I think it's a big problem. If you want to go out or buy new things it's so expensive here too.*

S. 61

WORTSCHATZ	aged 11 • several • aspect • outsider • cannabis • rank
MEDIEN	L: CD 2, Nr. 20, CD-Spieler

1 Young people in Britain

Mithilfe der *Exercise 1* setzen sich die S nun in Einzelarbeit schriftlich vertiefend mit dem Text auseinander. Sie benutzen dazu das SB.

a) Who says that ...
Lösungen:
1 *Kevin*   2 *Loren*   3 *Jake*

b) Now find the phrases which mean:
Lösungen:
1 *pregnant*   3 *mug people*   5 *chavs*
2 *get drunk*   4 *(all kinds of) voluntary work*

2 An interview: Teenage mothers ...

Bevor die S den *Listening*-Text hören, lesen sie die Fragen zu *Exercise 2* im SB und äußern Vermutungen zu den Antworten.
Spielen Sie dann den Hörtext vor. Die S machen während des Hörens Notizen zu den Antworten. Danach vergleichen sie ihre eingangs geäußerten Vermutungen zu den Antworten mit den Fakten aus dem Text. Falls die S beim ersten Hören noch nicht alle Fakten festhalten konnten, spielen Sie den Text ein zweites Mal vor.

Lösungen:
1 *27*
2 *13*
3 *number is half*
4 *leave school early, jobs that are less well paid, live unhealthily, smoke*
5 *poverty, no father, suffer from violence, problems at school*

Tapescript

INTERVIEWER	Now, the Organisation for Economic Co-operation and Development has just brought out a report about young people in different countries, and it shows that there are more teenage mothers in Britain than in most other countries. To discuss this, I talked with one of the authors of the report, Silvia Johnson. Good morning, and thank you for joining us.
MRS JOHNSON	You're welcome.
INTERVIEWER	Now your report says that more teenage girls in the United Kingdom are pregnant than in other European countries. How much worse is the problem in Britain?

MRS JOHNSON	Well, the first thing to say is that there are some wonderful teenage mothers – so this is not *always* a "problem", as you described it. But unfortunately for the majority of teenage mothers and their children, it *is* a problem. And, as you say, there are more teenage mothers in the United Kingdom than in most other countries. Our report shows that in the United Kingdom there are about 27 babies for every 1000 girls aged 15 to 19. In Austria the figure is 22, in Germany 13, in Switzerland 5. So there is really quite a big difference.
INTERVIEWER	And I suppose the numbers of babies per 1000 girls has grown in, say, the last thirty years?
MRS JOHNSON	No, quite the opposite. In most European countries the number of babies is *half* what it was 30 years ago. The number of babies of teenage mothers has fallen in Britain too over the last thirty years – but the number has fallen more slowly.
INTERVIEWER	You said that pregnancy is a problem for a majority of teenage mothers. How is it a problem?
MRS JOHNSON	As I say, we must always remember that many teenage mothers are great mothers who give their babies a wonderful start in life. But unfortunately we know that teenage mothers will probably leave school early, and will probably get jobs that are less well paid. More teenage mothers live unhealthily – more smoke, for example. But we must be careful. These conditions exist, whether girls are pregnant or not. They are made worse if you are pregnant, but the conditions exist of course even if you do *not* have a baby. The babies are not the *cause* of poverty.
INTERVIEWER	And what about the children of teenage mothers?
MRS JOHNSON	Again, all international reports show that the majority of babies of teenage mothers will have more disadvantages than other children. More of these children will live in poverty, more will grow up without a father, more (but of course not all!) will suffer from violence and more will have problems at school.
INTERVIEWER	Thank you very much, Silvia Johnson.

Für einen zweiten Hördurchgang stellen Sie folgende Fragen:
– *Does Mrs Johnson say that all teenage mothers have problems with their children? (no)*
– *Has the number of teenage pregnancies gone up in the last 30 years? (no, it has fallen)*
– *Is it only teenage mothers who smoke and have problems? (no)*
– *Does Mrs Johnson say that the fathers of the babies often help their partners? (no)*

3 **Comparing the lives of young people in different countries**
a) Look at the information from an international report. ...

Die S lesen die Grundaussage oben im linken Kasten und interpretieren dann die Grafik mündlich. In lernlangsamen Gruppen verfahren Sie mit der rechten Darstellung genauso, lernstärkere S leisten hier eigenständig den Transfer.
Nach der mündlichen Besprechung notieren die S vier Aussagen zu den Angaben und orientieren sich dabei an dem Beispielsatz unter den Kästen.
Lösungsbeispiele:
– The number of young people in *Germany* who *have got drunk twice or more* is *lower* than in *the United Kingdom*.
– The number of young people in *the United Kingdom* who *have got drunk twice or more* is *higher* than in *France*.
– The number of young people in *the United Kingdom* who *eat at a table with one or two parents several times a week* is *lower* than in *Germany*.
– The number of young people in *France* who *eat at a table with one or two parents several times a week* is *higher* than in *Germany*.

Erweiterung

Klären Sie mit den S, was diese Indikatoren (*number of young people getting drunk* und *having meals with a parent*) aussagen und warum sie von Interesse sind. Lassen Sie dann die S Vermutungen äußern, wie sie die künftige Entwicklung der Indikatoren einschätzen und ihre Vermutung begründen. Fragen Sie erweiternd nach ihren Prognosen in Bezug auf die Bereiche Fitness/Sport und gesunde Ernährung.

L *Why do people ask these questions? Why do you think people collect these numbers / this information? What do you think?*

S1 *I think that people ask these questions because they want to see where drinking is most popular.*
S2 *I think that they want to find out if young people see their parents during the week.*

Wortschatzarbeit An dieser Stelle bietet es sich an, das Wortfeld *food* zu reaktivieren. Schreiben Sie dazu FOOD zentral an die Tafel und finden Sie mit den S Unterrubriken, denen Nahrungsmittel zugeordnet werden können. Beispiele für Unterrubriken sind: *fruit, vegetables, fast food, dairy products, sweets, meat, sandwiches.*

b) The international report looked at other aspects …
Erläutern Sie die Aufgabe. Anschließend lesen die S die Aspekte laut vor.

L *The report looked at other problems too. Let's find out what you think about them. Who has the biggest problem? Read the aspects, please.* (S lesen vor.) *Now write a list with the letters A to F and rank them according to your opinion.*

1 Die S schreiben die Buchstaben A–F untereinander und ordnen die Aspekte der Wichtigkeit nach, wie sie sie persönlich einschätzen. Dies erledigen sie in Einzelarbeit.
Lösungen:
individuelle Lösungen

2 Die S begründen ausführlich ihre Wahl der zwei wichtigsten Aspekte schriftlich in Einzelarbeit. Lernschnellere S begründen auch die beiden Aspekte, die sie am Ende der Rangfolge eingeordnet haben.
Lösungen:
individuelle Lösungen

3 Die S tauschen sich mit einer Partnerin / einem Partner über ihre Lösungen aus und lassen sich evtl. missverständliche Punkte erklären. Um möglichst viele Ideen von den Mitschülerinnen/Mitschülern anzuhören, eignet sich der Doppelkreis (s. HRU-S. 101).
Lösungen:
individuelle Lösungen

Ermitteln Sie nach der Bearbeitung der drei Teilaufgaben den für Ihre S wichtigsten Aspekt durch Abzählen. Schreiben Sie für jeden Aspekt ein Stichwort an die Tafel und halten Sie dahinter die Zahlen fest (vgl. Tafelbild).

L *Let's find out what you think the most important aspect is. How many of you think that living with only one parent is the biggest problem? Raise your hands.*

one parent	5	one parent unemployed	3
outsider	3	cannabis	1
poverty	4	fights	6

INFO-BOX

Im **Sozialverhalten britischer Teenager** (vgl. Foto von Jugendlichen in London auf SB-S. 60) sind verschiedene problematische Tendenzen feststellbar. Ein Ritual, das vor allem in Großbritannien, aber inzwischen auch europaweit beängstigende Ausmaße angenommen hat, ist das **Komatrinken** *(binge-drinking)* Jugendlicher. Offiziellen Statistiken zufolge betrinkt sich ein Drittel der 15- bis 16-jährigen Briten regelmäßig, sodass 14 Prozent der 16- bis 19-Jährigen als alkoholsüchtig gelten (Stand: 2008). Das Phänomen zieht sich durch alle Schichten der Bevölkerung. Insgesamt hat das britische Innenministerium umgerechnet 12 Millionen Euro für eine Alkohol-Informationskampagne bereitgestellt, die z. B. mit schockierenden Werbespots an die Teenager appelliert (Siehe dazu auch: http://drugs.homeoffice.gov.uk/young-people/ und http://press.homeoffice.gov.uk/press-releases/anti-binge-drinking).

> **INFO-BOX**
>
> Mit steigender **Jugendkriminalität** und Gewalttätigkeit unter Jugendlichen und Heranwachsenden haben fast alle europäischen Länder zu kämpfen; in Großbritannien jedoch ist die Lage besonders dramatisch. 2008 wurde dort im Durchschnitt ein Jugendlicher pro Woche ermordet, wobei Opfer wie Täter immer jünger werden. Seit 1997 hat die Regierung mit veränderten Strukturen und neuer Gesetzgebung sowie umfangreichen Präventivmaßnahmen darauf reagiert. Die neueste Offensive gegen Jugendkriminalität wurde 2008 ins Leben gerufen und heißt *Youth Crime Action Plan* (Siehe dazu auch die folgende Website: http://www.homeoffice.gov.uk/documents/youth-crime-action-plan/). Unter den Ländern der Europäischen Union ist Großbritannien das mit der höchsten Rate an **Teenagerschwangerschaften**. Jugendlichen Müttern droht oft ein Kreislauf aus abgebrochener Schulausbildung, schlecht bezahlten Jobs, Armut und Abhängigkeit von sozialen Hilfsmaßnahmen. Seit 1998 ist die Anzahl der Schwangerschaften bei 15- bis 17-jährigen Mädchen um ca. zehn Prozent auf 41,7 pro 1.000 Mädchen gesunken. In diesem Jahr begann die *Teenage Pregnancy Strategy*, ein Regierungsprogramm, das einerseits präventiv auf die Vermeidung von Teenagerschwangerschaften hinwirkt, andererseits aber junge Eltern unterstützt, um deren soziale Integration hinsichtlich Ausbildung und allgemeinen Lebensbedingungen zu gewährleisten und ein Abgleiten in Armut und Arbeitslosigkeit zu verhindern (Siehe dazu auch: http://www.dcsf.gov.uk/everychildmatters/healthandwellbeing/teenagepregnancy/teenagepregnancy/).

▶ WB S. 37, Ex 1–3

SKILLS

S.62

WORTSCHATZ	Wish me luck! • oh, right ... • driving lesson • pass a test • even if • motorway • not ... either • it's no use being ... • I'll cross my fingers for you. • expression
SPRECHABSICHT	Über Fahrstunden sprechen: *I'm taking my driving test next week.*
MEDIEN	**L:** Kopien des Fragebogens von Vorlage 28 (oben) in Klassenstärke / Folie von Vorlage 28 (oben), Tageslichtprojektor; CD 2, Nr. 21, CD-Spieler; vorb. Folie; Kopien des Fragebogens von Vorlage 29 in Klassenstärke / Folie von Vorlage 29; Kopien von Vorlage 30 in Klassenstärke

SPEAKING – Talking about driving lessons

Einstieg Benutzen Sie als Einstieg den *questionnaire* von Vorlage 28 (oben), der die S nach ihren Plänen zum Erwerb des Führerscheins befragt. Die S füllen ihn in Einzelarbeit aus und äußern sich anschließend mündlich dazu. Alternativ kopieren Sie die Vorlage auf Folie und lassen die S sich gleich mündlich dazu äußern.

L *I'm sure many of you want to drive a car when you're 17 or 18. Let's find out more about your plans for driving lessons and getting your driving licence. Here's a little questionnaire about learning to drive. Tick the boxes that are true for you.*

Wortschatz Um den Wortschatz zu sichern bzw. vorzuentlasten, lassen Sie die S auf Englisch folgende Begriffe umschreiben: *driving test, motorway, car insurance, confident.*

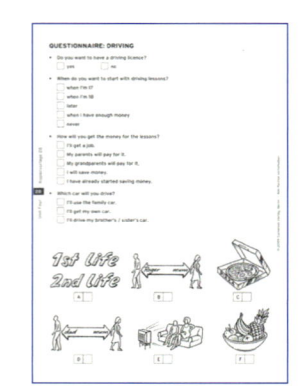

Kopiervorlage 28

1 Learning to drive ...

Zur Vorentlastung und auditiven Präsentation der Redemittel spielen Sie den Dialog zwischen den beiden Teenagern vor und fragen: *How is Loren feeling about the driving test? (She's a bit nervous/frightened.)*

What's different in Britain and Germany – and what's the same? ...

Spielen Sie den Hörtext vor, die S lesen parallel im SB mit. Danach wird mündlich im Plenum besprochen, was die Unterschiede und Gemeinsamkeiten beim Nehmen von Fahrstunden bzw. beim ersten eigenen Fahren nach der Prüfung sind. Fügen Sie ggf. noch weitere Aspekte wie *red L* (vgl. Info-Box S. 149) bzw. *driving on the left* hinzu.
Lösungsbeispiel:
Things that are different: *car insurance more expensive than in Germany, no night time lessons, no motorway experience*
Things that are the same: *driving at 17, lessons expensive*

2 Find these expressions in the text. ...

Die S suchen in Einzelarbeit die englischen Bezeichnungen der Begriffe und notieren die deutsche und englische Variante. Im Unterrichtsgespräch werden die Lösungen kontrolliert.
Lösungen:

1 *car insurance*
2 *on the motorway*
3 *a pretty small one*
4 *after you've passed your test*
5 *I'll cross my fingers for you!*
6 *driving lessons*
7 *confident*
8 *even if you drive your parents' car*

Wortschatz

Zur Festigung ist es möglich, den S die Redemittel in Form eines Lückentextes zu vermitteln. Präsentieren Sie den Text auf einer Folie und lassen Sie die S diesen abschreiben und vervollständigen. Eventuell hilft es, die deutschen Redemittel dahinter zu schreiben. In lernlangsameren Klassen bietet es sich an, den Lückentext als Arbeitsblatt vorzubereiten und die Ergänzungswörter ungeordnet als Fundus vorzugeben: *cross, looking, use, ...uch, luck, you feeling, Wish, confident, ...orse, is it, to, fingers*.

```
Redewendungen
_____ me luck!
But what's m_____ w_____ is ...
How are _____ _____ about ...
Are you _____ ?
– but it's no _____ being ..., _____ ?
I'm really _____ forward _____ ...
Well, good _____ !
I'll _____ my _____ for you!
```

3 Partner work: And you? Answer your partner's questions. ...

Die S arbeiten mündlich mit einem/einer Partner/in. Sie tauschen die Rollen, wenn der Dialog einmal durchgesprochen wurde. Dabei darf das SB benutzt werden. Falls Sie es für notwendig erachten, klären Sie vorab mit den S die Preise von Fahrstunden, Autoversicherungen, und ob die Jugendlichen mit 17 oder 18 fahren dürfen. Es gibt sicher S, die all diese Fragen beantworten können. In lernlangsameren Klassen spielen zwei S den Dialog einmal im Plenum durch, damit die S eine Sprachvorlage haben.
Lösungsbeispiel:

PARTNER A   Are you looking forward to learning to drive?
PARTNER B   I'm not sure. On the one hand I'm a bit frightened, but on the other hand *I want to be able to drive a car and go where I want.*
PARTNER A   Are lessons and car insurance expensive in Germany?
PARTNER B   *Lessons are very expensive in Germany. For a lesson you have to pay between 30 and 45 euros. And you have to pay about 200 euros to the driving school before you can start the lessons. For young people a car insurance is expensive too, but not as expensive as in Britain.*
PARTNER A   Are you going to learn to drive when you're 17 or 18?
PARTNER B   (individuelle Antworten)

4 More partner work: Now work with two partners. ...

Weisen Sie die S auf den Personenwechsel hin und darauf, dass beim Dolmetschen nicht wörtlich übersetzt werden muss. Es tun sich immer drei S zusammen, die die *Interpreting*-Aufgabe bearbeiten. Entsprechend den Anweisungen im SB werden die Rollen getauscht.

Lösungsbeispiel:

LENA	Kannst du Auto fahren, Ben?
STUDENT	*Lena wants to know if you can drive (a car).*
BEN	Well, I can't yet, but I'm taking driving lessons.
STUDENT	*Er sagt, dass er es noch nicht kann, aber er nimmt Fahrstunden.*
LENA	Und wann machst du den Führerschein?
STUDENT	*Lena is asking when you'll take / are taking the test.*
BEN	I'm not absolutely sure, but probably in June.
STUDENT	*Ben sagt, dass er es noch nicht genau weiß, aber wahrscheinlich im Juni.*
LENA	Freust du dich darauf?
STUDENT	*She asks if you're looking forward to it.*
BEN	Oh, I'm really looking forward to being able to drive.
STUDENT	*Er sagt, dass er sich schon sehr darauf freut, Auto fahren zu können.*
LENA	Hast du dein eigenes Auto?
STUDENT	*Lena wants to know if you have your own car.*
BEN	No, I haven't. Cars are expensive. And what's worse is the car insurance.
STUDENT	*Er erzählt, dass er kein Auto hat. Autos sind teuer. Und die Autoversicherung ist noch schlimmer/teuerer.*
LENA	Ja, die Autoversicherung ist auch in Deutschland sehr teuer.
STUDENT	*She says that car insurance in Germany is expensive too.*
BEN	Can you drive, Lena?
STUDENT	*Ben möchte wissen, ob du Auto fahren kannst.*
LENA	Ja, ich fahre seit ein paar Monaten Auto.
STUDENT	*She says that she has been driving for a few months.*
BEN	Do you enjoy it?
STUDENT	*Er fragt, ob es dir Spaß macht.*
LENA	Oh ja. Es macht riesig Spaß.
STUDENT	*She says that it's great fun.*

Erweiterung

Auf Kopiervorlage 29 werden einige *multiple choice*-Fragen zu den Verkehrsregeln in Großbritannien gestellt. Durch die Bearbeitung erweitern die S das Vokabelfeld Verkehr und bekommen landeskundliche Aspekte vermittelt. Präsentieren Sie die Fragen entweder auf Folie oder als Arbeitsblatt.

Lösungen:

1 b)	**3** b)	**5** c)	**7** a)
2 b)	**4** a)	**6** b)	**8** b)

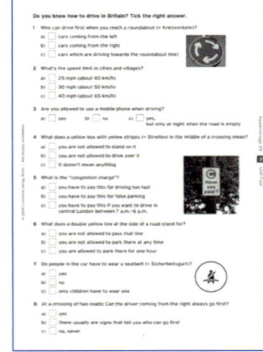

Kopiervorlage 29

Interpreting

Vorlage 30 bietet eine Übung zum *Interpreting* an. Kopieren Sie die Vorlage in Klassenstärke und erklären Sie kurz die Ausgangssituation: Kevin trifft Mandy aus England. Da die beiden noch Schwierigkeiten haben, sich sprachlich gegenseitig zu verstehen, bedienen sie sich eines Dolmetschers – diese Rolle nehmen die S ein. Die S arbeiten zunächst einzeln und machen sich Notizen auf einem separaten Notizzettel. Anschließend spielen jeweils drei S die Situation durch, wobei ein/e S das Dolmetschen übernimmt. Der/Die Dolmetscher/in arbeitet dabei mit dem Notizzettel, damit die Sätze der beiden Partner/innen nicht zu Hilfe genommen werden können. Die Überprüfung der Lösungen erfolgt im Plenum. Die Lösungen werden von den S auf den Kopien in der Mittelspalte festgehalten.

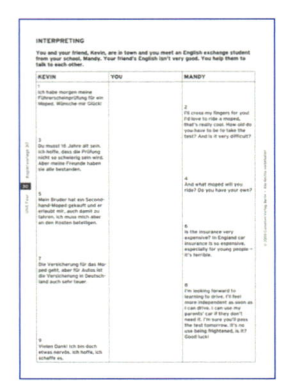

Kopiervorlage 30

Hinweis: Erinnern Sie die S an den verlangten Pronomenwechsel, denn er bereitet ihnen erfahrungsgemäß immer wieder Schwierigkeiten.

Lösungsbeispiel:
1 *He says that he's taking his driving test for mopeds tomorrow. He asks you to wish him luck!*
2 *Sie verspricht, dir die Daumen zu drücken. Sie sagt, dass sie gerne Moped fahren würde. Sie findet es richtig cool. Sie fragt, wie alt man sein muss, um die Prüfung zu machen und ob sie schwer ist.*
3 *He says that you have to be 16 (years old). He hopes that the test won't be so difficult/hard. But all his friends have passed the test.*
4 *Sie möchte wissen, mit welchem Moped du fahren wirst. Sie fragt, ob du ein eigenes hast.*
5 *He says that his brother (has) bought a second-hand moped and he'll let him ride it (too). But he has to pay for the costs too.*
6 *Sie fragt, ob die Versicherung sehr teuer ist. Sie erzählt, dass Autoversicherungen in England sehr teuer sind, besonders für junge Menschen. Sie findet das schrecklich.*
7 *He says that insurance for the moped isn't too/so bad/expensive, but for cars it's very expensive in Germany too.*
8 *Sie sagt, dass sie sich schon darauf freut, Autofahren zu lernen. Sie wird sich unabhängiger fühlen, wenn sie fahren kann. Sie erzählt, dass sie das Auto ihrer Eltern benutzen darf, wenn diese es nicht benötigen/brauchen. Sie sagt, dass sie sicher ist, dass du morgen die Prüfung bestehen wirst. Sie sagt, dass es keinen Sinn hat, ängstlich zu sein. Sie wünscht dir viel Glück!*
9 *He thanks you. He says that he's still a bit nervous. He hopes that he'll pass.*

INFO-BOX

In Großbritannien kann man mit 17 Jahren die **Fahrerlaubnis** erwerben, Mopeds dürfen – wie auch in Deutschland – mit 16 gefahren werden. Im Gegensatz zu Deutschland müssen keine formalen Fahrstunden genommen werden. Fahrschüler sind verpflichtet, ein großes rotes L-Schild in der Front- und Rückscheibe ihres Wagens anzubringen (in Wales: D) und dürfen in Begleitung einer volljährigen Person mit einer gültigen Fahrerlaubnis fahren (Hierfür gibt es regional abweichende Regeln.). Erst nach dem Bestehen einer zweiteiligen Theorie- und einer beaufsichtigten Fahrprüfung kann man die *provisional licence* gegen eine gültige Fahrerlaubnis eintauschen. Für das Fahren von Mopeds oder Motorrädern sind extra Fahrstunden erforderlich (*Compulsory Basic Training*);
(Für zusätzliche Informationen siehe auch:
http://www.direct.gov.uk/en/Motoring/LearnerAndNewDrivers/index.htm).

▶ WB S. 38, Ex 4

S. 63

WORTSCHATZ	whereas • remind you of ...
SPRECHABSICHT	Über Bilder sprechen: *In picture A a group of teenagers are sitting in a room.*
MEDIEN	L: Kopie von *picture A* von SB-S. 63 auf Folie, Folienstift, Tageslichtprojektor, vorb. Blatt Papier mit einem Loch von 2–3 cm Durchmesser

SPEAKING – Picture-based conversation

1 Party time

Einstieg

a) Look at picture A and describe it.

Kopieren Sie die Grafiken aus dem SB auf Folie und präsentieren Sie sie wie im did.-method. Hinweis auf HRU-S. 150 beschrieben. Die S tragen bei dem ersten Bild mündlich ihre Beobachtungen zusammen, die auf der Folie oder an der Tafel stichpunktartig festgehalten werden. Nachdem die Einzelheiten des Bildes erarbeitet wurden, sollen die S nun ihr Augenmerk auf das ganze Bild richten, welches aufgedeckt wird. Um das Bild in Farbe zu sehen, können Sie die S auch ihre SB öffnen und das rechte Bild abdecken lassen. Vor der umfassenderen Beschreibung von Bild A lesen die S den Tipp. Es folgt eine detaillierte Beschreibung, die die Fragen nach *Who? Where? What?* beantwortet. Im nachfolgenden Unterrichtsgespräch werden die Ideen der S wieder an

der Tafel angebracht. Lernlangsameren S geben Sie als Hilfe konkretere Fragen bzw. Anweisungen, z. B.: *Describe the people and the room. What are the people doing? Where are they? What's the atmosphere like? What could the teenagers be talking about?*
Die Notizen an der Tafel werden möglichst noch weiter ausgestaltet.

L *I'm going to show you parts of a picture and I'd like to ask you to describe what details you can see from the picture.* (Präsentieren Sie das Bild wie im did.-method. Hinweis unten beschrieben.)
S beschreiben.
L *Let's look at the whole picture now. Please say who's in the picture, where the people are and what they are doing.*
S *There are seven teenagers having a party. They are eating and talking. One boy is playing the guitar. / The party is at somebody's house. / …*
L *What do the people look like?*
S beschreiben.

Lösungsbeispiel:
In the picture I can see seven young adults. They are having a party at a friend's house. Most of them are sitting together and chatting. A boy is playing the guitar, another boy is getting some food from a table which is at the back of the room. The atmosphere seems to be quite relaxed and everybody is enjoying the party. Perhaps it is a birthday party.

> **DIDAKTISCH-METHODISCHER HINWEIS**
>
> **Das gelenkte Betrachten eines Bildes:** Zur Arbeit mit einem Bild auf einer Folie bereiten Sie ein Blatt Papier vor, aus dem ein kleiner runder Kreis von ca. 2–3 cm Durchmesser ausgeschnitten wurde. Sollten Sie ein Poster etc. nutzen wollen, muss der Kreis entsprechend angepasst werden. Dadurch, dass nur die Stellen auf dem Bild sichtbar werden, über die der Kreis bewegt wird, wird die Aufmerksamkeit der S fokussiert und gelenkt. Zu den Ausschnitten, die Sie aufdecken, finden die S möglichst viele Details. Dabei ist zunächst nur wichtig, was die S sehen. Die Vokabelarbeit und gleichzeitig der Bildinhalt stehen im Vordergrund. Sie können die S die Dinge entweder nennen oder notieren lassen. Beachten Sie auch, dass der Rest des Blattes immer abgedeckt bleibt. Wollen Sie großflächiger arbeiten, können Sie das Bild auch langsam mit einem Blatt Papier von oben nach unten aufdecken, sodass sofort alle Bereiche oberhalb des Blattes sichtbar werden.

b) Now describe picture B and compare the two pictures.
In lernlangsameren Klassen wird *picture B* mündlich beschrieben; anschließend werden die *examples* zu b) gelesen. Lernstarke S lesen gleich die *examples* und beschreiben *picture B*. Danach vergleichen die S mithilfe der Redemittel im SB die beiden Szenen in Partnerarbeit. Zu den Bildern können sie sich auch vorab einige Notizen machen.
Lösungsbeispiel:
In picture B the teenagers are in a restaurant, whereas the people in picture A are at somebody's house. In picture B the atmosphere seems to be relaxed but more formal than in picture A. In contrast to picture A the teenagers in picture B are dressed much nicer. In picture A the teenagers are wearing jeans / everyday clothes, in picture B they're wearing suits or dresses / formal clothes. The picture on the left shows groups of people chatting with each other while in picture B only the people sitting next to another are talking.

c) Give your opinions.
In einem dritten Schritt stellen die S Vermutungen zu den dargestellten Situationen an und kommentieren diese. Zuvor überlegen sie sich zu jedem Bild einen positiven und einen negativen Aspekt.
Lösungsbeispiel:
Picture A is probably a birthday party and picture B perhaps a business lunch. I prefer parties like the one in picture A because you can do what you want there. There are no rules that have to be followed and it is usually more fun. However, I sometimes like formal meals like the one in picture B. You can wear nice clothes and the food is often very good.

d) Compare both scenes with your own experiences.
Fragen Sie die S zunächst einleitend nach ihren Erfahrungen: *Have you ever been to a formal dinner? Maybe at a wedding? What was special about it?* So erhalten S, die bei

dieser Frage Probleme haben, erste Anregungen bzw. Impulse. Die S machen sich Notizen und tragen ihre Erfahrungen dann einem/einer Partner/in und abschließend der Klasse vor.
Lösungen:
individuelle Lösungen

Festigung Zur Festigung der Redemittel arbeiten die S *Exercise 1* mit allen Teilaufgaben schriftlich aus. Alternativ schreiben sie nur die Redemittel ab und lernen sie auswendig.

> **HINWEIS ZUR M10-PRÜFUNG**
>
> Auf dieser SB-Seite werden wichtige Redemittel präsentiert, die die S in ihrer mündlichen Prüfung verwenden sollen. Das kleinschrittige Vorgehen bei der Bildbeschreibung soll den S nochmals deutlich machen, dass man sich sehr lange mit nur einem Bild beschäftigen kann. Um mehr Sicherheit für die Prüfung zu bekommen, orientieren sich die S an der strukturierten Vorgehensweise dieser SB-Seite:
> – Bild 1 beschreiben
> – Bild 2 beschreiben und mit Bild 1 vergleichen
> – die eigene Meinung zu den abgebildeten Situationen darstellen
> – einen Bezug zu den eigenen Erfahrungen herstellen
> Natürlich steht in der Prüfung später nicht so viel Zeit zur Bildbeschreibung zur Verfügung. Umso notwendiger ist es, eine oder mehrere Strategien zur Auswertung zu beherrschen, die ein zügiges Vorgehen erlauben.

▸ WB S. 39, Ex 5

S. 64–66

WORTSCHATZ	S. 64: best-selling book • make it into a film • move from … to • Are you being funny? • whether • perfectly • sensible • while • shake: he had shaken • it looks to me like … • make sure • he's gone • get used to • business • he didn't mind • weird • pee • someone • you ought to • keep in touch with • somehow • argument • pepperoni • pick the pepperoni off • right now
S. 65: miss the point • course not • you've been good about it • considering • messy • he wasn't bothered • so far • he had been to see … • they had been to have a look at … • horrible • straight out of the box • soggy • optimistic • remote control • sofa • down the back of the sofa • zap through the channels
MEDIEN	**L:** Folie von Vorlage 28 (unten), Tageslichtprojektor
S: Verkleidungen, Requisiten

READING – A story

Einstieg Schreiben Sie eine Reihe von Wörtern (s. u.) an die Tafel. Die S überfliegen den Text und finden heraus, welche Wörter davon in der Geschichte vorkommen: *cinema, film, serious, marry, row, split up, pizza, ice cream, vegetarians, argument, TV, homework, radio, grandparents, dog, caravan, normal, girlfriends, boyfriends, Cambridge, Scotland, optimistic, cry, trouble* (Lösung: *film, serious, argument, split up, pizza, vegetarians, TV, homework, grandparents, normal, girlfriends, boyfriends, Cambridge, optimistic, trouble*).

Kopieren Sie die Piktogramme von Vorlage 28 (unten) auf Folie oder skizzieren Sie sie an der Tafel. Die S lesen die Geschichte nun gründlicher und bringen die Abbildungen in die richtige Reihenfolge (Das Bild wird hierbei immer der ersten Erwähnung im Text zugeordnet.).
Lösung:

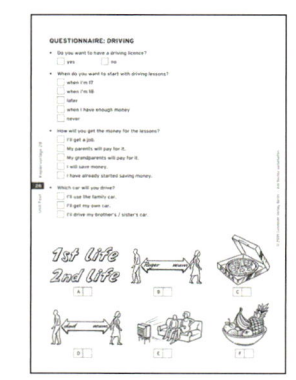

1 B	**3** F	**5** D
2 C	**4** A	**6** E

Kopiervorlage 28

1 Answer the questions in full sentences.
Die S bearbeiten *Exercise 1* in Einzelarbeit schriftlich. Die Lösungen werden im Unterrichtsgespräch verglichen.
Lösung:
1 *Roger is/was Marcus's mother's partner.*
2 *They talked quietly in the kitchen.*
3 *Marcus and his mother didn't want to eat Roger's pizza because they were vegetarians and the pizza had meat/pepperoni on it.*
4 *Marcus and his mother came to London a few weeks ago.*
5 *We know that Marcus didn't like his new school because he calls it / says it's "big and horrible".*

2 What do you think: Why isn't Marcus's mother very interested in …
Diese Aufgabe wird mündlich beantwortet, nachdem die S etwas Zeit bekommen haben, sich den Text anzuschauen. Die S stellen Vermutungen an und diskutieren diese im Plenum.
Lösungsbeispiel:
I think that Marcus's mother isn't very interested in talking about the pizzas because she has bigger problems: she has just split up with her partner.

3 Marcus tries to help his mother because she's sad. …
Die S bearbeiten die Aufgabe in Einzelarbeit und machen sich zu den Antworten Notizen.
Lösungen:
1 *Marcus talks cheerfully. / Marcus says something nice about the pizza.*
2 *Marcus chooses a nature programme, not a soap, because soaps are full of trouble.*

Transfer

Bitten Sie die S um eine Einschätzung von Marcus' Ideen bzw. Versuchen, seiner Mutter zu helfen, und fragen Sie nach eigenen Vorschlägen: *Do you think Marcus had good ideas? What would you do in his situation?*
Sie können auch kontextunabhängig danach fragen, was die S machen, um eine Freundin / einen Freund oder ein Familienmitglied zu trösten und aufzuheitern.

4 Explain the following phrases in English. …
Nach kurzer Einlese- bzw. Nachschlagezeit wird diese Aufgabe zusammen im Unterrichtsgespräch gelöst. Die richtigen Lösungen werden an die Tafel geschrieben. Suchen Sie aus dem *Reading*-Text vor allem für schnellere S weitere Phrasen heraus, die diese umschreiben können, und notieren Sie diese an der Tafel. Vorschläge für mögliche Phrasen sind: *being funny (line 7), keep in touch (line 23), throw it away (line 30), miss the point (line 42), straight out of the boxes (line 64), soggy (line 68).*
Lösungen:
2 *We've split up. (line 17) – We won't live/be together from now on.*
3 *had been out a few times (line 21) – had spent several/some evenings together in town*
4 *Do you mind …? (line 47) – Is it a problem for you …? / Is that OK for you …?*
5 *zapped through the channels (line 73) – changed the progammes / from one programme to another on TV (with a remote control)*

5 Explain in German …
Die S lesen in den Teilaufgaben a) und b) die entsprechenden Textstellen nach, machen sich Notizen und besprechen ihre Ideen anschließend in Partnerarbeit. Die Ergebnisse werden im Plenum verglichen.

a) how the arguments between Marcus and his mother are different …
Lösungsbeispiel:
Marcus konnte den Streit zwischen seiner Mutter und Roger nicht verstehen: es war, als ob ein wichtiges Stück fehlte. Wenn er mit seiner Mutter stritt, war es klar, worum der Streit ging.

b) why Marcus has had "two different sorts of lives" and what they're like.

Lösungsbeispiel:

Es gab ein Leben vor der Trennung der Eltern und danach.

Das erste Leben war mit seinen Eltern in Cambridge: das Leben war geregelter, mit Sommerferien, Hausaufgaben usw.

Das zweite Leben fing an, nachdem seine Eltern sich getrennt hatten. Sie hatten verschiedene, neue Partner/innen und dieses Leben war chaotischer, aber manchmal gefiel es Marcus besser.

6 Arguments with parents
a) Look at lines 40–41 (too much ... fruit). ...

Präsentieren Sie die acht Impulse an der Tafel oder auf einer Folie. Die S finden Vorschläge in Einzelarbeit und halten diese schriftlich fest. Hinterher werden die Vorschläge der Klasse präsentiert.

Lösungsbeispiel:

1. too much: *"You eat too much chocolate, Marcus! It's not good for you."*
2. too expensive: *"You want to buy this phone! You must be crazy, Marcus! It's much too expensive!"*
3. too late: *"You go to bed too late, Marcus! You should go to bed earlier!"*
4. too young: *"You shouldn't watch that film, Marcus. You're too young."*
5. bad for your teeth: *"Don't eat so many sweets, Marcus. They're bad for your teeth!"*
6. the other channel: *"This programme isn't good for children. Why don't you watch something on the other channel?"*
7. homework: *"Stop phoning and do your homework now!"*
8. fruit: *"You should eat more fruit, Marcus. It's much healthier for you!"*

Transfer **b) What do you argue about with your parents? Write 5–6 sentences.**

Die S lösen diese Aufgabe schriftlich in Einzelarbeit, wobei die aus Teilaufgabe a) stammenden Lösungen durchaus als Vorlage dienen können. Als Formulierungshilfe nutzen die S Vorgaben aus dem blauen Kasten.

Lösungsbeispiel:

We sometimes argue about *what time I have to come home at night*, especially if *my parents don't know where I am. But sometimes there are several parties on the same night and I don't know which one I will go to.*

My parents and I argue if I *go out before I finish my homework*. They often argue with me when *I don't want to visit my relatives at the weekend. They say that I have to see my family but I think that is really boring.*

Weiterarbeit Lassen Sie zur Weiterarbeit von verschiedenen S-Gruppen entweder eine Streitsituation zwischen Marcus und seiner Mutter oder eine Situation anhand ihrer eigenen Ideen zu einer Szene ausarbeiten und ausschmücken. Zur lebendigen Gestaltung sollten auch Verkleidungen und Requisiten genutzt werden. Die kurzen Szenen können auch der Parallelklasse oder einer neunten Klasse vorgespielt werden. Die S suchen sich dazu zunächst selbst die passenden Mitspieler/innen aus und erarbeiten dann ein kurzes „Drehbuch". Maßgebliche Vorgabe ist ein Konflikt zwischen Eltern / einem Elternteil und einem Kind. Um weitere Rollen einzufügen, kann z. B. auch ein Erzähler oder Kommentator integriert werden. Leistungsstärkere Gruppen sollen sich noch zusätzlich eine Lösung zum Konflikt überlegen.

S, die nicht selbst schauspielern wollen, können entweder als Regisseure die Stücke begleiten und Verbesserungsvorschläge machen bzw. steuernd eingreifen oder alternativ schriftlich eine Geschichte ihrer Wahl weiterentwickeln. Diese dient dann in einer der Folgestunden erneut als Vorlage zum Vorspielen.

INFO-BOX

About a boy ist der dritte Roman des Briten Nick Hornby und erschien 1998. Der 1957 geborene Autor war zuvor mit der autobiografischen Geschichte *Fever Pitch* (1992) und dem Roman *High Fidelity* (1995) bekannt geworden. Mehrere seiner Werke wurden verfilmt; auch die Rechte zu seinem neuen, 2009 erscheinenden Roman *A Long Way Down* wurden schon vorab von Johnny Depp erworben. *About a boy* ist die Geschichte zweier „Jungen": In London trifft der 12-jährige Marcus, ein ungeliebter Außenseiter, der sich verantwortungsvoll um seine depressive, alleinstehende Mutter kümmert, auf Will, einen hippen Enddreißiger, der von den Tantiemen eines Weihnachtsliedes lebt, das sein Vater geschrieben hat, und der sich jeder ernsthaften Tätigkeit oder Beziehung verweigert. Im Laufe der Geschichte werden die beiden Freunde und durchlaufen Veränderungen, die sie am Ende zu einem jeweils altersangemessenen Lebensstil führen, mit dem beide glücklicher sind. Der Film *About a boy* (in Deutschland: „About a boy oder: Der Tag der toten Ente") erschien 2002 unter der Regie der Brüder Paul und Chris Weitz (vgl. das Foto des Filmplakats auf SB-S. 65). Neben Hugh Grant (geb. 1960) als Will und Toni Colette (geb. 1972) als Marcus' Mutter spielte Nicholas Hoult (geb. 1989) die Rolle des Marcus (vgl. auch das Foto auf SB-S. 66). Hoult erhielt mehrere Auszeichnungen für seine Darstellung und begann danach eine Schauspielkarriere; der Film selbst wurde für die *Academy Awards* (Beste Drehbuchadaption) nominiert.

▶ WB S. 40–42, Ex 6–10

S. 67

WORTSCHATZ	exchange • audio message • hoody • mosquito
MEDIEN	L: CD 2, Nr. 27, 28, CD-Spieler; Folie von dem Cartoon auf SB-S. 67, Tageslichtprojektor

LISTENING – Two audio messages

LANGUAGE AWARENESS

Hoody (auch *hoodie*) steht für *hooded sweatshirt* – ein Oberbekleidungsstück mit Kapuze.

1 Sarah talks about "hoodies".
a) Listen to Sarah. Which picture shows a hoody?
Nutzen Sie den Kontext der *Listening*-Seite, um zu den Aufgaben überzuleiten (s. u.). Nach der kurzen Einführung in die Situation öffnen die S das SB, schauen sich die drei Fotos an und sagen, auf welchem davon ein *hoody* zu sehen ist (Lösung: *picture B*). Um die Lösung zu kontrollieren, wird der Hörtext gehört.

L *Imagine that our school exchanges audio messages with young people in Britain. In this month's messages two British teenagers complain about something. The first message is by Sarah. She's talking about hoodies. Open your books at page 67 and look at the three photos at the top. Which picture shows a hoody?*
S *Picture B.*
L *Let's check if that's right. Listen to Sarah, please.*

b) Listen again: True or false?
Vor dem zweiten Hören lesen die S die Sätze und machen sich während des Hörens Notizen zu den Lösungen.
Lösungen:
1 *F*   **2** *T*   **3** *T*   **4** *T*   **5** *F*

c) What exactly is Sarah complaining about? Explain in German.
Diese Aufgabe wird im Unterrichtsgespräch mündlich nach erneutem Hören von den S beantwortet.

Lösungsbeispiel:
Sarah beklagt sich darüber, dass in den Medien gesagt wird, dass Jugendliche mit Kapuzenpullovern gefährlich oder kriminell seien. Sie wollten mit den Kapuzen ihre Gesichter verbergen, weil sie etwas stehlen wollten. Sie trage den Pullover allerdings als Schutz gegen die Kälte. Sie findet die Medienberichte unfair.

Tapescript
Hi, my name's Sarah. I'm 17 years old, and I'm friendly and hard-working. I don't steal cars or mug people. And I have a good relationship with my parents and teachers. But you wouldn't think so if you believed the media. They say that young people like me are chavs. Why? Easy, it's because I wear a hoody. And the media hate people who wear hoodies! A hoody, if you're wondering, is like a sweatshirt with a bit that comes over the head to keep you warm. And that's why I wear a hoody – because it keeps me warm. Plus I just think they look cool. But the media will tell you a different story. They say that I wear a hoody so that the cameras in shops and on street corners can't see my face and won't know who I am when I steal things in shops. That's why Bluewater, a big shopping centre near London, banned young people with hoodies back in 2005. Now lots of places ban young people with hoodies. It's so stupid – and unfair!

Vertiefung

Zur Vertiefung der Thematik sollen die S den Cartoon im SB mit der Frau, dem Kinderwagen und dem Polizisten betrachten. Um ihre Aufmerksamkeit zu fokussieren, kopieren Sie den Cartoon auf Folie und präsentieren ihn der Klasse. Lassen Sie die S die Pointe kurz mündlich erklären.
Lösungsbeispiel:
The little baby is wearing a hoody and the security officer is saying that this isn't OK. He's working for Bluewater. That's a big shopping centre which has banned young people with hoodies so maybe he's telling the mother that she can't come in with the baby.

2 Wiliam talks about "mosquitoes".

Einstieg

Leiten Sie zum zweiten Hörtext über, indem Sie die S fragen, was ein *mosquito* ist. Falls Ihre S das Wort nicht kennen, zeichnen Sie als Hilfe eine Mücke an die Tafel. Sprechen Sie dann mit ihnen über das Geräusch, das Mücken machen, und kündigen Sie an, dass der zweite Hörtext von *mosquitoes* handelt. Als Hörauftrag sollen die S beim ersten Hören herausfinden, über welche Art von *mosquitoes* William spricht (Lösung: *He/William talks about a box that makes a sound like a mosquito that only young people can hear.*).

L *Everybody hates mosquitoes. Who can explain what a mosquito is?* (Helfen Sie ggf. mit einer Skizze.)
S *It's a small insect/animal that bites you and takes your blood.*
L *That's right. And what kind of sound does it make?*
S *It's an awful / a very high sound.*
L *In the second audio message a boy is talking about mosquitoes. What kind of mosquitoes does he mean? Listen, please.* (S hören.)
S1 *He talks about boxes that make a sound like a mosquito.*
S2 *Older people can't hear the sound but for young people it's terrible.*

a) Listen and answer the questions.
Die S lesen sich vor dem Hören die Fragen im SB durch und beantworten sie während des nächsten Hördurchgangs in Einzelarbeit schriftlich. Danach vergleichen sie die Lösungen mit einem/einer Partner/in.
Lösungen:
1 two weeks ago   3 shops, railway stations   5 Belgium
2 2005   4 3 500

b) Listen again and take notes. Then explain:
Die S hören die *audio message* erneut und beantworten die Fragen schriftlich in Einzelarbeit.
Lösungsbeispiele:
1 *A "mosquito" is a box that makes a sound which young people find so awful that they just have to move away – but it's a sound which older people can't hear.*
2 *William thinks that they're unfair because all young people suffer when they hear them – not only the minority of criminals.*

Tapescript

Hi, I'm William. What really gets on my nerves are "mosquitoes" – a gadget which I first saw two weeks ago when I was in Wolverhampton. Have you ever heard of them? I don't know if you have them in Germany – here in Britain they began in 2005. A mosquito is a box that makes a sound which young people find so awful that they just have to move away – but a sound which older people, say people over 25, just can't hear at all. Some shops and railway stations in Britain have started to use them: they put the mosquitoes in places where groups of young people like to hang around, and the sound from the mosquito makes the young people move away. People say that there are already 3 500 mosquitoes in the UK! But I think – and many people think – that they're unfair because all young people suffer when they hear them – not only the minority of criminals. It's wrong to have a machine against a whole group of people. It would be wrong to have a machine against women or older people, for example – and it's wrong to have a machine against young people too. They have been banned in Belgium – they should be banned here too.

INFO-BOX

2005 wurde in Großbritannien ein Schallschutzsystem gegen herumlungernde Jugendliche entwickelt, das *The Mosquito* heißt. Der Hersteller dieser „Kinderwaffe" kommt heute aus der Schweiz und verkauft sein Produkt für ungefähr 730 Euro. *The Mosquito* arbeitet mit extrem hohen Schallwellen, die die meisten Erwachsenen jenseits der 25 nicht mehr hören können. Sein Wirkprinzip liegt in der Art des ausgegebenen Tones, der von den Betroffenen als sehr lästig empfunden wird: Es werden modulierte Tonsignale verwendet, die sich aus einem Ton mit etwa 17 kHz und einem Ton mit etwa 18 kHz zusammensetzen. Zwischen beiden Signalen wird mehrmals pro Sekunde gewechselt. Da es sich nicht um einen gleichmäßigen Dauerton handelt, kann das menschliche Gehirn ihn nicht ausfiltern bzw. sich nicht daran gewöhnen. Während *The Mosquito* v. a. in Großbritannien viele Abnehmer findet, häuft sich die Kritik dort und in anderen europäischen Ländern an diesem Gerät, insbesondere wenn es zur Beschallung öffentlicher Räume genutzt wird. So können eventuell Säuglinge und Kleinkinder gefährdet sein, da begleitende Erwachsene das Störgeräusch nicht wahrnehmen. Einige Juristen sehen sogar Anzeichen einer strafbaren Körperverletzung.

3 Problems for young people in Bavaria

a) Discuss in class: Are hoodies or mosquitoes a problem in Bavaria?

Im Unterrichtsgespräch oder in Kleingruppen diskutieren die S die Frage und schildern ihre Erfahrungen. Wenn sie persönlich keine Erfahrungen mit diesen Geräten haben, äußern sie ihre Meinung dazu und begründen diese. Leistungsstarke S suchen Argumente dafür, die von Ladenbesitzern angeführt werden könnten, sowie Gegenargumente dazu. Abschließend legen sie ihre eigene Meinung dar.

Erweiterung

Die S zählen Dinge auf, die sie nicht mit in die Schule bringen dürfen, z. B. Handys, Kappen, Messer, und äußern sich dazu, wie sie das Verbot finden und warum es ausgesprochen wurde.

b) Group work: Write an audio message for a school in Britain …

Bilden Sie Gruppen von drei bis vier S. In den Gruppen führen die S ein Brainstorming zu den Problemen bayerischer Jugendlicher durch. Um die Möglichkeiten an Einfällen zu erweitern, können Sie vor dem Schreiben der *audio message* die Ideen der S an der Tafel zusammentragen. Es bietet sich an, dass jede S-Gruppe zu jedem der an der Tafel notierten Punkte eine Stellungnahme formuliert. Bei einer anschließenden Vorstellung der einzelnen Stellungnahmen kristallisiert sich sicher für die Gruppen ein Thema heraus, das sie am interessantesten finden und näher bearbeiten wollen.

In einem nächsten Schritt formulieren die S in den Gruppen schriftlich eine Mitteilung für eine britische Partnerschule. Geben Sie einige Gliederungspunkte und Redemittel als Hilfen vor. Gliederungspunkte können sein:
- say what the problem is (*In Bavaria … is a big problem.*)
- say why/how it's a problem for Bavarian teenagers (*Many people / parents / teachers think … But young people …*)
- say how things could improve (*In our opinion teachers / parents / the media should … Perhaps young people could help the situation by …*)

Für die S ist es besonders interessant und motivierend, wenn sie ihr Ergebnis aufnehmen und vorspielen können. Hierzu eignet sich am besten ein Handy mit Mikrofon, das sicher viele S besitzen. Ein weiterer Vorteil der Arbeit mit Handys bzw. Aufnahmegeräten besteht darin, dass die S verständlich, langsam und betont sprechen müssen. Dies kann beispielsweise von anderen Gruppen kontrolliert werden (s. auch den did.-method. Hinweis HRU-S. 36).
Lösung:
individuelle Lösung

▶ WB S. 43, Ex 11/12

S. 68

| MEDIEN | L: Internet; Kopien von Vorlage 31 in Klassenstärke |
| | S: Wörterbücher |

MEDIATION – An online book review

The confessions of Georgia Nicolson

Lassen Sie als *warming-up* das Bild aus dem SB von den S beschreiben. Die S verbalisieren zunächst den Inhalt des Fotos; in einem nächsten Schritt stellen sie Vermutungen an, was das Foto über das Buch aussagen könnte. Durch Lesen des nebenstehenden Textes überprüfen sie, ob ihre Vermutungen zutreffen.

L *The picture is about a scene in a book. What can you see in the picture?*
S *A girl is lying in bed. She's holding a dog/cat in her arm. The dog/cat is grey and has long fur/hair.*
L *And what about the girl – is she sleeping?*
S *No, she's not sleeping, but she doesn't look happy. Perhaps she has a problem.*
L *What kind of problem could that be?*
S vermuten.
L *Let's find out a bit more. Read the text next to the picture, please.*

Anschließend lesen die S die *book review* still und finden heraus, was der Person, die das Buch bespricht, daran gefallen hat und für wen sie es besonders empfiehlt (Lösung: *She likes it because it's very funny. She says it's great for teenage girls.*).

1 Erzähle deiner Freundin, die gerade im Internet ...
Die Aufgabe wird von den S mündlich in Partnerarbeit erledigt. Erinnern Sie sie daran, dass sie nicht jedes Wort verstehen müssen, um die Fragen beantworten zu können.
Lösungsbeispiele:
1 *Die Buchserie „The confessions of Georgia Nicolson" ist eine der beliebtesten Buchreihen unter (Teenager-)Mädchen in Großbritannien.*
2 *Georgia ist verrückt. Sie muss sich zu Hause um eine jüngere Schwester kümmern, ihre Eltern verstehen sie nicht, und sie hat eine verrückte Katze.*
3 *Georgias Onkel Eric und ihr Vater sind ihr peinlich: der Onkel, weil er mit einem uralten Motorrad fährt und denkt, dass das cool ist. Ihr Vater ist ihr peinlich, weil er seine platten/langweiligen Witze so lustig findet.*
4 *Sie verwendet falsche Wimpern, um einem Jungen zu gefallen, der einige Jahre älter ist als sie. Dann ruiniert sie sich ihre Augenbrauen, als sie sie einmal abrasiert.*
5 *Beim Lesen des Buches erkennen Menschen, die sich als Außenseiter fühlen, dass es Leute auf der Welt gibt, die noch viel seltsamer sind als sie selbst.*
6 *Der Autorin gelingt es gut, die Gefühle von (Teenager-)Mädchen zu schildern.*

Festigung   Zur Festigung formulieren die S ihre Antworten schriftlich aus.

INFO-BOX

Louise Rennison (geb. 1951) ist eine englische Komikerin, Schriftstellerin und Journalistin, die heute in Brighton lebt. Sie wuchs in Leeds, Yorkshire in einer irisch-jüdischen Großfamilie auf und verarbeitete eigene Jugenderlebnisse in den fiktiven Tagebüchern der 14-jährigen **Georgia Nicholson**. Das erste Buch erschien 1999 unter dem Titel *Angus, thongs and full-frontal snogging* (dt. „Frontalknutschen", 2000). Es folgten mehrere Fortsetzungen, die v. a. in den USA eine hohe Auflage erreichten. 2007 wurden die ersten beiden Bücher der Georgia-Nicholson-Reihe unter der Regie von Gurinder Chadha (die vielen durch den Film *Bend it like Beckham* von 2002 bekannt ist) verfilmt. Rennison zufolge soll es keine Fortsetzung des Films geben, so wie auch das 2009 erschienene zehnte Buch der Reihe das letzte sein soll. Die offizielle Internetseite zur Buchreihe enthält Informationen zu allen Büchern sowie Zusammenfassungen und Trailer zur Reihe.

Vertiefung

Sind die S an der Buchreihe interessiert, können Sie das Thema im Unterricht weiter vertiefen und auch die S in Einzelarbeit oder Gruppen daran arbeiten lassen. Benutzen Sie dazu weitere *book reviews*, auch von anderen Bänden der Reihe, die auf der Internetseite der Autorin zu finden sind. Die S sollen den Inhalt möglichst verständlich für die Mitschüler/innen zusammenfassen und präsentieren. Natürlich kann diese Aufgabe auch zu anderen Büchern oder Buchreihen gestellt werden, die bei den S beliebt sind.

Mediation

Auf Vorlage 31 wird eine ergänzende Übung zum Zusammenfassen anhand von Leitfragen angeboten. Inhaltlich handelt es sich wieder um eine Buchbesprechung: Das Buch *Tomorrow, when the War began* von John Marsden wird hier vorgestellt.

Lösungsbeispiel:

1 *Die „Tomorrow"-Buchserie ist sowohl bei Kritikern als auch bei Lesern beliebt. Seit der Veröffentlichung 1993 wurden in Australien ca. drei Millionen Ausgaben verkauft.*
2 *Ellie ist die Hauptperson im Buch und die Erzählerin. Sie meint, dass die Ereignisse so wichtig sind, dass sie aufgeschrieben werden müssen.*
3 *Sie bemerken Hunderte von Flugzeugen, die ohne Licht über sie hinwegfliegen.*
4 *Als sie zurückkommen, ist alles anders. Die Häuser sind leer/verlassen, die Haustiere tot und ihre Eltern verschwunden.*
5 *Zunächst ist Ellie ein normaler Teenager, aber sie wird zu einem intelligenten und loyalen Gruppenmitglied. Sie löst Probleme und ermutigt die anderen.*
6 *Man muss kein Teenager sein, um das Buch zu mögen. Älteren Lesern gefällt es auch.*

Kopiervorlage 31

▶ WB S. 44, Ex 13

S. 69

WORTSCHATZ	scheme • available • double room • half board • deposit • B&B (= bed and breakfast) • cost • youth camp
MEDIEN	L: Kopie von Vorlage 32 (oben) auf Folie, Tageslichtprojektor / Kopien von Vorlage 32 (oben) auf Arbeitsblätter nach Bedarf

WRITING – Formal letters and emails

Einstieg

Vor der Bearbeitung der einzelnen Aufgaben wiederholen Sie zusammen mit den S im Unterrichtsgespräch, welche Bestandteile ein formeller Brief und eine formelle E-Mail – auch im Gegensatz zu informellen Briefen und E-Mails – aufweisen müssen. Die S nennen die betreffenden Merkmale (vgl. den nachfolgenden did.-method. Hinweis). Lassen Sie sie anschließend überprüfen, ob die genannten Bestandteile auch in den Beispielen im SB enthalten sind. Zusätzlich nennen die S die etwas informelleren Redewendungen, die zum Schluss der E-Mail verwendet werden (Lösung: *Many thanks. Best wishes*).

DIDAKTISCH-METHODISCHER HINWEIS

Formelle und informelle Briefe haben bestimmte Schreibkonventionen. Wichtig sind dabei sowohl die Struktur des Briefes als auch die passenden Redewendungen (s. Tabelle unten). Auch **E-Mails** können formell und informell sein. Grundsätzlich sollte der Stil der E-Mail nicht zwischen formell und informell wechseln. Eine E-Mail ist meist kurz und auf den Punkt gebracht. In der Betreffzeile wird das Anliegen der Mail zusammengefasst, damit die Leserin / der Leser sofort sieht, worum es geht. Zu den Schreibkonventionen lässt sich sagen, dass nicht unbedingt Dear Sir/Madam/Mrs X als Anrede verwendet werden muss. Man braucht auch keinen Gruß zu schreiben, der Name des Absenders genügt. Im Allgemeinen sind E-Mails eher informeller gestaltet, es dürfen Abkürzungen und Emoticons verwendet werden. Für eine Bewerbung per E-Mail ist es jedoch ratsam, die formellen Briefkonventionen zu übernehmen. In informellen E-Mails können Abkürzungen wie *CU, 2day* und Emoticons verwendet werden. Emoticons sind Symbole, die beim Schreiben von elektronischer Post benutzt werden. Mithilfe von Symbolen und Buchstaben werden Gefühlsverfassungen visualisiert. Beispiele sind :-(= Missmut, :-D = Lachen.

formelle Briefe	informelle Briefe
Absender ohne Namensnennung Datum Name und Adresse des Empfängers Anrede, Text Schluss Name/Unterschrift	Absender ohne Namensnennung Datum Anrede, Text Gruß Name/Unterschrift
Redewendungen Dear Sir or Madam, I'd like some information … / I saw your job advert … / Thank you in advance. Yours faithfully,	**Merkmale** Abkürzungen, z. B. CUL8R (See you later); BTW (by the way); HAK (hugs and kisses) Emoticons, z. B. ;-) :'-(:-X

1 Why did Thomas write his letter and why did Rebecca write her email?

Die S lesen den Brief und die E-Mail still und beantworten die Frage mündlich im Unterrichtsgespräch.
Lösungen:
Thomas – *in order to apply for a job*
Rebecca – *in order to book two double rooms in a hotel*

LANGUAGE AWARENESS

Die Form *Ms* anstelle von *Mrs/Miss* in der Anrede wird verwendet, wenn man nicht weiß, ob die betreffende Person verheiratet ist.

2 How does …

Bei der folgenden Aufgabe, die die S in Einzelarbeit schriftlich bearbeiten, suchen sie die passenden Textstellen heraus. Sie vergleichen diese anschließend mit einem/einer Partner/in und klären Probleme im Unterrichtsgespräch.
Lösungen:
1 *Mr Timms, the teacher who organised the scheme, would be happy to be my referee.*
2 *Please let me know how much you pay.*
3 *I'm glad that you have rooms available.*

4 *I would like to book two double rooms for my parents, my sister and me for two nights. We would like the evening meal on 1st August, half board on 2nd August and breakfast on 3rd August.*
5 *Could you please tell me if we should pay a deposit?*

Wortschatzarbeit Um die Vokabelarbeit zum Wordfeld *hotel* zu vertiefen, erstellen Sie mit den S ein *word web*. Sammeln Sie dazu mit den S ihnen bekannte Wörter und führen Sie auch neue Vokabeln ein.

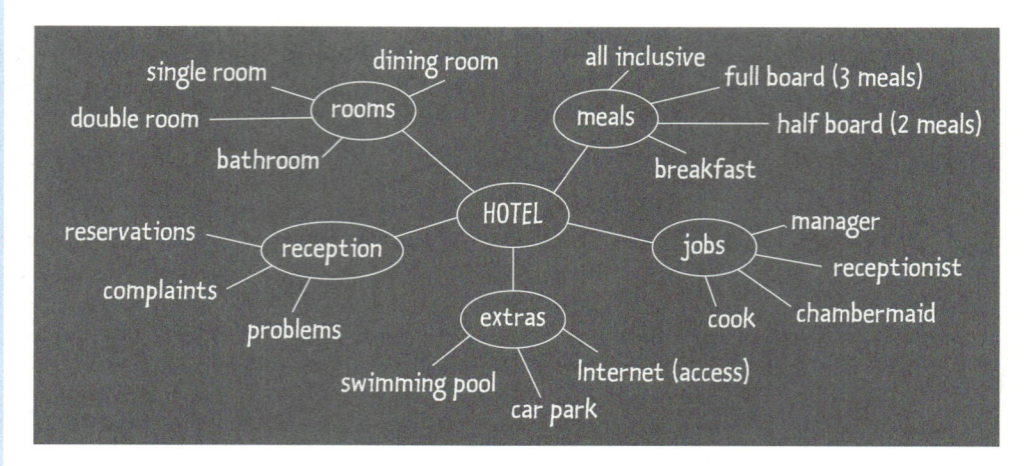

```
                    dining room           all inclusive
   single room         |                      |       full board (3 meals)
        \            (rooms)              (meals)    /
   double room  ——————/     \              /    \—— half board (2 meals)
         \          /        \            /
          bathroom            \          breakfast
                              (HOTEL)
   reservations    ————(reception)    (jobs)———— manager
         \         /                    /    \
   complaints ————                      |     receptionist
              \                        cook
               problems   (extras)           chambermaid
                          /     \
                 swimming pool   Internet (access)
                          car park
```

3 Email the *George Hotel* in Eastbourne.

In Einzelarbeit schreiben die S die geforderte E-Mail. Anschließend tauschen sie diese mit einem/einer Partner/in, der/die den Text auf Grammatik und Rechtschreibung hin überprüft und Verbesserungsvorschläge macht. In leistungsstarken Klassen können die korrigierten E-Mails dann an eine weitere Partnerin / einen weiteren Partner gegeben werden, die/der eine Antwort darauf in der Rolle einer/eines Hotelangestellten schreiben muss. Diese E-Mail soll weitere Fragen enhalten und von dem S beantwortet werden, der die erste Mail geschrieben hat. So wird eine E-Mail-Korrespondenz simuliert, die die S mehrfach miteinander in Kontakt treten lässt.

Lösungsbeispiel:
Dear Sir or Madam,
I would like to book a double and a single room from 29th August till/to 1st September. We would like (to book) B+B only.
Could you please tell me how much that will cost and if I should pay a deposit?
And could you tell me if the hotel has a car park and if it's far to the sea?

Many thanks.
Best wishes,
(Name)

4 You and your best friend decide to apply for this job. ...

Die S arbeiten in Partnerarbeit und erstellen in einem ersten Schritt eine Rohfassung ihres Briefes. Dieser wird dann mit einem beliebigen anderen Paar ausgetauscht, das den Entwurf auf formale, grammatikalische und auf Rechtschreibfehler hin überprüft und markiert. Anschließend gestalten die Paare den Text als E-Mail (evtl. als Hausaufgabe oder im PC-Raum der Schule) und drucken das Ergebnis aus.

Lösungsbeispiel:
Dear Sir or Madam,
We saw your advert for a job in the newspaper and we would like to apply for it. We're 16 years old and go to (Name der Schule). We could work during the summer holidays and on weekends. We speak English well and enjoy working with children. At our school we are tutors for younger children. We would like the job because we'd like to get more experience in working with children and we think that it's very interesting to work with children from many different countries. Could you please let us know where the camp is and when it takes place. Could you also please tell us what the salary is / how much you pay and if the travel to and from the camp is paid. Do we have to send letters from our parents?

Yours faithfully,
(Namen der S)

Festigung	Auf der Vorlage 32 (oben) finden Sie zwei weitere Stellenausschreibungen, zu denen die S eine Bewerbung verfassen können. Eine zusätzliche Möglichkeit bietet sich auch, wenn die S eine Bewerbung, die sie anlässlich der Berufswahl tatsächlich geschrieben und weggeschickt haben, ins Englische übertragen.
Weiterarbeit	Die S simulieren in Partnerarbeit ein Bewerbungsgespräch bzw. ein Telefonat von einem Hotelgast mit der Rezeption. Sie wiederholen so bekanntes Wortmaterial und knüpfen gleichzeitig an die SB-Seite an. Eine Vorstufe dazu kann jeweils das Wiederholen von bekannten Sprechakten und Wörtern sein, die die S für die Aufgabe benötigen. Evtl. werden ganze Dialoge von den S vorher aufgeschrieben und auswendig gelernt bzw. *prompts* dazu notiert, die beim Vorspielen helfen.

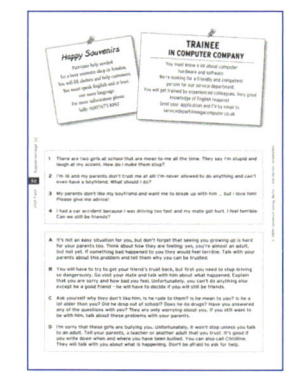

Kopiervorlage 32

▶ WB S. 45, Ex 14

LOOK AT LANGUAGE

S. 70/71

WORTSCHATZ	S. 70: agony aunt • advice • secret • sixteen-year-old S. 71: hit the roof
STRUKTUR	*If I tell my parents, they will hit the roof.* (= *if*-Sätze Typ I, Wiederholung) *If you didn't tell your friends, they would be very unhappy.* (*if*-Sätze Typ II)
SPRECHABSICHT	Sagen, was unter bestimmten Bedingungen passieren wird: *If I don't tell them, we'll have to meet secretly.* Sagen, was unter bestimmten Bedingungen passieren würde: *If I told my parents, they would hit the roof.*
MEDIEN	**L:** Folie von Vorlage 32 (unten), Tageslichtprojektor; vorb. Folie

STRUCTURES

Einstieg Steigen Sie mithilfe der *matching exercise* von Vorlage 32 (unten) in das Thema „Kummerkasten" ein. Kopieren Sie dazu die Vorlage auf eine Folie und präsentieren Sie sie der Klasse.
Die Aufgabe der S besteht darin, herauszufinden, dass es sich um Kummerkasten-Briefe und Antworten handelt, und die Probleme den passenden Antworten zuzuordnen. Führen Sie bei der Besprechung der Vorlage auch die neuen Vokabeln (*agony aunt, advice, secret*) ein.
Lösungen:
1 D; 2 A; 3 C; 4 B

L *Have a look at this page. Can you explain what kind of texts they are?*
S vermuten.
L *Why do people write these kinds of letters? They often have secrets they don't want to talk about with their friends or family. What kinds of things could that be?*
S machen Vorschläge.
L *In which magazines in Germany can you find them?*
S *Bravo/...*
L *What is the German word for the person you send that kind of letters to?*
S *Kummerkastentante / Dr. Sommer-Team / ...*
L *And do you know what these people are called in English?* (S antworten ggf.) *They are called agony aunts. Agony aunts give you advice if you ask them for help. If you give somebody advice you tell him/her about your idea what he/she should do. So agony aunts can give you advice if you have a secret problem.*

Kopiervorlage 32

HINWEIS ZUR M10-PRÜFUNG

Die *matching exercise* im Einstieg übt das rezeptive Übungsformat *matching*, das im Prüfungsteil *reading comprehension* vorkommen kann.

if-Sätze Typ I
(Wiederholung)

1 Two typical letters to an agony aunt

Die S öffnen das SB und lesen den ersten Absatz, in dem die Definition zusammengefasst wird. Dann lesen sie den Brief von Emma im SB. Als Leseauftrag fragen Sie: *What's Emma's problem? Why's she asking for advice? (Emma/She has a boyfriend but her parents don't know it.)* Lenken Sie dann die Aufmerksamkeit der S auf die *if*-Sätze, indem Sie die Satzanfänge an die Tafel schreiben und die S auffordern, mündlich andere Vorschläge zu machen, was die Konsequenzen sein könnten.

> If I tell them,   they will say that …   If I don't tell them, …
> I will …

Complete James's letter.
Die S lesen den Brief von James zunächst still und nennen sein Problem (Lösung: *James's friend takes cannabis and he'd like to help her.*). Dann bearbeiten sie die Aufgabe schriftlich. Dabei orientieren sich die S am vorherigen Brief von Emma. Sie schreiben allerdings nur die beiden Bedingungssätze ab, nicht den ganzen Brief. Die Lösungen werden im Plenum verglichen.
Lösung:
If she *talks* with her parents, they*'ll have* an awful row. But if she *doesn't talk* with anybody, she *won't stop* taking cannabis.

if-Sätze Typ I
mit Modalverben

2 The agony aunt's answers to Emma and James …

Die S lesen die erste Antwort still und finden heraus, was die *agony aunt* rät (Lösung: *Emma must tell her parents about her boyfriend.*). Anschließend werden in Partnerarbeit Ideen zur Lösung von James' Problem gefunden, die auch an der Tafel zusammengetragen werden können. Mithilfe der Ideen vervollständigen die S den zweiten Brief in Einzelarbeit, der anschließend von der Partnerin / vom Partner im Hinblick auf den richtigen Gebrauch der *if*-Konstruktionen korrigiert wird.
Lösungsbeispiel:
Dear James,
Thank you for your letter. If Jessica can't talk with her parents, perhaps she can talk with *a teacher who she likes at school*. And if you really want to help your friend, James, you should *talk with an adult too – with your parents, or with one of your teachers*.

3 Read and complete the revision box.
Die S schreiben den Regelsatz und die Beispiele ab und vervollständigen diese. Falls sie Hilfe benötigen, können sie im *Summary*-Teil auf SB-S. 99 nachschlagen.
Lösung:
Mit *if*-Sätzen vom Typ I sagst du, was unter bestimmten Bedingungen geschehen wird. Der *if*-Satz steht im *simple present*, der Hauptsatz enthält eine Zukunftsform mit *will* oder ein modales Hilfsverb (z. B. *must*, *can* oder *should*).

Erweiterung

Mithilfe der beiden Briefvorlagen von SB-S. 70 schreiben die S in Einzelarbeit einen Brief, in dem sie ein Problem schildern. Dann wird der Brief an eine beliebige Mitschülerin / einen beliebigen Mitschüler weitergegeben, die/der eine Antwort verfasst.

if-Sätze Typ II

4 Read what Emma and James say.
Führen Sie mit der Abbildung im SB die Situation weiter fort und lesen Sie den ersten Satz zur Einführung vor. Die S verbalisieren die im Text gegebenen Informationen.

L *Emma isn't happy with the advice which the agony aunt gave her. Find out why she isn't happy with it. Read what she tells her friend.*
S *Emma says it's not as easy as the agony aunt says. Her parents would be very angry and they wouldn't talk to her.*

Nun wird die Reaktion von James aufgegriffen, der den Ratschlag der *agony aunt* annimmt. Auch hier sollen die relevanten Satzteile von den S benannt werden.

a) Find examples of *if*-sentences and copy them into the table.

Bereiten Sie eine Folie mit den Lösungen vor, die im Anschluss an die Bearbeitung dieser Aufgabe zur Erklärung der Strukturen und zur Bewusstmachung genutzt wird. Die S schreiben die Tabelle aus dem SB ab und ergänzen die vier weiteren Beispiele aus den Sprechblasen. Dabei müssen sie nur die für die *if*-Sätze relevanten Teile notieren. Die Lösungen werden dann anhand Ihrer vorbereiteten Folie verglichen und korrigiert.

Lösung:

if-Satz	Hauptsatz
If she were here,	I would tell her so.
If I told mum and dad about Dan,	they would hit the roof.
If I invited him home,	they wouldn't talk with me (for days).
If I were you,	I would tell your parents ...
If you said that ...,	they would help you.
If you didn't tell them,	they would be disappointed.

b) Answer the questions about Emma and Jessica. ...

Die S lösen die Aufgabe schriftlich in Einzelarbeit. Weisen Sie sie vorher auf die nötigen Änderungen der Pronomen hin.

Lösungen:
1. If she told her parents about Dan, her parents *would hit the roof*.
2. If *she invited Dan home, they wouldn't talk with her for days.*
3. If *Jessica/she told them that she wanted to stop taking cannabis, Jessica's/her parents would help her.*
4. If *Jessica didn't talk with them about her problem, Jessica's/her parents would be disappointed.*

Erweiterung

Präsentieren Sie an dieser Stelle die Folie mit der Tabelle zur *Exercise 4a)* und fragen Sie, was allen Sätzen gemeinsam ist. Die Gemeinsamkeiten werden auf der Folie und in den schriftlichen Arbeiten der S farbig markiert.

L *What do these sentences have in common?*
S *They start with "if" and have a "would" in the second part of the sentence.*

c) Now find three examples of *if*-sentences on page 60, ...

Um die Bildung der *if*-Sätze zu festigen und die Verwendung anschaulich zu machen, suchen die S in Einzelarbeit die Sätze und erweitern ihre Tabellen. Ggf. können die Sätze von den S ins Deutsche übertragen werden, um deren Benutzung weiter zu verdeutlichen.

Lösungen:
Loren: *If I lived in an area with crime, unemployment and poverty, life would be much more difficult.*
Kevin: *If you believed the media, you would think all young people in Britain carry knives and mug people.*
Jake: *If we young people were under less stress, we wouldn't drink so much alcohol!*

5 Read and complete the checkpoint. Finish the sentences.

Die S wenden ihr Wissen über die Bildung von *if*-Sätzen vom Typ II schriftlich in Einzelarbeit an. Die Kontrolle erfolgt im Unterrichtsgespräch oder anhand der *Summary*-Seite auf SB-S. 100. Der *Checkpoint* sollte nach der Kontrolle abgeschrieben werden.

Lösungen:
- Der *if*-Satz steht in der *simple past*-Form / Vergangenheit.
- Der Hauptsatz enthält *would* und einen Infinitiv.

▶ WB S. 46, Ex 15/16

S. 72

WORTSCHATZ	appropriate
MEDIEN	S: Wörterbücher

WORDPOWER

1 Which words or phrases don't belong in the groups – and why?

Die S bearbeiten die Aufgabe schriftlich in Einzelarbeit oder mündlich in Partnerarbeit, wobei die Partner/innen abwechselnd eine Nummer lösen. Dabei überprüft der/die Partner/in die Antworten.
Lösungsbeispiele:
1   Dutch doesn't belong to group 1, because it's a nationality. The others are all countries.
2   *Path doesn't belong to group 2, because it's not for cars. The others are all for cars.*
3   *Biro doesn't belong to group 3, because you can't wear it. The others are all clothes.*
4   *Discuss doesn't belong to group 4, because you don't talk loudly. The others are all things you do when you are angry.*
5   *Look after doesn't belong to group 5, because it doesn't describe violent actions. The others are all violent/aggressive.*
6   *Sensible doesn't belong to group 6, because it's the opposite of the other words. The others all mean "verrückt" in German.*

Erweiterung   Lassen Sie die S mithilfe von Vokabelteilen aus dem SB bzw. bekannten Wörtern ähnliche Gruppen an Vokabeln analog zur Aufgabe im SB zusammenstellen. Dies kann in einer Freiarbeitsphase geschehen. Die S müssen beim Zusammenstellen nicht nur die richtige Lösung parat haben, sondern sie wiederholen dabei auch gleichzeitig Vokabeln und Wortgruppen. Mögliche Wortgruppen könnten sein: *language / Ireland / countries / people in South Africa / animals in Africa / words with "re-" or "un-"/ India / economy in India / problems of young adults.*

2 Match each sound with two words from the green box. …

Zunächst wird von den S versucht, die Aufgabe ohne Hilfe zu lösen. In lernlangsamen Klassen notieren Sie die Laute an der Tafel und geben zu jedem Wort ein Beispiel vor, z. B. *sure, blue, word, bus*, um den S Anhaltspunkte zu geben. Auch können Sie die Wörter aus dem grünen Kasten vorsprechen. Zur Kontrolle der Ergebnisse werden die Wörter im *Dictionary* nachgeschlagen.
Lösungen:
1   [ʊə]: *insurance, poor*   3   [ɜː]: *girl, turn*
2   [uː]: *roof, youth*   4   [ʌ]: *double, flood*

Erweiterung   Die S suchen nach weiteren Wörtern zu den Lauten oder finden passende Wörter im *Dictionary*. Diese Übung lässt sich natürlich auf alle Laute übertragen.

3 Write the appropriate noun for each verb.

Diese Aufgabe wird im Unterrichtsgespräch gelöst. Anschließend notieren die S die Wortpaare schriftlich.
Lösungen:
2   But last year I stayed with my cousins in Hackney.
    I learned a lot during my *stay* in this poorer part of London.
3   In Hackney too many young men choose to join gangs.
    They make this *choice* because they're bored, lonely or afraid.
4   The different gangs sometimes argue with each other.
    And their *argument(s)* sometimes lead to violence.
5   Once two gangs fought each other in the street not far from us.
    One of my cousin's friends saw the *fight*.
6   I think the people who govern the country should help people in Hackney.
    In Hackney people feel that the *government* doesn't do enough for them.

Erweiterung Fordern Sie die S auf, mit einem Wörterbuch oder dem SB möglichst viele bekannte Verben herauszusuchen und aufzuschreiben. Geben Sie dafür ein Zeitlimit vor (z. B. fünf Minuten). Nach dieser Zeit geben die S ihre Wörter einem/einer Partner/in, der/die sich zu den Verben einen Satz mit dem passenden Nomen dazu ausdenkt.
Alternativ kann die Übung mehr Spielcharakter bekommen, indem die S in Tandems einen Wettkampf durchführen. Dabei nennt S1 das Verb und S2 findet das passende Nomen dazu. Die/Der S mit den meisten richtigen Nomen gewinnt. Als Variante können im Spiel auch Gruppen gegeneinander spielen.

4 Use your own ideas and give examples of …
Die S arbeiten schriftlich in Einzelarbeit. Falls sie keine Ideen haben, schauen sie auf den SB-Seiten nach. Die Lösungsvorschläge werden im Plenum gesammelt.
Lösungen:
individuelle Lösungen

Erweiterung Auch diese Übung kann von den S in Eigenarbeit weiter ausgebaut werden, indem Wörter aus dem SB benutzt werden und die S ähnlich wie in der Aufgabenstellung im SB vorgehen. Weitere Oberbegriffe könnten sein: *work experience / things that are really kind / things you do to keep fit / places where you meet your friends / things that you find discriminating against teenagers / things that you would like to change at your school.*

▶ WB S. 47, Ex 17

S. 73

WORTSCHATZ   discussion • kind • strict • private school • writer

REVISION

tenses
(Wiederholung)

1 Young adults in Nigeria: Write the right form of the verbs.
Die S lösen die Aufgabe schriftlich in Einzelarbeit. Machen Sie sie darauf aufmerksam, dass auch *reported speech* im Text vorkommt. Die Lösungen werden im anschließenden Unterrichtsgespräch besprochen, wobei die S ihre Antworten begründen. Haben die S bei dieser Aufgabe Schwierigkeiten, finden sie im *Summary*-Teil auf den SB-Seiten 92–101 Hilfe.
Lösungen:
Hi! My name's Lami – the name Lami *means* that I am a female who *was born* on a Thursday. I live and go to college in Lagos, Nigeria's largest city. I love it here. I *have lived* here for ten years – before that we *(had) lived* in Katsina, in the north of the country.
Till last year my mother *worked* in a hospital here in Lagos, but she *lost* her job two months ago. At the moment she *is helping* in a centre which *looks* after young women who *have just arrived* in Lagos. Many of the girls in the centre *have never been* in a big city before and some of them *don't have* any money. In the centre they *learn* how to make clothes. If the centre didn't look after them, some of the girls *would certainly live* in the streets. Some of the girls in the centre are now my best friends. One of them, Yetunde, who *has been* in the centre for two years, *is getting / is going to get married / will get married* next week and of course I *am going / am going to go / will go* to her wedding. She *told* me yesterday that she *was* very, very happy. And she *said* that the centre *had changed* her life.

Possessivpronomen ohne nachfolgendes Nomen (Wiederholung)

2 Lami's college organises online discussions …
Die S machen sich zuerst in Einzelarbeit Notizen zu den Lösungen, die im Anschluss verglichen werden. Zur Festigung werden die Sätze, in denen die Possessivpronomen vorkommen, abgeschrieben. Hilfe zur Grammatik bekommen die S im *Summary* auf SB-S. 94.

Lösungen:
- **LAMI** What's your mother like, Sarah? *Mine* is kind, but very strict. Is *yours* very strict too?
- **SARAH** Sometimes, especially when she's under stress from her work. She doesn't like her job.
- **LAMI** My mother likes *hers*. But she doesn't earn much and that's hard because although my college is free, my brother goes to a different school and *his* is expensive. Is your school free, Sarah?
- **SARAH** Yes, *ours* is free. But I have two friends who go to a private school. *Theirs* is very expensive. It costs about £14,000 a year.

3 Quick check
a) Young people in Britain

Die Aufgabe wird mündlich im Plenum bearbeitet. Geben Sie in lernlangsamen Klassen den S etwas Zeit, vorher im SB nachzuschauen. Als Erweiterung zu Frage 2 nennen die S weitere Autoren, die bei Jugendlichen beliebt sind. Dabei können sie sowohl englische als auch deutsche Autoren nennen.

Lösungsbeispiele:
1. **a)** chavs – *it's a British word and means teenagers (with a lower level of education) who wear special clothes / a special fashion*
   b) hoodies – *sweatshirts with hoods*
   c) which social problems are especially bad in Britain – *number of pregnant teenagers, number of young people who get drunk, live in poverty or don't have family meals*
2. *Nick Hornby, Louise Rennison*

b) Complete the sentences.
1. "If you buy the DVD in a shop," said Mark, "it'*ll*/*will cost* £19.99."
2. "But if you bought it online," he added, "it *would cost* much less."

▶ WB S. 47, Ex 17-19
▶ WB S. 48, Ex 1-3 *(Test yourself)*

REVISION AND PRACTICE

S. 108/109

WORTSCHATZ S. 108: *judge*
S. 109: *suggest* • *lottery ticket* • *keyword*

1 Life for young people in Britain and where *you* live
a) Look at page 60 and make a list of all the problems that are talked about.
Die S schreiben in Einzelarbeit die Liste und vergleichen sie dann mit einem/einer Partner/in.
Lösungsbeispiel:
Poverty, knives, people who are addicted to designer clothes, *alcohol, high number of pregnant teenage girls, rows with parents and teachers, crime, unemployment, muggings, exams, parents who don't have time for their children, stress, no money for travelling, paying for the driving test and going out unless you have a job, falling ill, parents splitting up, the end of a relationship with a boyfriend or girlfriend.*

b) Look at page 62: What are the problems for young people who ...
Diese Aufgabe wird mündlich im Plenum gelöst.
Lösungsbeispiel:
Driving lessons are *expensive, a car insurance is expensive, they feel nervous (about the test)*.

c) Look at your answers in a). Then write a short report about ...
Vor der schriftlichen Ausarbeitung tragen die S mündlich ihre Einschätzung zu den Themenbeispielen vor. Anschließend arbeiten sie schriftlich in Einzelarbeit.
Lösungen:
individuelle Lösungen

2 Picture-based conversation: Before you judge
a) Look at the picture and describe what each person is wearing.
Diese Aufgabe wird mündlich im Plenum gelöst.
Lösungsbeispiel:
On the left the/a young man is wearing a hoody, on the right the same young man is wearing a police uniform.

b) Explain what people think when they see each person.
Die S notieren zwei Sätze in Einzelarbeit.
Lösungsbeispiel:
If you wear *a hoody* people often think that *you're dangerous and perhaps violent.*
If you wear *a police uniform* people often think that *you'll help and protect them.*

c) The poster was made for people who are prejudiced against people ...
Diese Frage wird mündlich im Plenum diskutiert.
Lösung:
individuelle Lösung

3 Work and dreams
a) You receive this email from your British friend Kevin. ...
Diese Aufgabe wird schriftlich in Einzelarbeit gelöst und dann mit einem/einer Partner/in verglichen und besprochen.
Lösungsbeispiel:
*Hallo,
(es) tut mir leid, dass ich (dir) so lange nicht geschrieben habe, aber ich hoffe, es geht dir gut. Ich verbringe (gerade) ein ziemlich langweiliges Wochenende, weil Charlotte (meine Freundin) heute (Samstag) und morgen in ihrem Kaufhaus arbeitet. Aber wenn sie nicht zu müde ist, werden wir auf die Party von einem Freund gehen, und wenn seine Eltern nicht zu Hause sind, werden wir eine verrückte/irre Zeit haben.
Ich wünschte, dass Charlotte und ich mehr Zeit zusammen hätten! Wenn wir mehr Zeit hätten, könnten wir ins Ausland reisen und exotische Orte sehen. Aber wir würden natürlich Geld*

brauchen, wenn wir reisen würden! Ich habe Charlotte vorgeschlagen, dass wir jede Woche einen Lottoschein kaufen (sollten). Wenn wir gewinnen würden, könnten wir machen, was wir wollen. Aber Charlotte meinte, das sei eine dumme Idee. Sie sagte, dass wir nie gewinnen würden.
Kevin

b) What are *your* plans for next weekend?
Die S arbeiten schriftlich in Einzelarbeit.
Lösung:
individuelle Lösungen

c) Dreams: Complete four of the six sentences.
Die S arbeiten schriftlich in Einzelarbeit.
Lösung:
individuelle Lösungen

4 A keyword story ...
Die S arbeiten schriftlich in Einzelarbeit und präsentieren dann ihre Geschichte einem/einer Partner/in, der/die durch sprachliche Korrekturen und Verbesserungsvorschläge helfen kann.
Lösung:
individuelle Lösungen

Unit 5

One world

Themen

Klimawandel und Umweltschutz In dieser Unit werden die S mit den Ursachen und Folgeerscheinungen des Klimawandels bzw. der globalen Erderwärmung vertraut gemacht. Dazu zählen neben Wassermangel, Lebensmittelknappheit und Bevölkerungsexplosion auch die Abholzung der Regenwälder, die zunehmende Wüstenbildung und der steigende Meeresspiegel. Die Texte und Aufgaben gehen aber nicht nur auf globale Probleme ein, sondern widmen sich auch Bereichen, die konkreten Bezug zum Lebensalltag junger Menschen haben, wie etwa das Thema (Billig-)Flüge. Gleichzeitig werden die S angeregt, sich Gedanken darüber zu machen, wie sie selbst im Alltag konkrete Schritte zum Umweltschutz ergreifen können. Ein Internetartikel über die Reaktorkatastrophe von Tschernobyl verdeutlicht die Gefahren der Kernenergie und lädt zur Reflexion über (alternative) Energien ein. Die S beschäftigen sich außerdem mit dem umweltkritischen Lied *Big Yellow Taxi*, lernen die pfiffige Idee einer jungen Frau zum Thema Wiederverwertung kennen und verfassen einen fiktiven Bericht zu einer Naturkatastrophe.

Kommunikative Sprechabsichten

Umweltprobleme und deren Auswirkungen diskutieren
Sagen, was gemacht worden ist und was gemacht werden wird

Most scientists agree that global warming is happening because we're producing too many greenhouse gases.
Fortunately, some progress has been made.
Polar bears will be threatened with extinction.

Sprachliche Mittel/ Strukturen

Sprachliche Mittel und Strukturen, die von den S angewendet werden sollen:
Das Passiv: Den S ist das *simple present passive* und *simple past passive* bereits aus Band 5, Unit 5 bekannt und wird hier wiederholt bzw. um weitere Zeitformen erweitert. Im Gegensatz zum Aktivsatz, in dem ein Subjekt eine Handlung ausführt, wird der Passivsatz (wie im Deutschen) verwendet, um hervorzuheben, was mit einer Sache oder Person getan wird bzw. was mit ihr geschieht. Wer die Tätigkeit ausführt, ist meist unwichtig, nicht bekannt oder offensichtlich. Im Deutschen bildet man das Passiv mit „werden" und dem Partizip Perfekt (Wir werden unterrichtet.). Im Englischen wird das Passiv mit einer Form von *be* und dem Partizip Perfekt *(past participle)* gebildet: das *simple present passive* mit *am/are/is* + Partizip Perfekt *(Heat is caught by the greenhouse gases.)*, das *simple past passive* mit *was/were* + Partizip Perfekt *(More carbon dioxide was produced.)*, das *present perfect passive* mit *have/has been* + Partizip Perfekt *(Some progress has been made.)* und das *future tense passive* mit *will* + *be* + Partizip Perfekt *(Polar bears will be threatened with extinction.)*. Für die Verwendung der Zeitformen gelten dieselben Regeln wie im Aktiv. Um zu sagen, von wem etwas getan wird oder wodurch etwas geschieht, verwendet man die Präposition *by* *(The restaurant was destroyed by fire)*.

Sprachliche Strukturen, die von den S verstanden werden sollen:
Present progressive passive: Auch hier gelten die allgemeinen Ausführungen zum Passiv (s. o.); diese Verlaufsform des Passiv wird mit *am/is/are* + *being* + Partizip Perfekt gebildet *(No new houses are being built.)*.

LEAD-IN

S. 74

WORTSCHATZ	global warming • greenhouse gas • Arctic Ocean • ocean • continue • threaten • extinction • Gulf Stream • across • Atlantic Ocean • shortage • expand • deforestation • Amazon • rainforest • lung • absorb • release • oxygen • cut down trees • carbon footprint • carbon • footprint • Syria • the Maldives
SPRECHABSICHT	Über globale (Umwelt-)Probleme sprechen: *We're producing too many greenhouse gases.*
MEDIEN	L: Vorlage 35 (oben) auf Folie, Tageslichtprojektor; CD 2, Nr. 29, CD-Spieler; Weltkarte; Kopien von Vorlage 33 in Klassenstärke S: Notizzettel

Einstieg

Präsentieren Sie den S den Cartoon von Vorlage 35 (oben) auf Folie, der das Phänomen der globalen Erderwärmung indirekt thematisiert. Die S sollen den Cartoon näher beschreiben und Vermutungen darüber anstellen, warum der dort abgebildete Eisbär verreisen will. Sie können hierbei evtl. auch an das aus Band 5, Unit 2 gewonnene Vorwissen der S über die arktischen Klimaverhältnisse anknüpfen.

L *Please describe the cartoon. What can you see?*
S *There's a polar bear at a travel agency. It looks very unhappy. The polar bear tells the man in the travel office that it wants to go to a place where there's a lot of ice.*
L *What's the polar bear's problem? Why does it want to travel/ go to another place? What do you think?*
S *Polar bears live in the north / the Arctic. It is geting too warm where they live and the ice is melting, so they can't hunt seals any more.*
L *Why is this happening?*
S *Because of climate change.*

Kopiervorlage 35

Befragen Sie die S anschließend zum Klimawandel und dazu, ob und welche weiteren Probleme ihnen in diesem Zusammenhang einfallen. Hierbei kann situationsabhängig auch schon neuer Wortschatz eingeführt werden. Nachdem die S erste allgemeine Vermutungen zum Klimawandel geäußert haben, erhalten sie im Anschluss weitere Impulse und Informationen aus dem SB.

L *What do you know about climate change?*
S berichten. *(The earth gets warmer. / …)*
L *What kinds of problems are there on earth because of the changing climate? What do you think?*
S vermuten.
L *Let's find out more about climate change and some of the biggest global/environmental problems in the world.*

1 Pupils at Elgin School in Scotland discussed problems …

Lassen Sie den Aufgabentext laut vorlesen. Die S versuchen zunächst in Partnerarbeit, eine Liste mit globalen (Umwelt-)Problemen zu erstellen und weitere relevante Begriffe hierfür zu sammeln. Dazu betrachten sie die Abbildungen auf den SB-S. 74/75. Je nach Lernstand der Klasse können Sie die SB nach kurzer Zeit auch wieder schließen lassen. Die S machen sich Notizen und tauschen sich dann untereinander im Tandem aus.

Anschließend werden die acht Infotexte auf der Doppelseite von der Hör-CD vorgespielt, wobei die S mitlesen und daraufhin ihre Liste weiter vervollständigen. Die Ergebnisse der S werden im Plenum gesammelt und an der Tafel notiert.
Lösungen:
individuelle Lösungen

2 Read the eight texts and answer the questions. Why ...

Die S bearbeiten die Aufgabe in Einzelarbeit, indem sie die Texte erneut lesen und eine passende Begründung für die Fragen finden. Dazu machen sie sich kurze Notizen und tragen die Lösungen anschließend mündlich in der Klasse vor. Hierbei soll auch der jeweilige Text / die konkrete Textstelle benannt werden.

Lösungen:

1 *The rainforests are the world's "lungs" because they absorb carbon dioxide and release oxygen. (text 4)*
2 *China's deserts are becoming bigger because the grass next to the desert has been eaten by (a growing number of) sheep and cattle. (text 6)*
3 *Europe will perhaps soon be colder in winter because the (warm) Gulf Stream is becoming weaker. (text 2)*
4 *Wealthier countries have a larger carbon footprint than poorer ones because people in those countries have a lifestyle which uses more energy and produces more greenhouse gases. (text 5)*
5 *Food is becoming more expensive because people can grow less food. They don't have enough clean water and diseases spread because deserts are expanding. (text 3)*
6 *Syria and Turkey almost had a war because of water: Turkey built dams on its rivers and reduced the amount of water that passed through Syria. (text 7)*
7 *The ice in the Arctic Ocean is melting because the world is getting hotter / because of global warming. This is happening because we're producing too many greenhouse gases. (text 1)*
8 *The government of the Maldives is looking for land in other countries because if the sea level rises much more, the Maldives could disappear. (text 8)*

Eine Alternative stellt die Erarbeitung der Aufgabe in Gruppen dar. Teilen Sie dazu die Klasse in gleich große Gruppen ein, beispielsweise in Vierergruppen. Zwei S aus der Gruppe bearbeiten die ersten vier Fragen der Aufgabe, die anderen beiden die folgenden vier. Anschließend stellen sich die Gruppen ihre Ergebnisse gegenseitig kurz vor. So weiß jedes Gruppenmitglied am Ende die Lösung zu allen Fragen. Die Kontrolle erfolgt im Plenum.

Erweiterung Fordern Sie die S auf, sich weitere Fragen zu den Texten auszudenken. Hierzu arbeiten sie im Tandem und präsentieren ihren Mitschülerinnen/Mitschülern die erarbeiteten Fragen, die diese beantworten sollen.

Wortschatzarbeit Zeigen Sie den S eine (möglichst detaillierte) Weltkarte und schreiben Sie die auf den SB-S. 74 und 75 erwähnten geografischen Begriffe *(Arctic Ocean, Gulf Stream, Atlantic Ocean, Amazon (River), China, Gobi Desert, Beijing, Middle East, Syria, the Maldives)* an die Tafel bzw. präsentieren Sie die Begriffe auf einer vorbereiteten Folie. Die S sollen die angegebenen Ozeane, Flüsse, Länder usw. an der Karte aufzeigen und auch ihre Lage beschreiben. Dies kann auch in Form eines Wettkampfes geschehen, bei dem zwei Gruppen gegeneinander antreten. Die schnellste Gruppe mit den meisten richtigen Antworten gewinnt.

Wortschatzarbeit Nutzen Sie zur weiteren Festigung des Wortschatzes das Kreuzworträtsel von Vorlage 33, das die S in Einzel- oder Partnerarbeit lösen.

Lösungen:
1 reduce   6   continue
2 expand   7   shortage
3 extinction   8   oxygen
4 lungs   9   disappear
5 footprints   10   threatened

Lösungswort: → rainforest

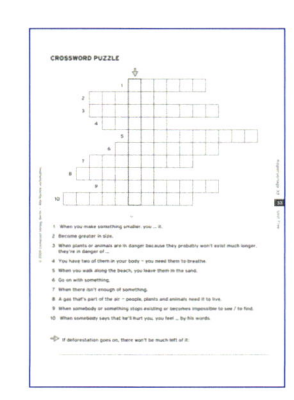

Kopiervorlage 33

	S.75	
	WORTSCHATZ	population **explosion** • **rise** • **sand** • **Beijing** • **the Middle East** • **dam** • **amount (of water)** • **pass through** • **reduce** • **sea level** • **disappear** • **save** money
	SPRECHABSICHT	Über Möglichkeiten im persönlichen Einsatz für den Umweltschutz sprechen: *I can cycle to school. This produces no carbon dioxide and helps against global warming.*
	MEDIEN	**L:** CD 2, Nr. 30, CD-Spieler; Internet, Plakate **S:** Buntstifte

3 On her way home from Elgin School, Ruby is telling her friend …
a) Listen to the discussion. Which five of the eight topics …

Lassen Sie zunächst die Aufgabenstellung vorlesen. Danach hören die S das Gespräch zwischen Ruby und Oliver von der Hör-CD und notieren sich die fünf Themen, die dabei genannt werden. Die Verbesserung bzw. Kontrolle erfolgt im Unterrichtsgespräch.
Als Variante werden in lernlangsameren Klassen die acht globalen Umweltthemen von den SB.-S. 74 und 75 bereits vorab im Heft notiert und beim Hören abgehakt oder unterstrichen. Hieran kann sich ein weiterer Hördurchgang anschließen.
Lösungen:
– *deforestation*
– *global warming*
– *water shortage(s)*
– *food shortage(s)*
– *expanding deserts*

b) Read the sentences below. Then listen again. Are the sentences …

Die S lesen vorab die sechs Sätze der Teilaufgabe durch und hören dann den Hörtext des Dialogs erneut. Sie arbeiten schriftlich in Einzelarbeit, wobei sie die Lösungen auf Notizzettel notieren.
Lösungen:
1 *T*   2 *F*   3 *T*   4 *T*   5 *T*   6 *F*

Tapescript

RUBY	Hi, Ollie! You OK? Did you see that film on TV last night?
OLIVER	Which one? Oh, you mean the one about the girl and boy who …
RUBY	Nooo! The one about the Amazon.
OLIVER	The Amazon? Huh! Boring, was it?
RUBY	Oh, Ollie! No, it was scary.
OLIVER	Scary? Why?
RUBY	Well, they showed pictures of the deforestation. The forest has totally disappeared in some places. Huge areas of trees have been cut down.
OLIVER	Hm! So what? People need land for their farms, and they cut down trees. What's the big problem?
RUBY	Well, the rainforests absorb greenhouse gases, like carbon dioxide, for example. So, with deforestation, the problem of global warming gets worse.
OLIVER	Oh, Ruby! You sound so serious! Why is global warming a *problem*? I *love* hot weather! I'd like *more* hot weather! If we had …
RUBY	It isn't as easy as that, Ollie. The programme said that if the world gets warmer, lots of countries won't have enough drinking water. There are water shortages in lots of countries already.
OLIVER	Look, Ruby: I'm sorry for the people in those countries – of course I am! But water shortages in other countries aren't exactly *my* problem, are they?
RUBY	Don't be so sure! The programme said that countries that have less water produce less food. So there are food shortages – and food shortages mean that food becomes more expensive, not only in those countries, but here in Europe too.
OLIVER	Food shortages, eh? … And all because of deforestation in South America?
RUBY	Well, that's one of the causes … There are other reasons too – expanding deserts, for example – there's a programme about expanding deserts next week.
OLIVER	Are deserts really expanding? That's awful …

RUBY	Ah! Now *you're* sounding serious at last, Ollie! The programme's on at 7.30 on Wednesday.
OLIVER	Oh, OK, Ruby. I'll watch it. I suppose it is important. But just watch out if it isn't good!

Transfer

4 And you?

a) Which three problems do you think are the most important?

Die S werden hier nach ihrer Meinung gefragt, wobei sie aus den dargebotenen acht Problemen auf den SB-S. 74 und 75 drei auswählen und ihre Auswahl begründen sollen.

Lösungen:
individuelle Lösungen

b) What can *you* do in order to help against global warming?

Die S nennen nach kurzem Überlegen im Unterrichtsgespräch einige Möglichkeiten, die dabei helfen könnten, selbst gegen die globale Erderwärmung vorzugehen. Ihre Vorschläge werden an der Tafel notiert und im Plenum diskutiert.

Lösungen:
individuelle Lösungen

Erweiterung

Nutzen Sie das Internet, um den S weitere Quellen für Ideen bzw. Informationen zu diesem Thema aufzuzeigen. Dazu sollen die S die Suchbegriffe *climate change, what you can do, find actions* in eine Suchmaschine eingeben. Alternativ können Sie auch folgende Webadressen vorgeben (Stand 2009):
- www.bbc.co.uk/bloom
- www.greenpeace.org/uk/climate/what-you-can-do
- www.epa.gov./climatechange/wycd/

Regen Sie die S an, mithilfe der dort genannten Vorschläge weitere Aktionen im Kampf gegen die Erderwärmung zu finden *(recycling, using green electricity, organic food, using public transport ...)*. Dabei kann es sich auch um ausgefallene bzw. originelle Ideen handeln; diese werden gesammelt und an der Tafel notiert. Anschließend wählen die S daraus die fünf interessantesten Vorschläge aus und begründen ihre Meinung.

L *Look for more ideas on what you can do about global warming on the Internet. Type these words into a search engine ... / Use these websites ... . Which actions against global warming are funniest / most surprising? Why?*

Projekt

Die S fertigen mithilfe der zusammengetragenen Möglichkeiten zum Schutz des Erdklimas Plakate oder Banner an, die witzige Slogans und Konzepte enthalten. Diese können dann als Denkanstöße für Mitschüler/innen im Gang der Schule oder im Klassenzimmer aufgehängt werden.

INFO-BOX

Die Ursachen für das Phänomen der **globalen Erwärmung** sind vor allem menschlich verursachte Emissionen von Treibhausgasen, wozu neben den bekannten industriell bedingten Ausstößen auch die massive Abholzung riesiger Waldflächen beiträgt. Tatsächlich ist die **Entwaldung** großer Flächen für 25–30 % der jährlichen Treibhausgase verantwortlich. Derzeit werden jährlich ca. 13 Millionen Hektar Wald abgeholzt, zumeist in den Tropen. Die globale Erwärmung wird von vielfältigen Konsequenzen begleitet, deren Ausmaße einerseits auf Schätzungen aus wissenschaftlichen Experimenten beruhen und somit nicht genau vorherzusagen sind, sich andererseits aber bereits in vielfältigen Veränderungen unserer Lebensumwelt andeuten. Die weltweit betrachtet hohe Anzahl extrem starker Stürme, lang anhaltende Dürren oder verminderter Schneefall in bergigen Regionen sind erste Anzeichen dafür. Es ist davon auszugehen, dass sich die globale Durchschnittstemperatur in Abhängigkeit der Emissionen bis zum Ende des 21. Jahrhunderts um mindestens 1 °C bis über 6 °C erhöhen wird.

Die Auswirkungen der globalen Erwärmung sind vielfältig und stehen miteinander in Zusammenhang:

– Schmelzende Polkappen und Gletscher führen zu **steigendem Meeresspiegel**, erhöhter Wassertemperatur und letztlich zu veränderten Vegetations- und klimatischen Verhältnissen weltweit. Die Dicke des arktischen Eises hat sich seit den 1960er Jahren um 40 % verringert. Der NASA zufolge schmilzt das Eis der Polarkappen heute um 9 % pro Jahrzehnt.
– Spezies, die sich den veränderten Bedingungen nicht anpassen können, werden aussterben. Bis 2050 können das bereits mehr als 1 Million Spezies sein. Einige Polarbären ertrinken bereits heute, weil sie zu weit schwimmen müssen, um Eisschollen zu erreichen. Es wird vorausgesagt, dass bis zur Mitte dieses Jahrhunderts zwei Drittel der Eisbärenpopulation ausgestorben sein wird.
– Tropische Stürme werden mächtiger und zerstörerischer. In den USA hat sich die Anzahl der Stürme der Kategorien 4 und 5 in den letzten 35 Jahren stark erhöht.
– Aufgrund höherer Temperaturen nehmen Dürreperioden zu und damit auch die Gefahr von Waldbränden. In den USA lag die Waldbrandrate des Jahres 2006 bzgl. der Brandanzahl und der verbrannten Fläche um 125 % über dem 10-Jahres-Durchschnitt.

Wasserknappheit ist ein Phänomen, das sowohl mit den veränderten Klimabedingungen als auch mit dem **globalen Bevölkerungswachstum** zusammenhängt: Während sich die Weltbevölkerung im 20. Jahrhundert mehr als verdreifacht hat von 2 Milliarden 1927 auf derzeit ca. 6,8 Milliarden, stieg der Wasserbedarf auf das Sechsfache an. Da sich die Bevölkerung in den nächsten 50 Jahren noch einmal um bis zu 50 % vergrößert, wird der steigende Wasserbedarf gravierende Auswirkungen auf die Umwelt und die menschlichen Lebensbedingungen haben:

– Trink- und Nutzwasser sind knapp. Schon heute hat mehr als jeder sechste Mensch keinen Zugang zu sicherem Trinkwasser.
– Während der Pro-Kopf-Wasserverbrauch steigt, steht weniger Wasser für die eigentliche Nahrungsmittelproduktion zur Verfügung.
– Der gestiegene menschliche Wasserverbrauch beeinflusst von Wasser abhängige Ökosysteme und die dort lebenden Spezies, was das Gleichgewicht von Wassernutzung und Wasserressourcen langfristig stört.
– Für gemeinsame Wasserquellen zwischen verschiedenen Ländern sind Absprachen und starke Institutionen nötig, ohne die es zu politischen Spannungen und regionaler Instabilität kommen kann. Aufgrund von Übernutzung hat der Aralsee zwei Drittel seines Volumens verloren. 32.000 m² Meeresboden sind jetzt von Salz bedeckt.

Für weiterführende Informationen siehe auch diese Webseiten:
– http://www.nrdc.org/
– http://www.eoearth.org
– http://www.fao.org
– http://www.worldwatercouncil.org

▶ WB S. 49, Ex 1–3

SKILLS

S. 76/77

WORTSCHATZ	S. 76: **Oh, come on!** • **total** • **unrealistic** • they would **rather** have … • **kilo, kilogram** • **frightening** • **without producing …** • **excuse for not trying …** • **the trouble is that …** • **effect** • **So what?** • **it's worth doing …** • **school exchange** S. 77: **sand storm**
SPRECHABSICHT	Über Umweltprobleme reden: *Cheap flights are destroying the environment.* Bilder beschreiben und vergleichen: *In picture A, the people … In picture B, on the other hand …*
MEDIEN	L: Foto von SB-S. 76 auf Folie, Folienstift, Leerfolie, Tageslichtprojektor; CD 2, Nr. 31, CD-Spieler; vorb. Folie, Kopien von Vorlage 34 in Klassenstärke; Kopien der *topic cards* auf SB-S. 91 (vergrößert) in Klassenstärke auf Karton

SPEAKING – Talking about the environment

1 Ruby has been reading a magazine and now she's angry. Why?

Einstieg

Führen Sie in die Stunde ein, indem Sie die Anzeige von SB-S. 76 auf Folie kopieren und sie den S präsentieren. Befragen Sie die S nach ihrer Einstellung zu Billigflügen *(What's your opinion on cheap flights for everybody?)*. Die S sammeln dazu einige Minuten ihre Ansichten und schreiben sowohl Pro- als auch Contra-Argumente auf. Anschließend werden die Argumente gesammelt und stichpunktartig in einer Liste auf der Folie notiert.

Im Anschluss daran wird den S der Dialog vorgespielt. Dabei sollen sie Argumente im Dialog erkennen, die denen ähneln, die bereits im Unterricht genannt wurden, und evtl. zusätzliche Argumente zum Thema stichpunktartig notieren, die noch nicht erwähnt wurden *(Listen to the dialogue, please. Ruby is talking to Oliver about cheap flights. Which of their arguments do you already know? Which ones are new? Make short notes.)*.

Talking about cheap flights	
pro	contra
– you can have more holidays because it's not so expensive to travel – you can travel to many different places in the world – you have more money left for things to buy while you're travelling – everybody can afford/have a holiday abroad	– cheap flights destroy the environment – one flight from the EU to NYC produces 500 kilos of carbon dioxide

Im nächsten Schritt lesen die S den Text im SB noch einmal still mit, während er erneut von der Hör-CD vorgespielt wird, und kontrollieren ihre Ergebnisse. Danach wird die Frage zum Text beantwortet und der Dialog noch einmal mit verteilten Rollen vorgelesen.
Lösungsbeispiel:
Ruby is angry because she has read an advert about cheap flights, and because cheap flights are destroying the environment.

2 Now practise this dialogue with your partner. Change roles …

Die S bearbeiten diese Aufgabe zusammen mit einer Partnerin / einem Partner. Dabei benutzen sie das Buch und versuchen, den Dialog möglichst flüssig mündlich zu bestreiten. Hilfestellung gibt dabei der Dialog aus *Exercise 1*.
Lösungsbeispiel:
PARTNER A Look *at* this advert: "Buy a bigger, faster car"! It makes me *sick*!
Cars are *destroying* the environment. People *should* travel by bus instead *of* going by car!

PARTNER B	Oh, *come* on, *Anna*. That's *totally* unrealistic. Many people need a car and you know it.
PARTNER A	That's no *excuse* for buying bigger, faster cars! They produce more carbon dioxide.
PARTNER B	But you simply can't live *without* producing carbon dioxide.
PARTNER A	My point is that it's *worth* doing what you can. It's no *use* just complaining!

Wortschatzarbeit Festigen Sie den Wortschatz, indem Sie eine vorbereitete Folie mit Teilen von Redemitteln präsentieren, die im Dialog auf SB-S. 76 vorkommen. Diese sollen von den S korrekt zusammengeführt, ggf. ergänzt und im Heft notiert werden.

1	Oh, come	use just complaining, is it?
2	That's totally	can't live without producing …
3	People would	for not trying …
4	But actually what	that …
5	You simply	on.
6	That's no excuse	what?
7	The trouble is	rather have a holiday abroad.
8	So	unrealistic.
9	It's no	I find even more frightening …

Lösungen:
1 Oh, come *on*.
2 That's totally *unrealistic*.
3 People would *rather have a holiday abroad*.
4 But actually what *I find even more frightening* …
5 You simply *can't live without producing* …
6 That's no excuse *for not trying* …
7 The trouble is *that* …
8 So *what?*
9 It's no *use just complaining, is it?*

3 Group work: Tell the students in your group …
Arbeiten Sie mit Dreiergruppen. Die S sollen versuchen, ihre Meinung zum Thema „Billigflüge" zum Ausdruck zu bringen. Dabei hilft ihnen die vorher angefertigte Liste mit Pro-und Contra-Argumenten, an der sie sich orientieren können. Beim Formulieren der eigenen Meinung können auch die Redemittel aus dem SB hilfreich sein. Jede/r S notiert zunächst allein stichpunktartig mögliche Argumente. Danach trägt ein/e S seiner/ihrer Gruppe den beiden anderen S seine/ihre Meinung zum Thema vor. Die beiden anderen S kommentieren die Aussage und sagen, ob sie damit übereinstimmen oder nicht und legen ihre eigenen Argumente dar.
Lösungen:
individuelle Lösungen

HINWEIS ZUR M10-PRÜFUNG
In der folgenden Übung wird ein Bestandteil der mündlichen Prüfung, *Interpreting*, geübt. Weitere Hinweise zum Prüfungsablauf finden Sie auf HRU-S. 118.

4 Interpreting: Ruby has come to Bavaria on a school exchange …
Lassen Sie den Aufgabentext vorlesen und klären Sie dabei Unklarheiten. Zur weiteren Vorgehensweise beim *Interpreting* vgl. die Ausführungen und did.-method. Hinweise zur SB-S. 44, Unit 3 auf HRU-S. 116.

a) Partners B and C: …
Lösungsbeispiel:
– *My mother says hallo, it's nice to meet you. She wants to know if you had a good trip.*
– *Ruby bedankt sich. Sie sagt, dass der Zug pünktlich und sehr komfortabel/bequem war.*
– *She says, so you didn't fly, did you?*

- *Nein, sie mag Fliegen nicht. Sie denkt, dass es nicht gut für die Umwelt ist.*
- My mother says you're right. But it's often cheaper to go by plane than by train.
- *Sie sagt, dass das stimmt, aber man muss auch an die Kosten für die Umwelt denken.*
- My mother says that on the other hand so many planes fly every day that it doesn't matter if you are on a plane or not.
- *Ruby findet, es stimmt; was jeder Mensch tun kann, hat so wenig Auswirkungen. Aber sie ist auch der Meinung, dass es sich trotzdem lohnt, etwas zu unternehmen.*
- My mother wants to know if many people in GB have the same opinion as you.
- *Ruby ist sich sicher, dass sie eine Minderheit sind. Viele Menschen sprechen viel über die Umwelt. Aber die Zahl derer, die wirklich etwas für die Umwelt tun, ist sehr viel geringer.*
- She says that it's the same in Germany too.

b) Now change roles. ...
Lösungsbeispiel:
- My mother wants to know if you live in England.
- *Nein, sie sagt, dass sie in Schottland wohnt, in einer kleinen Stadt im Westen von Schottland.*
- My mother says that the landscape there is very beautiful, isn't it?
- *Ruby findet auch, dass das stimmt. Es gibt wunderschöne Hügel und Inseln mit vielen Schafen und natürlich auch das Meer. Aber sie sagt auch, dass es für junge Leute nicht sehr viel zu tun gibt.*
- My mother heard that the sea is warm because of the Gulf Stream.
- *Ruby sagt, dass es / das Meer eigentlich nicht besonders warm ist – jedenfalls nicht, wenn man darin schwimmen will! Aber wenn sie den Golfstrom nicht hätten, dann hätten sie Eis im Winter.*
- She has heard on TV that the Gulf Stream is weaker now than it used to be.
- *Sie sagt, dass das stimmt. Der Golfstrom ist jetzt zwölf Prozent schwächer als vor zwölf Jahren.*
- She wants to know the reason for this / why that might be.
- *Ruby meint, dass es wahrscheinlich einige Gründe dafür gibt. Einer davon ist, dass das Eis in der Arktis schmilzt und kaltes Wasser sich mit dem warmen Wasser des Golfstroms vermischt.*
- She says that she hasn't thought about that.

c) Change roles again. ...
Lösungsbeispiel:
- *Ruby fragt, was du in den Sommerferien machst.*
- She says that she and her husband are flying to China. She's looking forward to it. It will be their first trip to China.
- *Sie möchte wissen, ob ihr im Land etwas umherfahren werdet.*
- Yes, they will. But first of all they will spend a few days in Bejing.
- *Sie hat gehört, dass sie in Peking Probleme haben, weil sich die Wüste ausbreitet.*
- Yes, she has heard about that too. On some days there is apparently a lot of sand in the air.
- *Sie glaubt, dass das ganz schrecklich sein muss.*
- She says after that they'll fly to the south of China. She knows that flying isn't good for the environment ...
- *Ruby gibt zu bedenken, dass jeder längere Flug einige Hundert Tonnen an CO_2 produziert!*
- She says that's right. But what can you do about it? They can't take the train to China, can they?
- *Sie sagt, dass du dir keine Sorgen machen musst. Sie ist eigentlich kein verrückter Ökofreak. Sie ist mit dem Zug nach Deutschland gekommen – aber auf der Rückreise wird sie fliegen!*

Interpreting

Zur weiteren Übung kann auch Vorlage 34 genutzt werden, die eine zusätzliche Übung zum *Interpreting* anbietet. Kopieren Sie die Vorlage und erläutern Sie zunächst kurz die Ausgangssituation: Darren, ein Austauschstudent aus den USA, möchte sich mit Kathrin, einem Mitglied der Gastfamilie, unterhalten. Da Darren kein Deutsch spricht und Kathrin Englisch nur sehr schlecht beherrscht, benötigen sie einen Dolmetscher – diese Rolle sollen die S einnehmen. Zur weiteren Vorgehensweise beim *Interpreting* vgl. HRU-S. 116.

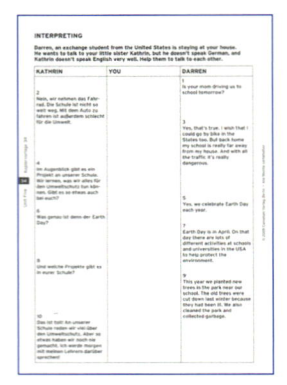

Lösungsbeispiel:

1 *Darren möchte wissen, ob unsere Mutter uns morgen in die Schule fährt.*
2 *No, we're going by bike. School isn't so far away. She thinks that it's bad for the environment to take the car.*
3 *Darren stimmt dir zu. Er würde in den USA auch gern mit dem Fahrrad fahren. Aber dort ist seine Schule wirklich weit von seinem Haus entfernt. Und bei dem ganzen Verkehr findet er das wirklich gefährlich.*
4 *Kathrin says that there's a project at her school at the moment. They're learning about what they can do to protect the environment. She wants to know if you have something like that at your school too.*
5 *Sie feiern dort jedes Jahr den Earth Day.*
6 *Kathrin asks what exactly Earth Day is.*
7 *Der Earth Day findet im April statt. An diesem Tag gibt es viele verschiedene Aktivitäten an den Schulen und Universitäten in den USA, um beim Umweltschutz zu helfen.*
8 *Kathrin wants to know what kinds of projects there are at your school.*
9 *Dieses Jahr haben sie neue Bäume im Park in der Nähe ihrer Schule gepflanzt. Die alten Bäume wurden letzten Winter gefällt, weil sie krank waren. Außerdem haben sie den Park gesäubert und Müll aufgesammelt.*
10 *She thinks that's great. At her school they talk a lot about protecting the environment but they've never done something like that. Kathrin will talk to her teachers about it tomorrow.*

Kopiervorlage 34

HINWEIS ZUR M10-PRÜFUNG

In der folgenden Übung wird ein Bestandteil der mündlichen Prüfung, *topic-based talk*, geübt. Als Vorbereitung zur Prüfung sollten die S diese Aufgabe weitgehend selbstständig durchführen. Weitere Hinweise zum *topic-based talk* finden Sie auf HRU-S. 78.

5 You're going to give a topic-based talk about a problem ...
a) First choose a topic ...

Die S wählen das Thema aus, das sie am meisten anspricht und bearbeiten es in Folge.

b) Then find information about your topic. ...

Zur Vorbereitung sollten möglichst viele zur Verfügung stehende Informationsquellen genutzt werden. Die Informationsrecherche kann zusätzlich auch im Rahmen einer Hausaufgabe weitergeführt werden.

c) Prepare your talk. ...

Die S greifen auf ihr bereits erworbenes Wissen zum Thema *topic-based talk* zurück, nutzen die auf SB-S. 76 erlernten Redemittel bzw. Satzanfänge und konsultieren bei Bedarf zusätzlich SB-S. 45 von Unit 3. Es empfiehlt sich auch hier, bereits zu Beginn der Vorbereitung ein Grundgerüst für den Vortrag anhand von Oberbegriffen zu entwickeln.

d) Now work with a partner. ...

Kopieren Sie vorbereitend SB-S. 91 mit den *topic cards* und den zugehörigen Fragen leicht vergrößert in Klassenstärke auf Karton und verteilen Sie die Kopien an die S (Zur weiteren Vorgehensweise vgl. auch die HRU-S. 119 und 120.).

Lösungen:
individuelle Lösungen

HINWEIS ZUR M10-PRÜFUNG

In der folgenden Übung wird ein Bestandteil der mündlichen Prüfung, *picture-based conversation*, geübt. Als Vorbereitung zur Prüfung sollten die S diese Aufgabe weitgehend selbstständig durchführen. Weitere Hinweise dazu finden Sie auf den HRU-S.150 und 151.

Für dialogisch geführte Bildbesprechungen mit zwei S sind prinzipiell zwei Varianten denkbar, die beide als Vorbereitung auf die mündliche Prüfung eingeübt werden sollten:

a) Die S betrachten beide Fotos und notieren nach kurzer Reflektion einige Stichwörter, die sie im anschließenden Dialog nutzen. Dabei sollen sie nicht nur die Bilder beschreiben, sondern auch die Meinung der Partnerin / des Partners in Erfahrung bringen und ihre jeweiligen Ideen und Ansichten zum Thema austauschen bzw. diskutieren.

b) Jede/r S erhält vorab nur eines der beiden Fotos und bereitet sich dazu vor. Danach beschreibt zunächst jede/r S sein/ihr Bild und zeigt es anschließend dem Partner / der Partnerin. Die S erklären, welches Bild ihnen besser gefällt bzw. sie mehr anspricht, wobei sie die beiden Abbildungen vergleichen und kontrastieren bzw. ihre Meinung zum Thema wiedergeben und begründen. Auch weiterführende Fragen sind denkbar.

6 A picture-based conversation

Wiederholen Sie zusammen mit den S vor der Bearbeitung der Aufgabe die nützlichen Redemittel zum Vergleich von Bildern. Bringen Sie diese evtl. auch an der Tafel an, nachdem sie von den S im Unterrichtsgespräch genannt wurden (s. SB-S. 63).
Befragen Sie in lernlangsameren Klassen die S auch nochmals zum Vorgehen bei einem Bildvergleich:
– Beschreibung der Einzelbilder
– Beschreibung der Unterschiede/Gemeinsamkeiten
– Darlegen der eigenen Meinung zu den Bildern / der Situation
– Evtl. eigene Erfahrungen zum Thema beitragen

a) Look at the pictures below and plan what you can say about them.

Die S planen zunächst in Einzelarbeit ihre Äußerungen zu den Bildern und notieren sich Stichpunkte. Hierbei sollte jedoch das dafür vorgesehene Zeitlimit unbedingt eingehalten werden.

b) Now talk to your partner about the two pictures and compare them.

Die S beschreiben und vergleichen die Bilder und geben ihre Meinung dazu wieder. Sie sollen dabei auch im Blick haben, was nicht auf den Bildern gezeigt wird, aber als übergreifendes Thema (in diesem Fall *population explosion, expanding deserts*) mitschwingt. Achten Sie bei diesem Ablauf auch auf die Ausgewogenheit der Redebeiträge der Vortragenden (zum Vorgehen vgl. auch Hinweis zur M10-Prüfung oben).

Lösungsvorschlag:
Da es sich hierbei um eine *conversation* mit variierenden Redeanteilen handelt, werden im Folgenden lediglich hilfreiche bzw. vorbereitende Stichworte angegeben:

Picture A
– *in the foreground: many people on bikes, probably on their way to work*
– *in the background: a lot of traffic (cars, vans, buses)*
– *street in Beijing city centre, busy, chaos, noise, loud, a lot of traffic, pollution*
– *people don't look happy, stressed because of the traffic*

Picture B
– *background: many cars, a bus, a busy street in Beijing*
– *foreground: some people on bikes, wearing mouth protection*
– *protection against: traffic, sand storm*
– *Gobi desert: near Beijing, desert is expanding*
– *one reason: more people eat meat, cattle/sheep eat all the grass*

both pictures:
– many people in China, population is growing, population explosion
– lots of traffic, pollution, people suffer from it
– people use lots of energy, destroy the environment
– produce lots of greenhouse gases, carbon dioxide
– big carbon footprint, global warming

eigene Meinung:
– different living conditions Germany/China
– important to protect environment
– using a bike good idea but not when there's so much traffic / sand storm
– …

INFO-BOX

Peking ist die Hauptstadt der Volksrepublik China und nach Shanghai die zweitgrößte Stadt des Landes. Es leben ungefähr 12 Millionen Menschen dort, inoffiziell wahrscheinlich sogar ca. 15 Millionen. Als Verkehrsknotenpunkt verfügt Peking über Flughafen-, Autobahn- und Bahnanbindungen, innerhalb der Stadt gibt es Autobahnringe, Bus- und Trolleybuslinien sowie ein U-Bahnnetz. Als innerstädtisches Verkehrsmittel hatte das Fahrrad lange Zeit eine große Bedeutung; so gibt es z. B. eigene Radspuren für die ca. 10 Millionen privaten Fahrräder. In jüngerer Zeit wird es allerdings von den privaten Pkws verdrängt. Um die Luftverschmutzung, den Verkehrsstau sowie den Fahrraddiebstahl zu verringern, setzt die Stadtverwaltung jedoch wieder auf den Ausbau des Radsystems. Peking wird oft tagelang von **Sandstürmen** heimgesucht, die ihren Ursprung in der Mongolei und in der Wüste Gobi haben. Die Anzahl und Stärke dieser Stürme haben sich in den letzten Jahren erhöht. Seit den 1990er Jahren dehnen sich die chinesischen Wüsten um ca. 2.400 m^2 jährlich aus; die nahegelegenste Sandzunge ist nur noch 18 km von einem Pekinger Vorort entfernt. Um die **Verwüstung** des Landes aufzuhalten, die u. a. von jahrzehntelanger intensiver Landwirtschaft und großflächiger Abholzung herrührt, hat die Regierung das größte Aufforstungsprojekt der Welt ins Leben gerufen, bei dem über 13 Provinzen hinweg auf 4.500 km Länge und in geplanten mehreren 100 km Breite eine Mauer aus Wald entstehen soll. Diese „Grüne Mauer" („**China's Great Green Wall**") soll die Windgeschwindigkeit sowie den Sandtransport der Stürme verringern. Es ist geplant, in den nächsten 80 Jahren eine Fläche von der Größe Deutschlands aufzuforsten.

S. 78–80

WORTSCHATZ	**S. 78: sky • balcony • apartment block • pretty • bush • abandon • square •** buildings **are being built • fun park •** bumper car **• big wheel • silent • Ukraine •** Soviet Union **• cloud • radioactivity • protective clothing • safety** equipment **• Sweden • Switzerland • Norway • they stopped eating … • fresh • in case • contaminate • tinned** vegetables **• indoors • playground •** radioactive level **S. 79: dramatically • appear • evacuate • zone • thick • concrete • reactor • crack • collapse • expert • cancer • leukaemia •** future **generation • uninhabitable •** macabre **• attraction**
MEDIEN	L: Fotos der drei Abbildungen auf SB-S. 78/79 auf Farbfolie, Tageslichtprojektor; vorb. Folie S: Wörterbücher

READING – An Internet article

Einstieg

Kopieren Sie die beiden Fotos und die Karte auf den SB-S. 78 und 79 auf Farbfolie und präsentieren Sie diese den S nacheinander bei geschlossenem SB. Lassen Sie zunächst die Fotos näher beschreiben und Vermutungen dazu anstellen, bevor Sie die Abbildung der Karte zeigen und die Klasse nach ihrem Vorwissen zum Thema Tschernobyl befragen.

L *Look at this photo.* (Foto mit Riesenrad zeigen.) *What can you see?*
S *It looks like a fair. There's a big wheel in the background, and one of the cabins is in the foreground of the picture. It looks broken. Grass is growing on the square. There are no people in the picture.*
L *Why are there no people in the photo? What do you think?*
S *Perhaps it's an old fair where nobody wants to go. / Perhaps there has been an accident at the fair and they closed the place. / ...*
L *Now have a look at this picture.* (Foto mit dem Reaktor zeigen.) *What's this?*
S *The building in the background looks like a big factory. Maybe workers are building / repairing it. In the foreground, there are a lot of trees.*
L *Don't you think it's strange to have a big factory near a forest or a park? What could the two pictures have to do with each other?*
S vermuten.
L *Now look at this map.* (Karte zeigen.) *Where are these photos from? What are the names of the cities?*
S *From the Ukraine. The cities are Slavutych, Prypiat and Chernobyl.*
L *Do you know anything about Chernobyl?*
S antworten.
L *Let's read in the text why there are no people in these photos. / Let's read about Chernobyl and what has happened there.*

1 Describe the two photos. Then read quickly through the text ...
Die S scannen den Text für einen vorgegebenen Zeitraum und beantworten die Eingangsfrage.
Lösung:
The people had to leave because of an accident at a nuclear power station (in Chernobyl).

2 In lines 1–12 we slowly learn that Prypiat is a ghost town. ...
Die S erledigen die Aufgabe schriftlich in Einzelarbeit. Dazu lesen sie den ersten Abschnitt des Textes bis Zeile 12 und machen sich Notizen. Die Ergebnisse werden im Unterrichtsgespräch kontrolliert.
Lösungsbeispiel:
– *The apartment blocks are empty.*
– *The lorries in the city square are abandoned.*
– *The sports centre has broken windows.*
– *The swimming pool has no water in it.*
– *The hospital is empty.*
– *There are no children at the fun park or at school.*
– *At school, pupils' books lie on the floor.*

Erweiterung Präsentieren Sie eine vorbereitete Folie mit Zwischenüberschriften zu den einzelnen Textabschnitten in verwürfelter Reihenfolge. Die S lesen zunächst die Überschriften und daraufhin den gesamten Text still. Anschließend ordnen sie die Überschriften den richtigen Paragrafen zu.

> **Find a title for each paragraph 1–7.**
> A Repairs at the power station
> B Radioactivity across Europe
> C Prypiat – a tourist attraction
> D Leaving the city
> E A ghost town
> F Effects of the disaster: diseases and costs
> G The unknown danger

Lösungen:
paragraph 1: *E*   paragraph 5: *A*
paragraph 2: *G*   paragraph 6: *F*
paragraph 3: *B*   paragraph 7: *C*
paragraph 4: *D*

3 Answer the questions in full sentences.
Diese Aufgabe wird schriftlich in Einzelarbeit erledigt.
Lösungen:
1 *They heard two explosions at the power station (early on April 26th, 1986).*
2 a) *They stopped eating fresh vegetables and ate tinned vegetables instead.*
   b) *Children played indoors.*
3 *Nobody is allowed to live there.*
4 *It was built for the inhabitants of Prypiat, who could no longer live there.*
5 *They have to repair the concrete wall so that the building doesn't collapse. If it fell, more radioactive gases would be released.*
6 *Wild horses live in the fields and wolves hunt in the forest.*

4 Explain the following phrases in English. You can use a dictionary.
Die S sollen zunächst versuchen, die Bedeutung der Wörter aus dem Kontext und mithilfe der Fotos abzuleiten. Erst danach konsultieren sie das Wörterbuch. Anschließend tauschen sie sich mit einer Partnerin / einem Partner aus und vergleichen ihre Ergebnisse. Die Besprechung der verschiedenen Erklärungsvarianten erfolgt im Unterrichtsgespräch.
Lösungsbeispiel:
1 a balcony – *a kind of platform which is built upstairs on the outside of a house or flat, people can sit on it.*
2 abandoned – *left, not used*
3 big wheel – *a large wheel that you can ride on*
4 evacuate – *take people away from a dangerous area*
5 uninhabitable – *where nobody can live*
6 carbon footprint – *the total amount of carbon which a person produces*

Erweiterung Sie können die Aufgabe erweitern, indem Sie weitere gut definierbare Begriffe aus dem Text umschreiben lassen. Mögliche Beispiele sind: *lorry, fun park, firefighter, tinned vegetables, indoors, expert.*

5 Explain in German …
a) why the work of the firefighters was so dangerous.
Lösung:
Die Arbeit der Feuerwehrleute war besonders gefährlich, weil sie von der Gefahr der Radioaktivität nichts wussten und weil sie keine Schutzkleidung trugen.

b) why tourists now come and visit Prypiat.
Lösung:
Die Touristen wollen sehen, wie eine Stadt nach dem Ende der Welt aussehen wird, wenn es keine Menschen mehr gibt.

Erweiterung Sollten lernlangsamere S mehr Bearbeitungszeit benötigen, erhalten lernstärkere S in der Zwischenzeit die Aufgabe, zusätzliche Fragen analog zu den Fragen im SB zu entwickeln, die später der Klasse gestellt werden können.

Transfer

6 And you?
Die S erhalten einige Minuten Zeit zum Überlegen und machen sich Notizen zu ihren Antworten auf die Fragen a) und b) im SB. Danach bewegen Sie sich im Klassenzimmer umher. Sobald sie ein zuvor vereinbartes Signal hören, bleiben sie bei der/dem S stehen, die/der ihnen am nächsten ist, und tauschen ihre Ansichten aus. Dabei sollen sie genau auf die Äußerungen des Gegenübers achten und evtl. unverständliche Teile bzw. Äußerungen hinterfragen. Anschließend verbessern die S ihre Aussagen. Später werden diese auch im Plenum präsentiert und besprochen.

a) Which paragraph in the artice do you find …
Lösungen:
individuelle Lösungen

b) Would you want to visit Prypiat? Why (not)? Write 3–4 sentences.
Lösungen:
individuelle Lösungen

> **INFO-BOX**
>
> Am 26. April 1986 ereignete sich im Atomkraftwerk Tschernobyl (damals Sowjetunion, heute Ukraine) ein folgenschwerer **Reaktorunfall**, ein sogenannter Super-GAU (größter anzunehmender Unfall): Nach einer Überhitzung des Kernreaktors kam es zur Kernschmelze, die eine riesige Explosion nach sich zog, bei der eine Wolke aus radioaktivem Gas in die Luft geschleudert wurde und sich über ganz Europa verbreitete. Die Berichterstattung nach dem Unfall war von fehlenden und widersprüchlichen Informationen aus verschiedenen Quellen geprägt. Die offi-ziellen Stellen der damaligen UdSSR hielten Informationen bewusst zurück oder vertuschten die Sachverhalte, was die Öffentlichkeit nachhaltig verunsicherte. Die Katastrophe von 1986 ist zum Symbol für die Gefahren der Nutzung der Kernenergie geworden. Die Stadt **Prypjat** liegt sehr nahe am Reaktor und war bereits am 27. April 1986 evakuiert worden. In weiteren Evakuierungsschritten wurden bis zum 4. Mai 1986 Bewohner aus einem Umkreis von bis zu 30 km um den Reaktor evakuiert. In den folgenden Jahren erfolgte die Umsiedlung weiterer 210.000 Einwohner. Die gesamte Sperrzone hat heute ein Ausmaß von 4.300 km^2 und ist wiederum in mehrere Zonen eingeteilt. Während es sich bei Prypjat aufgrund der hohen Verseuchung nach wie vor um eine Geisterstadt handelt, in der längst alle Wohnungen geplündert sind und wo im Theater noch die Plakate für die Maikundgebung des Jahres 1986 bereitliegen, sind trotz des herrschenden Ansiedlungsverbots andere Gegenden der Sperrzone durchaus besiedelt, zumeist von zurückgekehrten Einwohnern. Anders verhält es sich mit den Wissenschaftlern und Arbeitern, die im Zusammenhang mit der Katastrophe eingesetzt werden und die direkt im Dorf Tschernobyl wohnen. Sie leben dort jedoch nicht durchgängig, sondern halten sich meist nur tageweise an diesem Ort auf.

▶ WB S. 50–52, Ex 4–9

7 The (dis)advantages of nuclear power: Do you agree …

Die S machen sich zunächst individuell Gedanken zu den Vor- und Nachteilen der verschiedenen Energiearten und notieren diese stichpunktartig. Der Schwerpunkt sollte hierbei jedoch auf *nuclear power* liegen, sofern die Klasse nicht bereits Hintergrundwissen zu den anderen drei Formen der Energiegewinnung besitzt. Weisen Sie die S auch noch einmal darauf hin, dass es sich bei Chris und Julia um die Verfasser der beiden Kommentare zum Lesetext auf SB-S. 79 handelt.

a) Work in a group. Collect ideas …
Teilen Sie die Klasse in Kleingruppen ein und lassen Sie die S im Gespräch weitere Ideen bzw. Argumente zusammentragen. Anschließend werden die Ergebnisse der Klasse vorgestellt und an der Tafel in Tabellenform gesammelt.
Lösungen:
individuelle Lösungen

b) Then write eight sentences with your own opinions …
Die S benutzen anschließend die zuvor gesammelten Aspekte, um ihre eigene Meinung zum Thema Nuklearenergie auszudrücken. Die im SB angegebenen Satzanfänge helfen bei der Ausarbeitung.
Lösungen:
individuelle Lösungen

S. 81

WORTSCHATZ	version • pave • paradise • put up • parking lot • boutique • swinging hot spot • 'em • charge people • buck • DDT • spot • bee • screen door • my old man • steam roll
MEDIEN	L: CD 2, Nr. 38, 39, CD-Spieler; Kopien von Vorlage 35 (unten) in Klassenstärke
	S: Notizzettel

LISTENING – Big yellow taxi

1 A radio show

a) Listen to the talking before the song *Big Yellow Taxi* ...

Einstieg

Bevor die S die weiteren Fragen beantworten, hören sie den Hörtext zunächst bei geschlossenem SB und finden heraus, welches Thema der Song hat.

L *Listen to a radio show. They're talking about a song. What's its name and what is it about?* (S hören.)
S *It's called Big Yellow Taxi. It is about the environment (and how we're damaging it).*

Vor dem Hören des Hörtexts lesen die S die gesamte Teilaufgabe a) mit den Lösungsoptionen bzw. Sätzen durch. Danach hören sie sich den Hörtext an und versuchen in Einzelarbeit die Sätze im SB schriftlich zu vervollständigen, indem sie sich Notizen machen.

Lösungen:
1 The song was written by *Joni Mitchell*.
2 The version chosen by the caller is sung by *Amy Grant*.
3 It has also been sung by *the Counting Crows*.

b) Listen again. Then answer the questions.

Auch hier lesen die S wiederum die Fragen genau durch, bevor sie während eines weiteren Hördurchgangs die Lösungen stichwortartig in Einzelarbeit notieren.

Lösungen:
1 *in Cork, in the southwest of Ireland*
2 *in a hotel / on a beautiful island (Hawaii)*
3 *car parks*
4 *her voice is strong*

Tapescript

ANNOUNCER Hi, and welcome to the show. As usual, we've got some great music lined up for you – chosen, as always, by our listeners. And our first caller today is David in Ireland.
Hi, David. How're you doing?
DAVID I'm OK, thanks.
ANNOUNCER You're calling from Ireland – where in Ireland are you calling from?
DAVID From Cork ... That's in the southwest of Ireland.
ANNOUNCER Well, thank you for calling today. And what song would you like us to play?
DAVID I'd like to hear *Big Yellow Taxi*, sung by Amy Grant.
ANNOUNCER Is it your favourite song?
DAVID Well, one of my favourite songs! I love the melody, and the lyrics are great. I suppose it was one of the first great songs about the environment and how we are damaging it.
ANNOUNCER The song was written by Joni Mitchell, right?
DAVID Yes, in the 1970s. But songs about the environment are as relevant today as they were then. The story goes that Joni Mitchell was on a beautiful island – Hawaii, I think. When she woke up in the morning, she looked out of her hotel window and saw beautiful hills outside the town. Then she looked down and saw enormous car parks near her hotel – "parking lots", as Americans call them. And that's apparently where she wrote the song.
ANNOUNCER Fascinating – thanks for that, David. We must hear the song, but just tell us, David: why didn't you choose the Joni Mitchell version?
DAVID Well, I think Joni Mitchell's voice is great for a folk singer, but I prefer Amy Grant's version: her voice is strong – I love it!
ANNOUNCER The *Counting Crows* have sung it too, haven't they?

DAVID	Yeah, that's good too.
ANNOUNCER	Well, enough talking. Thank you again David, and here's Amy Grant with *Big Yellow Taxi*.

2 Big yellow taxi …

Einstieg

Nutzen Sie für den ersten Hördurchgang Vorlage 35 (unten) als Arbeitsblatt in Klassenstärke. Nur einige der in der Übung vorgegebenen verwürfelten Begriffe sind im Liedtext enthalten. Die S erhalten (bei geschlossenem SB) den Auftrag, sich die genannten Begriffe einzuprägen und beim ersten Hören des Songs möglichst viele davon herauszuhören. Die betreffenden Wörter werden dann angekreuzt. Alternativ können die S in lernstärkeren Klassen auch versuchen, durch Nummerierung eine zeitliche Reihenfolge festzulegen.

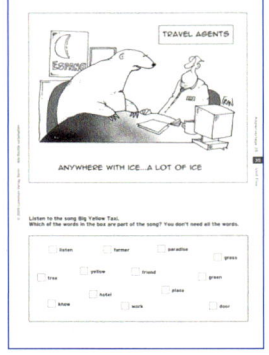

L *Look at the words in the box and try to keep them in mind / to remember them. Now listen to the song Big Yellow Taxi. Which of the words are part of the song?*

Kopiervorlage 35

Lösungen:

1	hotel	**3**	tree	**5**	farmer	**7**	yellow
2	paradise	**4**	know	**6**	door		

Die S hören das Lied von der Hör-CD. Sie lesen den Liedtext mit und ergänzen ihn in Einzelarbeit, wobei sie sich die Lösungsstichwörter auf Notizzettel notieren.
Lösungen:
put; always; took; see; always; apples; always; heard; carried; always

Erweiterung

Die S erhalten den zusätzlichen Arbeitsauftrag, in einem weiteren Hördurchgang möglichst viele Aspekte der Umweltzerstörung herauszuhören und diese stichpunktartig zu notieren.
Lösungsvorschlag:
– *paved paradise / put up a parking lot*
– *took all the trees*
– *DDT*
– *leave me the birds and the bees*

INFO-BOX

Joni Mitchell (geb. 7. November 1943, Alberta/Kanada) ist eine Musikerin und Malerin, die zu den bedeutendsten Sängerinnen und Liedermacherinnen der ersten Generation gehört. Sie wuchs in einer kanadischen Kleinstadt auf, wo die Lieder von Pete Seeger einen großen Einfluss auf sie hatten. Nach einem abgebrochenen Kunststudium, einer Schwangerschaft und dem Bruch mit ihrem Elternhaus ging sie in die USA, wandte sich der Folkmusik zu und schrieb bald ihre ersten Lieder. In den frühen 1960er Jahren lebte sie in New York, wo sie mit ihren eigenwilligen Songs schnell zu einem Insidertipp und mit ihrem ersten Album, das 1968 erschien, in den gesamten Vereinigten Staaten bekannt wurde. Ihr damals erworbener Kultstatus hält bis heute an. Joni Mitchell veröffentlichte den **Song Big Yellow Taxi** 1970. Die Idee dazu kam ihr bei einem Besuch auf Hawaii. Aus ihrem Hotelfenster sah sie damals ein spektakuläres Panorama, doch als sie nach unten schaute, war dort ein riesiger Parkplatz. Im Laufe der Jahrzehnte ist dieser Song unzählige Male gecovert worden, u.a. von Bob Dylan, den Counting Crows (als Titelsong für *Two weeks notice*/„Ein Chef zum Verlieben") oder von Amy Grant.
Amy Grant (geb. 25. November 1960, Georgia/USA) ist eine Sängerin und Songwriterin, die als eine der wenigen Musikerinnen mit christlicher Popmusik bekannt wurde, aber auch mit Mainstream-Pop Erfolg hat. Nach einer Scheidung und Wiederheirat in den späten 1990er Jahren haben sich einige christliche Radioformate und Teile des Publikums von ihr distanziert, andererseits lebt sie ein ruhigeres, familienbezogeneres Leben. Seit 2005 ist Grant auch als Fernsehmoderatorin in Erscheinung getreten.

▶ WB S. 53, Ex 10, 11

S. 82

MEDIEN L: Kopien von Vorlage 36 in Klassenstärke
S: Wörterbücher

MEDIATION – A news story

HINWEIS ZUR M10-PRÜFUNG

In der folgenden Übung wird ein Bestandteil der schriftlichen Prüfung, das wortwörtliche Übersetzen im Bereich *mediation*, geübt. Weitere hilfreiche didaktisch-methodische Hinweise zum Übersetzen von Texten finden Sie auf den HRU-S. 50 und 90.

1 A good news story about the environment …

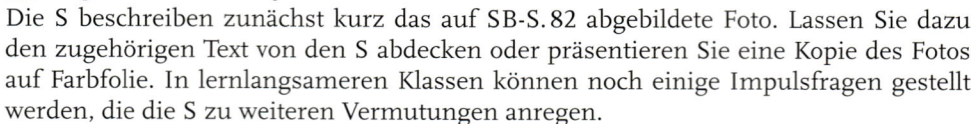

Die S beschreiben zunächst kurz das auf SB-S. 82 abgebildete Foto. Lassen Sie dazu den zugehörigen Text von den S abdecken oder präsentieren Sie eine Kopie des Fotos auf Farbfolie. In lernlangsameren Klassen können noch einige Impulsfragen gestellt werden, die die S zu weiteren Vermutungen anregen.

L *Describe the photo, please.*
How old could the girl in the picture be?
What is she wearing?
What can you see in the background?
Where could the picture have been taken?

Daraufhin lesen die S die Arbeitsanweisung zur Aufgabe sorgfältig durch. Weisen Sie noch einmal auf das Zeitlimit von zehn bis zwölf Minuten Bearbeitungszeit hin, das auch das Lesen des Textes einschließt. Machen Sie die S auch auf die hilfreichen Fußnoten aufmerksam. Anschließend wird der Text schriftlich in Einzelarbeit übersetzt.
Lösungsbeispiel:

Großartige Idee für neue Straßen
von Ella Huskisson
Seit vielen Jahren versuchen Städte, ihren Abfall wiederzuverwerten, und jetzt hat ein Teenager in British Columbia, Kanada, ein Material erfunden, das eines der allerwichtigsten Abfallprodukte recycelt – Kunststoff.
Gina Gallant arbeitete für eine Ölfirma, die Asphalt für Straßen behandelte. Könnten einige Abfallprodukte, so überlegte sie, auch beim Straßenbau verwendet werden? Sie erfuhr, dass Glas und Gummi schon erfolglos ausprobiert worden waren. „Vielleicht könnte ich Kunststoff mahlen?", dachte sie. Kunststoff und Asphalt sind schließlich beides Ölprodukte.
Es funktionierte! Gina entdeckte, dass eine Mischung aus 6% Asphalt, 6% gemahlenem Kunststoff und 88% zerbrochenem Gestein am besten funktionierte. Dann probierte sie ihr neues Material auf 500 Metern echter Straße in Prince George, British Columbia aus. Jetzt wartet jeder, um zu sehen, was passiert, wenn Autos und Lastwagen darauf fahren.
Bisher scheint es, dass Ginas Material weniger Risse als normaler Asphalt aufweist und dass der Verkehr darauf offenbar weniger Lärm als auf anderen Belägen macht. Wenn Gina ihre Idee an große Straßenbaufirmen verkaufen kann, könnte ihre Idee Millionen Tonnen von Kunststoff in der Welt recyceln.

INFO-BOX

Gina Gallant (geb. 1987, British Columbia/Kanada) interessierte sich schon in jungen Jahren für Umweltfragen, Naturwissenschaften und neue Technologien. So entwickelte sie schon mit fünf Jahren eine Substanz, die verhindert, dass Cracker in Flüssigkeiten matschig werden. Auf einem Familienausflug im Jahr 2000 (im Alter von 13 Jahren) kam ihr die Idee, den herumliegenden Plastikmüll auf nützliche Weise zu entsorgen und zu nutzen. Nachdem ihr 2002 die Öl verarbeitende Firma ihres Vaters eine Art Praktikum mit Experimentiergelegenheiten ermöglichte, stellte sie der Öffentlichkeit „PAR" vor (PolyAggreRoad), einen Straßenbelag, der zermahlene Plastikabfälle enthält. Auf mehreren Testfeldern wird der Belag nun für einige Jahre realen Bedingungen ausgesetzt. Danach stehen die Chancen gut, dass Ginas Erfindung in Kanadas Straßenbau tatsächlich Anwendung findet. Gina Gallant erhielt für diese und weitere Erfindungen (z.B. Leuchtdioden für Fahrradhelme) zahlreiche Auszeichnungen.

Mediation Als weitere Übungsmöglichkeit finden Sie auf Vorlage 36 einen Text über den *Earth Day*, der mit zusätzlichen Hinweisen und Tipps zum Übersetzen versehen wurde.
Lösungsbeispiel:

Ein ganz besonderer Tag
Ende der 1960er Jahre begannen die Menschen, sich mehr Sorgen um / Gedanken über Umweltprobleme zu machen. Das führte zu Beginn der 1970er Jahre zur Gründung zweier Institutionen: (dem) Earth Day und Greenpeace.
Der erste Earth Day fand am 22. April 1970 statt und bis zu 20 Millionen Amerikaner nahmen daran teil. Seitdem ist er / der Earth Day jedes Jahr größer geworden / gewachsen. Das Internet spielt auch eine Rolle beim wachsenden Erfolg des Earth Day. Organisatoren können Informationen über Veranstaltungen/ Events/Ereignisse ins Netz / online stellen und dadurch Millionen von Menschen erreichen. Im Jahr 2000 feierten ungefähr 500 Millionen Menschen aus 85 Ländern (den) Earth Day. Seit es den Earth Day gibt, haben sich neue Veranstaltungen entwickelt. Einige Städte feiern (eine) Earth Week und es gibt sogar (die) Earth Hour! Die Menschen sollen das Licht für eine Stunde ausschalten. Typische Aktivitäten, die beim jährlichen Earth Day stattfinden, sind Bäumepflanzen und Müllaufsammeln. In Sydney wurde sogar ein autofreier Tag organisiert. Es gibt auch mehr Ökofestivals jedes Jahr. Im Jahr 2000 gab es ein Festival im Millenium Dome in London. Das Gebäude ist sehr umweltfreundlich – sogar die Toiletten werden mit Regenwasser betrieben!
(Der) Earth Day wird von Greenpeace unterstützt, einer privaten Organisation für den Schutz der Umwelt. Sie wurde 1971 gegründet. Es ist nicht verwunderlich / Es ist keine Überraschung, dass Greenpeace jedes Jahr viele Veranstaltungen für den Earth Day organisiert.

Kopiervorlage 36

▶ WB S. 54, Ex 12

WRITING – A picture-based story

HINWEIS ZUR M10-PRÜFUNG

In der folgenden Übung wird ein Bestandteil der schriftlichen Prüfung zum Bereich *text production* geübt, die *picture-based story*. Hierbei handelt es sich um das zusammenhängende kreative Schreiben anhand eines Bildimpulses.

1 You're a member of an environment group ...
a) Look at the photo and write a story of at least 120 words.

Einstieg Um den S den Einstieg in das Schreiben der *picture-based story* zu erleichtern, bietet es sich an, vorab ein Brainstorming zu dem auf der Seite abgebildeten Foto durchzuführen. Dies kann in Einzelarbeit oder in der Klasse geschehen, wobei hilfreiche Ideen und Schlagwörter stichpunktartig notiert werden. Unter Umständen kann sich dabei auch schon ein Grundgerüst für eine mögliche Geschichte ergeben.

Die S bearbeiten die Aufgabe schriftlich in Einzelarbeit. Dazu lesen sie zunächst die Tipps durch, die weitere Hilfen beim Verfassen der Geschichte enthalten, und notieren dazu stichwortartig erste Ideen. Anschließend erstellen sie ein Grundgerüst für die Geschichte und gestalten dieses beim Schreiben weiter aus.

b) OK, you've written your story. Can you now improve ...
Die S lesen ihre erste Fassung der Geschichte durch und fügen Verbesserungen mithilfe der im Buch genannten Beispiele ein.

c) Now work with a partner: Improve your partner's sentences.
Durch die Rückmeldung einer Partnerin / eines Partners haben die S weitere Gelegenheit, ihre Geschichte zu überarbeiten. Anschließend werden die Ergebnisse in der Klasse vorgelesen.
Lösungen:
individuelle Lösungen

> **DIDAKTISCH-METHODISCHER HINWEIS**
> Weitere Hinweise zum Überarbeiten von Texten finden Sie auf den HRU-S. 52 und 114.

Transfer Fragen Sie die S abschließend, ob sie sich vorstellen könnten, bei einer Rettungsaktion zum Schutz der Umwelt (besonders in Bezug auf das abgebildete Foto) mitzumachen *(Can you imagine being part of an environment group? What actions would you like to take? Look at the photo: Would you help? Why? / Why not?).*

▶ WB S. 55, 56, Ex 13–15

LOOK AT LANGUAGE

S. 84/85

WORTSCHATZ	S. 84: **pullover • heat • catch: it is caught • overtake**	
	S. 85: **progress • cut** • Kyoto Protocol	
STRUKTUR	*Greenhouse gases have been cut.* (= present perfect passive)	
	Polar bears will be threatened with extinction. (= future tense passive)	
SPRECHABSICHT	Sagen, was gemacht wird, was gemacht wurde bzw. worden ist und was gemacht werden wird: *Heat is caught by the greenhouse gases. The USA was overtaken by China. Some progress has been made. The USA will be hit by more hurricanes.*	
MEDIEN	**L:** vorb. Folie, Tageslichtprojektor; Kopien von Vorlage 37 in Klassenstärke	

STRUCTURES

Einstieg Befragen Sie die S bei geschlossenem SB zu ihrem in der Unit erworbenen Wissen zum Thema *global warming, climate change, greenhouse gases* usw. Die Äußerungen der S können in Form eines *word web* an der Tafel notiert und im Lauf der Stunde noch weiter ergänzt werden.

Professor Clever gives a quick lesson in global warming.
Lassen Sie zunächst die vier orangefarbenen Sprechblasen von Professor Clever auf den SB-S. 84 und 85 still lesen. *(Professor Clever talks about global warming. Read what he has to say in the orange boxes.)* Stellen Sie anschließend zu jeder Box ein bis zwei inhaltliche Fragen, die die S mündlich beantworten.
Vorschläge:
– How does carbon dioxide change the world's climate? *(It's like a pullover around the earth. / Heat from the earth is caught in the gas and sent back to the earth.)*
– Who produced the most greenhouse gases before and after 2006? *(the USA / China)*
– Why is the amount of carbon dioxide per person still higher for Americans? *(Because there are fewer Americans than Chinese people.)*
– What's in the Kyoto Protocol? *(an agreement to cut greenhouse gases)*
– What about Britain's role in reducing greenhouse gases? *(Carbon dioxide has been reduced by 17% since 1990.)*
– Name three things that will happen if global warming goes on. *(extinction of polar bears, more hurricanes, more people will die because of floods and hot weather)*

Transfer Fragen Sie auch, welchen der abgebildeten Cartoons die S am treffendsten/witzigsten finden und lassen Sie sie ihre Meinung begründen *(Which of the cartoons is the funniest? Which one illustrates and describes the situation best? Why?).*

Anschließend werden die Aufgaben 1–6 bearbeitet, wobei für jede Aufgabe der zugehörige Text zunächst laut vorgelesen wird.

simple present passive **1** There are nine phrases with *is* in the text above. Copy the ones …
(Wiederholung) Die S notieren stichpunktartig in Einzelarbeit die relevanten *phrases* aus dem Text. Die Ergebnisse werden anschließend im Plenum besprochen.
Lösungen:
heat is caught, (heat) is not sent, (heat) is sent back, (heat) is sent back, global warming is caused

simple past passive (Wiederholung)

2 Answer the questions in full sentences. Use the *simple past passive*.
Die S erledigen die Aufgabe schriftlich in Einzelarbeit. In lernlangsameren Klassen wird die Übung zunächst mündlich in der Klasse und später schriftlich in Einzelarbeit bearbeitet. Die Lösungen werden danach im Plenum besprochen und verbessert.
Lösungen:
1 Before 2006 most *greenhouse gases were produced by the USA*.
2 The USA *was overtaken by China in 2006*.
3 (Lösungsvorschlag:) I think that *the amount of carbon dioxide that was produced per person in the USA* was higher because *although there are fewer people in the USA than in China they use more cars, air-conditioning, machines, etc.*

3 Read and complete the revision box.
Durch die Bearbeitung der *Exercises 1* und *2* konnten die S ihr Vorwissen über das aus dem vergangenen Schuljahr gelernte *simple present passive* und *simple past passive* wieder auffrischen. Darauf greifen sie beim Ausfüllen des *revision*-Kastens zurück und notieren sich die Lösungen schriftlich in Einzelarbeit. Nach der Überprüfung in der Klasse werden die Regeln ins Heft notiert.
Lösungen:
Simple present passive: is or are + past participle
Simple past passive: was or were + past participle
Mit *by* zeigst du, von wem die Handlung ausgeführt wird bzw. wurde.

present perfect passive

4 Look at the text. Then complete the sentences.
Diese Aufgabe wird unter Zuhilfenahme des Textes schriftlich in Einzelarbeit erledigt sowie anschließend im Unterrichtsgespräch kontrolliert.
Lösungen:
1 Some progress *has* been made.
2 Greenhouse gases *have* been cut since 1990.
3 Carbon dioxide *has* been reduced since 1990.
4 More cuts *have* been agreed.

Erweiterung

Präsentieren Sie eine vorbereitete Folie mit weiteren Sätzen zum *present perfect progressive*, die von den S vervollständigt werden sollen. Für lernlangsamere S kann die Aufgabe auch so abgewandelt werden, dass nur noch *have* oder *has* eingefügt werden muss.

What we have done to our environment
Complete the sentences. Use *present perfect passive*.

1 Our environment … (destroy)
2 Large factories … (build)
3 The fields … with skyscrapers. (cover)
4 Millions of animals … (kill)
5 Our oceans and rivers … with rubbish. (fill)
6 Greenhouse gases … reduced. (not – reduce)
7 Lots of carbon dioxide … (produce)
8 The agreement of the Kyoto Protocol … (break)
9 Solutions … (not – find)

Lösungen:
1 Our environment *has been destroyed*.
2 Large factories *have been built*.
3 The fields *have been covered* with skyscrapers.
4 Millions of animals *have been killed*.
5 Our oceans and rivers *have been filled* with rubbish.
6 Greenhouse gases *haven't been reduced*.
7 Lots of carbon dioxide *has been produced*.
8 The agreement of the Kyoto Protocol *has been broken*.
9 Solutions *haven't been found*.

Spiel Die S müssen zur korrekten Bildung des Passivs die unregelmäßigen Verben sicher beherrschen. Wiederholen und festigen Sie diese daher in folgender Form: Alle S stehen auf und ein/e S beginnt, indem er/sie die Infinitivform eines Verbs nennt (z. B. *go*). Ein/e von ihr/ihm aufgerufene/r S nennt die beiden fehlenden Formen (*went, gone*). Hat die/der S diese richtig genannt, darf sie/er sich nach der Nennung einer weiteren Infinitivform hinsetzen, muss aber ansonsten stehenbleiben und warten, bis sie/er wieder aufgerufen wird. Auch in diesem Fall wird jedoch eine Infinitivform benannt, um den Kreislauf in Gang zu halten. Dies geschieht so lange, bis keine S mehr stehen.

future tense passive

5 Look at the text and write the sentences.
Nach einer kurzen Einlesezeit wird die Aufgabe wiederum schriftlich in Einzelarbeit bearbeitet und danach im Plenum überprüft.
Lösungen:
1 Polar bears will be *threatened with exctinction*.
2 The USA *will be hit by more hurricanes*.
3 More people *will be killed by hot weather or floods*.
4 More dams *will be built by countries which are afraid of water shortages*.
5 More wars *will be fought for water*.

6 Read and complete the checkpoint.
Die S lesen und vervollständigen den *Checkpoint* schriftlich in Einzelarbeit und übertragen ihn nach der Besprechung in der Klasse ins Heft.
Lösungen:
Present perfect passive: Carbon dioxide *has been* cut since 1990.
Future tense passive: More people *will be* killed by floods.
Für alle Passivsätze gilt: Das Passiv wird mit einer Form von *be* und dem *past participle* des Verbs gebildet.

Festigung Nutzen Sie zur weiteren Festigung des Passivs die Übungen von Vorlage 37, die Sie als Arbeitsblatt in Klassenstärke an die S verteilen.
Lösungen:

1 A new holiday centre for tourists. …
1 *Many new hotels will be built.*
2 *Exciting shops will be opened.*
3 *Great concerts will be organised.*
4 *Big new roads will be made.*
5 *Money will be spent on parks.*
6 *The parks will be covered with flowers.*

2 The day before the holiday centre opens: …
1 *Many guests have been invited.*
2 *All the windows have been cleaned.*
3 *Music has been downloaded.*
4 *Food and drinks have been bought.*
5 *Money has been spent on decorations.*
6 *Free tickets have been given away.*

3 A newspaper article. …
1 *was taken*
2 *were broken*
3 *were seen*
4 *was woken*
5 *were called*
6 *was made*
7 *was found*

Kopiervorlage 37

▶ WB S. 57, Ex 16, 17

S. 86

WORTSCHATZ	cycle
MEDIEN	L: CD 2, Nr. 44, CD-Spieler
	S: Notizzettel, Wörterbücher

WORDPOWER

1 Global warming: Complete the network.

Die S notieren sich zunächst in Einzelarbeit mögliche Stichpunkte und blättern ggf. dazu auch im Schülerbuch. Danach werden die Ergebnisse in der Klasse ausgetauscht und das *word web* gemeinsam erstellt bzw. komplettiert.

Lösungsbeispiel:
- *climate change*
- *food shortage*
- *population explosion*
- *rising sea level*
- *deforestation*
- *expanding deserts*

Erweiterung Die S formulieren zu jedem Stichpunkt einen Satz, in dem sie die genannte Ursache für *global warming* näher erklären bzw. definieren.

2 Sounds: Find the word which doesn't sound like the others …

Die S suchen die relevanten Wörter zunächst in Einzelarbeit heraus und notieren sie auf Notizzettel. Danach werden die Ergebnisse in der Klasse besprochen; alternativ kann zur Überprüfung auch die Hör-CD herangezogen werden. Erst danach bilden die S Sätze zu den Wörtern.

Lösungsvorschlag:
2 danger: *In nuclear power stations radioactivity is a big danger.*
3 abroad: *We never have our holidays abroad – we always stay in Germany.*
4 threaten: *Because of climate change some animals are threatened with extinction.*
5 gases: *Greenhouse gases are the main cause of global warming.*
6 damage: *Smoking damages your lungs.*

Erweiterung Lernstärkere S finden aus dem SB oder dem Wörterbuch möglichst viele Wortpaare oder -gruppen mit gleichen Lauten und notieren noch ein lautlich nicht passendes Wort dazu. Es bietet sich an, zu diesem Zweck Leerfolien oder Folienschnipsel einer Leerfolie zu verteilen, auf die die S schreiben können. Anschließend werden die Ergebnisse den anderen S der Klasse präsentiert, die nun die richtige Lösung finden müssen.

3 The water cycle: Use the words and write sentences.

In einem ersten Schritt sollen die S zunächst versuchen, den Kreislauf anhand des Schaubilds zu verstehen und zu erklären. Dies erfolgt mündlich in der Klasse, ggf. auch auf Deutsch. Unter Umständen haben die S dieses Thema auch schon in einem anderen Unterrichtsfach kennengelernt. Geben Sie weitere Hilfestellung, sofern die S diese benötigen. Anschließend werden anhand der Stichwörter mündlich die Sätze zum Wasserkreislauf gebildet und zur Festigung ins Heft notiert.

Lösungen:
1 *97 % of the world's water is in the oceans.*
  When the sun shines, water rises into the sky.
2 *In the atmosphere water forms clouds.*
3 *Water then falls as rain or snow.*
  The rivers are filled with water. / Water fills the rivers. / The rivers fill with water.
4 *Rivers bring water to the sea.*
  Some water travels underground.

S. 87

| WORTSCHATZ | tons of … |
| MEDIEN | L: Internet |

REVISION

reported speech (Wiederholung)

4 Mumbai: Write the sentences in *reported speech*. …
Wiederholen Sie im Unterrichtsgespräch zunächst die wichtigsten Aspekte zur Bildung der indirekten Rede anhand einiger Beispielsätze, die Sie an der Tafel oder auf Folie präsentieren. Je nach Lernstand können die S auch selbst einige Beispielsätze nennen und die Regeln erklären. Anschließend wird die Aufgabe schriftlich in Einzelarbeit erledigt. Bei Fragen finden die S Angaben zur indirekten Rede auf SB-S. 100.
Lösungen:
1 Professor Nair said that Mumbai *had grown fast* in the last few years and *was still growing*.
2 She *reported* that it *was now one of the world's largest cities,* although it *had only been the 12th largest city in 1975.*
3 She *explained* that in 2020 *it would be the world's second largest city after Tokyo.*
4 She *added* that its population *would then be nearly 22 million.*

tenses (Wiederholung)

5 Beijing: Use the right form of the verbs.
Die S arbeiten wiederum schriftlich in Einzelarbeit. Die Aufgabe wird anschließend im Unterrichtsgespräch besprochen und verbessert. Dabei sollen die S auch die jeweiligen Zeitformen nennen und begründen, warum sie diese gewählt haben. Bei Fragen finden die S Angaben zu den Zeitformen auf den *Summary*-Seiten auf SB-S. 92–94.
Lösungen:
Beijing's nearest desert is only 100 km away and it is *still coming* closer. Every year China's capital city *disappears* in clouds of sand and the streets *are often covered* with tons of sand from the desert. In 2002 some sand from the Chinese deserts even *fell* in Japan.
In 1978 China *started* a new project which *was called* "China's Great Green Wall". People *began* to plant trees in the desert. Millions of trees *have been planted* since 1978 and now the inhabitants of Beijing are hoping that the trees *will protect* the city from sand in the future.

INFO-BOX
Weitere Erklärungen zu dem Projekt *China's Great Green Wall* finden sich auf HRU-S. 180.

if-Sätze (Wiederholung)

6 What can *you* do? Use the right form of the verbs …
Geben Sie den S zur Reaktivierung der *if*-Sätze zunächst drei bis vier Beispielsätze an der Tafel oder auf Folie vor und lassen Sie diese mündlich lösen. Nachdem die Strukturen so noch einmal wiederholt und besprochen wurden, lösen die S die Aufgabe schriftlich in Einzelarbeit. Diese wird ebenfalls im Plenum überprüft. Bei Fragen finden die S Angaben zu den *if*-Sätzen auf den *Summary*-Seiten auf SB-S. 99 und 100.
Lösungen:
1 If you travel 15,000 miles next year by car, you *'ll produce* almost 500 kilos of carbon dioxide.
2 If you cycled more or *went* on foot, you *would produce* much less!

Erweiterung

Die S bilden nach demselben Muster weitere Sätze dazu, was man im Kampf gegen die Klimaerwärmung und für den Umweltschutz alles tun kann bzw. tun könnte. Dabei greifen sie auf das in der Unit bereits erworbene Wissen zurück.

Weiterarbeit

Zur weiteren Übung können die S das Spiel: „Was wäre, wenn …" spielen. Dazu sammeln sie in Kleingruppen möglichst viele Fragen, auch solche, die unwahrscheinlich oder unmöglich sind (z. B. *What would happen if you won 100 million dollars? / What would you do if you could live forever? / …*). Nachdem die S alle Fragen gesammelt und aufgeschrieben haben, werden diese untereinander aufgeteilt, sodass jede/r S genug Fragen hat, die sie/er im Anschluss benutzen kann. Die S bewegen sich im Raum umher und bleiben bei einem zuvor vereinbarten Signal bei dem/der nächstgelegenen Mitschüler/in stehen. Abwechselnd stellen sich die S nun ihre Fragen und bekommen vom Gegenüber eine Antwort. Ertönt das Signal, laufen sie wieder umher, und der bereits beschriebene Vorgang wiederholt sich erneut.

7 Quick check

Die Aufgabe kann von den S im Unterrichtsgespräch bearbeitet werden. Die S konsultieren dazu ggf. die relevanten SB-Seiten. Lernstärkere S finden zum Thema *global warming* weitere Fragen, die sie ihren Mitschülerinnen/Mitschülern stellen. Sollten sich einzelne Punkte nicht eindeutig mithilfe des SB beantworten lassen, können die S das Internet zu Rate ziehen.

Lösungsbeispiele:

a) One world

1. **a)** *The Maldives are threatened by the rising sea levels; the country could disappear. The government is saving money in order to buy new land.*
   b) *India will probably have 200 million more people in 2020 than in 2000.*
   c) *There was almost a war because of water between Syria and Turkey. Turkey reduced the amount of water which passed through Syria by building dams.*
2. *There were two explosions at the nuclear power station and clouds of radioactive gases were carried from the Ukraine to Germany and to many other European countries. People had to stay indoors and many ate tinned food. Many people have died or still suffer from diseases because of the high levels of radioactivity. There is now a concrete wall around the power station so that the building doesn't collapse. There is a zone of 30 kilometres around the power station where nobody is allowed to live. The town of Prypiat, for example, has been abandoned.*

b) Write the sentences in the *passive*.

1. Parts *of the Amazon forest have been cut down by international companies.*
2. Many more *square miles of the forest will be destroyed in the next few years.*

▶ WB S. 58, Ex 18–20
▶ WB S. 59, Ex 1–3 *(Test yourself)*

REVISION AND PRACTICE

S. 110/111

MEDIEN   L: Internet

1 Look at pages 74–75 and write eight sentences about the problems ...
Die Aufgabe wird von den S schriftlich in Einzelarbeit erledigt und anschließend im Unterrichtsgespräch überprüft.
Lösungen:
1 **e** If the Gulf Stream becomes much weaker, *winters in Europe will become colder.*
2 **a** Polar bears will be threatened with extinction *if the ice melts because of global warming.*
3 **d** If large parts of the rainforests are cut down, *they won't absorb so much carbon dioxide.*
4 **f** If the ice melts in the Arctic Ocean, *the sea level will rise.*
5 **b** The Gobi desert will reach Beijing *if it expands much more.*
6 **c** If people drove less, *they'd reduce their carbon footprint.*

2 Discussions
a) Holidays: Choose the right form of the verbs.
Diese Aufgabe kann mündlich im Unterrichtsgespräch oder schriftlich in Einzelarbeit bearbeitet werden.
Lösungen:
JACK I think people should *spend* their holidays in their own country instead of *travelling* abroad.
MARY That's easy *to say*, but it's totally unrealistic. Many people would rather *have* a holiday abroad. They want *to see* something a bit different.
JACK Well, it's no use *complaining* about global warming if you fly and pump carbon dioxide into the atmosphere!
MARY On the other hand you simply can't live without *producing* carbon dioxide.
JACK So what? It's worth *doing* what you can.

b) You and your friends are discussing one of the topics below. ...
Die S erstellen in Partnerarbeit einen Dialog zu einem der drei Vorschläge in der Aufgabe oder zu einem selbstgewählten Thema. Dabei dienen ihnen Teile des Dialogs in Teilaufgabe a) als Vorlage, die sie nach Belieben umwandeln können.
Lösungen:
individuelle Lösungen

3 A disaster: Translate the text into German.
Die S arbeiten in Einzelarbeit und erledigen die Aufgabe schriftlich. Besprechen Sie anschließend im Unterrichtsgespräch mehrere mögliche Übersetzungsvarianten.
Lösungsbeispiel:
Eine gewaltige Explosion wurde am Morgen des 26. April 1996 in Prypiat gehört / Am Morgen des 26. April 1996 konnte man eine gewaltige Explosion in Prypiat hören, aber niemand wusste, dass das Kernkraftwerk in Tschernobyl radioaktive Gase in die Luft abgegeben hatte. Nicht einmal die Feuerwehrleute, die zum Kernkraftwerk gerufen wurden, hatten eine Ahnung von der Gefahr und arbeiteten ohne Schutzkleidung. Am nächsten Tag erschienen jedoch plötzlich Busse und alle Einwohner mussten die Stadt verlassen. Im Ganzen wurden rund 130.000 Menschen aus dem Gebiet evakuiert.

4 Sentences with the *passive*
a) Look at the texts on pages 74–75 of this unit and find ...
Die S suchen in Einzelarbeit verschiedene Beispielsätze zum Passiv heraus, die anschließend in der Klasse besprochen werden. Schnelle S bilden mithilfe des SB selbst weitere Sätze, schreiben diese auf und lassen sie von einer Mitschülerin / einem Mitschüler anschließend durch die angegebenen Kategorien bestimmen.

Lösungen:
indidviduelle Lösungen

b) In 2005 there were plans for a huge wind farm …
Nachdem die S die Strukturen in Teilaufgabe a) wiederholt haben, sollen sie diese nun selbstständig umsetzen und anwenden. Dies geschieht schriftlich in Einzelarbeit.
Lösungen:
- More clean energy *is needed* in Britain.
- Wind farms aren't new – Britain's first wind farm *was built* in 1991.
- Lots of wind farms *have been built* in other countries.
- Energy for 47,000 houses *will be produced* by this farm.
- No energy *is produced* when there's no wind.
- The area *was visited* by millions of tourists last year.
- Large protest marches *have been organised* against the wind farm.
- Beautiful views of hills and mountains *will be destroyed* by the wind farm.

c) What's your opinion about the advantages and disadvantages …
Hier ist die eigene Meinung der S gefragt. Die S geben ihre Ansicht zum Thema wieder, indem sie die Impulse als Hilfestellung nutzen.
Lösungsbeispiel:
Wind farms are better than *nuclear power stations* because *wind energy isn't as dangerous as nuclear energy*. The trouble is that *some people don't like the wind farms because they make noise and don't look very nice in a beautiful landscape*. But I think it's worth building them because *we need new and clean sources of energy*. All in all I think that *there are more pros than cons of building wind farms*.

5 You and your family would like to spend a few days in summer …
Die S beschreiben zunächst im Unterrichtsgespräch die beiden Fotos. Danach bearbeiten sie die Aufgabe schriftlich in Einzelarbeit, indem sie sich erst Notizen machen und dann ganze Sätze ausformulieren. Lernlangsamere S können zusätzlich nach hilfreichen Formulierungen auf SB-S. 69 suchen. Die Briefe werden anschließend einer Partnerin / einem Partner vorgelesen, die/der weitere Verbesserungsvorschläge macht. Nach einer erneuten Überarbeitungsphase werden die Entwürfe in der Klasse vorgelesen.
Lösungsbeispiel:
Dear Sir or Madam,
I'd like to book a double room from April 12th till April 16th. We would like to have all meals included. Could you please tell me how much that would be and if we should pay a deposit. Please let me know the time for breakfast as well. I'd also like to get some advice for activities in the Lake District. Could you send me more information about some activities by email or send me some helpful websites? Thank you in advance.
I'm looking forward to hearing from you.
Yours faithfully,
(Name)

EXAM PRACTICE

S. 112

MEDIEN   L: CD 2, Nr. 45–48, CD-Spieler

LISTENING

1 Listen to three answerphone messages in an office in Johannesburg …
Lösungen:

a) **Who phoned?**
1 Message 1: *Mike Kahn*
2 Message 2: *Anne Mabopane*
3 Message 3: *Julia Lotriet*

b) **At what time?**
1 Message 1: *9.35 a.m.*
2 Message 2: *10.05*
3 Message 3: *half-past one*

c) **What's the message?**
1 Message 1: *I've received your parcel, everything arrived safely.*
2 Message 2: *I was hoping to speak with you. Could you call me back, please?*
3 Message 3: *I will be late for our meeting tomorrow. I can't come at 10 o'clock, I'll arrive at about 10.30.*

Tapescript
1
Hi. This is Mike Kahn here: K – A – H – N. That's K – A – H – N.
I'm phoning you at … err … at 9.35 a.m. and … err…
Well, it's just to say that I've received your parcel – everything arrived safely.
Many thanks! Speak with you later! Bye.
2
Good morning. This is Anne Mabopane here. I'll spell that for you:
M – A – B – O – P – A – N – E. It's 10 – oh – 5, and I was hoping to speak with you. Could you call me back, please? My number is 072 369 1043. That's 072 369 1043. Thank you very much.
3
Good afternoon. Here's a message from Julia Lotriet:
that's L – O – T – R – I – E – T. Lotriet. It's half-past one, and you are possibly still out at lunch.
I just wanted to tell you that I will be late for our meeting tomorrow.
I can't come at 10 o'clock – I'll arrive at about 10.30. I hope that's all right.
I look forward to seeing you tomorrow. Bye till then!

2 South Africa's newest railway: Listen and choose the right option.
Lösungen:
1 *b)*   **2** *c)*   **3** *c)*   **4** *a)*

Tapescript
Gautrain is the name of a new fast railway which is being built in the heart of South Africa's most populated region. When it is completed, the new railway will connect both Johannesburg, South Africa's largest city, and Pretoria, with Oliver Tambo International Airport, which is the busiest not only in our country but in the whole of Africa. Trains will travel at up to 180 kilometres an hour and will reduce the travel time from Pretoria to Johannesburg to just 40 minutes. Rails are being laid, tunnels and bridges are being built in what is South Africa's biggest transport building project. The new train service has already begun to create some 93,000 new jobs in the region of Johannesburg and will be a system that South Africa can be proud of. Gautrain – South Africa's new world-class railway.

3 An interview about kwaito music
Lösungen:
a) **Listen: are the sentences true or false?**
1 *true*   3 *true*   5 *false*
2 *true*   4 *true*   6 *true*

b) **Listen again and complete the sentences with information …**
1 The name Zola is good for *selling music.*

2 Kwaito comes from the Afrikaans language, from a word which means *angry*.
3 I would say kwaito is a voice from *the streets (that says, "Hey, here we are, listen to us!")*.
4 In kwaito we, the young people of South Africa, are trying to say and to find out *who we are*.

Tapescript

INTERVIEWER	Kwaito is the music of the new South Africa, a mix of South African pop, house music and American hip-hop, and is the expression of the generation of young people who have grown up in South Africa after the end of apartheid. And one of the most popular and successful kwaito artists of all is Zola, whose music is played, for example, in the film *Tsotsi* which won the Oscar in 2006 for the best foreign language film. Zola, thank you so much for being in the studio with us today.
ZOLA	I'm happy to be here.
INTERVIEWER	Your name, if I've been correctly informed, was not originally Zola … You took your name from what I understand is a part of the township of Soweto. Is that right?
ZOLA	Yes, Zola is a part of Soweto – in fact it's the part that was once considered the most violent part of Soweto and I … well, I wanted to give the area a more positive image. And there's another point, of course: the name Zola is good for selling music …!
INTERVIEWER	Now, the word "kwaito" – what does it mean?
ZOLA	Well, the word kwaito has two origins. On the one hand it comes from the Afrikaans language, from a word which means "angry", and on the other hand it comes from a black township word which means "gangster". You see, when kwaito began, it was seen as being something new, something perhaps even a bit dangerous … I would say kwaito is a voice from the streets that says, "Hey! Here we are, listen to us!"
INTERVIEWER	And how does kwaito fit into the tradition of music in South Africa?
ZOLA	We've always had songs in South Africa, of course, so kwaito is just part of a long tradition. We had our own songs before the Europeans came, and then, while we were a British colony, we sang songs about freedom. Under apartheid we black South Africans sang protest songs. The songs were about a beautiful freedom … in the future. We sang about the dreams of tomorrow … But in kwaito we sing about today. In kwaito we, the young people of South Africa, are trying to say and to find out who we are. We are trying to identify what our role is in our country, as young people. There's no more fighting now, thank God, but young people have to go back to school now. Our world is real – so we sing about the problems, like crime, and AIDS, and violence, and unemployment, but at the same time we sing about the bright and happy things in South Africa too. Kwaito makes us proud because it is something that we have created – because for so long we just copied what foreign musicians did. We get so much American music, so many American clothes, American movies – and now we have our own voice too.
INTERVIEWER	Fascinating … Thanks for that. And now we'd better hear some kwaito music, hadn't we?

4 A report about young people in South Africa on the radio news: …

Lösungen:
1 *Among young people between the ages of 18 and 35, over sixty per cent are unemployed.*
2 *Black students are given less information about jobs and university (when they're at school). Too many black students stop learning maths and science in their first few years at school.*
3 *They find jobs through somebody they know (a family member, a friend). They send their CVs to companies or businesses that are offering jobs.*
4 *Young people are a very large part of the population (40 per cent of all South Africans). Young people played an important role in the protest against apartheid.*

Tapescript

A report on young people in South Africa today was published this morning by the Youth Fund. The report found that young people are suffering more than older people from high levels of unemployment. Among young people between the ages of 18 and 35, the report found that over sixty per cent are out of work.

And while unemployment was a problem for all young people, it was especially bad for black South Africans. One reason, according to the report, is that black students are given less information about jobs and university when they are at school. A second reason is that too many black students stop learning maths and science in their first few years at school.

The report also tried to find out how young people with a job had found their work. It found that most young people had found their jobs through somebody they knew, such as a family member, or a friend. The second most successful method was by sending their CVs to companies or businesses that were offering jobs.

The report noted that young people are an especially important group in South Africa. One reason is that they are a very large part of the population: young people between the ages of 14 and 35 form almost 40 per cent of all South Africans, which is for example much higher than in European countries. And a second reason why young people have a special position is because older South Africans remember that it was young people that played such an important role in the protest against apartheid.

S. 113–115

READING

1 Find a title for each paragraph 1–8. You won't need two titles.
Lösungen:
Paragraph 1: *D*   Paragraph 5: *J*
Paragraph 2: *B*   Paragraph 6: *I*
Paragraph 3: *H*   Paragraph 7: *E*
Paragraph 4: *G*   Paragraph 8: *A*

2 Now answer the questions in full sentences.
Lösungen:
1 *They make her sick.*
2 *She and her parents visited her brother who is at college in Newcastle.*
3 *She's not very interested in art. She thinks it's something that you see in museums and art galleries on school trips.*
4 *The Angel of the North is not hidden in a museum, but is outside and very visible. You can see it from the motorway. About 90,000 people travel past it every day.*
5 *The whole area around Newcastle looked dirty, ugly and sad.*
6 *An old factory in the middle of Newcastle has been re-opened as a gallery of modern art. There is a new concert hall. Many tourists come to see the Angel of the North and spend money in the town.*

3 What's the correct option?
Lösungen:
1 *b)*   3 *a)*   5 *b)*
2 *c)*   4 *c)*

4 Explain the words according to their meaning in the text. ...
Lösungsvorschlag:
1 *a figure of a person or an animal in stone, metal etc., usually the same size as in real life or larger*
2 *a big road, with at least two lanes in each direction, where traffic can travel fast*
3 *not very good-looking*
4 *something/somebody that can be seen*
5 *when buildings or industries fall, break apart or are ruined*
6 *make an area grow strong again by building new houses, industries etc.*

5 Mediation: Translate paragraph 8 into German.
Lösungsvorschlag:
Und deshalb schreibe ich diesen Blog: Findet ihr auch, dass man viel mehr Kunstwerke an öffentlichen Orten aufstellen sollte? Nicht langweilige Skulpturen, an denen man nur vorbeigeht, oder Kunstwerke, die den meisten Leuten nichts bedeuten – sondern wirklich beeindruckende Kunstwerke wie den Angel of the North / Engel des Nordens oder die Freiheitsstatue in New York, Statuen oder Monumente, die man einfach wahrnehmen und über die man sprechen muss. Die meisten Städte in Europa versuchen jetzt, die Umgebung für ihre Einwohner durch Fußgängerzonen, Straßencafés, mehr Bäume und renovierte Gebäude zu verbessern. Vielleicht könnten gute Kunstwerke auch dabei helfen?

6 What did Grace's mother and younger brother actually say about the ...
Lösungen:
1 Grace's mother said, "*I don't think that the wings look like angel's wings.*"
2 Grace's brother Tom said, "*I have never seen such an ugly angel.*"

7 Write your own answer to Grace. Write 3–4 sentences.
Lösungen:
individuelle Lösungen

S. 116

TEXT PRODUCTION

1 An open-ended story ...
Lösungen:
individuelle Lösungen

2 Letter writing: A summer camp in Croatia
Lösungsvorschlag:
Dear Mrs Thomas,
I found your advert for the "European Youth Project" in a magazine. I am interested in this summer camp because I've never been to Croatia and because I like helping children.
I have a lot of questions about the camp and I hope you can help me. When does the camp start and how long does it go for? How do I get to the camp and where in Split is it? Can somebody pick me up from the airport or train station? I'd also like to know where I will sleep and what the food is like. Can I do short trips to other places in Croatia? And my last question is: how much does the camp cost and how can I pay?
Thank you very much.
Kind regards,
(Name)

S. 117–118

USE OF ENGLISH

1 The Mozart of Madras ...
Lösungen:
When the British film *Slumdog Millionaire* won a *Golden Globe Award* for best film music in January 2009, few people in Britain *had ever heard* of A. R. Rahman, the man behind the music. But the award *has/did not come* as a surprise to his fans in India, where for many years A. R. Rahman *has been* one of the most popular names in Indian music.
Born in Chennai in 1966, A. R. Rahman *founded* his own rock band, *Nemesis Avenue*, when he was still a boy. He *was able to begin* work in his own studio in 1991. As early as 1992 he *was asked* to write the music for the Indian film *Roja*. Although he *had never written* music for a film before, his music for the film was a great success. Since 1992 A. R. Rahman *has written* the music for many more films. He has an original style which usually *mixes* classical Indian music with western music and traditional

instruments with electronic technology. In February 2009 A. R. Rahman *won* two Oscars for Slumdog Millionaire: one for the best film music and one for the best song.

2 Bollywood stars
Lösungen:
a) Use the right form of the adjectives.
1 Male stars are often *more popular* than female stars in India.
2 Amitabh Bachchan is perhaps the *most successful* Bollywood star of all.
3 He was probably India's *best* actor in the 1970s and is still *famous* today.
4 Of the younger actors, Shah Rukh Khan is one of the *biggest* names in Bollywood.
5 He works successfully in films and on TV and is one of the *richest* actors in the world.
6 In 2008 *Newsweek* magazine called him one of the 50 *most powerful* people in the world.

b) Write the missing words.
1 Female stars in Bollywood don't earn *as* much *as* male stars.
2 Top female stars often get less *than* half the money earned by male stars.

c) Write the correct form of the verb in these *if*-sentences.
1 I think it would be fairer if male and female stars both *earned* the same.
2 If male stars were paid less money than female stars, I'm sure they *would protest*!

d) Write the sentences in indirect speech.
1 My sister Sophie said that *her favourite star was Aishwarya Rai*.
2 She added that *she had seen four of her films*.

3 Vocabulary
Lösungen:
a) Write the corresponding verb or adjective.
1 *speak*	3 *argue*	5 *explode*	7 *musical*	9 *electric*
2 *choose*	4 *decide*	6 *free*	8 *violent*	10 *poor*

b) Write two nouns from the list which have the following sounds:
1 [i]: electricity, poverty
2 [i:]: speech, freedom,
3 [ju]: argument, music

S. 118–119

ORAL EXAM

1 Picture-based conversation: The perfect hotel?
a) Look at the two pictures below and compare them. Describe …
Lösungsvorschlag:

The hotel brochure	What the hotel is really like
– nice clean pool with palm trees	– too many people at the pool / crowded pool
– nice view of the beach from the pool	– big advertisements, you can't see the beach or the sea
– beautiful, clean and tidy beach	– garbage on the beach
– good weather, blue sky, no clouds, sunshine	– very bad weather, rain, no sunshine
– no traffic at all, calm, quiet, nice atmosphere	– lots of traffic near hotel: pollution, noise
– building next to hotel still standing	– building next to hotel is torn down: noise, smelly air

b) Now talk to your partner about the two pictures.
Lösungen:
individuelle Lösungen

c) What would you do if you had booked this hotel and arrived there ...
Lösungen:
individuelle Lösungen

2 Interpreting ...
Lösungsvorschlag:
a) Partners B and C: ...

MARC	Hi, Claudia. Nice to see you again. What are you doing?
YOU	*Er sagt, es ist schön, dich wiederzusehen, und er fragt, was du gerade machst.*
CLAUDIA	Ich mache meine Hausaufgaben. Ich lese einen Text über Südafrika. Warst du mal da?
YOU	*She's doing her homework. She's reading a text about South Africa. Claudia wants to know if you've ever been there.*
MARC	Yes, I went to South Africa two years ago. I have an uncle there.
YOU	*Marc erzählt, dass er vor zwei Jahren in Südafrika gewesen ist. Er hat einen Onkel dort.*
CLAUDIA	Wie war es?
YOU	*Claudia wants to know how you liked it.*
MARC	I really liked it. I thought Cape Town was great.
YOU	*Es hat ihm wirklich gefallen. Er fand Cape Town großartig.*
CLAUDIA	Warst du auch im Krüger Nationalpark?
YOU	*Claudia asks if you were at / went to Kruger National Park too.*
MARC	No, I was in the south of South Africa and the Kruger National Park is at the other end of the country.
YOU	*Nein, er war im Süden von Südafrika. Der Krüger Nationalpark befindet sich am anderen Ende des Landes.*
CLAUDIA	Ich würde gerne mal Tiere wie Löwen und Nilpferde in freier Wildbahn sehen.
YOU	*She says that she'd like to see animals like lions or hippos in the wild sometime.*

b) Now change roles. ...

MARC	Have you ever been to Ireland?
YOU	*Marc will wissen, ob du schon irgendwann einmal in Irland warst.*
CLAUDIA	Ich nicht, aber eine Freundin von mir war letztes Jahr dort. Ihr hat es sehr gefallen.
YOU	*Claudia hasn't been there, but a friend of her was in / went to Ireland last year. She liked it very much.*
MARC	Do you know where in Ireland she was?
YOU	*Weißt du, wo genau in Irland sie gewesen ist?*
CLAUDIA	Ich weiß, dass sie nach Dublin geflogen ist. Ich glaube, sie war ein paar Tage in Dublin.
YOU	*She knows that her friend flew to Dublin. Claudia thinks her friend was there for a few days.*
MARC	I think Dublin's a great city. There are so many people there from all over the world.
YOU	*Marc findet, dass Dublin eine tolle Stadt ist. Es gibt dort so viele Menschen aus der ganzen Welt.*
CLAUDIA	Meine Freundin war mit ihren Eltern unterwegs und ich glaube, sie haben ein Auto gemietet.
YOU	*Her friend travelled with her parents. Claudia thinks that they rented a car.*
MARC	Did they travel to the west of Ireland? It's not the part I like best, but it's where most tourists want to go.
YOU	*Marc will wissen, ob sie in den Westen Irlands gefahren sind. Es ist nicht der Teil Irlands, der ihm am besten gefällt, aber dorthin wollen die meisten Touristen.*
CLAUDIA	Sie hat von Bergen und Klippen geredet. Das war wohl im Westen.
YOU	*Her friend talked about mountains and cliffs. Claudia thinks it must have been in the west.*

c) Change roles again. ...

MARC	Which country would you like to visit if you could choose?
YOU	*Marc fragt, welches Land du besuchen würdest, wenn du es dir aussuchen könntest.*
CLAUDIA	Ich würde, glaube ich, nach Indien fahren. Das Land ist so groß – es muss faszinierend sein.
YOU	*She'd like to go to India. The country is so big – it must be fascinating.*
MARC	I have a good friend from Mumbai. He's shown me lots of photos of the north of India and it looks great.
YOU	*Er sagt, er hat einen guten Freund in Mumbai. Er hat ihm viele Fotos vom Norden Indiens gezeigt. Er meint, dass es dort toll aussieht.*
CLAUDIA	Ich würde auch am liebsten nach Mumbai fahren und mir Bollywood anschauen.
YOU	*Claudia would most like to travel to Mumbai too. She'd like to see Bollywood.*
MARC	I'd like to see the cities too, although I think I would be a bit frightened of them sometimes.
YOU	*Er sagt, dass er auch gerne die Städte sehen möchte, aber er glaubt, dass er vor ihnen auch etwas Angst hätte.*
CLAUDIA	Warum hättest du Angst?
YOU	*Claudia asks why you'd be frightened.*
MARC	Well, they're so huge that I would be afraid of getting lost. And I think I would sometimes find the big crowds in the streets a bit frightening.
YOU	*Marc findet, dass die Städte so riesig sind, dass er Angst hätte, sich zu verlaufen. Und er glaubt, dass er die Menschenmengen auf den Straßen auch ein bißchen beängstigend fände.*
CLAUDIA	Du hast recht. Aber andererseits muss das Leben in den Städten auch sehr interessant sein!
YOU	*Claudia agrees. But she says that on the other hand life in the cities must also be very interesting!*

3 A topic-based talk ...

Lösungen:
individuelle Lösungen

Have a look at the map and answer the questions below.

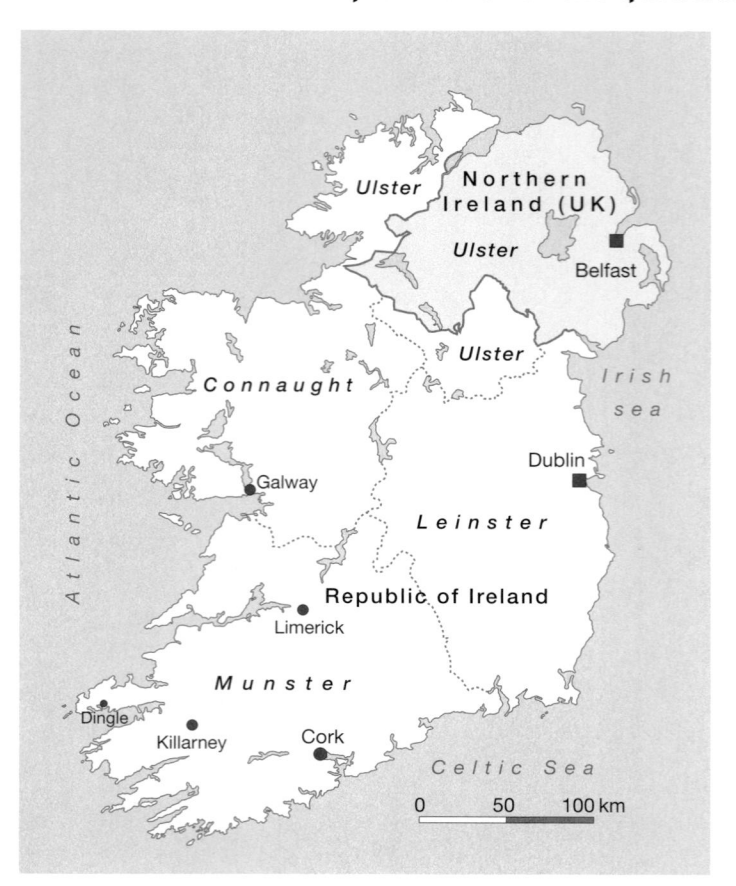

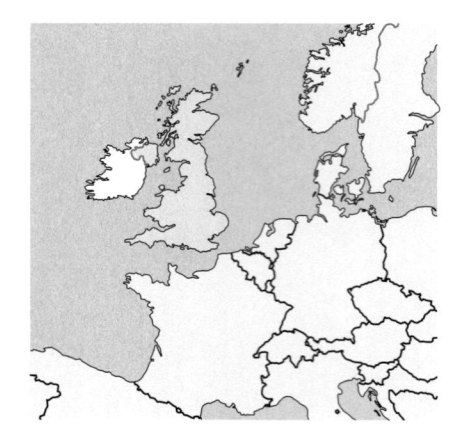

1 Where in Europe is Ireland? _____
2 What are the capitals of Ireland? _____
3 Which country does northeast Ireland belong to? _____
4 Which ocean and seas surround Ireland? _____
5 Name 3 big cities in Ireland. _____
6 Where's Killarney? _____
7 How far is it from north to south? _____

Match the words to the right definition. Draw lines.

a) reception   a person from your family who lived a long time ago
b) smell   a person who owns land
c) rent   when you pull a flower or vegetables from a plant
d) dining room   you do this with your nose
e) receptionist   you pay this for your flat or house if you don't own it
f) landowner   the opposite of 'together'
g) separate   you do this with soap and water
h) ancestor   you have meals there
i) wash   a person who works at the front of a hotel
j) pick   visitors arrive in this area

What are the words in English?
Write them into the crossword puzzle.

Across:

1. Republik
5. Bombe
7. unabhängig
11. Vergangenheit
13. Katholik/in; katholisch
15. Krankheit
16. zerstören

Down:

2. Protestant/in; protestantisch
3. Insel
4. sandig
6. kämpfen; bekämpfen
8. Frieden
9. Mehrheit
10. verhungern
12. verfallen
14. Küste

1. In Carlow people have seen ghosts in a pub.

2. In Ballymena people say that they have seen a headless rider on a white horse.

3. In Kinsale the voice of a woman is sometimes heard at night (some people say that she is putting earrings into her ears).

4. But when people look for her she has always disappeared.

5. Every village in Ireland, it seems, has its own ghost.

6. Why are ghosts so popular in Ireland?

7. Well, Irish people love telling stories – and ghost stories are always popular.

8. Also there are many ruined houses which can look spooky, especially on wet and windy nights.

9. The result? Ghosts (whether they exist or not!) have become enormously important for Ireland's tourist industry:

10. tourists can go on ghost tours and spend whole weekends in ruined castles.

MEDIATION – WELCOME TO NORTHERN IRELAND

Read the text and the tips. Then translate the text into German.

Welcome to Northern Ireland

We're glad that you have chosen Northern Ireland for your holiday! There are many sights and you can do so many different activities.

If the weather is nice, you can take a trip to the Giant's Causeway on the north coast. It is sometimes very windy or rainy beside the sea, so don't forget to take a jacket and an umbrella with you! People who like cities better than small villages can drive to the capital of Northern Ireland, to Belfast.

Belfast has changed a lot over the last 20 years. Nowadays the city offers a lot of art and culture. People who like to go shopping can go to the newest shopping centre there – Victoria Square.
Belfast has a great night life too. There's something for everyone in the Odyssey Arena – you can go bowling or watch concerts there. Or you can spend time in the Odyssey's many bars and restaurants which/that have a good view of the River Lagan.

Have a wonderful holiday!

Tips:

- Welche Präposition brauchst du im Deutschen zum Verb *welcome*?
- Was ist hier die beste Übersetzung für *you*: ‚du', ‚Sie' oder ‚man'?
- Achte auf die Wortstellung. Beginne den Satz mit ‚wenn'.
- Übersetze hier *take* nicht mit ‚nehmen'!
- Die Ortsnamen kannst du einfach auf Englisch schreiben.
- Vergiss nicht, auf die „kleinen" Wörter zu achten, sie sind sehr wichtig!
- Hier brauchst du die Befehlsform.
- Tipp: Probiere, deinen Satz mit ‚lieber ... als' zu formulieren.
- Verwende das Verb ‚mitnehmen'.
- Wie bildest du die Steigerungsform von ‚neu'?
- Falls du den Begriff nicht kennst, übersetze hier wörtlich.
- Die Ortsnamen kannst du einfach auf Englisch schreiben.
- Was bedeutet *view* hier: Absicht/Meinung/Aussicht?
- Hier kannst du *spend* nicht mit ‚ausgeben' übersetzen.

INTERPRETING

You and your friend Rita meet Ben from Ireland. Rita's English is not very good. Help them to talk to each other.

RITA	YOU	BEN
1 Ich war noch nie in Irland. Dort muss es sehr schön sein.		
		2 Yes, it's very beautiful. It's called the green island because everything is green all year long.
3 In der Schule hörte ich, dass 1846 viele Menschen gestorben sind.		
		4 Yes, that's true. Many people died. People mostly ate potatoes at that time and the potatoes had been destroyed by a disease.
5 Das ist ja schlimm. Eine weitere Frage habe ich noch. Magst du Gespenstergeschichten? Ich habe gehört, dass sie in Irland sehr beliebt sind.		
		6 That's right. When I was younger my grandfather told us very scary ghost stories. My brothers and I were really frightened.
7 Das klingt lustig. Schade, dass mir keiner auf der langen Zugfahrt gestern eine Geschichte erzählt hat.		
		8 Where did you come from and what did you do before?
9 Nun, vorher war ich in Berlin, weil ich meine Tasche bei meiner Oma vergessen hatte. Ich hatte sie zu ihrem Geburtstag besucht. Berlin ist toll, da musst du mal hinfahren.		
		10 I'm going there at the weekend. I'm looking forward to that. I want to buy some cool clothes.

Read Delani's diary. What happened to him?

Cape Town, Nov. 4, 1986

Last Sunday something really terrible happened. I still feel bad when I think about it … But the day started out nice at first. I wanted to go with three of my friends to the beach in Cape Town. We had talked about this all week and were really looking forward to it. We went right after breakfast and took the bus to the seaside. Funani had told us about this cool beach nearby that he had seen some weeks ago. And we actually found it!

When we arrived there, it was still early. For about an hour, we had a great time swimming and relaxing in the sand. But suddenly, two white policemen came to us. They were really angry and shouted at us: "What are you doing here? Can't you read? This beach is for Whites only!" They wanted to see our papers. One of them kicked our food into the sand. I was really scared they would hit us. After some time they let us go. We were angy and felt so bad, but we couldn't do anything about it. And we couldn't see this stupid sign anywhere – it was probably on the other side of the beach.

Why are all the best places reserved for the Whites? I hate it that we can't do the same things just because we're black. We went home without saying a word.

Match the word to the right sentence and draw lines.

1	sort of	when you're scared of something, you're … it
2	dress	the way people wear clothes
3	ostrich	an expensive rock
4	thieves	the opposite of really small
5	afraid of	kind of
6	chill out	a person that helps and represents other people in court
7	huge	a large bird that cannot fly
8	lawyer	they steal things from people
9	diamond	relax in a nice place

Fill in the crossword about South Africa.

1. The people who rule a country ... it.
2. When you're angry and think something is not right, you ... against it.
3. Name of areas outside the city centres where mostly black people live.
4. When you don't carry a gun, you're ... .
5. If you learn a lot at school or college, you'll get a good ... .
6. The situation of being without a job.
7. When people are treated unfairly and not equally, there is ... .
8. Name of a black leader in South Africa.
9. Many people in Africa die from it.
10. An area near Johannesburg where mostly black people live.
11. When you have an accident and get hurt, you're ... .
12. Political system in South Africa before 1994.

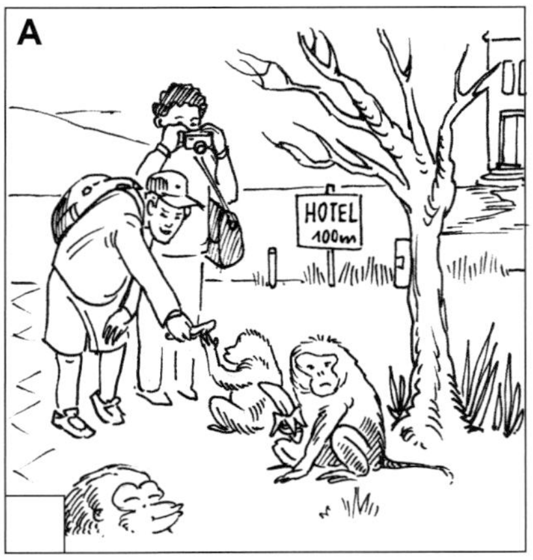
A
HOTEL
100m

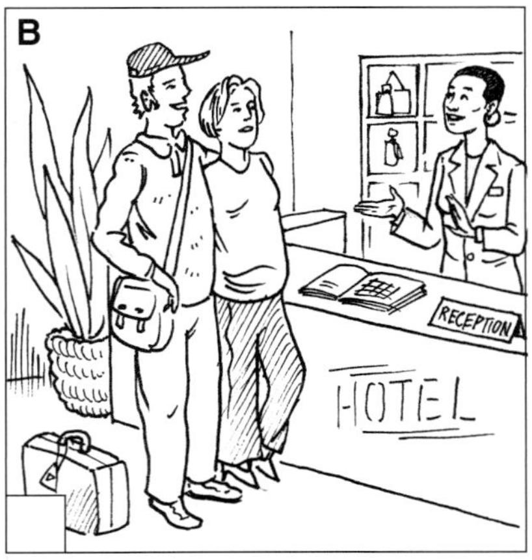
B
RECEPTION
HOTEL

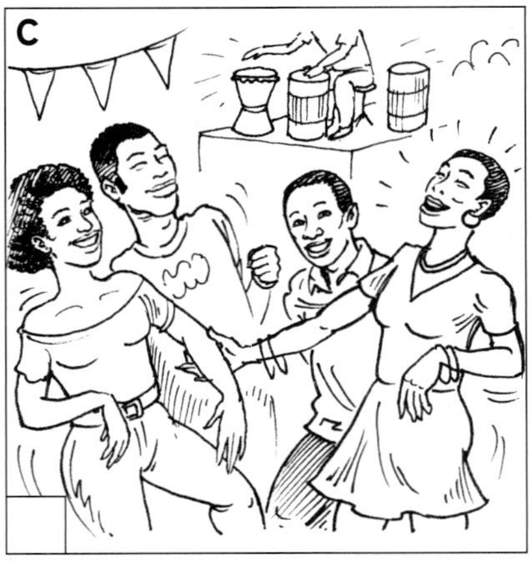
C

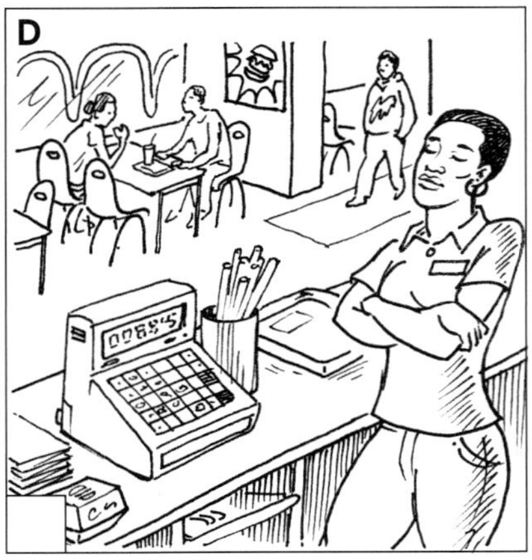
D

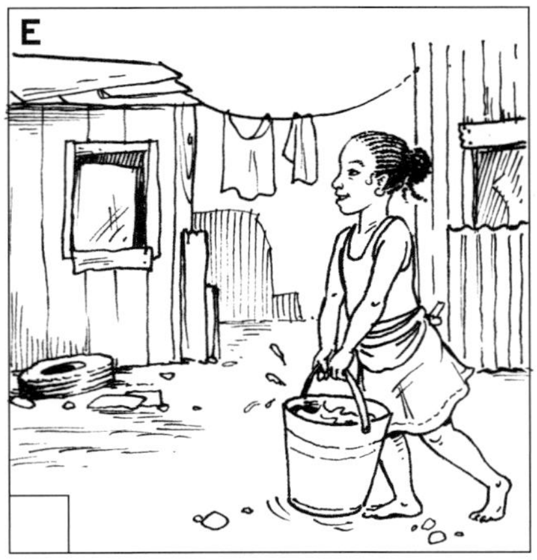
E

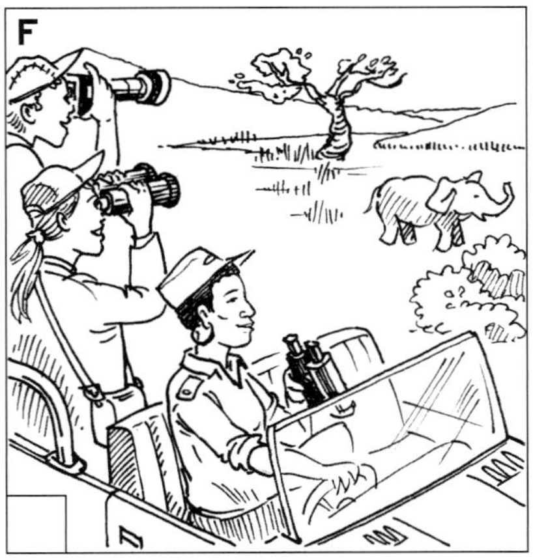
F

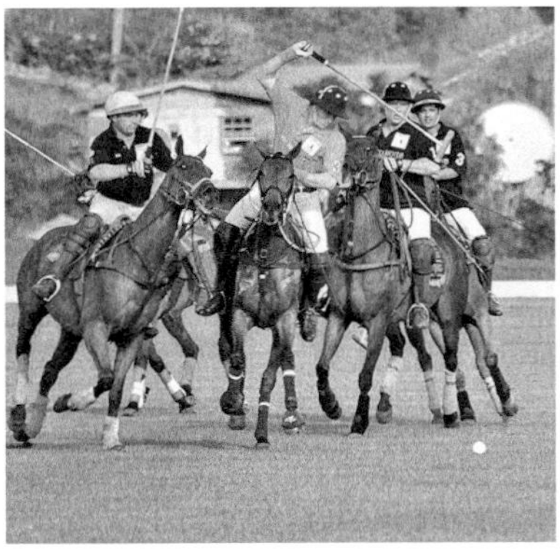

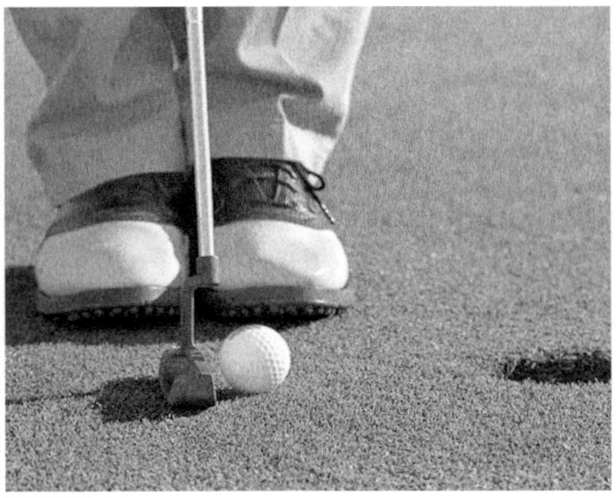

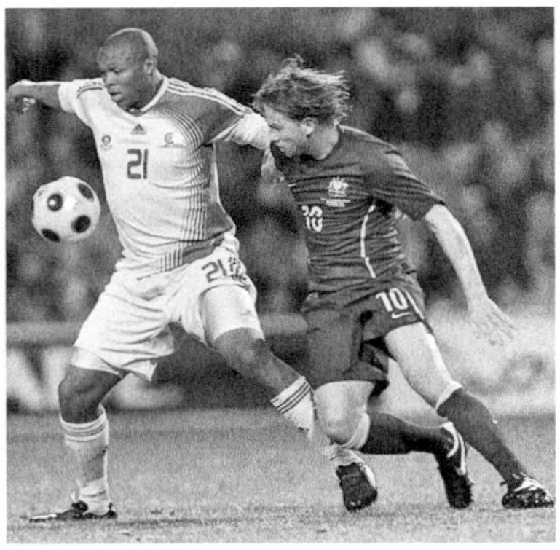

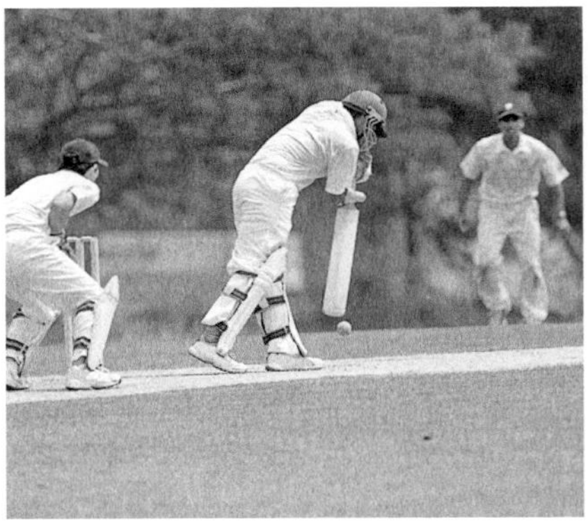

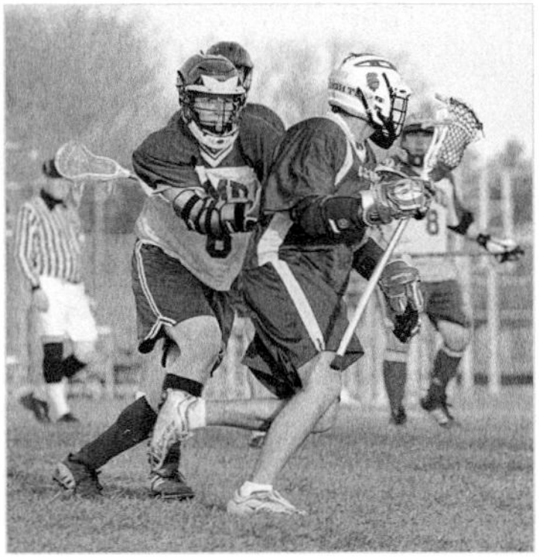

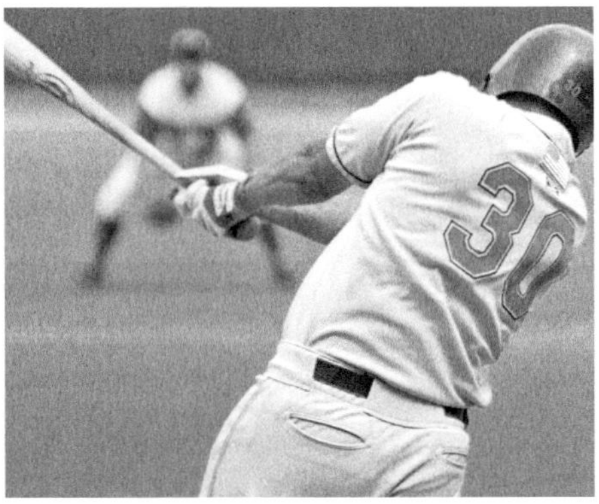

People who died from AIDS in South Africa

Year	Deaths
1997	56,000
2002	220,000
2007	400,000

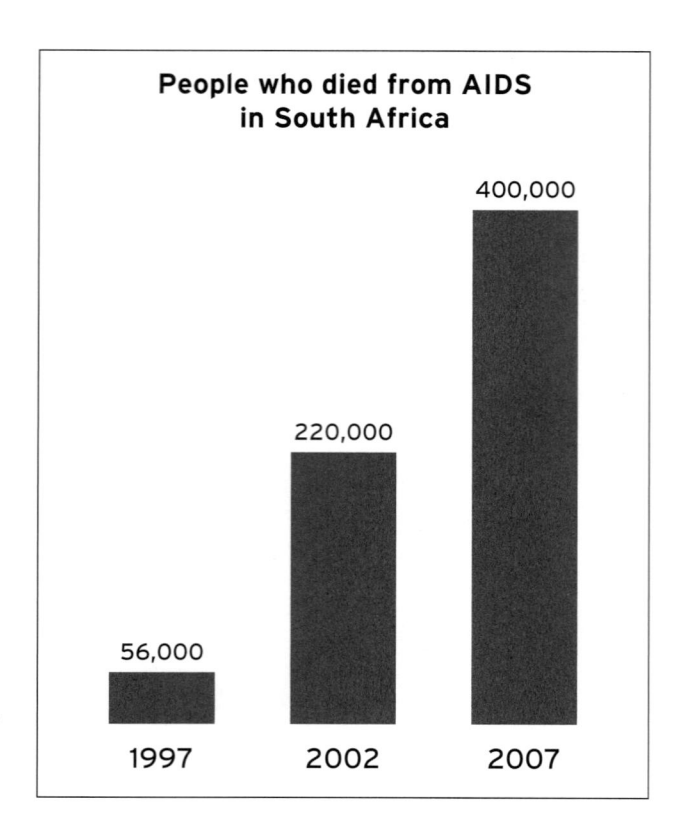

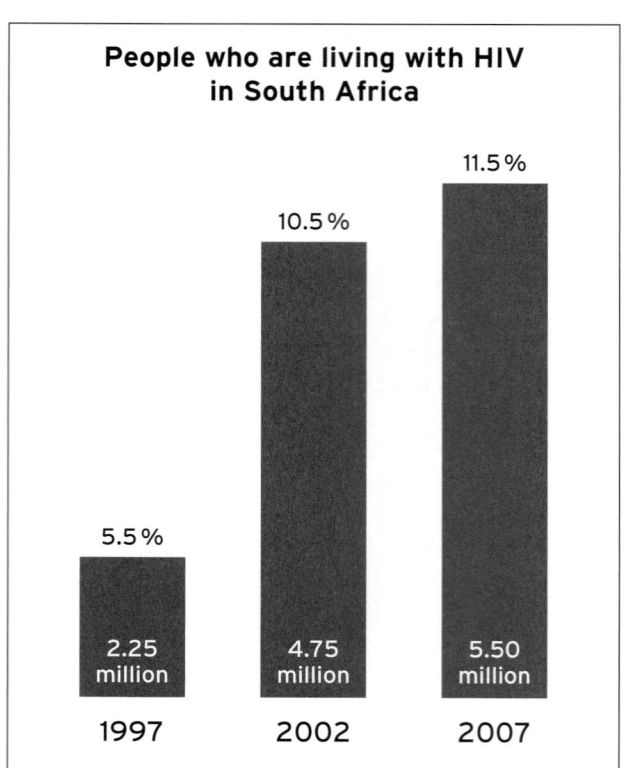

People who are living with HIV in South Africa

Year	Percentage	Number
1997	5.5%	2.25 million
2002	10.5%	4.75 million
2007	11.5%	5.50 million

Johannesburg	Pretoria	the Atlantic Ocean	the city centre of Pretoria	the harbour at Port Elizabeth
Cape Town	Durban	the beach near Gordon's Bay	the township of Soweto	the countryside near Stellenbosch
Kruger Park	Table Mountain	the seaside	a football game in Johannesburg	the prison cells on Robben Island
bungee jumping	hiking at Kruger Park	swimming at the beach near Cape Town	whale-watching	a Safari in Addo Elephant Park
people from Soweto	another group from Sweden	elephants and giraffes from a jeep	a friend of Nelson Mandela	a ranger from Kruger Park
kwaito artists	a braai	a kwaito concert	lunch at a famous restaurant	seals and penguins on Seal Island

SOME QUESTIONS ABOUT HIV AND AIDS

1. Which protects you most against HIV infection?
   a) condoms
   b) contraceptive pill (= die Pille)
   c) choosing your partner carefully

2. Can you get AIDS from sharing the cup of an HIV positive person?
   a) yes
   b) no
   c) only if you don't wash the cup

3. Is there a cure for AIDS?
   a) yes
   b) no
   c) only when you get good medicine

4. Can insects transmit (= übertragen) HIV?
   a) yes
   b) no
   c) only mosquitoes

5. What is the difference between HIV and AIDS?
   a) HIV is a virus and AIDS is a bacterial disease (= bakterielle Krankheit)
   b) there is no difference between HIV and AIDS
   c) HIV is the virus that causes AIDS

6. Approximately how many people are living with HIV worldwide?
   a) 69 million
   b) 33 million
   c) 3 million

7. In 2008 which of these countries had the most people living with AIDS?
   a) India
   b) Russia
   c) South Africa

8. How many people die of AIDS in South Africa every day?
   a) 100
   b) 500
   c) 1,000

MEDIATION – SPORT IN SOUTH AFRICA

Read the text and the tips. Then translate the text into German.

Was ist hier die beste Übersetzung: ‚jeder' oder ‚alle'?

Achtung, Passiv! Benutze einen Relativsatz: ‚ ..., die ... werden'.

Übersetze hier: ‚glücklich darüber, ... verschenken zu müssen'.

Tipp: Probiere, deinen Satz so zu beginnen: ‚Könnte man ... nicht ...?'

Sport in South Africa

Everyone is talking about the World Cup, but not eveyone is happy about it! During the next World Cup, teams from all around the world will play football in ten fantastic stadiums in different South African cities. Five of them are old stadiums that will be modernised for the World Cup. The other five will be new stadiums which are built for the competition next summer in Port Elizabeth, Durban, Polkwane, Nelspruit, and Cape Town.

Many people are angry that the government has spent billions of rand on new stadiums, when it is desperately needed by the poorer people in the townships. The mayor of Cape Town was not very happy about signing a permit for a new stadium. The majority of people in Cape Town still don't have running water in their homes.

The organisers plan to give away 120,000 tickets for free to builders and poor people. Tickets will also be cheaper for South Africans. But is this enough? Couldn't the money be better spent on something else?

Some people are worried that the beautiful new stadiums will be empty and unused after the World Cup. But perhaps not – South Africa has applied to organise the Rugby World Cup in 2015.

Verwende hier den Plural.

Welche Präposition brauchst du im Deutschen zum Verb *spend*?

Verwende hier den Singular.

Wie übersetzt du hier: ‚verteilen', ‚weggeben'oder ‚verschenken'?

Bilde den Satz mit: ‚ ... sich dafür beworben, ... zu organisieren.'

INTERPRETING

You and your friend Martin are tourists in Cape Town. You're at a café talking to a tourist from Australia. Martin's English isn't very good and the Australian doesn't speak German. Help them to talk to each other.

MARTIN	YOU	AUSTRALIAN TOURIST
1 Wir wollen morgen nach Robben Island fahren. Warst du schon einmal dort?		
		2 Yes, I spent the whole day there on Sunday. The trip was really interesting.
3 Den ganzen Tag? Nun, ganz so viel Zeit haben wir nicht. Was kann man denn dort machen?		
		4 You can visit the prison and see where the prisoners lived. It's a scary place!
5 Ich habe schon viel über das Gefängnis gehört. Nelson Mandela war dort viele Jahre Gefangener, nicht wahr?		
		6 That's right. The island is very important in South African history. But it's also famous for its wildlife. You can watch seals and penguins there.
7 Cool! Ich habe noch nie echte Pinguine gesehen. Wie kommt man nach Robben Island?		
		8 The boats to the island leave from the V & A Waterfront at the harbour every hour. There's usually a huge crowd, so make sure you are there early enough.
9 Vielen Dank für die ganzen Informationen. Weißt du auch, wie viel die Fahrkarten kosten?		
		10 Yes. The tickets are 180 Rand. That includes the boat trip, the visit to the prison and a bus tour around the island.

**Read the words in the box and write the real words next to them.
Then finish the sentences with these words.**

['mɪsɪŋ] _____   [eɪ es eɪ 'piː] _____

[rɪ'siːvd] _____   ['kætəlɒg] _____

[rɪ'pleɪsment] _____

[skriːn] _____   [rɪ'tɜːn] _____

['dæmɪdʒd] _____   [steɪ] _____

1 The new MP3 player isn't working. Please send me a _____ .

2 Have a nice holiday in Cape Town. Enjoy your _____ at our hotel!

3 Look! The bike is broken. The front part is really _____ .

4 I bought a new TV yesterday. It has a much bigger _____ .

5 We don't have all the parts of the puzzle, one piece is _____ .

6 We can order many nice clothes from this online _____ .

7 I need your answer really soon – please write back _____ .

8 You can't keep this book. Please _____ it to the library.

9 Did you send me a present? I still haven't _____ it!

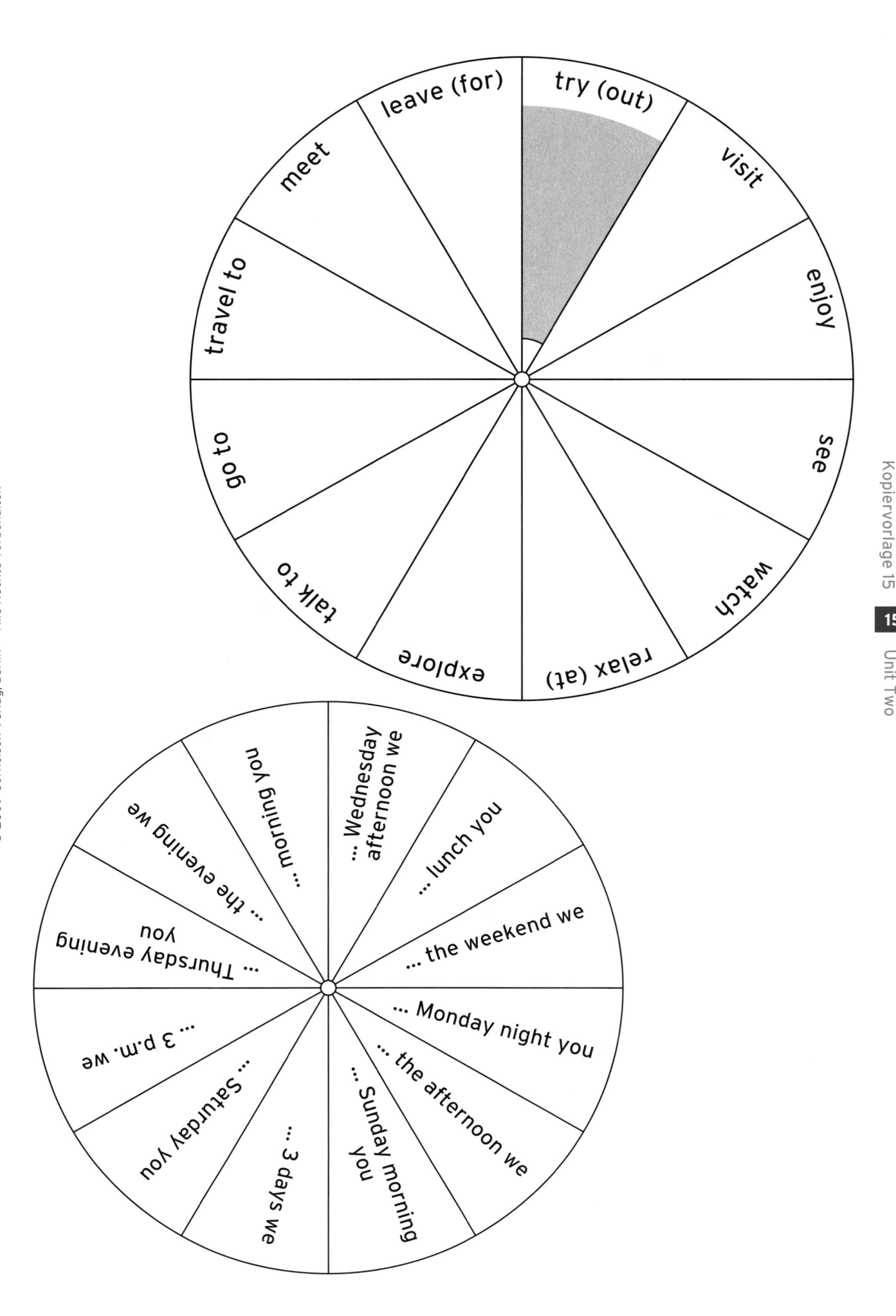

Wheel 1 (verbs):
try (out), visit, enjoy, see, watch, relax (at), explore, talk to, go to, travel to, meet, leave (for)

Wheel 2 (time phrases):
... Wednesday afternoon we
... lunch you
... the weekend we
... Monday night you
... the afternoon we
... Sunday morning you
... 3 days we
... Saturday you
... 3 p.m. we
... Thursday evening you
... the evening we
... morning you

A _____

	Monday	Tuesday	Wednesday	Thursday	Friday	Saturday
early afternoon		bowling with cousins	babysitting the neighbour's baby		shopping at the mall with Julie	
late afternoon	do homework	learn with other students from class		football training		help mother clean the house
evening	swimming after lunch		play hockey with my team	go to the movies with my friends	Luke's birthday	travel to Munich

B _____

	Monday	Tuesday	Wednesday	Thursday	Friday	Saturday
early afternoon	wash Dad's car		school trip to the museum	learn for exam with Kevin	shopping for sister's birthday	
late afternoon	football at the club		Michelle's party	skating with Tom and Bill	visit grandma	
evening		take the dog for a walk		cook dinner		football match against Wimpletown

INDIA QUIZ

What's the right answer?

1. Which one of these countries doesn't have a border with India?
   a) Pakistan
   b) Afghanistan
   c) China

2. What's becoming one of India's most important industries?
   a) information technology (IT)
   b) machine tools
   c) oil industry

3. What's the name of India's film industry?
   a) Hollywood
   b) Bollywood
   c) India Films

4. Which one of these drinks is from India?
   a) mate tea
   b) kefir
   c) lassi

5. Which one of these animals doesn't live in India?
   a) elephant
   b) tiger
   c) hippo

6. What's the name of a famous Indian building?
   a) Taj Mahal
   b) Machu Picchu
   c) Stonehenge

7. What kind of money is used in India?
   a) yen
   b) rupee
   c) dirhan

WHICH WORD IS IT?

Complete the sentences.

> in order to • reserve • rupee • extinct • department store •
> Hindus • tiger • Muslim • protect • crops

1. A dangerous animal that lives in India's forests. _____

2. The people who follow this religion in India usually believe in many gods. _____

3. A person whose religion is Islam. _____

4. A type of plant or animal that no longer exists is _____ .

5. Do you need more help _____ understand this exercise?

6. When you make sure something or somebody isn't damaged or put in danger. _____

7. A piece of land where many wild animals live. _____

8. A large shop that is divided into many different parts. _____

9. The money that the people in India use. _____

10. The plants that grow in fields and which you can eat. _____

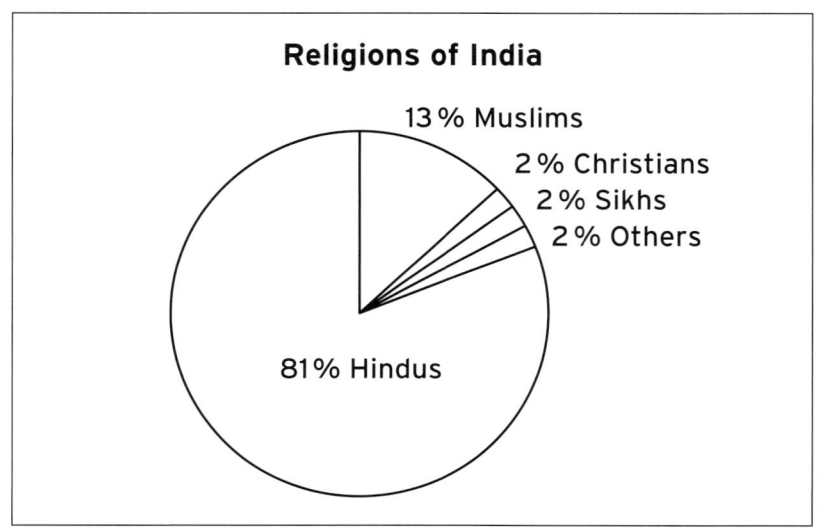

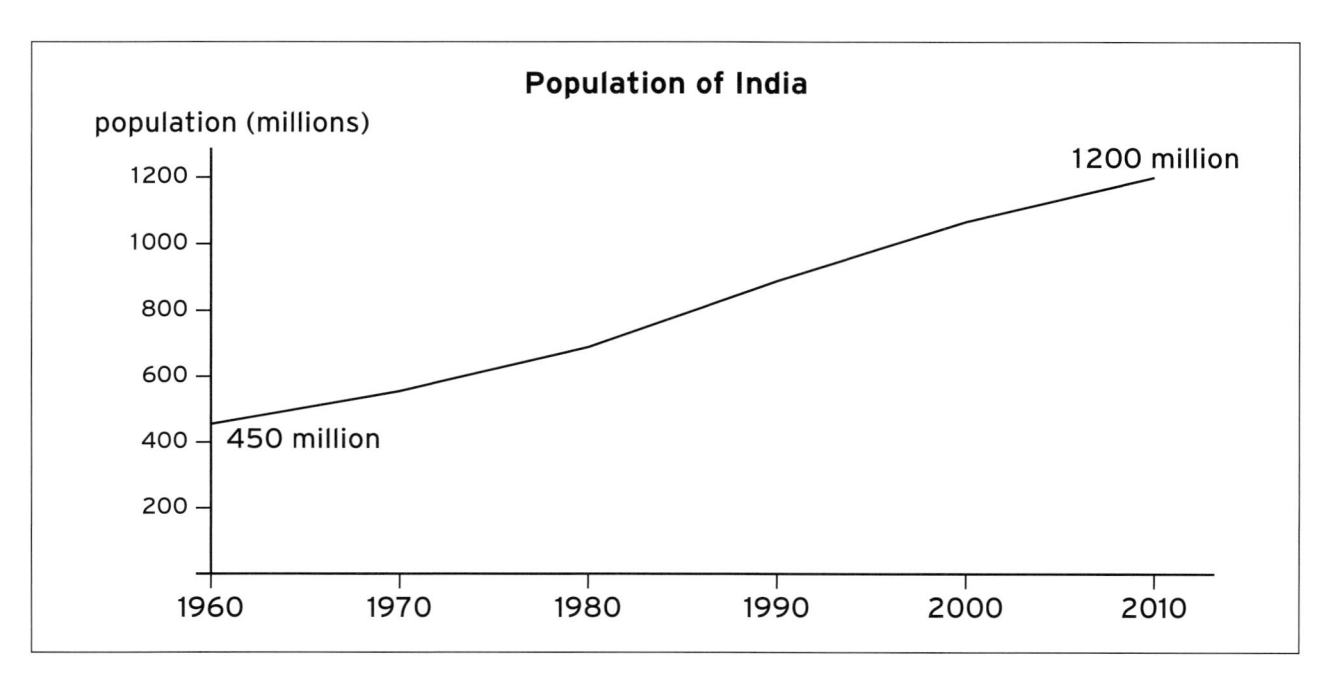

India: People who can or can't read and write

- adults: 34% can't read and write, 66% can read and write
- young people: 18% can't read and write, 82% can read and write

Religions of India

- 81% Hindus
- 13% Muslims
- 2% Christians
- 2% Sikhs
- 2% Others

Population of India

population (millions)

- 1960: 450 million
- 2010: 1200 million

**Find the right words.
The number of lines will tell you the number of letters.**

1 Are you a vegetarian or do you like meat?

   What are your _ _ _ _ _ _   _ _ _ _ _ _ ?

2 The police found two small children in a dirty apartment. They were living in terrible

   _ _ _ _ _ _ _ _ _ _ .

3 A special name you give to a person or thing: Bollywood is

   the _ _ _ _ _ _ _ _ for India's film industry.

4 _ _ _ _ _ _ _ _ _ _ _ _ a report on India 80 % of Indians are Hindus.

5 Selling drugs is criminal and not allowed – it's _ _ _ _ _ _ _ _ .

6 When parents try to find the best husband or wife for their child this is called

   _ _ _ _ _ _ _ _ _ _ _ _ _ _ _ _ _ .

7 People who are succesful in their jobs:

   she has made a _ _ _ _ _ _ _ as a politician.

8 A city where nobody lives is a _ _ _ _ _ _ _ _ _ _ .

9 In many poor countries, very young children have to work although

   _ _ _ _ _ _ _ _ _ _ _ is banned.

10 A blockbuster film that many people have seen in the movies is a

   _ _ _ - _ _ _ _ _ _ _ _ _ _ .

topic card 1

"India is not really a country – it's a whole continent."

- How is the north of India different from the south?
- What natural catastrophes does India suffer from?

topic card 2

"Indian industry will soon be a model for Europe."

- Give examples of modern industries in India.
- Describe some problems.
- Do you agree with the title?

topic card 3

"Bollywood comes to Germany."

- How are Bollywood films different from Hollywood films?
- Do you think they could be successful in Germany?

Here are the questions for your partner.

1. **Geography of India**
    1. India has 15% of the world's population, but only 2.4% of the world's area. Is this a problem? Why (not)?
    2. If you could go on holiday in India, where would you go – and why?

2. **Work and industry in India**
    1. Why do some Indian parents want their children to earn money instead of going to school?
    2. Would you like to work in India when you leave school? Why (not)?

3. **Bollywood**
    1. Why do you think Bollywood films and shows weren't popular in Europe in the past? And why do you think they are so popular now?
    2. You have a good friend who wants to be an actor. Would you say he should try to work in Bollywood or not? Why?

Kopiervorlage 22

1

2

3

4

Use a word from box 1 and a word from box 2 to finish the sentences.

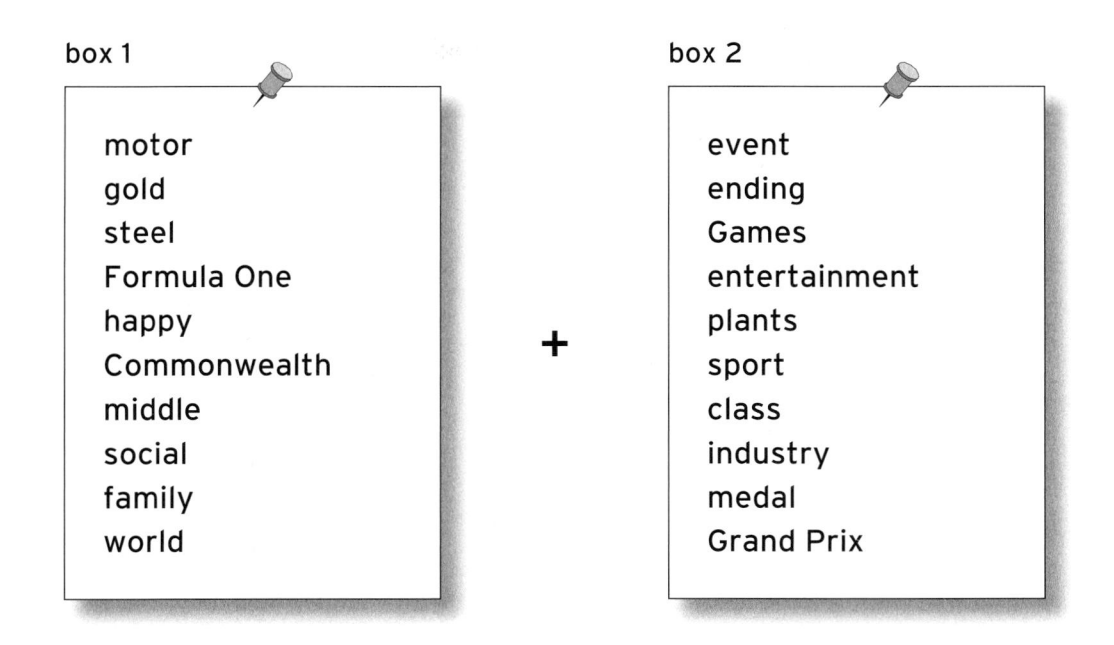

box 1

- motor
- gold
- steel
- Formula One
- happy
- Commonwealth
- middle
- social
- family
- world

+

box 2

- event
- ending
- Games
- entertainment
- plants
- sport
- class
- industry
- medal
- Grand Prix

1 Germany's hockey team won a _____ at the Olympic Games.

2 A very successful Indian businessman founded a huge company, which has _____ all over the world.

3 I liked the movie, especially the _____ .

4 Football has really become a _____ .

5 More and more people of India's _____ are able to spend their money on new cars.

6 The Oscar night is a big _____ – all the important stars go there.

7 One of the most popular sports played at the _____ is cricket.

8 Many people agree that the _____ is very important for Germany's economy.

9 This film is typical _____ – both parents and children like watching it.

10 One of the best drivers of this year's _____ had to give up during the final race.

INTERPRETING

On a bus trip, you and your friend Julia meet Anand from India. Julia's English is not very good, and Anand doesn't speak German. Help them to talk to each other.

JULIA	YOU	ANAND
1 Aus welcher Stadt in Indien kommst du?		
		2 I'm from Mumbai. It's one of the five biggest cities in the world.
3 Wie viele Menschen leben dort? Wie gefällt dir das Leben in der Stadt?		
		4 There are about 19 million people. Sometimes life in Mumbai is really tiring because the streets are so full and busy. But you can also do many nice things there like shopping or watching films in the cinema.
5 In Deutschland sind Bollywoodfilme gerade sehr beliebt. Viele Leute treffen sich z.B. mit Freunden und schauen sich zwei oder drei Filme gemeinsam zu Hause an. Magst du die Filme aus Bollywood?		
		6 Actually I don't like them very much. I think most of the films are very long and the dancing scenes are quite boring. Are you here on holiday, Julia?
7 Nein, ich will für ein Jahr als Krankenschwester in Neu-Delhi arbeiten. Aber zuerst muss ich noch mehr Sprachen lernen! Welchen Beruf hast du?		
		8 I work for *Tata* – that's a big Indian company. Have you ever heard of it?
9 Ja, davon habe ich schon gehört. Die Firma ist eine der größten auf der Welt. Bauen die nicht auch Autos wie den *Nano* dort?		
		10 Yes, they do. I work in the part of the company that designed the car.

MEDIATION – A diverse land

Du hast diesen Text über Indien im Internet gefunden. Erkläre auf Deutsch, ...

1. weshalb Indiens Städte groß und vielfältig sind.
2. welche Probleme es in Indiens Städten gibt und warum die Städte noch immer weiter wachsen.
3. wie viele Sprachen es in Indien gibt und welche Bedeutung Sanskrit (früher und heute) hat.
4. warum Hindi als Sprache wichtig wurde.
5. warum die meisten indischen Kinder drei Sprachen in der Schule lernen.
6. warum manche Tiere im Naturreservat Kaziranga unter besonderen Umständen leben.

A diverse land

India is a huge and diverse land. In India, the three biggest cities of Mumbai, Delhi and Bangalore together have a population of over thirty-five milion people. Mumbai itself has nineteen million people. It is especially in towns and cities that you see the diversity of people, languages and lifestyles. Indian cities, despite their problems of unemployment, crime, over-crowding and pollution, continue to attract thousands of people from towns and villages who come to look for jobs.

People in different parts of India not only look different, but they also speak different languages. Altogether there are fifteen main languages in India and over a thousand different dialects. Sanskrit was the language that was used in ancient India, but not many people speak it today. However, most students in school still have to study Sanskrit. After independence, people tried to establish one language that could be spoken and understood all over the country. Since Hindi was the language spoken by the largest number of people, it was decided to make it the national language. However, every Indian is very proud of his or her own language as it identifies him or her with a particular part of the country and with a particular culture. Although many people know Hindi, they prefer to speak their own native language.

That is why most Indian children learn three languages at school. The first is their native language, which is the language of the state they come from. Apart from that, they learn the national language Hindi, as well as English, which is taught as the third language.

The diversity of India can also be seen in its wildlife. The most famous Indian animals are the tiger, the elephant and the one-horned rhinoceros. In India rhinos are protected, and some of them live in a game reserve called Kaziranga. When rhinos in Kaziranga become old and can no longer defend themselves against younger and stronger rhinos, they go away to the borders of the reserve. They are then looked after by villagers who live close by. They are a great tourist attraction because disappointed visitors who have come so far and cannot see any rhinos in the reserve can always take a close-up picture of these peaceful animals!

1 Mandy's dreams
Read the text. Then write Mandy's dialogue with her dad.

One day Mandy told her dad that she wanted to be a pop star. Her dad said that she would never be a star. She didn't play the guitar well enough. Mandy said that she had a good voice and she wanted to be a singer. Her dad pointed out that she would need a lot of luck. He told her that she would need a good manager. Then Mandy told him that she already had a manager. Her dad said he was really surprised.

MANDY *"I want to be a pop star."*

DAD _____

MANDY _____

DAD _____

MANDY _____

DAD _____

2 What did Mandy's friends think?
a) Read what Mandy's friends said about her plans:

> Tom: "You need more publicity."
>
> Mike: "You have to make a video."   Babs: "You have lots of talent."
>
> Josie: "We'll watch you on TV!"
>
> Mark: "Why don't you go to a talent show?"
>
> Cameron: "Many people have tried this before without success."

b) Write the verbs in brackets in the *simple past* and finish the sentences with the help of what you've read in a).

1 Tom (point out) *pointed out that* _____.

2 Babs (say) _____.

3 Mike (insist) _____.

4 Josie (tell – Mandy) _____.

5 Mark (ask) _____.

6 Cameron (think) _____.

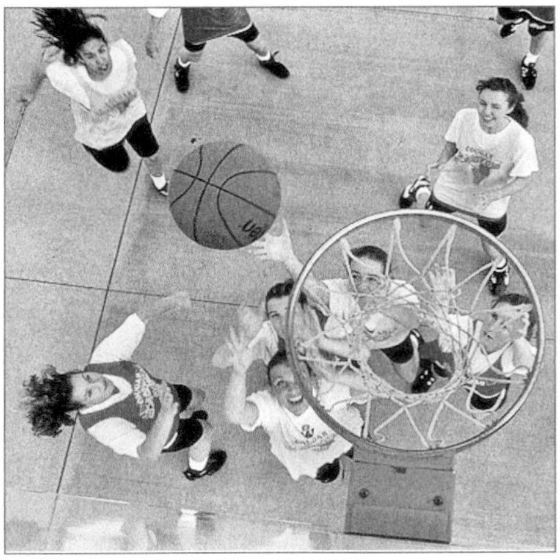

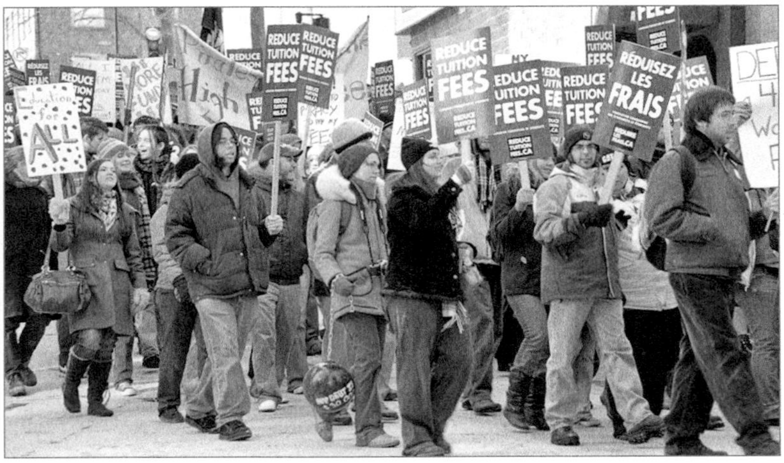
REDUCE TUITION FEES
RÉDUISEZ LES FRAIS

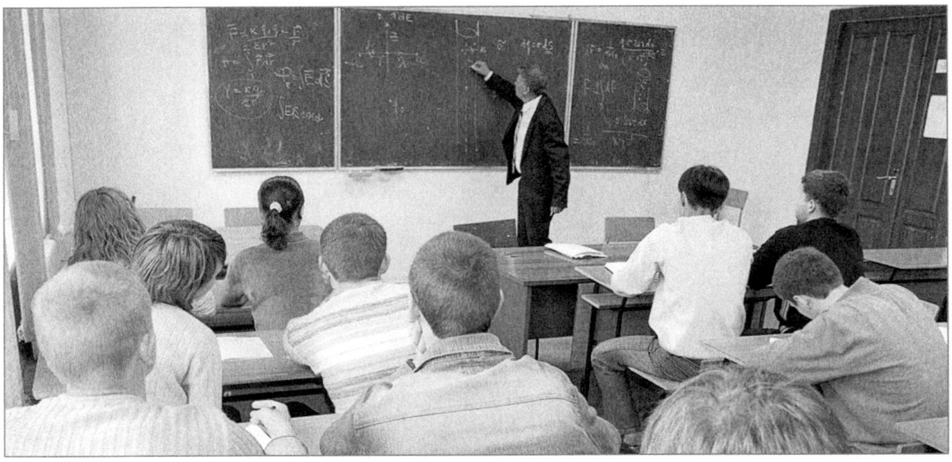

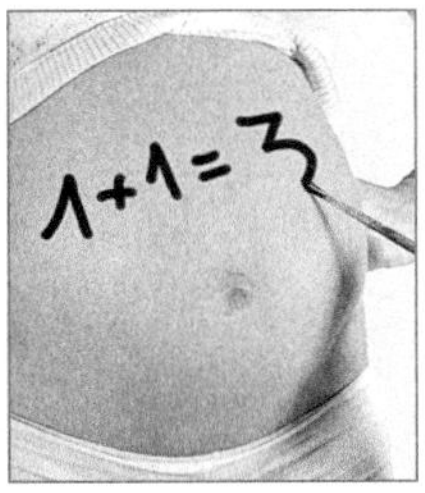
1+1=3

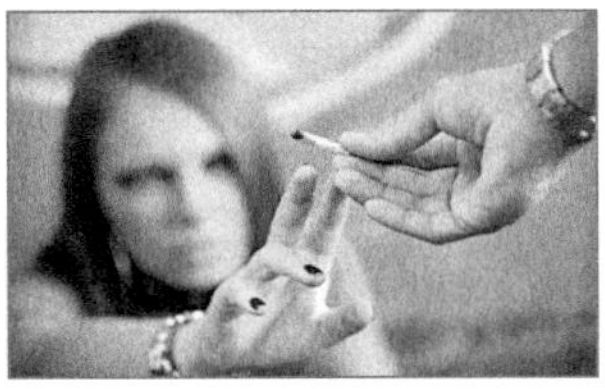

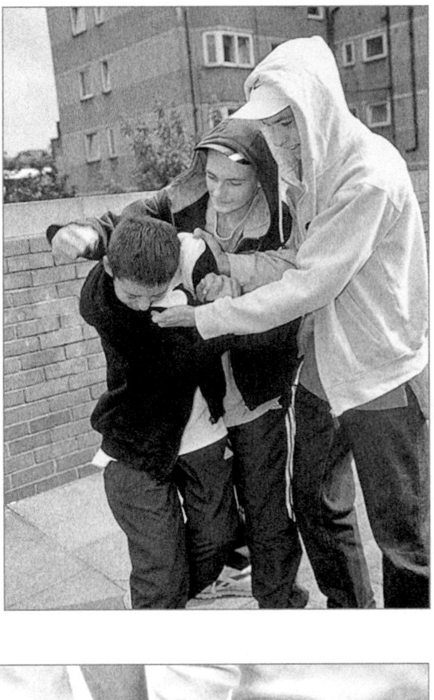

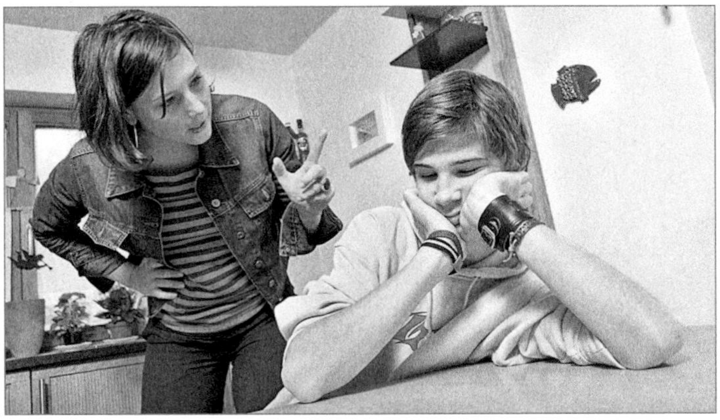

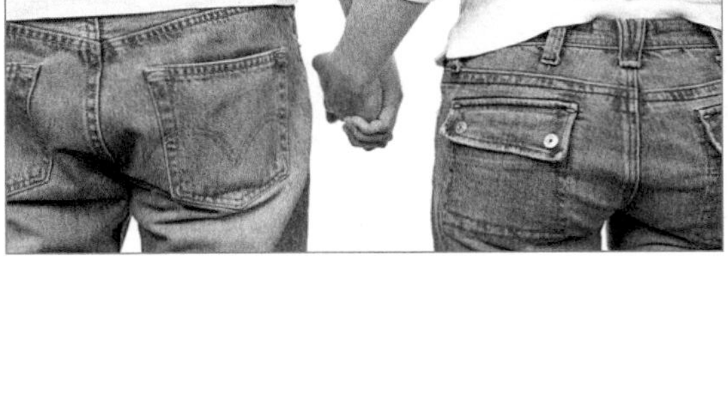

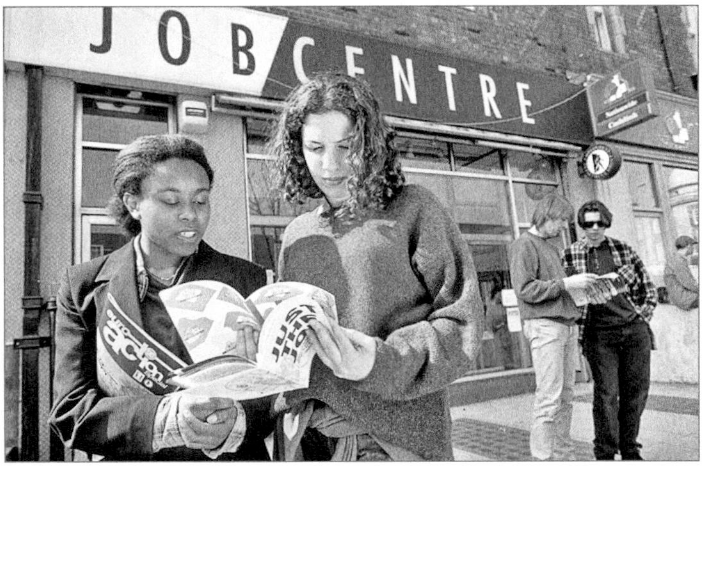
JOBCENTRE

QUESTIONNAIRE: DRIVING

- Do you want to have a driving licence?
  - [ ] yes
  - [ ] no

- When do you want to start with driving lessons?
  - [ ] when I'm 17
  - [ ] when I'm 18
  - [ ] later
  - [ ] when I have enough money
  - [ ] never

- How will you get the money for the lessons?
  - [ ] I'll get a job.
  - [ ] My parents will pay for it.
  - [ ] My grandparents will pay for it.
  - [ ] I will save money.
  - [ ] I have already started saving money.

- Which car will you drive?
  - [ ] I'll use the family car.
  - [ ] I'll get my own car.
  - [ ] I'll drive my brother's / sister's car.

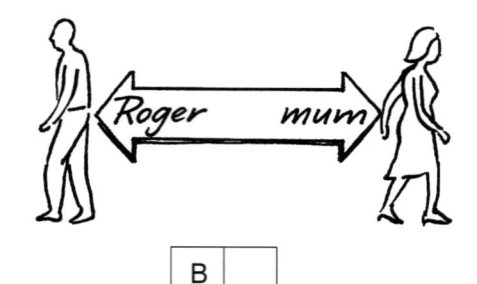

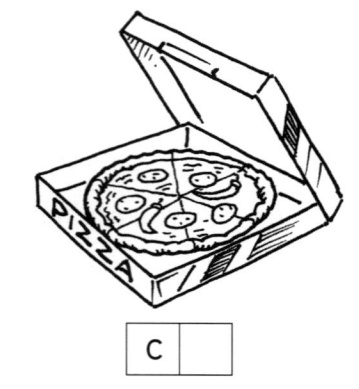

A: 1st life / 2nd life

B: Roger ↔ mum

C: Pizza

D: dad ↔ mum

E: (couple on sofa watching TV)

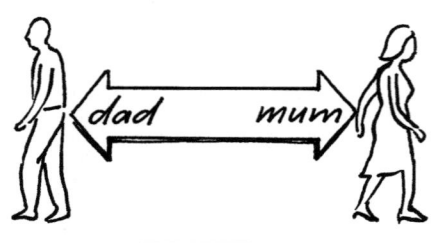

F: (bowl of fruit)

Do you know how to drive in Britain? Tick the right answer.

1. Who can drive first when you reach a roundabout (= Kreisverkehr)?
   a) ☐ cars coming from the left
   b) ☐ cars coming from the right
   c) ☐ cars which are driving towards the roundabout (me)

2. What's the speed limit in cities and villages?
   a) ☐ 25 mph (about 40 km/h)
   b) ☐ 30 mph (about 50 km/h)
   c) ☐ 40 mph (about 65 km/h)

3. Are you allowed to use a mobile phone when driving?
   a) ☐ yes   b) ☐ no   c) ☐ yes, but only at night when the road is empty

4. What does a yellow box with yellow stripes (= Streifen) in the middle of a crossing mean?
   a) ☐ you are not allowed to stand on it
   b) ☐ you are not allowed to drive over it
   c) ☐ it doesn't mean anything

5. What is the "congestion charge"?
   a) ☐ you have to pay this for driving too fast
   b) ☐ you have to pay this for false parking
   c) ☐ you have to pay this if you want to drive in central London between 7 a.m.–6 p.m.

6. What does a double yellow line at the side of a road stand for?
   a) ☐ you are not allowed to pass that line
   b) ☐ you are not allowed to park there at any time
   c) ☐ you are allowed to park there for one hour

7. Do people in the car have to wear a seatbelt (= Sicherheitsgurt)?
   a) ☐ yes
   b) ☐ no
   c) ☐ only children have to wear one

8. At a crossing of two roads: Can the driver coming from the right always go first?
   a) ☐ yes
   b) ☐ there usually are signs that tell you who can go first
   c) ☐ no, never

INTERPRETING

You and your friend, Kevin, are in town and you meet an English exchange student from your school, Mandy. Your friend's English isn't very good. You help them to talk to each other.

KEVIN	YOU	MANDY
1 Ich habe morgen meine Führerscheinprüfung für ein Moped. Wünsche mir Glück!		
		2 I'll cross my fingers for you! I'd love to ride a moped, that's really cool. How old do you have to be to take the test? And is it very difficult?
3 Du musst 16 Jahre alt sein. Ich hoffe, dass die Prüfung nicht so schwierig sein wird. Aber meine Freunde haben sie alle bestanden.		
		4 And what moped will you ride? Do you have your own?
5 Mein Bruder hat ein Secondhand-Moped gekauft und er erlaubt mir, auch damit zu fahren. Ich muss mich aber an den Kosten beteiligen.		
		6 Is the insurance very expensive? In England car insurance is so expensive, especially for young people – it's terrible.
7 Die Versicherung für das Moped geht, aber für Autos ist die Versicherung in Deutschland auch sehr teuer.		
		8 I'm looking forward to learning to drive. I'll feel more independent as soon as I can drive. I can use my parents' car if they don't need it. I'm sure you'll pass the test tomorrow. It's no use being frightened, is it? Good luck!
9 Vielen Dank! Ich bin doch etwas nervös. Ich hoffe, ich schaffe es.		

MEDIATION

A book review for *Tomorrow, when the war began*

Tomorrow, when the war began is the first of seven books in the *Tomorrow*-series written by Australian author John Marsden. Loved by both critics and readers, this series has sold around 3 million copies in Australia since the first book was published in 1993. There are now plans to make the books into films. Ellie, the main character and our narrator, tells us how her life changes when Australia is invaded. She and her six friends have a decision to make – to fight or to flee!

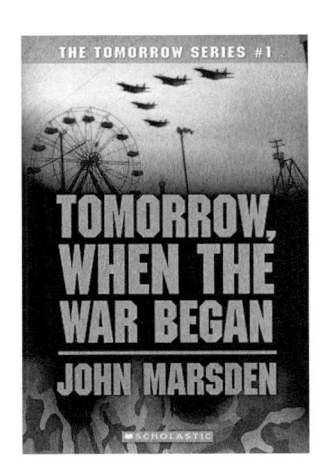

Here's an online review of the book:
"I'm really tired because I was up all night reading *Tomorrow when the war began*. I just couldn't put it down! On the first page Ellie tells us why she is writing this report – what is happening is so important that a record needs to be made of it, so I knew from the beginning that something big was going to happen. There is a slow build-up as these ordinary teenagers go camping for a week into the outback. One night they notice hundreds of planes flying by at night without lights ... Then when they come back home their world has changed and will never be the same again.
While the seven teenagers were away, Australia was invaded! When they arrive home, they are shocked to find their homes empty and their pets dead. Their parents have disappeared and, as the teenagers soon find out, are now prisoners.
Even though the situation they find themselves in is extraordinary, the teenagers are nothing special, in fact they are very normal and ordinary. This makes the situation believable and it's easy to imagine myself in their position and what I would do! It is amazing to think how much the rest of the group – Homer, Lee, Kevin, Corrie, Robyn and Fi – have developed during the book ... and even more amazing is the change in Ellie. At first she seems to be just like any other teenager, but the war makes her change into an intelligent and loyal member of the group. She tries to solve problems and encourage the others.
You don't have to be a teenager to enjoy this book – my granddad is reading my copy now I am finished and he thinks it's great. I won't tell you what happens at the end, but it is not a typical 'Hollywood ending'! I can't wait to read the next one and I'm going to the book shop later to buy it!"

Lies die Buchbesprechung und erkläre auf Deutsch, ...

1. woran man sieht, dass die Buchreihe erfolgreich ist.
2. wer Ellie ist und warum sie die Geschichte schreibt.
3. was die Jugendlichen eines Nachts bemerken.
4. wie es ist, als die Gruppe vom Camping zurückkehrt.
5. wie Ellie sich verändert.
6. für welche Lesergruppe das Buch geeignet ist.

Happy Souvenirs

Part-time help needed for a busy souvenir shop in London. You will fill shelves and help customers. You must speak English and at least one more language.
For more information phone Sally: 02076753092

TRAINEE IN COMPUTER COMPANY

You must know a lot about computer hardware and software.
We're looking for a friendly and competent person for our service department.
You will get trained by experienced colleagues. Very good knowledge of English required.
Send your application and CV by email to servicedepart@megacomputer.co.uk

---

1 There are two girls at school that are mean to me all the time. They say I'm stupid and laugh at my accent. How do I make them stop?

2 I'm 16 and my parents don't trust me at all! I'm never allowed to do anything and can't even have a boyfriend. What should I do?

3 My parents don't like my boyfriend and want me to break up with him ... but I love him! Please give me advice!

4 I had a car accident because I was driving too fast and my mate got hurt. I feel terrible. Can we still be friends?

A It's not an easy situation for you, but don't forget that seeing you growing up is hard for your parents too. Think about how they are feeling: yes, you're almost an adult, but not yet. If something bad happened to you they would feel terrible. Talk with your parents about this problem and tell them why you can be trusted.

B You will have to try to get your friend's trust back, but first you need to stop driving so dangerously. Go visit your mate and talk with him about what happened. Explain that you are sorry and how bad you feel. Unfortunately, you can't do anything else except be a good friend – he will have to decide if you will still be friends.

C Ask yourself why they don't like him. Is he rude to them? Is he mean to you? Is he a lot older than you? Did he drop out of school? Does he do drugs? Have you answered any of the questions with yes? They are only worrying about you. If you still want to be with him, talk about these problems with your parents.

D I'm sorry that these girls are bullying you. Unfortunately, it won't stop unless you talk to an adult. Tell your parents, a teacher or another adult that you trust. It's good if you write down when and where you have been bullied. You can also call *Childline*. They will talk with you about what is happening. Don't be afraid to ask for help.

CROSSWORD PUZZLE

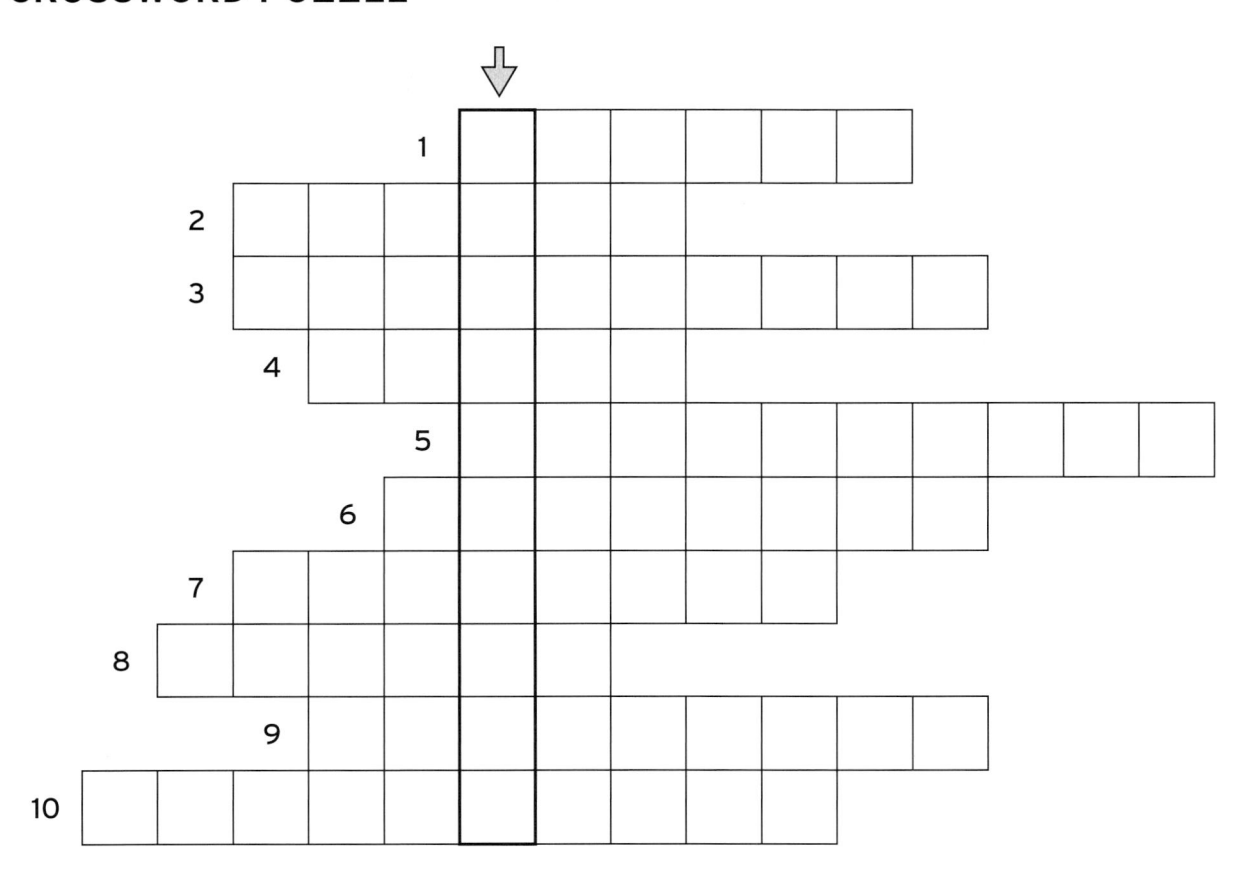

1. When you make something smaller, you … it.
2. Become greater in size.
3. When plants or animals are in danger because they probably won't exist much longer, they're in danger of …
4. You have two of them in your body – you need them to breathe.
5. When you walk along the beach, you leave them in the sand.
6. Go on with something.
7. When there isn't enough of something.
8. A gas that's part of the air – people, plants and animals need it to live.
9. When somebody or something stops existing or becomes impossible to see / to find.
10. When somebody says that he'll hurt you, you feel … by his words.

If deforestation goes on, there won't be much left of it: _____

INTERPRETING

Darren, an exchange student from the United States is staying at your house. He wants to talk to your little sister Kathrin, but he doesn't speak German, and Kathrin doesn't speak English very well. Help them to talk to each other.

KATHRIN	YOU	DARREN
		1 Is your mom driving us to school tomorrow?
2 Nein, wir nehmen das Fahrrad. Die Schule ist nicht so weit weg. Mit dem Auto zu fahren ist außerdem schlecht für die Umwelt.		
		3 Yes, that's true. I wish that I could go by bike in the States too. But back home my school is really far away from my house. And with all the traffic it's really dangerous.
4 Im Augenblick gibt es ein Projekt an unserer Schule. Wir lernen, was wir alles für den Umweltschutz tun können. Gibt es so etwas auch bei euch?		
		5 Yes, we celebrate Earth Day each year.
6 Was genau ist denn der Earth Day?		
		7 Earth Day is in April. On that day there are lots of different activities at schools and universities in the USA to help protect the environment.
8 Und welche Projekte gibt es in eurer Schule?		
		9 This year we planted new trees in the park near our school. The old trees were cut down last winter because they had been ill. We also cleaned the park and collected garbage.
10 Das ist toll! An unserer Schule reden wir viel über den Umweltschutz. Aber so etwas haben wir noch nie gemacht. Ich werde morgen mit meinen Lehrern darüber sprechen!		

TRAVEL AGENTS

ANYWHERE WITH ICE...A LOT OF ICE

www.CartoonStock.com

Listen to the song Big Yellow Taxi.
Which of the words in the box are part of the song? You don't need all the words.

- [ ] listen
- [ ] farmer
- [ ] paradise
- [ ] grass
- [ ] tree
- [ ] yellow
- [ ] friend
- [ ] green
- [ ] hotel
- [ ] place
- [ ] know
- [ ] work
- [ ] door

MEDIATION – A VERY SPECIAL DAY

Read the text and the tips. Then translate the text into German.

A very special day

At the end of the 1960s people started to worry more about environmental problems. This led to the founding of two institutions at the beginning of the 1970s: Earth Day and Greenpeace.

The first Earth Day took place on the 22nd of April 1970 and up to 20 million Americans took part. Since then it has grown every year. The Internet is also playing a role in the growing success of Earth Day. Organizers can put information about events online and reach millions of people this way. In 2000 around 500 million people from 85 countries celebrated Earth Day. Since Earth Day started new events have developed. Some cities celebrate an Earth Week and there is even an Earth Hour! People are supposed to turn off the lights for one hour. Typical activities that happen on the annual Earth Day are tree-planting and rubbish-collecting. In Sydney they have even organized a car-free day. There are also more eco-festivals every year. In 2000 there was a festival at the Millenium Dome in London. The building is very eco-friendly – even the toilets use rain water!

Earth Day is supported by Greenpeace, a private organization for the protection of the environment. It was founded in 1971. It is not very surprising that Greenpeace organizes many events for Earth Day every year.

Tips:

- Vergiss nicht, auf die „kleinen" Wörter zu achten, denn sie sind sehr wichtig.
- *develop* wird hier reflexiv gebraucht: ‚(haben) sich ...'
- Verwende hier das Verb ‚sollen'.
- Was ist hier die beste Übersetzung für ‚bei': ‚sie', ‚man' oder Passiv (‚wurde ...')?
- Übernimm die englische Bezeichnung.
- Diese Begriffe kannst du auf Englisch schreiben.
- Achtung: Worauf bezieht sich *it* hier?
- Wähle hier die richtige Präposition: ‚(eine Rolle spielen) bei ...'
- Verwende hier den Singular.
- Verwende hier das Passiv: ‚werden mit ... betrieben'.
- Achtung: Worauf bezieht sich *it* hier?
- Du kennst bereits das Verb *protect*!

**1 A new holiday centre for tourists.
What will be done before it opens? Write sentences and use the *passive*.**

1 (many new hotels – build) _____
2 (exciting shops – open) _____
3 (great concerts – organise) _____
4 (big new roads – make) _____
5 (money spend on – parks) _____
6 (the parks – cover – flowers) _____

**2 The day before the holiday centre opens: What has been done already?
Write sentences.**

1 Many guests … 4 Food and drinks …	has been	invite download
2 All the windows … 5 Money …	•	buy
3 Music … 6 Free tickets …	have been	give away clean
		spend on decorations

1 _____
2 _____
3 _____
4 _____
5 _____
6 _____

3 A newspaper article. Write the verbs in the *simple past passive* form.

Computers missing

Computer equipment (1 take) _____ from the Computer Café in James street last night. Windows (2 break) _____ when two men went into the café late at night. The men (3 see) _____ by Mr Giles Morgan, who lives next to the café, when they left in their car. "I (4 wake) _____ by the noise," he said. Two police officers (5 call) _____. Later a phone call (6 make) _____ by a driver who had found the car. The police opened the car but nothing (7 find) _____ in it.

Workbook TAPESCRIPTS

Workbook zu New Highlight, Hauptschule Bayern, Band 6 für M-Klassen • Copyright Cornelsen Verlag, Berlin

Workbook, Unit 1, page 7, Exercise 11, CD 3, track 2

INTERVIEWER	Brendan O'Farrell, you've come along to talk to us about St Patrick's Day.
BRENDAN	Yes, that's right. As everybody knows, St Patrick is the patron saint of Ireland. He lived over fifteen hundred years ago and he was one of the first men to bring the Christian religion to Ireland.
INTERVIEWER	And St Patrick's Day is now celebrated every year on 17th March.
BRENDAN	That's right. And of course it's the most famous Irish festival.
INTERVIEWER	Why was 17th March chosen as the date?
BRENDAN	Well, the date was chosen because that was the day on which St Patrick died. And as you know, it's a national holiday in Ireland, both in the Republic and in Northern Ireland.
INTERVIEWER	What happens in Dublin on St Patrick's Day?
BRENDAN	Over 500 000 people walk through the streets of Dublin and many of them wear green.
INTERVIEWER	Why green?
BRENDAN	Because that's the traditional colour of Catholics in Ireland. The traditional colour of the Protestants is orange.
INTERVIEWER	How long does the festival last in Dublin?
BRENDAN	It lasts five days.
INTERVIEWER	That's a long festival!
BRENDAN	Right. But St Patrick's Day is not only celebrated in Ireland – it's a popular festival in many countries around the world. In fact, the biggest St Patrick's Day festival in the world doesn't take place in Ireland, but in New York.
INTERVIEWER	Really?
BRENDAN	Yes, and there are St Patrick's Day festivals in other countries in Europe too. Did you know that one of the largest takes place in Germany, in Munich?
INTERVIEWER	Oh, I didn't know that.
BRENDAN	Yes, but it's not celebrated on same day as in Ireland. It takes place on the last Sunday before 17th March.
INTERVIEWER	Well, thank you very much Brendan – that's all very interesting. And if you want to find out more about St Patrick, have a look on our website.

Workbook, Unit 1, page 7, Exercise 12, CD 3, track 3

Are you looking for a different sort of holiday? Are you tired of busy beaches, crowds of tourists, traffic and car parks? Then one of our holidays is for you!

Try a holiday with a difference! Travel around Ireland with a horse and a caravan. You can go where you like, and you can use normal roads. And don't worry – there's so little traffic outside the big cities that it's not dangerous.

Our beautiful caravans look old-fashioned, but they're very comfortable: they have beds for four people, a kitchen, a dining table and lots of cupboards for your things. And the horses are no problem, even if you have had no experience with horses before. We will train you and come with you for the first few hours. But of course you'll soon want to be alone with your horse on the road – that's the whole idea!

You'll travel about 10 to 20 kilometres a day, and you'll be allowed to spend the night at farms, hotels, pubs and guest houses which will have food and water for the horse.

Our horse and caravan holidays are cheap and lots of fun. For more information visit our website at www.horseandcaravan.ie.

Workbook, Unit 2, page 18, Exercise 12, CD 3, track 4

Here's some information comparing the people of South Africa and Germany. The population of South Africa is 48 million, whereas the population of Germany is nearly twice as large – 82 million.

There are more young people than old people in South Africa. Of the South African population, 32 % are children (that is, they're aged 14 years or under), and only 5 % are over 65 years old. Yes, only 5 %! That's because many people die young, for example from AIDS.
AIDS is a terrible problem in many African countries.

In Germany, however, the picture is very different. Only 14% of the population are under 14 years old – much fewer than in South Africa. On the other hand, a large number – 20% – of Germans are over 65.

In Germany, 99% of adults can read and write – nearly everybody, but it's different in South Africa. Here, the total is only 76%.

Why's that? Well, in South Africa, 65% of Whites have completed high school, but only 14% of Blacks. Things will have to change before black people's lives get better.

Workbook, Unit 2, page 18, Exercise 13, CD 3, track 5
What's the capital of South Africa?
In most countries it's easy to say what the capital city is. London is the capital of the United Kingdom, Berlin is the capital of Germany and Washington is the capital of the USA. But in South Africa the answer is more complicated. You see, the country has not one, but three capital cities. One capital city is Cape Town – spelt C – A – P – E – T – O – W – N. That's spelt in two words C – A – P – E and T – O – W – N. Cape Town is on the coast in the south of South Africa. Why is it a capital? Because Cape Town has the South African parliament. And a country's parliament is in the capital city, isn't it?

Oh no, say the people of Pretoria – spelt P – R – E – T – O – R – I – A – which is 1300 km away. Pretoria is the capital because that's where the president lives and works. So Pretoria is capital Number 2. The city is in the north of the country.

But we're also a capital, say the people of Bloemfontein. That's an Afrikaans name and is spelt B – L – O – E – M – F – O – N – T – E – I – N. The city, which is in the centre of the country, is the capital of South Africa according to its people, because it has South Africa's High Court – the most important court in the country.

So the country has three capitals – and now the country is deciding which city (Cape Town, Bloemfontein, Pretoria) should become South Africa's new capital city in the future. Or perhaps the government will choose a different city completely … a fourth capital?

Workbook, Unit 3, page 30, Exercise 10, CD 3, track 6
And now here's the weather for the Delhi area for the next few days, beginning with today, Tuesday 10th February. There will be no sun for Delhi today: it will rain all day, with temperatures up to a maximum of 26 degrees Celsius.

Tonight: well, the rain will continue into the night and there's a very strong possibility of thunderstorms over Delhi through the night.

And the weather for tomorrow: it will be mainly cloudy, with no wind to blow those clouds away. Maximum temperature around 20 degrees.

Finally, Thursday will be hotter, around 27 degrees Celsius. It will be sunny all day with a light wind in the afternoon.

Workbook, Unit 3, page 30, Exercise 11, CD 3, track 7
Hi, I'm Kamalika. How are you? I'm 15 and I live in Chennai, a wonderful big city in the southeast of India. I live in a flat with my parents, Ekta and Darpak, and also my older sister and my younger brother. I have another sister too, but she's married and has a baby, and she doesn't live at home any more.

Our flat is in a modern building in the city centre. It's quite big, and we have a great view over the buildings of Chennai. My school isn't far from our flat – it's one of the best schools in the city. We have very good teachers, and I like it there. I've got lots of friends, and we have a good laugh. But I'm working hard for my exams too, because I want to go to college when I leave school. I really hope I do well in my exams. If I don't go to college, then perhaps I'll find work as a call centre worker. Some of my older friends work as call centre workers already.

Namaste. Hi, I'm Rajit, and Namaste is our traditional Indian greeting. I'm 15 years old, and I live with my parents, my two brothers and two sisters in a village in the south of India. Have you ever been to India?

We only have a very small house, and we don't have running water in our house, but it's OK. All my friends have small houses too. My younger brother goes to school, but I left school last year because I have to help my parents in the fields. I'm glad I've left school – it was too hard, and I prefer being outside, anyway. In our fields we grow rice, vegetables and fruit, which we sell at the market in town.

When I'm older, I'd like to have my parents' fields. With new technology and modern equipment, I'm sure I'll be able to grow more rice, vegetables and fruit than my parents grow now.

Workbook, Unit 4, page 43, Exercise 11, CD 3, track 8

Young people are often criticised, and their problems are often highlighted in the media. I'm very happy to report some very positive stories for once.

Coventry's annual Young People's Awards, when school children, college students and members of youth clubs receive special awards, took place yesterday, from 2.00–4.00 p.m., in the town hall. These awards are given for a variety of different reasons, for example overcoming personal problems, helping other people, doing voluntary work, raising money for good causes or doing work in the community. They are given to children from as young as five to young people as old as 21.

One of the winners was 17 year-old Nicola Green, who visits old people in a care home. „I used to visit my grandma there," she said „and when she died, I just kept going. I like talking to the old people – they have lots of interesting stories to tell about when they were young."

16 year-old Alan Butterworth was another winner. Alan has been completely blind since birth, but that hasn't stopped him from becoming an excellent swimmer. He recently came fourth in the International Blind Students' Sports swimming competition.

The mayor yesterday said that some people had unfortunately become rather prejudiced against young people. He hoped that these awards would help portray young people in a more positive way.

The star of the ceremony was little Ali Khan, a young boy aged only six, who was given an award for saving his mother's life. Mrs Khan, who is a diabetic, suddenly fell ill at home. She went into a coma. Little Ali phoned for an ambulance, gave his name and address and explained the problem. His mother was taken to hospital and is now well again.

If you know a young person who you think should get an award next year, then send your suggestion to the town hall. You need to give the young person's name and address, and a short description of why you think they should be given an award. Don't forget to give your own name and address as well. You need to do this before the end of November; that's the closing date.

Workbook, Unit 4, page 43, Exercise 12, CD 3, track 9

1

INTERVIEWER	What's the best thing in your life, Ying?
YING	Hm… Difficult to say… My best friend, I think. Yes, having a really good friend, that I can talk to, go out with, have a good time with, share my problems with…
INTERVIEWER	And what's your biggest problem?
YING	My parents.
INTERVIEWER	Oh dear…
YING	Unfortunately, we just don't get on, and we have so many rows.

2

INTERVIEWER	What's the best thing in your life, Abu?
ABU	That's easy: the greatest thing that's ever happened to me is my girlfriend Jessica. She's wonderful; we do everything together.
INTERVIEWER	And what's your biggest problem?
ABU	Unfortunately, the police. We live in a rough part of town, so the police are often around, and twice I've been stopped and asked all sorts of questions. It happens to my mates too. Just because we're young, and male, and black. It's not fair.

3

INTERVIEWER	Hi Oliver. What about you? What's the best thing in your life, do you think?
OLIVER	The best thing is definitely my family. We get on well, my parents support me in all I do, and my two sisters are great.
INTERVIEWER	And your biggest problem, would you say?
OLIVER	Err… Well, there are so many things that I want to do – travel, play table tennis, do my school work, so I suppose my biggest problem is: not having enough time. I just don't have time for everything that I want to do.

4

INTERVIEWER	And what would you say is the best thing in your life, Angela?
ANGELA	Well, it's difficult to say, really. There are so many good things. I suppose my job is the best thing at the moment. I work in a clothes shop in town every Saturday, and my colleagues are really nice, I feel really relaxed there, it's a good atmosphere …
INTERVIEWER	And what would you say is your biggest problem?
ANGELA	Well, the biggest problem in my life right now is school!
INTERVIEWER	Why's that?
ANGELA	There's so much work, I just never get enough free time.

5

INTERVIEWER	And what's the best thing in your life, Emily?
EMILY	Well, you might think that this is unusual for a girl, but the most important thing for me is my motorbike. It's not a big one, but I love going out on it, and repairing it, and cleaning it, and looking after it …
INTERVIEWER	And what's your biggest problem?
EMILY	My biggest problem, of course, is money. I never have enough of it! A motorbike is expensive, after all, so I always need more money!

Workbook, Unit 5, page 53, Exercise 10, CD 3, track 10

1

Good morning, everyone. There are just two announcements this morning. As you already know, we're having a talk about global warming. We're very lucky to have Emily Samson, a scientist from Bristol University, who has been studying the effect of global warming on the ice in the Arctic Ocean, and the effects this is having on polar bears and other animals. The talk will take place here in the gym, and you will come down here with your teachers at half past two this afternoon. I'm sure the talk will be extremely interesting. There will also be a competition to produce a poster on the theme of global warming. The closing date for the competition is Friday 26th June, so make sure you finish your poster before then.

2

The second announcement this morning is that the meeting time of the Green Group this week has changed. It won't be on Tuesday as usual – this week, the meeting will be on Wednesday, after school. So make a note in your diaries. Members of the Green Group should meet at the school gate – and if anyone wants to join the group, they're welcome to go along too. You'll need to bring some old clothes with you, because you're going to plant some trees in the park, with the park ranger.

Workbook, Unit 5, page 53, Exercise 11, CD 3, track 11

INTERVIEWER	Hello and welcome to Amy's Book Hour. Today I'm joined by Sandra Richardson and Mike Guest, and we're looking at books which can change your life. Or at least books which say they can do that! The first book I want to talk about is called Change the World for a Fiver. Sandra, who is the writer?
SANDRA	Well, it isn't written by one person – seventy people actually wrote it! It's by *WeAreWhatWeDo* which is a group, a movement, which aims to make the world a better place. They believe that small things people do every day can all make the world better. Everybody can make a difference!
INTERVIEWER	It's a British book and, as the title indicates, the book costs five pounds (a fiver). The money that they raised from selling the book has been used for an education programme and for developing Australian and German versions of the book. So what's it all about, Sandra?

SANDRA	Well, the book is about making a difference: helping other people, helping the environment and helping yourself. It contains fifty actions which you can do to change the world and make yourself feel good.
INTERVIEWER	Can you give us some examples?
SANDRA	Yes. One idea is 'plant a tree'. Another idea is 'give blood'. Another is 'learn to be friendly in another language'. Great ideas! I particularly like the action 'make someone smile'.
INTERVIEWER	So you liked the book?
SANDRA	Well, it sounds very goody-goody, but I think it's a really fun book. It has great photos and drawings too.
INTERVIEWER	You'd recommend it then?
SANDRA	Oh yes, definitely, because it makes you feel good and it makes you do good too.
INTERVIEWER	Thanks, Sandra. My second book is called Screw It, Let's Do It. Mike, can you tell us about this book?
MIKE	Yes, it's written by Richard Branson, the famous businessman.
INTERVIEWER	And what's it about?
MIKE	Well, the book is about how you can do what you want in your life. Richard Branson says that if you believe in yourself and never give up, then you can do so much.
INTERVIEWER	And he gives examples from his own life, doesn't he.
MIKE	Yes, he calls them 'his lessons in life' and he shows you how you can be successful.
INTERVIEWER	So what did you think of the book? Did you like it?
MIKE	Well, I thought it was great, really interesting. It has lots of good advice. It's full of inspiration.
INTERVIEWER	Do you think Richard Branson is a good author?
MIKE	Yes, I do. I like his style. It's very easy to read, easy to understand. It's down to earth.
INTERVIEWER	Who would you recommend the book for?
MIKE	I'd recommend it for everybody, but especially for teenagers. I think it would show them that everybody can have good ideas and be successful at something.
INTERVIEWER	Well, thank you very much Sandra Richardson and Mike Guest. Next week I'll be talking about the detective novels of Ian Rankin. Join me then. Goodbye.

Lösungsbeispiele zu den *Mediation*-Übungen im Workbook

Workbook zu New Highlight, Hauptschule Bayern, Band 6 für M-Klassen •
Copyright Cornelsen Verlag, Berlin

Unit 1
Lösungsvorschlag:
Letzten Samstag/Sonnabend habe ich in einem Konzert an unserer Schule mitgespielt / bei einem Konzert an unserer Schule mitgespielt/mitgemacht. Es war echt/wirklich toll/großartig und wir hatten auch viel Spaß / es hat auch großen Spaß gemacht. Wir wollten Geld für einen guten Zweck sammeln. Wir schicken/spenden das Geld nach Afrika, um beim Kampf gegen Armut und HIV/Aids zu helfen / den Kampf gegen Armut und HIV/Aids zu unterstützen / gegen Armut und HIV/Aids zu kämpfen. Jedes Jahr brauchen mehr Menschen Geld für Essen/Nahrung und Medikamente.
Ich finde, dass Menschen in diesem Land oft zu egoistisch/selbstsüchtig sind und ihr Geld nur für sich (selbst) ausgeben. Manche Menschen denken/finden, dass ich zu idealistisch bin. Na ja, ich bin nicht total/völlig naiv – ich weiß, dass ein paar Jugendliche/Teenager aus Irland nicht die Probleme der Welt lösen können. Aber ich denke, dass es wichtig ist, es zu versuchen. Und viele Top-Stars/Berühmtheiten denken auch so / genauso.
Nächste Woche backen wir Kuchen. Wir werden sie/ihn in der Pause verkaufen und ich hoffe, dass wir viel Geld verdienen (werden)!

Unit 2
Lösungsvorschlag:

Der Krüger Nationalpark im Verlauf eines Jahres / Ein Jahr im Krüger Nationalpark

Der beste Zeitpunkt, die wilden Tiere/Wildtiere im Krüger Nationalpark zu beobachten, ist im Winter, wenn es nicht viel regnet. Zu dieser Zeit ist es sehr einfach für Besucher, die Tiere zu beobachten, die an Wasserlöcher kommen müssen, weil sie Trinkwasser brauchen / um zu trinken. Sie kommen morgens und abends. Da das Gras kurz ist und die Bäume keine Blätter haben, haben Besucher eine gute Sicht auf das Gelände / die Gegend und die Tiere / können Besucher die Gegend / das Gelände und die Tiere gut sehen.

Von September bis Oktober ist Frühling und der Höhepunkt der trockenen Saison/Jahreszeit mit heißen, trockenen Winden. Die Flüsse haben/führen wenig Wasser.

Besucher, die im November und Dezember kommen, finden es meist zu heiß, und nachmittags gibt es manchmal Stürme. Das ist die Regenzeit im Krüger (National-)Park. Der Regen füllt die Flüsse und Wasserlöcher schnell und die Büsche sehen sehr grün aus. Im Sommer ist es sehr schwer, Tiere zu sehen, weil die Bäume viele Blätter haben. Immerhin/Allerdings werden in dieser Zeit viele Tiere geboren.

Im April werden die dicken, grünen Büsche dünner und braun. Das ist (der) Herbst im Krüger Nationalpark. Nachts wird es (allmählich) kühler / fallen die Temperaturen, aber tagsüber / am Tag ist es noch warm. Für Besucher ist es wahrscheinlich die schwierigste/ungünstigste Zeit des Jahres / im Jahr, wenn sie Tiere im Nationalpark beobachten wollen, denn das Gras ist/steht dicht und hoch. Andererseits können viele Vögel gesehen werden.

Unit 3
Lösungsvorschlag:
1 Der Film „Chandni Chowk to China" scheint ein typischer Bollywood-Film zu sein, weil er eine Musik-Komödie mit viel Action, Liedern/Songs, wunderbaren Tänzen, viel Farbe und schönen Frauen ist.
2 Der große Unterschied bei diesem Film ist, dass das Geld dafür (rund 9 Mio. Dollar) aus Hollywood gekommen ist – von den amerikanischen Filmstudios Warner Brothers.
3 Auch zwei andere Hollywood-Studios stecken/pumpen Geld / investieren in die indische Filmindustrie: DreamWorks hat mit einer indischen Firma einen 500-Millionen-Deal/-Vertrag abgeschlossen/unterzeichnet, und Universal macht/produziert schon Bollywood-Filme in Kalifornien.

4 Akshay Kumar erklärt den Unterschied zwischen den Filmen so: Wenn man in einem Hollywood-Film „Ich liebe dich" sagen will, flüstert man es. In einem Bollywood-Film steht man auf einer Brücke und singt es mit lauter Stimme.
5 Diese Filme werden in den USA nicht so beliebt sein, weil sie aus der indischen Kultur kommen und für Inder gemacht sind. Daran muss man / das (amerikanische) Publikum sich erst gewöhnen.
6 Akshay Kumar ist der Star des Films „Chandni Chowk". Er hat in mehr als 120 Filmen gespielt.
7 Hollywood ist am indischen Filmmarkt interessiert, weil
   – dieser Markt sehr groß ist. Es leben ungefähr 1,13 Milliarden Menschen in Indien, das ist die zweitgrößte Bevölkerung der Welt.
   – die indischen Schauspieler viel härter arbeiten als amerikanische Stars. Kumar arbeitet 12 Stunden am Tag, sechs Tage die Woche, d.h. er kann pro Jahr sechs oder sieben Filme machen.

Unit 4
Lösungsvorschlag:

Thunfisch und Spaghetti / Tunfisch und Spagetti
(für zwei Personen)

1 Zwiebel
1 Knoblauchzehe
1 rote oder grüne Paprika
1 Zucchini
1 Dose Tomaten
1 Dose Thunfisch/ Tunfisch
1 Teelöffel/TL getrockneter Oregano
Salz und Pfeffer
250 g Spaghetti/Spagetti
Parmesan(-Käse)

Die Zwiebel klein schneiden und langsam in etwas Öl braten, bis sie weich/glasig ist, aber nicht braun.
Den Knoblauch klein/fein schneiden und ihn zur Zwiebel hinzufügen/geben.
Die Paprika und Zucchini waschen und schneiden, (und) zur Zwiebel geben. Alles für fünf Minuten dünsten.
Die Tomaten klein schneiden und zum Gemüse geben, dann den Thunfisch/Tunfisch hinzufügen.
Den Oregano und etwas Salz und Pfeffer darüber streuen.
Alles mischen und für 15 Minuten kochen lassen.
Während die Sauce kocht, die Spaghetti/Spagetti zubereiten:
Wasser in einem Topf zum Kochen bringen. Etwas Salz hinzufügen, dann die Spaghetti/Spagetti hineingeben. (Für) Zehn Minuten kochen. Die Spaghetti/Spagetti durch ein Sieb (ab-)gießen, dann auf zwei Tellern, mit der Sauce darüber, servieren. Den Käse darüber streuen.

Unit 5
Lösungsvorschlag:
1 Folgende Probleme werden erwähnt:
   – In Afrika und dem Mittleren Osten leiden jedes Jahr Millionen von Menschen an Wasserknappheit.
   – Klimaveränderungen bedrohen/gefährden die Arbeit der Bauern in der dritten Welt.
   – Die CO_2-Bilanzen/Der CO_2-Verbrauch reicher Länder werden/wird größer und größer.
2 Für Wasser-Projekte in Ländern der Dritten Welt und für „grüne"/Umwelt- Bildungsprogramme in Großbritannien hat *One Planet 4 Us* schon mehrere Millionen Pfund gesammelt.
3 Man kann mithelfen, indem man Geld spendet oder ehrenamtliche Arbeit leistet.
4 Sie suchen eine junge Person, die während der Sommerferien an drei Tagen in der Woche im Büro aushilft. Zum Job gehören allgemeine Büroarbeiten sowie Anrufe entgegenzunehmen.
5 Bewerber sollten einen Computer bedienen können, über 16 Jahre alt sein und eine angenehme, freundliche Art haben.
6 Man kann Sue Smith von Montag bis Donnerstag zwischen 10 und 16.00 Uhr anrufen.